地球の歩き方 J11

世田谷区

Setagaya City

●地球の歩き方編集室●

豪徳寺 (→P.112)

SETAGAYA CONTENTS

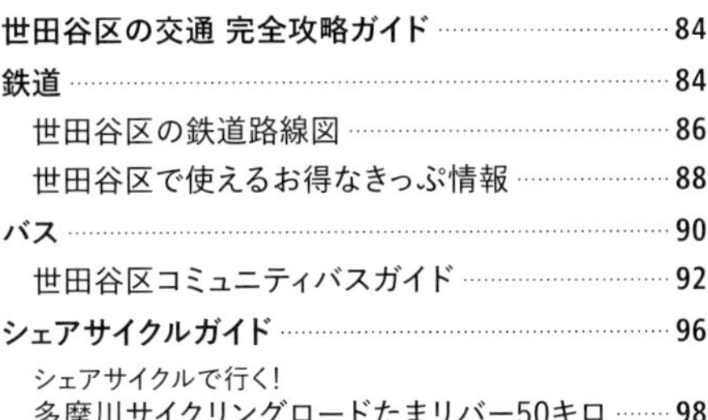

SETAGAYA
エンタメ
コラム

265 第五章 ショップガイド

311 第六章 宿泊

317 第七章 旅の準備と技術

エリアガイドの見方

このエリアに該当する地名を表記しています。

世田谷区内の地図における該当エリアの場所を示しています。

エリア内を通っている鉄道路線とその停車駅名を記しています。

新宿駅や渋谷駅から鉄道を利用した場合の、エリア内のおもな駅への行き方を示しています。駅によって複数の行き方がありますので、あくまで一例としてご利用ください。

本文で紹介できなかった補足情報やクチコミなどを紹介しています。

データ欄の記号

MAP 別冊P.5-A1 別冊地図上の位置を表示

住 住所
TEL 電話番号
FREE フリーダイヤル
営 営業時間または開館時間
休 定休日
料 料金
交 鉄道とバスを利用した場合の最寄り駅と出口、駅からのおよその所要時間
IN チェックインの時間
OUT チェックアウトの時間
客室 客室数
URL URL（http://、https://は省略）
CC 利用できるクレジットカード
A アメックス
D ダイナース
J JCB
M マスターカード
V ビザカード
予約 予約
i 注記

年号について

本書では年号を以下のとおり記載しています。

- 大正時代以前
 →和暦（西暦）
- 昭和時代以降
 →西暦

地図の記号

本誌掲載物件

- 体験
- バー
- 見どころ
- ホテル
- グルメ
- 観光案内所
- ショップ
- P.000 掲載ページ

コンビニエンスストア

- セブン-イレブン
- ファミリーマート
- ローソン

ファストフード

- マクドナルド
- ケンタッキーフライドチキン
- モスバーガー
- フレッシュネスバーガー

カフェ

- ドトールコーヒーショップ
- スターバックスコーヒー
- カフェ・ベローチェ

記　号

- 都道府県庁
- 銀行
- 区役所・市役所
- 寺
- 宿泊施設
- 神社
- 学校
- 病院
- 郵便局
- 空港
- 警察署／交番
- 山頂
- 消防署
- 信号

鉄　道

- 新幹線
- JR
- 私鉄
- 地下鉄
- 中央口 A1 鉄道駅出口

道　路

- 高速・有料道路
- 1 国道
- 一般道

宿泊施設のアイコン

- トイレ
- コインランドリー
- シャワー
- バスタブ
- ショップ
- 冷蔵庫

トイレ、シャワー、バスタブ、冷蔵庫は客室内設備。コインランドリーとショップは館内設備。ランドリーサービスのみありの場合は、コインランドリーのアイコンを半分グレーで表示。ショップはホテルグッズなどの販売も含む

■本書の特徴

本書は、日帰り観光から滞在型の旅まで、東京の世田谷区エリアをじっくり楽しみたい方のためのガイドブックです。区民の方はもちろん、旅行者の方にも世田谷区エリアの新たな魅力を発見していただけるよう情報を充実させるとともに、できるだけ使いやすいものとなるよう心がけて作りました。

■掲載情報のご利用に当たって

編集部では、できるだけ最新で正確な情報を掲載するように努めていますが、現地の規則や手続きなどがしばしば変更されたり、またその解釈に見解の相違が生じたりすることもあります。このような理由に基づく場合、または弊社に重大な過失がない場合は、本書を利用して生じた損失や不都合などについて、弊社は責任を負いかねますのでご了承ください。また、本書をお使いいただく際は、掲載されている情報やアドバイスがご自身の状況や立場に適しているか、すべてご自身の責任で判断のうえご利用ください。

■取材および調査期間

この本は2022年12月～2023年9月の取材を基に編集されています。また、追跡調査を2023年8～2024年1月まで行いました。記載の住所、料金などのデータは基本的にこの時点のものです。料金については原則として税込料金を表示、定休日のほとんどについてはゴールデンウイーク、お盆休み、年末年始を省略しています。無休と記していてもこれらの期間は休日になる場合がありますのでご注意ください。ホテルのチェックイン、チェックアウト時間については基本的なプランの時間を記載しています。プランやお部屋のタイプによって時間や料金が異なる場合があります。また、時間の経過とともにデータの変更が生じることが予想されるとともに、営業時間等の変更や臨時休業などが実施される可能性があります。そのことをお含みおきのうえ、事前に最新の情報を入手されることをおすすめします。

■発行後の情報の更新と訂正について

発行後に変更された掲載情報や訂正箇所は、『地球の歩き方』ホームページ「更新・訂正情報」で可能なかぎり案内しています（ホテル、レストラン料金の変更などは除く）。

URL www.arukikata.co.jp/travel-support/

ジェネラルインフォメーション

東京都の基本情報

東京23区ランキング

★面積
1位　大田区
2位　世田谷区
3位　足立区
4位　葛飾区
5位　練馬区

★総人口
1位　世田谷区
2位　練馬区
3位　大田区
4位　江戸川区
5位　足立区

★世帯数
1位　世田谷区
2位　大田区
3位　練馬区
4位　足立区
5位　江戸川区

★出生者数
1位　世田谷区
2位　練馬区
3位　大田区
4位　江戸川区
5位　足立区

★平均寿命（男性）
1位　世田谷区（83.2歳）
2位　目黒区
3位　渋谷区
4位　文京区
5位　杉並区

★平均寿命（女性）
1位　世田谷区（88.9歳）
2位　渋谷区
3位　杉並区
4位　目黒区
5位　文京区

※面積-国土地理院、総人口・世帯数-総務省、出生者数・平均寿命-厚生労働省の各データに基づく

東京都紋章

1889年12月の東京市会で東京市のマークとして決定。1943年の東京都制施行時に東京都紋章として受け継がれた。紋章は太陽を中心に6方に光が放たれた様子を表しており、日本の中心としての東京をシンボライズしている。

都旗

旗は、江戸のイメージカラーである江戸紫の地色に東京都紋章を配している。旗の縦横比は2：3。1964年に開催された東京オリンピック開幕直前の10月1日に制定された。

東京都のシンボルマーク

東京都の頭文字である「T」をイメージし、3つの同じ円弧で構成。緑を基本とし、「躍動、繁栄、潤い、安らぎ」を表現している。1989年6月に制定された。

東京都歌

1946年10月に東京都歌が制定。一般公募され、6532作から原田重久氏の歌詞が選ばれた。その後、この歌詞を用いた曲を募集。加須屋博氏の作品が選定され、1947年4月に都歌として発表された。

都の花…ソメイヨシノ（染井吉野）

江戸期から明治初期にかけて、江戸の染井村（現在の豊島区駒込）に住んでいた植木職人たちにより、ヤマザクラを改良して誕生したといわれているソメイヨシノ。都の花として決定されたのは1984年6月。

都の木…イチョウ

東京都の木選定委員会が候補として「ケヤキ、イチョウ、ソメイヨシノ」を挙げ、都民の投票で決定。1966年11月14日に発表された。

都民の鳥…ユリカモメ

白い羽、朱色のくちばしと足をもつユリカモメは、10月下旬頃から4月頃まで東京湾や隅田川、多摩川などで群れを見ることができる。1965年10月1日に都民の鳥として指定された。

都庁所在地

東京は日本の首都（法定で定められてはいない）であり、都庁の所在地は新宿区。

東京都の面積

東京都は2194.05㎢（区部、市部、郡部、島嶼部）
※東京都ホームページ「都の概要」より

東京都の人口

東京都総人口　1409万9993人
※東京都総務局統計部
※2023年10月時点（推計）

日本の人口

1億2434万人
※総務省統計局
※2023年10月1日現在（概算値）

東京都知事

小池百合子（第21代）
※2024年1月1日現在

東京都の首長である東京都知事の任期は4年。東京都全体から1名を選出する東京都知事選が行われ、東京都民の投票により決定する。

東京都の予算

2023年度の一般会計歳出総額は114兆3812億円。税収は、8兆8750億円。東京都の予算は17兆3899億円となっており、これはオーストリアの約16兆3000億円という国家予算に匹敵する金額。一方、日本国の2023年度の一般会計は114兆3812億円、税収は69兆4400億円。
※東京都予算と税額は東京都財務局のホームページより

東京都・世田谷区の構成

区部・世田谷区

東京都は区部・多摩地域・島嶼部の3地域

東京都は一般的に区部（東京23区、旧東京市）、多摩地域（多摩26市3町1村）と島嶼部（伊豆諸島、小笠原諸島）の3地域に分けられる。

世田谷区の紋章

1956年の大東京祭を記念して紋章図案を募集し、1956年10月1日に制定された。外輪の円は区内の平和、中心は「世」の文字が三方に広がり、人びとの協力と区の発展を意味している。

世田谷区は行政上5地域に分けられる

区役所のある世田谷は区の中央部にあり、区内は行政上、世田谷、北沢、烏山、砧、玉川の5地域に分けられる。本書では、より細かく情報を掲載するため、下記色分けした、下北沢、千歳烏山、三軒茶屋、経堂・上町・世田谷、成城学園、二子玉川、等々力エリアの7地域にエリア分けをしている（→P.12）。

世田谷区の面積

面積58.05㎢
※世田谷区ホームページより

世田谷区の人口

世田谷区総人口　91万8769人
※世田谷区住民基本台帳に基づく
※2023年11月1日現在

世田谷区長

保坂展人（第29代）
※2024年1月1日現在

世田谷区のシンボル

1968年に東京100年を記念して、区民に鳥、花、樹を公募した。各分野における専門家の意見を基に選考し、鳥は「オナガ」、花は「サギソウ」、樹は「ケヤキ」に決定した。

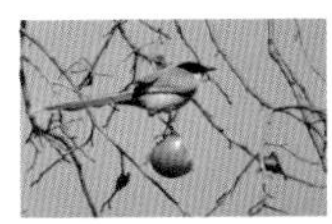

©世田谷区

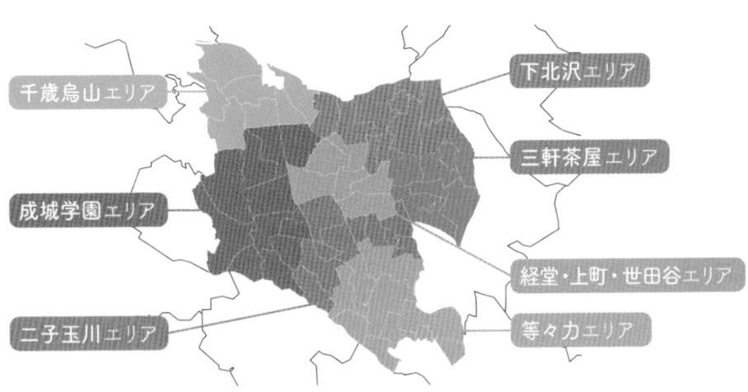

祝日

※内閣府のホームページより
・「国民の祝日」は休日とする
・「国民の祝日」が日曜日に当たるときはその日後においてその日に最も近い「国民の祝日」でない日を休日とする。
・その前日及び翌日が「国民の祝日」である日（「国民の祝日」でない日に限る）は、休日とする。

都民の日

10月1日　「東京都民がこぞって1日の慰楽をともにすることにより、その自治意識を昂揚し、東京都の発展と都民の福祉増進を図る」ことを目的に昭和27年に施行された。東京都が管理する動物園や植物園、美術館などが入場無料になる。

国民の祝日

元日	1月1日	年初を祝う。
成人の日	1月第2月曜日	大人になったことを自覚し、自ら生き抜こうとする青年を祝い励ます。
建国記念の日	2月11日	建国をしのび、国を愛する心を養う。
天皇誕生日	2月23日	天皇の誕生日を祝う。
春分の日	3月20日または21日	自然をたたえ、生物をいつくしむ。
昭和の日	4月29日	激動の日々を経て、復興を遂げた昭和の時代を顧み、国の将来に思いをいたす。
憲法記念日	5月3日	日本国憲法の施行を記念し、国の成長を期する。
みどりの日	5月4日	自然に親しむとともにその恩恵に感謝し、豊かな心をはぐくむ。
こどもの日	5月5日	子供の人格を重んじ、子供の幸福をはかるとともに、母に感謝する。
海の日	7月第3月曜日	海の恩恵に感謝するとともに、海洋国日本の繁栄を願う。
山の日	8月11日	山に親しむ機会を得て、山の恩恵に感謝する。
敬老の日	9月第3月曜日	多年にわたり社会に尽くしてきた老人を敬愛し、長寿を祝う。
秋分の日	9月22日または23日	祖先をうやまい、亡くなった人々をしのぶ。
スポーツの日	10月第2月曜日	スポーツに親しみ、健康な心身を培う。
文化の日	11月3日	自由と平和を愛し、文化をすすめる。
勤労感謝の日	11月23日	勤労をたっとび、生産を祝い、国民たがいに感謝し合う。

東京都平和の日

3月10日

1945年3月10日未明の大空襲により、東京は一夜で多くの命が失われ、焼け野原と化した。1990年7月、東京都は戦争の惨禍を再び繰り返さないことを誓い、平和国家日本の首都として「東京都平和の日条例」を制定。3月10日を「東京都平和の日」と定めた。

おもな地方都市からの移動時間

▶**東京への道**
→P.319

飛行機（地方空港から羽田空港へ）

札幌（千歳空港）	約1時間35分
大阪（伊丹空港）	約1時間10分
広島（広島空港）	約1時間20分
福岡（福岡空港）	約1時間35分
鹿児島（鹿児島空港）	約2時間
沖縄（那覇空港）	約2時間25分

新幹線（地方駅から東京駅へ）

仙台	約1時間40分
新潟	約1時間40分
名古屋	約1時間35分
金沢	約2時間30分
新大阪	約2時間35分
広島	約3時間55分
博多	約4時間57分

安全とトラブル

一般的に東京の治安はよく安全だが、多くの人が集まるエリアや時期によっては、トラブルに巻き込まれる可能性もあるので注意しよう。

また、台風や豪雨などの自然災害により、公共交通機関の計画運休が実施されることもある。地震が発生したときの避難先や行動も確認しておこう。

●**警視庁**
TEL **03-3581-4321（代表）**
URL www.keishicho.metro.tokyo.lg.jp

東京の気候

23区から多摩東部にかけてと伊豆諸島は太平洋側気候、多摩西部は中央高地式気候に属する。日本の中ほどに位置する東京の中心部は四季の変化が顕著。夏は高温多湿、冬は晴天が続き、乾燥する日が多い。7～9月頃には台風が通過することもある。東京の気候はヒートアイランド現象が進行しており、過去100年の間に気温が約3℃上昇している。夜間になっても気温が25℃を下回らない熱帯夜の日数も過去40年間で約2倍になった。2023年には、東京都内で最高気温が25℃以上となる「夏日」が計143日と過去最多を更新した。なお、内陸性気候の特徴を併せもつ東京都区部と多摩地域では、冬季の最低気温に差が見られ、都心部が雨でも多摩地域では雪になることも多い。スマホの天気アプリなどでは、エリアを細かく設定して予報を確認できる。目的地の予報を確認してから出かけるようにしよう。世田谷区のホームページでは、警報や注意報をリアルタイムで発信している。

世田谷区では、2020年に「世田谷区気候非常事態宣言」を行い、2050年までに温室効果ガス排出量を実質ゼロにする目標を設定している。区民や事業者の取組みの努力が反映されるCO2排出量の削減目標を掲げるとともに、エネルギー消費量、再生可能エネルギーの利用に関する目標を掲げている。

東京（北の丸公園）の気温／降水量

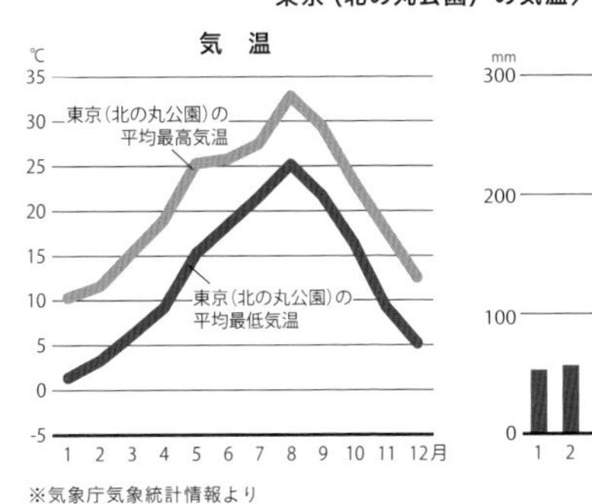

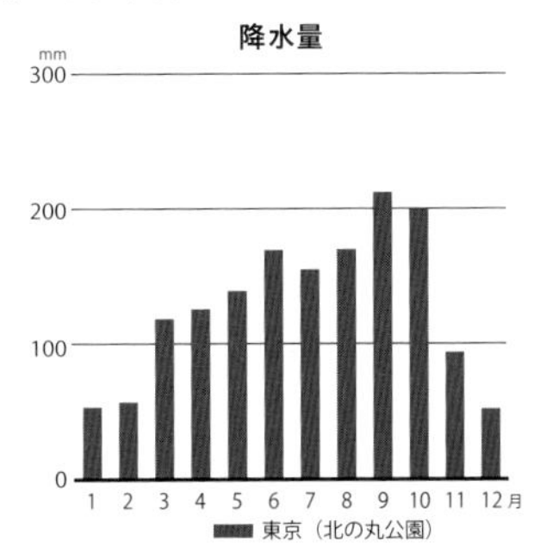

※気象庁気象統計情報より

その他

喫煙

2020年4月以降、東京都受動喫煙防止条例により原則として都内の飲食店は禁煙。店内に喫煙専用室や加熱式たばこ専用室が設けられている場合には、その中でのみ喫煙が可能となる。店舗（施設）出入口に標識の掲示等が必要となった（飲食店については、喫煙の場合も標識の掲示義務がある）。また、世田谷区は区内全域の道路、公園（身近な広場を含む）では、指定喫煙場所を除き禁煙となっているため要注意。路上禁煙地区内で歩きたばこや吸殻のポイ捨てをすると条例により過料徴収を科される場合もある。

●**東京都保健医療局**

▶東京都受動喫煙防止条例の詳細

URL www.fukushihoken.metro.tokyo.jp/kensui/tokyo/kangaekata_public.html

エスカレーター

東京では左側に立ち、右側を歩く人のために空けるのが習慣。しかし、一般社団法人日本エレベーター協会は、「エスカレーターの安全基準はステップ上に立ち止まって利用すること」を前提とし、歩行禁止をうたっている。

写真撮影は十分注意して

スマホでもデジタルカメラでも、シャッターを切るときは肖像権、著作権など他人の権利を侵害することのないよう気をつけたい。特に幼児や子供は、必ず親の許可を得てからにすること。撮影写真をSNSなどにアップするときは、必要に応じてボカシなどを入れよう。美術館や博物館でも、館内は撮影不可となっている所が多いので、入館時に必ず確認をしよう。

ポイ捨て禁止

世田谷区環境美化等に関する条例により、公共の場所等に空き缶、吸い殻等を捨てることを禁止している。

旅行者も世田谷区在住者も必読！

世田谷区早わかりナビ

広大なエリアを有する世田谷区は
鉄道路線により沿線の特徴も異なる。
7エリアそれぞれの特徴をじっくり解説！

京王、小田急、東急という3つの鉄道会社の複数路線が運行し、各々沿線のカラーがある。また観光地化している繁華街や、高級住宅街を抱えているのも区の特徴

主要エリアの特徴

下北沢エリア (→ P.102)

世田谷区屈指の繁華街、下北沢を中心としたエリア。下北沢はもともと演劇の町、古着の町として知られていたが、近年の再開発でおしゃれスポットが登場！ また、世田谷城もあった歴史ある土地で、豪徳寺などの人気スポットもあり。

●下北沢駅周辺
すっきりおしゃれな「下北線路街」と、ごちゃごちゃと小さな店舗が並ぶ町が合わさり、散策がとにかく楽しいエリア。若者の支持も高く、曜日を問わずにぎわう。

●明大前駅周辺
明治大学のほか、複数の高校がある学生の町。活気があり、廉価な飲食店も多い。

●梅ヶ丘駅周辺
有名な飲食店があり、駅前にバスの停留所やスーパーはあるが落ち着いた町並み。

●下高井戸駅周辺
昔ながらの商店街が下町のような雰囲気を醸し出す。駅周辺に再開発計画あり。

●豪徳寺駅周辺
世田谷城阯もあり、世田谷の中心だった場所。観光客や外国人に人気の豪徳寺も。

千歳烏山エリア (→ P.116)

下記以外の駅周辺も含め、落ち着いた住宅街が多い。農業も盛んで、畑がエリア内に点在し、ファーマーズマーケットもある。また、かつて田園風景を求め文豪・徳冨蘆花が移住した土地で、旧宅や墓が蘆花恒春園に残されている。

●千歳烏山駅周辺
特急が停まるエリア内の主要駅。駅前ににぎやかな商店街が南北に延び、寺町もある。

●芦花公園駅周辺
武蔵野の自然広がる花の名所「蘆花恒春園」が近く、観光や散策で訪れる人も多い。

経堂・上町・世田谷エリア (→ P.126)

小田急線沿線と東急世田谷線沿線に広がり、世田谷代官屋敷があるなど古くから世田谷の中心だった場所のひとつ。世田谷のボロ市も、このエリアで開催され続けている。現在も区役所の所在地となっており、行政の関連施設が集積している。

●経堂駅周辺
複合施設経堂コルティが駅前にあるエリア内の主要駅。おしゃれショップやカフェも多い。

●世田谷駅周辺
世田谷線の小さな駅が、世田谷区役所への最寄駅。吉良氏関連の寺社も多く静かな住宅街。

三軒茶屋エリア (→ P.150)

昔から大山道が通っていたこともあり、往来の盛んだったエリア。今では東急田園都市線と国道246号線が通り、区内3大繁華街のひとつの三軒茶屋を中心に飲食店が多く集まっている。また池尻から三宿にかけては自衛隊の施設も多い。

●三軒茶屋駅周辺
高層のキャロットタワーがそびえるほか、戦後の闇市の名残を残す飲み屋街も人気。

●三宿エリア
駅から遠く、かつてはおしゃれな夜の町として知られた三宿。センスのいい店が点在。

主要エリアの特徴

成城学園エリア（→ P.138）

小田急線沿線随一の、高級住宅街のイメージがあるエリア。また祖師ヶ谷大蔵はウルトラマンの町としても知られる。一方、喜多見や宇奈根には畑も残され、農村のような素朴な雰囲気も漂う。古墳群もあり、古くから歴史を刻んだ場所。

●成城学園前駅周辺
沿線有数の高級住宅街。学校を中心に開けた場所で、教員や作家の居住も多かった。

閑静な町のなかに見学スポットなどが点在

●祖師ヶ谷大蔵駅周辺
南北に長く延びる商店街がいつもにぎわいを見せ、町の随所にウルトラマンヒーローが隠れている。

●砧公園エリア
鉄道駅は近くにないが、大型都立公園や区立のアートスポットがあり、観光にも最適なエリア。

二子玉川エリア（→ P.160）

桜新町、用賀など、田園都市線沿線の名だたる高級住宅街が連なるエリア。また二子玉川の再開発により、大企業が誘致され、複合施設やタワーがオープン。人気の居住エリアとなっている。多摩川沿いの公園やサイクリングコースも好評。

●二子玉川駅周辺
人気デパートに加え、再開発で複合施設がオープンし、町がさらに進化している。

高層ビルの風景も近年の二子玉川の特徴

●桜新町駅周辺
低層の建物が多く、落ち着いた雰囲気の漂う住宅街。長谷川町子が住んでいたことからサザエさんの町としても知られる。

●用賀駅周辺
世田谷ビジネススクエアで働く人々の往来も多いが、閑静な高級住宅街であることは変わらない。

等々力エリア（→ P.176）

野毛大塚古墳や稲荷塚古墳に加え、奥沢城跡などもあり、世田谷区の古い歴史に触れるのに最適なエリア。区内で唯一、国宝を有する五島美術館もあり、知識欲を満たしてくれる地域でもある。グルメの面でもこぢんまりとした良店が揃う。

●等々力駅周辺
23区内唯一の自然渓谷・等々力渓谷や等々力不動尊があるため、観光に訪れる人も多い。人気のスイーツ店なども。

●奥沢駅周辺
繁華街の自由が丘と高級住宅街の田園調布のちょうど中間にあり、両エリアのよさが程よくミックスされた、落ち着いた町。

●尾山台駅周辺
駅近くに約150軒もの店舗が連なる全長350mの商店街ハッピーロード尾山台があるほか、東京都市大学もあり、住みやすい町といわれる。

●自由が丘駅周辺
駅の所在地は目黒区だが、駅南部が世田谷区との区境になっており、世田谷区民に利用者が多い。センスのよい個店が並ぶ。

世田谷区 最新トピックス

再開発が話題の下高井戸、千歳烏山、下北沢。ニューオープンも要チェック!

「下高井戸駅前市場」再開発

1956年築、昭和の香りを残す市場が2024年3月に閉業予定で、駅前広場化が計画されている。現在、京王線は笹塚駅から仙川駅まで高架化の事業中。再開発で南北のスムーズな通行を検討中。

「千歳烏山駅前広場南側地区」再開発

千歳烏山駅南側で事業が進められている、駅前広場を含む約1.5ヘクタールを対象に、商業施設・住宅を含むビルを整備することなどについて、検討が進められている。

「下北線路街」再開発

小田急線複々線化事業に伴う再開発。住民参加型まちづくりとしても注目を集め、2019年小田急線が地下化、「シモキタエキウエ」開業、2022年「NANSEI PLUS」で下北線路街が全面開業。

Blanc à Tokyo パン飲みワインスタンド 2023年10月2店舗オープン

昼はサンドイッチを販売、ディナーとともに楽しめる夜パンを16時から提供。焼きたてパンとナチュラルワインが気軽に飲めるワインスタンドも展開。

MAP 別冊 P.10 - B1

住 世田谷区松原6-43-6（ベーカリー）、豪徳寺1-36-3（ワインスタンド） TEL 03-6379-4934（ベーカリー） 営 平日11:30～15:30、16:00～20:00、土・日・祝11:30～20:00、スタンド17:00～23:00L.O、土・日・祝15:00～21:00L.O 休 不定休 CC ADJMV 交 小田急線豪徳寺駅北口から徒歩5分

「DOG WAN spa」 セルフ式ドッグスパ 2023年8月オープン

医療現場でも使用されているマイクロバブル式バスを愛犬と飼い主だけのプライベートな空間で利用できる。ミクロの泡がやさしく汚れを取り除く。

MAP 別冊 P.10 - B1

住 世田谷区宮坂3-28-3 FREE 0120-032-327 営 24時間営業（公式LINEから事前予約制） 休 無休 料 60分3000円 CC 不可 交 小田急線経堂駅北口から徒歩7分

世田谷の四季を楽しもう！

世田谷区 イベントカレンダー

1月　2月　3月　4月　5月　6月

上旬

新年子どもまつり（池尻）
区内の子供たちがさまざまな遊びを通して交流する

等々力不動 節分豆まき式（等々力）
2/3の節分に行われる豆まき

羽根木公園の梅林

烏山つつじ緑地

2〜3月
羽根木公園 せたがや梅まつり（代田）
約650本の梅。休日には茶席、餅つき、箏曲演奏、俳句講習会が行われる

4〜5月
烏山つつじ緑地・西沢つつじ園ツツジ（北烏山）
4月上旬から4月いっぱいは、多種類約1万株のツツジが満開に

中旬

世田谷のボロ市（→P.196）（世田谷）
12/15・16、1/15・16に開催。700以上の露店が並び、1日に約20万人もが訪れる

下北沢演劇祭（下北沢）
1990年の北沢タウンホール開場を機に開かれた演劇の祭典

世田谷の桜祭り
3月下旬
- 北沢川緑道桜並木と代沢の桜祭り（代沢）
- 砧公園・世田谷美術館さくら祭（砧公園）
- しもたか大さくらまつり（松原）

4月上旬
- 祖師谷公園さくらフェス（上祖師谷）
- 成城さくらフェスティバル（成城）ほか

5月
瀬田フラワーランド 春の花まつり（瀬田）
約50種類100株のバラ、パンジー、ベニバナトチノキ、クレマチス、サクラソウなどの春の花が咲く

おやまだい大運動会（尾山台）
尾山台中学校で行われる誰でも参加できる運動会。パン食い競争や紅白玉入れなどが行われる

多摩川ウォーク（多摩川）
兵庫島公園から調布市多摩川児童公園までを約3時間で歩くウオーキングイベント

©世田谷区
桜新町の桜風景

下旬

シモキタ名人戦（下北沢）
将棋、麻雀、囲碁、ポーカーなど勝負の祭典

三宿十の市（三宿）
アンティーク雑貨や衣類、アクセサリー、レコード、アートグッズ、食品など、商店会加盟店を中心に、個性あふれる店舗が並ぶマーケット

下北沢天狗まつり（下北沢）
1929年頃から行われている節分行事。天下一天狗道中では、大天狗や烏天狗の時代行列が豆をまきながら町を練り歩く

砧公園の桜広場

松陰神社の初夏

区内各地で開催される祭りや大型イベント、グルメフェアに加え、花火大会に花の見頃などもチェックして、気軽に出かけてみよう！

7月

山下 夏のスタンプラリー（豪徳寺）
山下商店街の老舗から新店までが参加するスタンプラリー

七夕飾り作りと自然観察会（等々力）
等々力渓谷の自然観察と七タイベントが行われる恒例行事

おどろきとどろき祭（等々力）
屋台やステージが設置され、等々力のマスコットキャラクター「とどロッキー」も登場する

せたがやホタル祭りとサギ草市（世田谷）
世田谷代官屋敷に設置されたドームにヘイケボタルが放たれる。上町天祖神社では、区の花であるサギ草の展示即売も行われる

8月

からすやま夏まつり（烏山）
ステージでパフォーマンスが行われ、キッチンカーなども出る

用賀サマーフェスティバル（用賀）
地域の学生たちが子供たちと参加する企画や各種屋台が並ぶ

せたがやふるさと区民まつり（馬事公苑）
全国の自治体が特産品を出店。ミニステージ、屋台などでにぎわう

三茶ラテンフェスティバル（三軒茶屋）
茶沢通りで開催されるサンバパレード

下北沢阿波おどり（下北沢）
下北沢一番街商店街で行われる、20以上の団体が参加する阿波おどり

三宿夏祭り（三宿）
「地域のお子さまに三宿で夏の思い出作りを」をテーマにした子供イベント

盆踊り大会
下北沢、千歳船橋、祖師谷、喜多見、瀬田、砧、下高井戸などで盆踊り大会が開催される

9月

北澤八幡神社例大祭（代沢）
23基にもおよぶ神輿渡御が行われるなど、下北沢地区では最大級の秋祭り

奥澤神社の大蛇お練り行事（奥沢）
毎年9月の第2土・日曜に行われる奥澤神社の神事。都の無形民俗文化財にも指定された

山下祭礼（豪徳寺）
山下商店街で開催される大神輿渡御

世田谷八幡宮例大祭（世田谷）
宵宮では「民謡流し踊り」が開催される

下北沢映画祭（下北沢）
地元の人々の協力で行われる映画祭

池尻稲荷神社大祭（池尻）
大山詣で知られる神社の例大祭

桜新町ねぶたまつり（桜新町）
「サザエさんねぶた」は必見

玉川神社例大祭（等々力）
9月第3日曜に開催。5基神輿の渡御がメインイベント

10月

尾山台フェスティバル（尾山台）
1988年から続く尾山台最大のイベント。屋台やステージパフォーマンスが楽しめる

下北沢カレーフェスティバル（下北沢）
110店舗以上のカレー屋が参加する日本最大級のカレーイベント

世田谷区たまがわ花火大会（多摩川）
約6000発を打ち上げる毎年大好評の花火大会

世田谷パン祭り（池尻）
世田谷の街とパン文化を楽しむ、日本最大級のパンの祭典

三茶de大道芸（三軒茶屋）
三軒茶屋がアートタウンに変貌する2日間

松陰神社参道商店街 秋まつり（若林）
「吉田松陰への尊崇とふるさと世田谷への愛着を醸成し、地域の皆様と共にまちの発展を目指す」をテーマとした秋の祭典

11月

山下 秋の味覚まつり（豪徳寺）
秋の味覚と音楽を楽しむ祭典

池ノ上ふれあいバザール（池ノ上）
掘り出し物が並ぶフリーマーケット

世田谷246ハーフマラソン（駒沢公園）
駒沢オリンピック公園、国道246号線、多摩川沿い、多摩堤通り、目黒通りなど区内の主要道路を駆け抜けるハーフマラソン

世田谷線つまみぐいウォーキング（世田谷）
世田谷線沿線商店街を歩いてスタンプを集め抽選会に参加

12月

松陰神社参道商店街フェス（若林）
フリーマーケット、各種屋台、パフォーマンス開催など

世田谷のボロ市（世田谷）

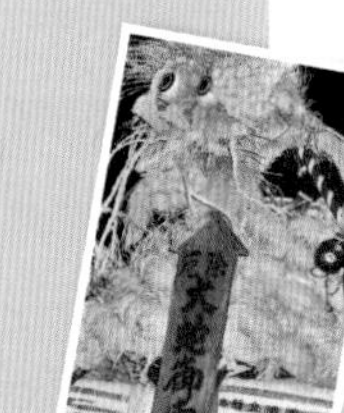

奥澤神社の大蛇お練り行事

世田谷の ボロ市

世田谷区たまがわ花火大会

世田谷区の魅力たっぷりお散歩ルート！

1日&半日モデルプラン

季節で表情を変える豊かな自然や史跡、話題のグルメ、カルチャー発信基地まで。路面電車やバスを駆使しながら、世田谷の魅力を満喫できる３つのプランを紹介。

Plan 1 トレンド＆定番を完全網羅！

START

下北沢駅から
徒歩で10分

9:30 reloadでシモキタウォーク

のんびり
歩きましょう

シモキタを象徴する個性豊かなレストランやカフェ、雑貨店などが集まる複合施設。

DATA → P.106

10:30 BONUS TRACKで下北線路街を満喫

飲食・物販などの注目店が集結。店舗・住居一体型SOHOとショップからなる新たなスタイル。

DATA → P.110

電車で2分＋
徒歩で15分

11:30 豪徳寺で招き猫伝説に触れる

縁起物として古くから親しまれる招き猫はここから始まった!? 発祥とされる地をぶらり散歩。

DATA → P.41、112

徒歩で5分

かわいい
路面電車

12:00 東急世田谷線で路面電車を楽しむ

ローカルな路面電車に乗って穴場スポットを巡る。閑静な住宅街に、隠れた名店が点在！

DATA → P.44

三軒茶屋駅から
徒歩で3分

電車で5分＋
徒歩で7分

本場の味を
楽しめる！

12:15 shiva curry waraで絶品カレーランチ

熟練のインド人シェフと、老舗インド料理店で修業を積んだ店主によるこだわりのカレー。

DATA → P.201

電車が通っていない南北（タテ）のエリア移動には、バスをうまく活用するとスムーズ。バスの車窓から穴場レストランやカフェを発見できることも！

13:30

長谷川町子記念館でサザエさんの世界に没入

漫画家・長谷川町子ゆかりの地にある記念館。貴重な原画やオリジナルグッズもたくさん！

DATA → P.162

電車で12分＋徒歩で5分

14:30

九品仏 浄眞寺で四季を感じる

季節によって表情を変える美しい境内。紅葉シーズンにはケヤキやイチョウが色づき見事。

DATA → P.183

電車で3分＋徒歩で7分

15:30

PÂTISSERIE ASAKO IWAYANAGIで洗練パフェを味わう

シェフパティシエール岩柳麻子氏が作り上げる、旬の食材をたっぷり使った独創的なパフェ。

DATA → P.246

電車で4分＋徒歩で1分

16:30

二子玉川ライズ・ショッピングセンターで蔦屋家電に立ち寄る

トレンド家電やライフスタイル雑貨などが並び、本を片手にくつろげるカフェも。

DATA → P.310

徒歩で9分

18:00

前芝料理店で肉料理を堪能

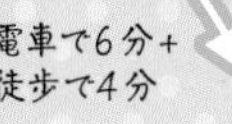

居心地のよい木を基調とした空間で、フレンチと自然派ワインに舌鼓。自慢の肉料理を！

DATA → P.260

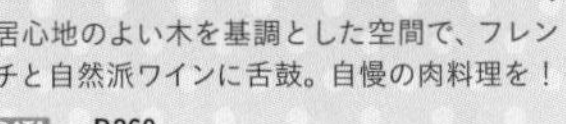

電車で6分＋徒歩で4分

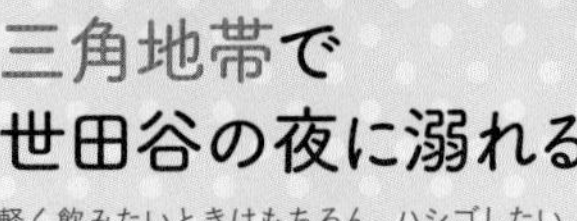

20:30

三角地帯で世田谷の夜に溺れる

軽く飲みたいときはもちろん、ハシゴしたい夜もここへ。昔ながらの居酒屋やバーが並ぶ。

DATA → P.198

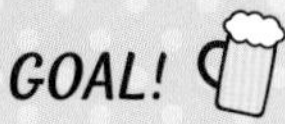
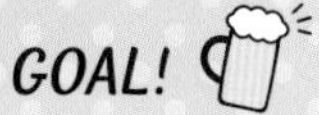

Voice おしゃれな店に行っても、最後は三角地帯で1杯飲んで帰りたくなる。三軒茶屋駅の周辺には締めのラーメンやファミレスも！　朝まで営業しているバーもありますよ。（世田谷区・O）

Plan 2 古墳や美術館を巡る大人の遠足

START 等々力駅から徒歩で1分

10:30 等々力不動尊でパワーチャージ

東京23区で唯一の渓谷、等々力渓谷にある寺院。緑豊かな気持ちのよい空間で、運気を上げよう。

DATA → P.55、181

11:00 等々力渓谷で森林浴

多摩川に向かう谷沢川の流れに沿って散策路をお散歩。（2024年1月現在、一部交通止め）

DATA → P.53、180

徒歩で2分

12:15 OTTOで渓谷絶景ランチ

等々力渓谷沿いにあるカジュアルなイタリアンレストラン。緑を眺めながら、のんびり過ごす。

DATA → P.263

徒歩で4分

13:30 野毛大塚古墳で歴史さんぽ

約1600年前に造られたという古墳。長い時間の流れとともにある歴史に思いをはせる。

DATA → P.62、182

徒歩で18分（バスで2分＋徒歩で5分）

14:30 五島美術館で国宝を鑑賞

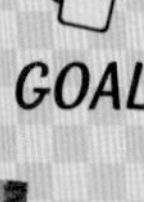

GOAL!

住宅街にある私設美術館。国宝を含む国内外の古美術を所蔵する。国宝「源氏物語絵巻」は必見！

DATA → P.178

「野毛大塚古墳」から「五島美術館」へ歩くと、「上野毛自然公園」の近くを通る。ここは春になると八重桜が開花し、お花見スポットになる。少し遠回りにはなるがおすすめ。

Plan 3 食&買 世田谷グルメセレクション

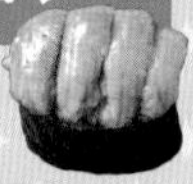

絶品ランチに舌鼓！

START

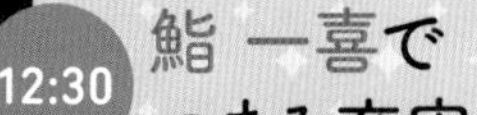

12:30 鮨 一喜で つまみ充実ランチ

確かな腕前だが、気負わず入れて、お得感のあるおまかせランチが楽しめる江戸前寿司の名店。予約をお忘れなく！

DATA → P.216

電車で15分+徒歩で10分

14:00 Boulangerie Sudoで 絶品パンをおみやげに

地元で人気のベーカリー。元パティシエの店主によるデニッシュはマスト。

DATA → P.272

電車で20分+徒歩で6分

食べるのがもったいない

15:00 L'atelier à ma façonで 美スイーツに首ったけ

日々進化するパフェを味わえる専門店。まるでアート作品のようなパフェにうっとり。

DATA → P.244

電車で5分+徒歩で15分

16:30 タケノとおはぎで 注文品をピックアップ

進化形和菓子の人気店。オーダーメイドおはぎは、大切な人への贈りものに。

DATA → P.293

手みやげやギフトにも♡

18:00 御室で プライベートディナー

1日ひと組限定。フレンチの巨匠、中嶋寿幸氏による完全予約制のプライベートレストランへ。

DATA → P.212

徒歩で6分

GOAL!

世田谷絶景

四季折々撮りたくなるスポット満載！

P.139花カレンダーも要チェック！

春

桜の季節になると多くの地域で花祭りが開催される。砧公園は、桜をはじめ、ポピー、ナノハナ、バラなどが開花して春爛漫に。

砧公園（きぬたこうえん）

見頃 ● 3月下旬～4月上旬（例年）

ファミリーパークを中心に、約840本のソメイヨシノやヤマザクラが開花する。芝生に座ってお花見ができる。→P.138

Check! ソメイヨシノ

見頃 ● 3月下旬～4月上旬

多摩堤通り沿いの土手に、約50本のソメイヨシノが咲く。ナノハナやハマダイコンも見頃を迎えて華やかに。

Check! ソメイヨシノ

おすすめフォトスポット！

多摩堤通り 桜並木

たまづつみどおり さくらなみき

二子玉川駅周辺の多摩川沿いにある土手には桜の木が並び、再開発が進む二子玉川らしいビル群をバックに撮影できる。

MAP 別冊 P.18－B2

住 世田谷区玉川1丁目～野毛2丁目　交 東急田園都市線・大井町線二子玉川駅東口から徒歩6分

Check! チューリップ

砧公園（きぬたこうえん）

見頃 ● 4月上旬～下旬

桜が開花したあと、チューリップの花壇が満開となり、競演を楽しめる。赤、黄色、白など色とりどりの花が美しい。

Check! 源平桃

砧公園（きぬたこうえん）

見頃 ● 3月中旬～4月上旬

1本の木に3色の花が咲く希少な源平桃。その年の気候によって紅白の咲き具合が変わる。

Info 「砧公園」にある世田谷美術館（→P.140）では、毎年3月下旬～4月上旬頃になると「世田谷美術館さくら祭」が開催され多くの人でにぎわう。

おすすめフォトスポット！

区立喜多見5-21遊び場（竹山緑地）

🅗くりつきたみ5-21あそびば（たけやまりょくち）

2022年春にリニューアルオープンしたモウソウチクの竹林。公園緑地として永続的に保全されている。竹林の中に足を踏み入れると、清涼で心地よい。

MAP 別冊 P.12 - A2

住 世田谷区喜多見5-21-18
交 小田急線成城学園駅南口から小田急バス二子玉川駅行き次大夫堀公園前下車、徒歩5分

タケノコシーズン以外は竹林の散策路を歩ける

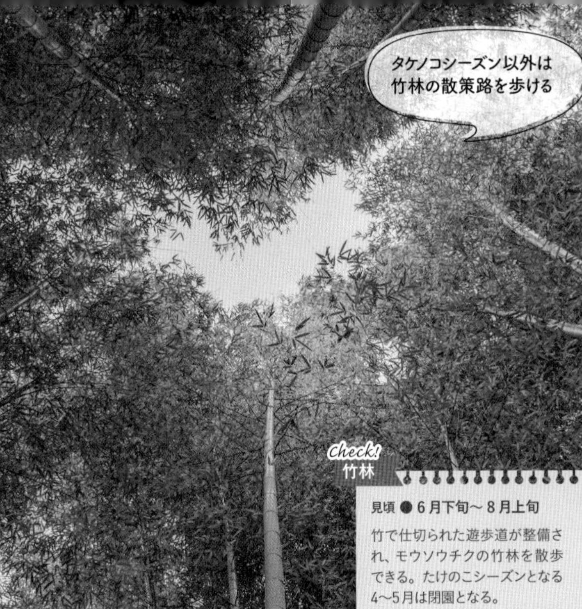

Check! 竹林

見頃 ● 6月下旬～8月上旬

竹で仕切られた遊歩道が整備され、モウソウチクの竹林を散歩できる。たけのこシーズンとなる4～5月は閉園となる。

フォトギャラリー

満開の桜から喜多見の竹林、寺の紅葉、世田谷線の梅まで。世田谷の花ごよみと風景を愛でる。

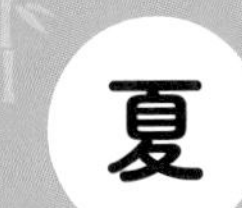

夏

夏祭りがあちらこちらで開催されるこの季節。竹山緑地の竹林や蘆花恒春園のアジサイ、ラベンダーを見て涼やかな気分に。

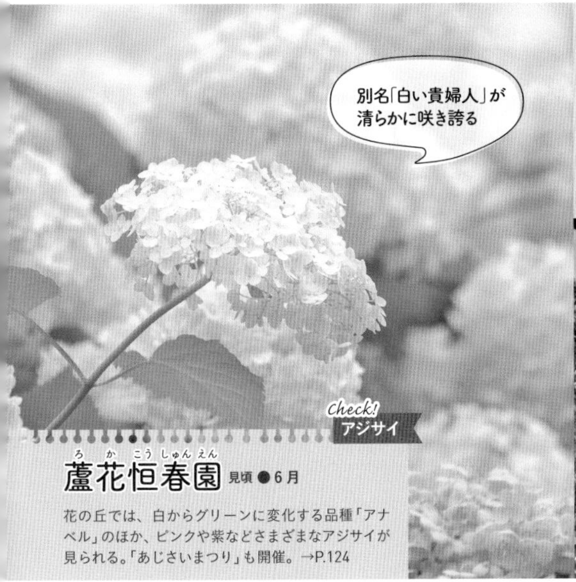
別名「白い貴婦人」が清らかに咲き誇る

Check! アジサイ

蘆花恒春園（ろかこうしゅんえん） 見頃 ● 6月

花の丘では、白からグリーンに変化する品種「アナベル」のほか、ピンクや紫などさまざまなアジサイが見られる。「あじさいまつり」も開催。→P.124

蘆花恒春園（ろかこうしゅんえん）

見頃 ● 6月下旬～7月上旬

香りが高く高温多湿に強いラバンディン系が、多く植えられている。さわやかな香りはリラックス効果も期待できる。

Check! ラベンダー

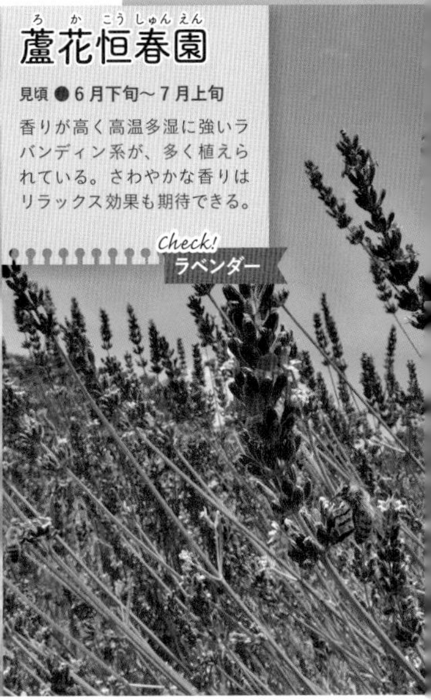

Voice 「蘆花恒春園」では、春はナノハナやチューリップ、秋はコスモスや紅葉、冬はロウバイや梅など1年を通して花が楽しめます。（世田谷区・Y）

おすすめフォトスポット！

九品仏 浄眞寺

見頃 ● 11月下旬～12月上旬

都天然記念物のイチョウをはじめ、参道から総門までのモミジのトンネル、本堂前のドウダンツツジが見事。→P.183

Check! 紅葉

秋

多くの味覚イベントや神社の祭礼が行われる秋。あちらこちらでモミジやイチョウが美しく色づき、散策が楽しいシーズンに。

豪徳寺

見頃 ● 11月中旬～12月上旬

境内にあるモミジやイチョウが色づき、多くの人が訪れる。紅葉をバックに招き猫や三重塔を写真に収めよう。→P.112

Check! 紅葉

成城学園前のいちょう並木

見頃 ● 11月下旬～12月上旬

成城学園の正門から約120m延びるイチョウ並木は、「せたがや百景」のひとつ。成城学園前駅から成城通りを進む。→P.147

Check! 紅葉

学園前の街路樹が色づいて

等々力不動尊

見頃 ● 11月下旬～12月上旬

黄金色に輝く参道のイチョウ並木をはじめ、境内から明玉台にかけてのモミジやケヤキ、桜などが艶やかに。→P.181

Check! 紅葉

Info 毎年11月になると、豪徳寺の近くにある山下商店街で「山下 秋の味覚まつり」が開催される。旬の味覚を使った各店自慢の総菜やスイーツが登場する。

Check!
梅

羽根木公園

見頃●12月中旬〜3月上旬

梅の名所として有名。2月〜3月頃には「せたがや梅まつり」も開催。→P.113

Check!
河津桜

桜神宮

見頃●2月中旬〜3月中旬

本殿前に河津桜が咲き華やかに。夜はライトアップされる。木に結び付ける花帯や、桜にちなんだ御朱印も人気。→P.172

冬

世田谷の冬といえば、羽根木公園の梅と早春を告げる桜神宮の河津桜。雪が積もれば、世田谷線沿線は幻想的な姿になる。

Check!
雪景色

東急世田谷線

見頃●2月

運がよければ撮影できる世田谷線車両と雪景色。気温が低くて電車の本数が多い朝の訪問がおすすめ。→P.44

Check!
富士山

スカイキャロット展望ロビー

見頃●8月〜10月

キャロットタワーの26階にある展望ロビー。天気がよい日には富士山をはじめ、丹沢山地や道志山塊も見える。→P.156

Info 三軒茶屋駅前にある「キャロットタワー」のスカイキャロット展望ロビーは無料でアクセスできる穴場スポット。オークラレストランスカイキャロットなどがあり、絶景を眺めながら食事を楽しめる。

世田谷で糖度抜群!?

ハッピー完熟フルーツ狩り

住宅街に突如現れる農園！ 世田谷でこんなに果物狩りができるとは。
取りたては甘さも格別なので、情報を駆使し季節の収穫体験をぜひに♪

数種のいちごを食べ比べ！

世田谷いちご熟

● せたがやいちごじゅく

世田谷区初となる高設栽培システムを導入した衛生的な環境で、いちご狩りが楽しめる。化学農薬を極力減らした栽培に取り組み、完熟いちごが練乳付きで30分食べ放題。右記以外にも数種の品種が食べられるのもうれしい。

MAP 別冊 P.14-B1

住 世田谷区中町4-32-1　TEL 03-3701-5171
営 1月～6月中旬頃の水・日10:00～16:00 ※体験は専用サイトから要予約（開園前日8:00～予約開始、当日追加枠募集は12:00～13:00にブログで告知）
休 期間中の月・火・木～土
料 中学生以上3000円、2歳～小学生2500円　CC 不可
交 東急大井町線上野毛駅正面口・北口（上野毛通り方面）から徒歩10分、東急田園都市線・大井線二子玉川駅から東急バス目黒駅行きで上野毛まちづくりセンター下車、徒歩約4分または東急田園都市線用賀駅から東急バス田園調布駅行きで中町五丁目下車、徒歩5分

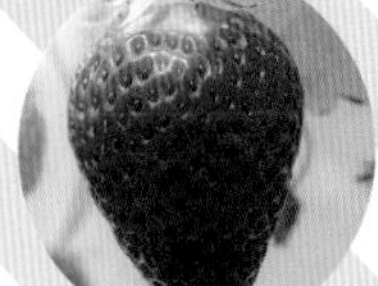

よつぼし

この農園の定番のひとつ。果肉まで鮮やかな赤色が特徴。高濃度で濃厚な味わいが人気

紅ほっぺ

定番品種で実が大きく、香り豊か。比較的硬めだが甘みが強く、酸味もほどよく果汁多め。

廣田隆一さん

両親は隣で農園を営んでおり、いちご栽培は私が始めました。紫外線や炭酸ガスなども使用し、虫や病気の出にくい環境作りを行い、新しい品種の栽培にも積極的に取り組んでいます。

Info 「世田谷いちご熟」の廣田隆一さんは、独学でアートデザインを学んだこともあり、新しい発想でここでの時間が特別なものとなるよう農園ののぼり旗や園内のアートも自分で制作。いちご狩りの間に流れるBGMまで自作のものという。

いちご狩りの方法は？

開園日前日の朝8時から予約受付開始なので、HPの専用サイトから予約をする。メールや電話での受付は不可。予約は開始1分で埋まることも。当日は時間に合わせて訪問し、受付後に練乳を受け取り、いちご狩りを開始。

時間は30分とたっぷりあるため、焦ることなくつみ取りが可能。ひねるだけで簡単に取れて、高設栽培のため、立ったままの姿勢で楽につむことができる。ビニールハウスは品種別に3棟あり、食べ比べなどもしてみたい。

30分の食べ放題で、満足のいく量を食べられる。何もつけなくても十分甘いが、練乳以外にも頼めばチョコレートソースをもらえる。ルイボスティーのサービスもあり。農園ではかわいい豚も飼われており、見学可能。

いちご大福も作っちゃおう！

1 300円で北海道十勝産あずき使用の大福を購入し、いちご大福を作ることができる。

2 気に入った品種で作ろう。大福はいちごの酸味も考慮し、いちご大福用に開発されたもの。

3 摘んだいちごのヘタを取り、あらかじめ切れ目が入れられている大福に入れてみよう。

4 あんがはみ出ぬよう、いちごの半分程度まで押し込んだらできあがり。ほどよい甘味とマッチ。

「世田谷いちご熟」の予約は、開園日当日のいちご狩り追加枠募集が行われることもある。その場合は、12～13時頃にブログで告知。またオリジナルジャム150g600円と冷凍いちご600g1000円の販売も。

ブドウ

砧公園からほど近いブドウ園

山崎ぶどう園

● やまざきぶどうえん

シャインマスカットやブラックビートのほか、糖度が高くてジューシーな藤稔、早熟なサマークイーン、高級なナガノパープルを栽培している。時期によって品種は異なる。ブドウの栽培記録はインスタグラムをチェック。

MAP 別冊 P.18-A1

住 世田谷区岡本1-23-7
TEL 03-3709-6064/080-2266-4755
営 8月中旬（藤稔・ブラックビート・サマークイーン）、9月中旬（シャインマスカット・ナガノパープル） 休 上記以外
料 入園無料、もぎとった分の量り売り（300円前後／100g、一房600～800g程度が多い） CC 不可
交 東急田園都市線用賀駅南口から徒歩18分、小田急線成城学園前駅から小田急バス・東急バス二子玉川駅行きで六の橋下車、徒歩3分

シャインマスカット
一番人気。大粒で皮ごと食べられる。芳醇であと味さわやか。9月に味覚狩り可能

ブラックビート
藤稔とピオーネをかけ合わせたブドウ。甘すぎずフルーティ。8月に味覚狩り可能

地元で愛されるブドウ園

田中ぶどう園

● たなかぶどうえん

高品質で大粒なブドウが揃う人気のブドウ園。毎年8月に開催されるブドウ狩りは、オープン前に行列ができて1日で終了することもある。ブドウの成長記録やブドウ狩りの開催日は、SNSをチェックしよう。

MAP 別冊 P.18-B2

住 世田谷区上野毛2-23 TEL 非公開
営 8月の限定日（X、区報などで告知）
休 上記以外
料 入園無料、もぎとった分の量り売り（300円前後／100g、一房600～800g程度が多い） CC 不可
交 東急大井町線上野毛駅正面口から徒歩8分

シャインマスカット

藤稔
ピオーネと井川682から作られた品種。巨峰よりも糖度が高い

ナガノパープル
巨峰とリザマートから作られた品種。濃厚な甘味とほどよい酸味

せたがやそだち

世田谷で生産された農作物のイメージアップとPRのため、区内で生産された野菜、フルーツ、花のパッケージに表示できるロゴマーク。この目印があると、世田谷で育った新鮮で安心安全な農作物ということ。ロゴマークは1999年12月に作成され、キャッチフレーズ「せたがやそだち」と大地に生える双葉をモチーフにしている。

世田谷ブドウ研究会

1985年（昭和60年）7月に、世田谷区内のブドウ農家によって発足した団体。東京都農業改良普及センター、世田谷区役所、JA東京中央、JA世田谷目黒の協力のもと、栽培技術の研修を行っている。現在は11園が登録。ロゴマークは、2008年に作成。毎年8月には、フォトコンテストを開催している。

取れたてのフルーツをその場で食べたいときは、保冷剤を入れたクーラーボックスを用意しておくと、冷やしたフルーツを食べられる。ただし、園によってはクーラーボックスの持ち込みを禁止しているので、訪問前に確認しておくと安心。

ブルーベリー

住宅街にあるブルーベリー農園

植松農園

● うえまつのうえん

毎年7月上旬から8月中旬にブルーベリー狩りを開催。甘味が強くて酸味控えめのティフブルーをはじめ、マイルドなブライトウェル、濃厚な味わいのバルドウィン、さわやかでバランスがよいパウダーブルーが取れる。

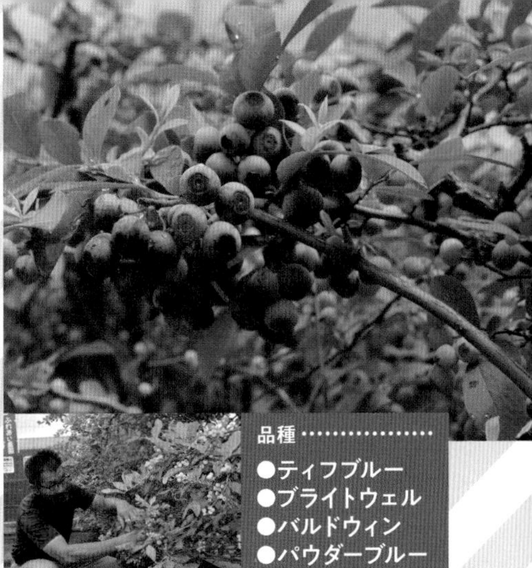

MAP 別冊 P.9-B4

住 世田谷区八幡山1-25　TEL 非公開
営 7月初旬〜9月10日の毎週木・日9:30〜最終受付11:30　※当日の収穫分がなくなり次第終了、日程は変動の可能性あり　休 期間中は月〜水、金・土
料 もぎとった分の量り売り（250円／100g）
CC 不可　交 京王線八幡山駅から京王バス船橋七丁目行きで終点下車、徒歩約7分

品種
●ティフブルー
●ブライトウェル
●バルドウィン
●パウダーブルー

ナシ&リンゴ

都内唯一のナシ＆リンゴ農園

内海果樹園

● うつみかじゅえん

もとはサツマイモを育てていた土地で、ナシとリンゴを栽培している。ナシは、甘味が強い幸水、酸味がさわやかな豊水、大粒の青ナシ・秀玉、歴史ある赤ナシ・長十郎の4種類。リンゴは5種類を栽培している。

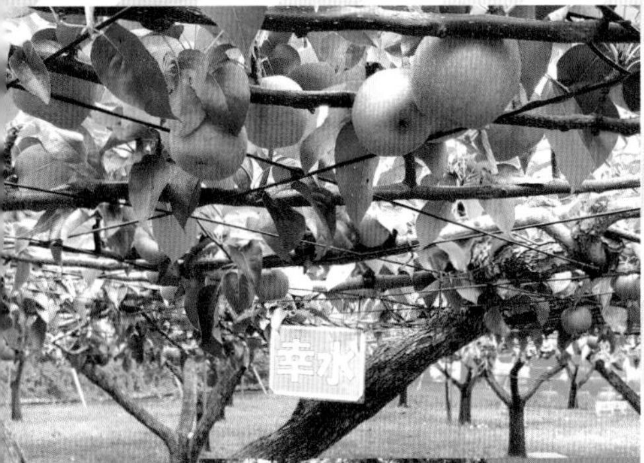

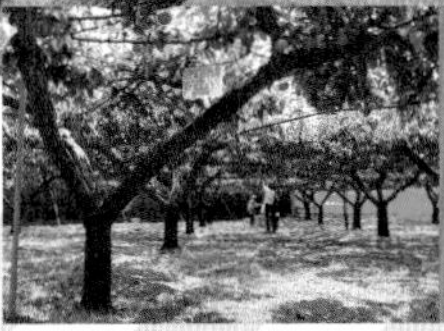

MAP 別冊 P9-B3

住 世田谷区千歳台4-10　TEL 070-8382-5945
営 ナシ8月初旬〜下旬、リンゴ9月中旬〜11月の限定日　※予約はfacebookで受付
休 上記以外
料 1kg1000円　CC 不可
交 小田急線千歳船橋駅から小田急バス経堂駅行きで千歳台四丁目下車、徒歩約2分

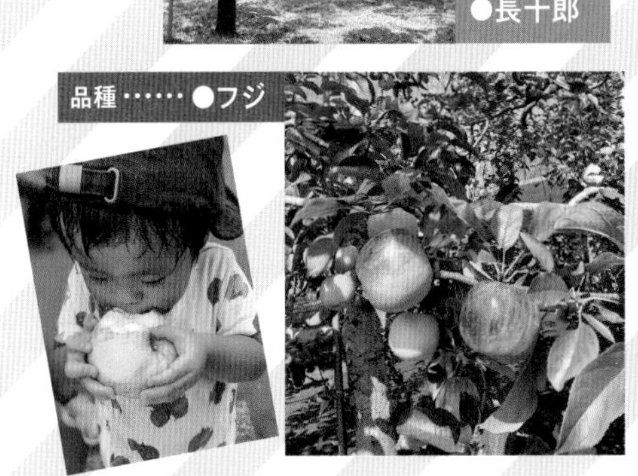

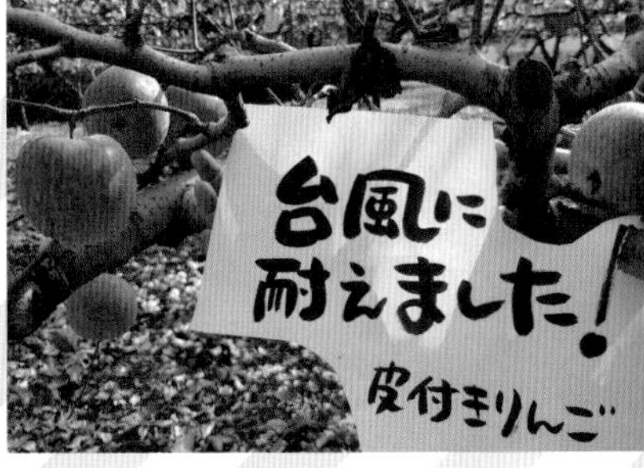

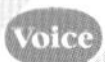

品種
●幸水
●豊水
●秀玉
●長十郎

品種……●フジ

Voice 「内海果樹園」ではナシ狩りのほかに、同じ農園で育った野菜の収穫体験もしています。トマト、ブロッコリー、キャベツなどなど。新鮮でおいしいので毎年楽しみにしています。（世田谷区・A）

外壁のかわいい水色に庭の緑がよく映える

日本の近代建築って？

幕末から第2次世界大戦前後に造られた建築物。外国人居留地に異人館が立ち、大工の棟梁が見よう見まねで日本在来の技術を使い西洋館を建築した。日本政府の招聘に応じて明治10(1877)年に来日した建築家ジョサイア・コンドルは、鹿鳴館などを手がける傍ら、現・東京大学建築学科で教鞭を執り、辰野金吾や片山東熊など数多の建築家を育てため、「近代建築の父」と呼ばれている。

歩き方的

洋館萌え注目のレア遺産

世田谷近代建築 7選

魅惑の近代建築のなかでも
公開している7軒をご紹介！

※不定期公開や予定も含む

解体を免れた洋館は
ギャラリーやカフェへ

No.1 旧尾崎テオドラ邸

宮の坂駅

きゅうおざきておどらてい

二階窓の上部だけ白く、目を引く水色の板壁とグレーの和瓦の屋根がしっくりなじむ

人知れず取り壊されようとしていた

豪徳寺の住宅街にたたずむ水色の洋館は英国生まれの令嬢テオドラのため、父である尾崎三良男爵が明治21（1888）年に東京・麻布に建てた邸宅だと推察される。テオドラはのちに「議会政治の父」と呼ばれた東京市長・尾崎行雄と結婚した。1932年にテオドラが亡くなると、翌年英文学者が購入し、今の場所に移築された。

1978年から約7年間、写真家・島尾伸三氏と潮田登久子氏夫妻と娘のエッセイスト・しまおまほ氏も2階の1室を借りて暮らし、転居したのちも2019年まで1室借りていたという。まほ氏のエッセイ『まほちゃんち』には旧尾崎テオドラ邸で過ごした日々が描かれている。関東大震災や戦禍にも耐え抜いた洋館だったが、水面下で取り壊しの話が進んでいた。

ていねいに造られたことが伝わる、
シンプルながら重厚な造り

危機を乗り越えた洋館のこれから

『天才柳沢教授の生活』などの作品で知られる、世田谷在住の漫画家・山下和美氏はX（旧Twitter）で洋館の保存を呼びかけた。賛同の声は多く届いたが、買い取り価格は巨額で難航。期限が迫るなか、漫画家・笹生那実氏が保存運動に加わり、同業の夫・新田たつお氏より一時支援を受け、解体は免れた。クラウドファンディングも行われ、多くの人が楽しめる場所にしたいと奮闘中。

柔らかい陽光が降り注ぎ、壁と床に上げ下げ窓の影を映し出す

MAP 別冊 P.10－C1

住 世田谷区豪徳寺2-30-16　URL ozakitheodora.com
i 2024年3月オープン予定（2024年2月プレオープン予定
交 東急世田谷線宮の坂駅から徒歩6分、小田急線豪徳寺駅から徒歩8分

日本の職人が手がけたであろう階段の手すりや扉にも、さり気なく意匠が施され気品を感じさせる

旧尾崎邸の保存プロジェクトがマンガに

作者が旧尾崎邸の家主になるべく、保存プロジェクトを立ち上げるまでの詳細が描かれている。地域に開かれた施設にするため、耐震補強工事や維持管理に費用はかかり、クラウドファンディングを行うも、資金難は続いている。

『世田谷イチ古い洋館の家主になる』1～3巻

東京市長時代の尾崎行雄は大正元（1912）年に日米友好の証としてワシントンのポトマック河畔に約3000本の桜を寄贈。日本には40本のハナミズキが贈られ、世田谷区深沢の都立園芸高校に1本が残る。

旧山田家住宅の創建当初からあったと考えられている、来客用の表玄関に施された幾何学模様と花をあしらったステンドグラス

学園町に建てられた
モダンな洋館

手前に柱を置かない開放的な玄関ポーチ

部屋や廊下の床は、種類が異なる小さな木片を組み合わせて模様にした4種類の寄せ木張りになっている

No.2 成城みつ池緑地・旧山田家住宅

成城学園前駅 ●せいじょうみついけりょくち・きゅうやまだけじゅうたく

成城学園が関東大震災を契機に東京市牛込区（現・新宿区）より移転。学園後援会が区画整理と分譲を行い、生徒の家族が住む家など良質な住宅が建てられた。1937年頃に建築された旧山田家住宅はアメリカ帰りの事業家・楢崎定吉が施主の洋館。GHQの接収を経て1961年に水墨画家・山田耕雨が購入した。貴重な自然が残る、成城みつ池緑地が広がる国分寺崖線（がいせん）上にある。2015年に建物が世田谷区に寄贈され、翌年に世田谷区指定有形文化財へ。現在は（一財）世田谷トラストまちづくりに管理委託され、成城みつ池緑地・旧山田家住宅として一般公開。

MAP 別冊 P.8－C2

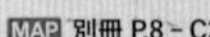

住 世田谷区成城4-20-25 TEL 03-3789-6111（世田谷トラストまちづくりビジターセンター） 営 9:30～16:30 休 月（祝日の場合は翌平日） 料 無料 交 小田急線成城学園前駅北口または西口から徒歩7分

1階居間。窓の多くはこの上げ下げ窓でデザインを統一している

「（一財）世田谷トラストまちづくり」とは？

2006年に財団法人せたがやトラスト協会と財団法人世田谷区都市整備公社を一般財団法人として統合。みどりの保全やまちづくりなど、それぞれの専門性を継承し、発展させるため、後世に遺すべき貴重な建物や庭園、緑地などを世田谷区や多様な団体と連携し、維持管理はもちろんイベントを開催するなど積極的に利活用にも取り組む。

Info みつ池緑地の豊かな緑が望める旧山田家住宅の1階にて、1日10名限定でカフェが楽しめる。12:30～15:00（L.O.14:30）。コーヒーと紅茶各200円のほか焼き菓子付きセットは各350円。

上は寝室隣のサンルーム。窓から四季折々の庭や緑地、晴れた日は富士山が望める。下は暖炉のマントルピースのある、寄せ木フローリングの書斎。なた削りの黒壁や太い梁と柱が骨太な印象

和洋折衷の木造建築なのに外観は茅葺き古民家を彷彿

部屋ごとに趣が異なる
唯一残った別邸

No.3 瀬田四丁目旧小坂緑地(旧小坂家住宅)

二子玉川駅

●せたよんちょうめきゅうこさかりょくち(きゅうこさかけじゅうたく)

世田谷南西部の岡本から瀬田、上野毛にいたる国分寺崖線は景勝地として知られ、明治末期から昭和初期にかけて政財界人の別邸が集まるようになる。そのなかでも長野県出身の実業家兼政治家・小坂順造が1937年に建てた別邸が唯一、当時の姿で現存。自然と建物が一体となった緑地空間にあり、当時最高級の技術と建材を駆使し、部屋ごとに意匠や趣が異なる。本宅が空襲で焼失した後は家族で暮らしていた。1996年に公園用地として世田谷区が土地を購入し、建物は遺族から寄贈。現在は(一財)世田谷トラストまちづくりが管理を受託し、1999年には世田谷区指定有形文化財に指定された。

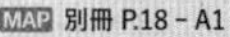

MAP 別冊 P.18 - A1

住 世田谷区瀬田4-41-21 電 03-3709-5471(旧小坂家住宅現地事務所) 営 9:30～16:30 休 月(祝日の場合は翌平日)、年末年始 料 無料 交 東急田園都市線・大井町線二子玉川駅西口から徒歩20分

左は防火扉が付いた鉄筋コンクリート造りの内蔵。右は更衣室に皇室御用達カガミクリスタル製造の鏡台

ココに注目!

入側の10.6mある1本ものの京都北山杉の磨き丸太の縁桁に圧倒される。右は6畳の茶室で天井はガマの茎で編まれ、桁には檜の丸太を使用

Info 東京池之端に住んでいた日本画家・横山大観が疎開のため、かつて小坂緑地にあった茶室に来たのは1945年3月9日のこと。翌3月10日は東京大空襲により横山大観宅は焼失。間一髪のタイミングで命拾いした。

上は1982年に増築された庭にせり出すような書斎。吉田氏の弟子が設計。右上は庭が望める居間の大開口。右下の門の屋根と松越しに見える母屋の屋根が重なり合い調和している

美と住み心地を備えた
和モダンな邸宅

成城五丁目 猪股庭園

成城学園前駅 読せいじょうごちょうめ いのまたていえん

（財）労務行政研究所の理事長を務めた猪股夫妻の旧邸宅。成田山新勝寺大本堂や五島美術館などを手がけた、文化勲章受章の建築家・吉田五十八が設計した。武家屋敷を思わせる100坪の木造平屋建ての建物の屋根は、小さな屋根を重ねることで洗練された印象。庭に面した部屋は雨戸や網戸などの建具をすべて引き込み戸に仕舞うことができ、部屋から眺める庭は1枚の絵画のよう。採光や風通しにも考慮し、美しさと住み心地のよさを備えた建築家の技が随所に光る。夫妻亡き後、遺族が世田谷区に寄付をしたもので、（一財）世田谷トラストまちづくりが維持管理し一般公開している。

夫人の部屋にある三脚チェアは吉田五十八のデザインで当時のまま

ココに注目！

雨戸や網戸など計8枚の建具を引き込み戸にした職人技が光る厚みのある鴨居がスゴい！

MAP 別冊 P.8－C2

住 世田谷区成城5-12-19　TEL 03-3789-6111（世田谷トラストまちづくりビジターセンター）　営 9:30～16:30　休 月（祝日の場合は翌平日）　料 無料　交 小田急線成城学園前駅北口または西口から徒歩7分

水屋と客座と点前座を一畳に詰めた一畳台目の茶室

茶室は玄関に近い庭園に面した広い「勁松庵」もあり

庭園にはアカマツや梅、モミジをはじめとする樹木が植栽され、庭に面した場所にはスギゴケが植えられている。四季折々楽しめる回遊式の日本庭園だが、毎年1月と8月は庭園保護のため、散策は休みになる。

駒澤大学 禅文化歴史博物館（耕雲館）

駒沢大学駅

●こまざわだいがく ぜんぶんかれきしはくぶつかん（こううんかん）

旧新橋演舞場や銀座ライオンビヤホールなどを手がけた、建築家・菅原榮蔵が設計。建築の巨匠フランク・ロイド・ライトの影響を受け、スクラッチタイルや直線を巧みに組み合わせた手法を多用している。1928年に図書館として造られ、1999年に東京都選定歴史的建造物になった。駒澤大学開校120周年記念事業として2002年に「禅・仏教の文化と歴史」を伝える博物館として生まれ変わった。

個性豊かな造形美！

異彩を放つ折板構造のユニークな博物館

頑丈な鉄骨鉄筋コンクリート造りで折れ曲がった屏風を彷彿させる唯一無二のデザイン

MAP 別冊 P.14－A2

住 世田谷区駒沢1-23-1駒澤大学駒沢キャンパス内
TEL 03-3418-9610
営 10:00～16:30（入館は閉館15分前まで）
休 土・日・祝、大学の定める休館日　料 無料
交 東急田園都市線駒沢大学駅駒沢公園口から徒歩11分

中央ホールの高さ約10mの天井には幾何学模様のステンドグラスがあり、柔らかな光が館内に差し込む

1階ファサード中央上の鋭角の三角形を重ねた意匠

旧図書館閲覧室はテラコッタ装飾を多用しレトロモダンな印象

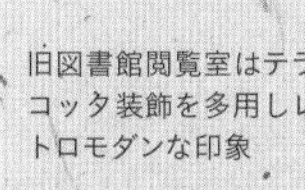

仙川のSETAGAYA Qs-GARDENの2軒もチェック！

SETAGAYA Qs-GARDENは半世紀の間、第一生命福利厚生施設だった森に誕生した複合施設。

光風亭 ●こうふうてい　仙川駅

旧馬場邸と称されるモダンな近代建築

東京中央郵便局や大阪中央郵便局などモダニズム建築を残した吉田鉄郎が設計。1937年に富山県出身の海運業で財をなした馬場家の別邸として建設。一部をコミュニティカフェとして利用できるほか、有料でスペースレンタルも行っている。

MAP 別冊 P.8－B2

No.7 蒼梧記念館 ●そうごきねんかん　仙川駅

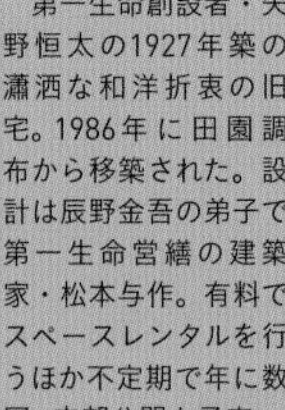

旧矢野邸と呼ばれる瀟洒な和洋折衷

第一生命創設者・矢野恒太の1927年築の瀟洒な和洋折衷の旧宅。1986年に田園調布から移築された。設計は辰野金吾の弟子で第一生命営繕の建築家・松本与作。有料でスペースレンタルを行うほか不定期で年に数回、内部公開も予定。

住 世田谷区給田1-1 SETAGAYA Qs-GARDEN内　URL www.setagaya-qgtm.info/
i 2023年3月25日オープン（詳細はHP要確認）　交 京王線仙川駅から徒歩10分

Voice 駒澤大学耕雲館には全高2.5mのお釈迦様が鎮座。坐禅や写経の体験やおみくじができます。鳴らし物と呼ばれる禅寺の楽器も触って音が出せます。お子様も大歓迎（駒澤大学 禅文化歴史博物館広報担当・山下）。

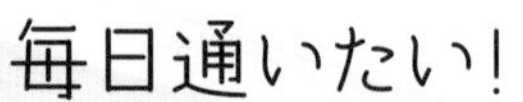

毎日通いたい！
個性派銭湯&日帰り温泉&とっておきサウナ

区内に約20軒ある銭湯から厳選。温泉、サウナも必見！

銭湯絵師・中島盛夫氏による富士山。2021年の新作

座ったまま髪を乾かせる「おかまドライヤー」、風呂上がりはコーヒー牛乳やビールで一杯！

銭湯 上北沢駅 北沢湯

●きたざわゆ

明るく清潔な空間 炭酸風呂で憩う

1929年創業。3代目の女将さんがあたたかく迎えてくれる。お風呂は、バイブラ、ハイパワージェットのほか、銭湯では珍しい高濃度人工炭酸泉も導入。炭酸を発生させる湯は、弱酸性の水質で美肌効果が期待できる。風呂上がりは、マッサージチェアやテレビのある休憩所でゆっくり過ごそう。

MAP 別冊 P.9－A4

住 世田谷区上北沢4-10-11 TEL 03-3302-5265 営 15:30～23:00 休 水（祝の場合は翌日） 料 12歳以上520円、6～12歳200円、6歳未満100円 CC 不可 交 京王線上北沢駅北口から徒歩2分

2018年にリニューアルオープン。上北沢駅から線路に沿って歩くと、宮造りの建築が見えてくる

高濃度人工炭酸泉。タイルを彩る錦鯉

清潔感のある脱衣所。バスタオルは100円で貸し出し。化粧水、歯ブラシなども販売している

Info 東京都浴場組合に加盟する銭湯約450軒で使用できる、「都内共通入浴券」10枚4700円がお得！ 各銭湯のフロントや番台で購入できるので、銭湯巡りをしてみたい人は要チェック。

銭湯 月見湯温泉

下高井戸駅

つきみゆおんせん

目玉は約40度のメタケイ酸フェロフェリイオンの天然温泉。関節痛や疲労回復などに効果的で体が温まり肌触りもなめらかになる。しかも、水風呂もかけ流しの天然冷泉。白湯の浴槽には立湯と座湯のハイパワージェット、ポイントマッサージャー、電気風呂もあり種類豊富な湯を楽しめる。

MAP 別冊 P.10 - B1

住 世田谷区赤堤5-36-16　TEL 03-3321-6738　営 15:30〜23:00　休 月、火　料 大人 520円、中学生420円、小学生200円、未就学児100円（サウナは入浴料＋500円）　CC 不可　交 京王線・東急世田谷線下高井戸駅西口から徒歩6分

創業は約60年前。昔ながらの銭湯の姿を残す千鳥破風の宮造りの屋根が印象的

女湯のサウナは月ごとにハーブの香りが替わる。男湯側にはテラスがある

天然温泉&冷泉と白湯を満喫

白湯の浴槽は備長炭入りで湯が柔らかいと好評です（2代目の近藤芳之さん）

浮世絵・興津宿 興津川をもとにした男湯のタイル画

広くて清潔な脱衣所にはソファがある

軟水風呂で肌はつるスベ

銭湯 増穂湯

千歳烏山駅

ますほゆ

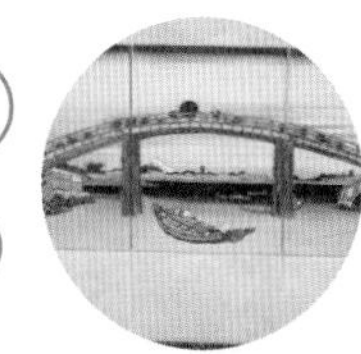

タイル画は『冨嶽三十六景』の深川万年橋下

“水の宝石”といわれている軟水風呂が自慢。井戸からくみ上げた水をろ過し軟水を作りあげている。pH値8.4のアルカリイオン水を沸かした湯は泡立ちがよく、皮膚の新陳代謝が促され肌はつるつるスベスベになると好評。コンフォートサウナも完備。掃除が行き届いた館内でゆったりとくつろげる。

MAP 別冊 P.16 - C1

住 世田谷区南烏山5-21-15　TEL 03-3300-2664　営 14:45〜22:00　休 金　料 大人520円、中学生200円、未就学児100円（サウナは入浴料＋200円）　CC 不可　交 京王線千歳烏山駅から徒歩2分

毎週土曜日は“玉露・カテキン風呂”で、至福の時間を過ごせる

この地に開業したのは1954年。駅近くにある老舗銭湯で青色の瓦屋根が目印

「月見湯温泉」の女湯のタイル画は、飛脚が描かれた歌川広重作・『東海道五十三次』の“平塚 縄手道”。「増穂湯」の湯は軟水で主浴槽にはバイブラがあり、水枕のあるリラックスバスにはジェット機能が付いている。

中庭を望む内湯。©Photo by Nakasa & Partners

ヒバの半露天風呂はプライベート感たっぷり

芦ノ湖温泉の湯も世田谷で

温泉

世田谷代田駅

由縁別邸 代田

●ゆえんべってい だいた

箱根・芦ノ湖温泉の源泉から運んだ湯を半露天風呂で楽しめる。女湯は、淡路島の香りアーティストIZUMI KAN氏プロデュースのオリジナルアロマを使ったミストサウナ、男湯にはドライサウナも。軽食やスパのセットプラン（2日前15時までに要予約）も人気。

MAP 別冊 P.17 - C3

住 世田谷区代田2-31-26　TEL 03-5431-3101　営 9:00～13:00（最終入場12:30）、土・日・祝～14:00（最終入場13:30）、16:00～22:00（最終入場21:30）　休 無休　予約 HPから要予約　料 午前日帰りプラン 温泉＋茶寮2名6700円、午後日帰りプラン2名温泉＋茶寮7700円　CC ADJMV　交 小田急線世田谷代田駅東口（IC専用）から徒歩すぐ、西口から1分、小田急線・京王井の頭線下北沢駅南西口から徒歩8分

2020年9月にオープンした温泉旅館。館内に割烹、茶寮、離れにスパも

サウナ

桜新町駅

lagom sauna

●らーごむ さうな

フィンランド式個室サウナ

2023年4月にオープン。熱した石に水をかけて蒸気を発生させる（ロウリュ）個室サウナ。着替え、シャワー、サウナ、休憩までを個室で完結できるプライベート空間が好評。フィンランドMISA社のサウナストーブを使う本格派で、照明はその日の気分で調整できる。

ヒノキの香りに包まれるサウナ室。熱した石に水をかけて

ベンチの幅は200cm 。Bluetoothスピーカーで音楽を聴ける

MAP 別冊 P.18 - C2

住 世田谷区桜新町1-25-23 Lien 101　TEL 070-9075-3696　営 10:00～22:30　休 不定休　予約 HPから要予約　料 70分4200円　CC 不可　交 東急田園都市線桜新町駅西口から徒歩4分

バスタオルやシャンプー、洗顔料、化粧水などは完備

さようなら、そしがや温泉21

地元で愛され続けてきた天然温泉「そしがや温泉21」が、2023年3月31日をもって68年の歴史に幕を下ろした。スーパー銭湯の先駆けであり、裸で泳ぐプールなども話題となった。

Info 東京の天然温泉の特徴である「黒湯」は、地層に溶け込んだ太古の海草や植物由来のミネラル分を豊富に含む。なめらかな弱アルカリ性の湯は、高い保温効果、保湿効果が期待できるとされている。

身近な極上リゾートでくつろぐ

THE SPA成城の楽しみ方

①天然温泉

地下1200mから湧き出す炭酸水素塩温泉。ミネラル豊富で美肌の湯とされる「黒湯」を、つぼ湯（天然温泉かけ流し）、露天風呂、内風呂で思う存分楽しめる。

②岩盤浴「STONE SPA」

女性専用の岩盤浴。より効果的に体のコンディションを整えたい人におすすめ。入浴料＋880円。タオルと岩盤浴着付き。予約不要、時間無制限で利用できる。

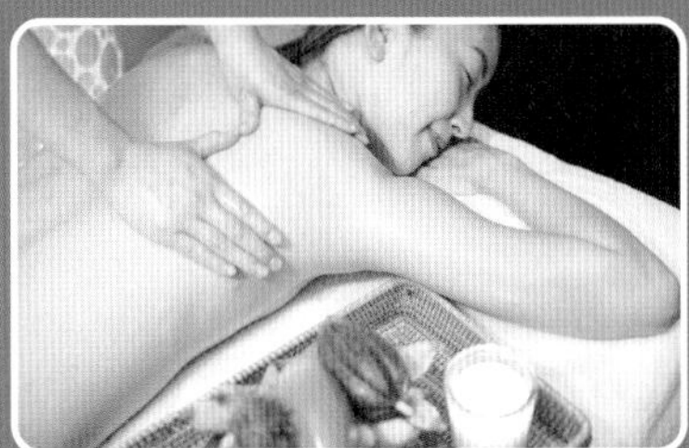

③エステティックサロン OCEAN SPA

フェイシャルケア、バリ式ボディケア、トータルケア、痩身ケア、ネイルケア、美容鍼を受けられる。初回割引あり。男性も利用可能。

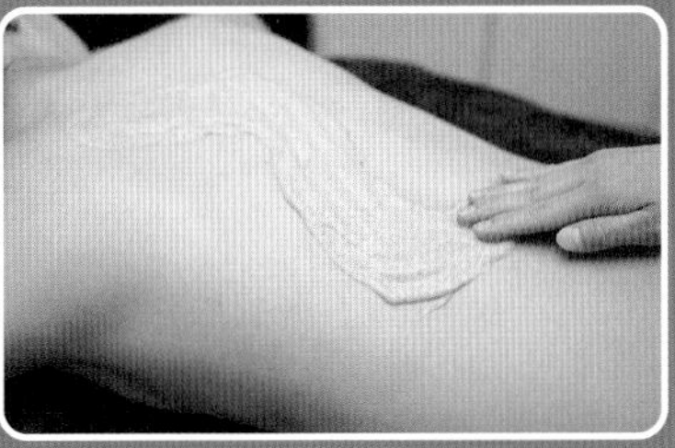

④タラソテラピースパ

フランス・ブルターニュ地方の海水、海藻を利用した「フィトメール」独自のオールハンドのタラソテラピーコースを受けられる。全身の海泥パックもおすすめ。

⑤サウナ

女湯にある「黄土サウナ」は、壁面に用いた黄土が放出する成分によって老化防止や解毒作用も期待できる。そのほか「塩サウナ」や「スチームミストサウナ」も人気。

千歳船橋駅

THE SPA成城

●ざ すぱせいじょう

自慢の天然温泉「黒湯」が楽しめる露天風呂のほか、都内最大級の内湯、岩盤浴やタラソテラピーなど多彩なスパメニューを受けられるスパリゾート。天然岩塩を壁面に使ったリラクゼーションルームや、気分に合わせて和・洋・中を選べる食事処「スパ・ダイニングいこい」もあるので、1日かけてゆっくり満喫できる。

MAP 別冊 P.9－B3

住 世田谷区千歳台3-20-2 セントラルウェルネスタウン2階　TEL 03-5429-1526　営 10:00～23:00（最終入場22:30）、朝風呂：土・日・祝のみ7:00～10:00　休 無休　料 1時間：880円、土・日・祝1100円。5時間：1320円、土・日・祝1740円、3歳～小学生660円、土・日・祝790円　CC ADJMV　交 小田急小田原線千歳船橋駅北口から徒歩15分

Voice 「THE SPA成城」は駐車場227台分完備で、車でのアクセスもできるため家族やグループで訪れることも多いです。（世田谷区・Y）

世田谷観光ボランティアガイドと

もっとディープに世田谷を楽しむ

地域の歴史や情報に精通した
世田谷観光ボランティアガイドと行けば
町歩きはもっと楽しく、さらに充実！

この日のコースは約3km ／3時間

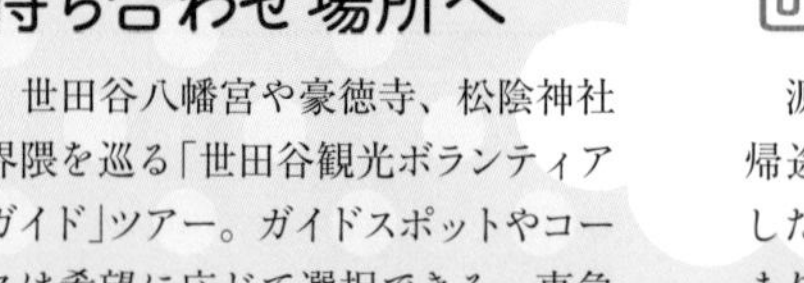

10:30

旧玉電車両を目印に待ち合わせ場所へ

世田谷八幡宮や豪徳寺、松陰神社界隈を巡る「世田谷観光ボランティアガイド」ツアー。ガイドスポットやコースは希望に応じて選択できる。東急世田谷線「宮の坂」駅のホームに隣接する、旧玉電車両近くの「宮坂区民センター前広場」が集合場所。

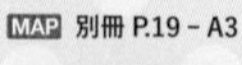
MAP 別冊 P.19－A3

研究熱心なガイドによる自作の案内板がわかりやすいと評判

10:35

まずは名所の世田谷八幡宮

源頼朝や足利尊氏の祖先・源義家が戦の帰途に豪雨に遭い、この地に10日ほど滞在した際、八幡大神の分霊を勧請したのが始まり。世田谷城主・吉良氏も崇拝していた。赤穂浪士で知られる吉良上野介は三河吉良氏で世田谷吉良氏は分流ともいわれる。

MAP 別冊 P.10－C1

「江戸三大相撲」名所のひとつ。境内に土俵があり秋に奉納相撲が開催。力比べに使われた「力石」や近所の花店が奉納する花の「花手水」もある

世田谷総鎮守として親しまれている世田谷八幡宮。「江戸三大相撲」にちなんだ御朱印には相撲の図柄の赤いスタンプが付く。かわいい力士が描かれた絵馬もある（→P.60、130）！

11:15

招き猫伝説が残る 豪徳寺

彦根藩主・井伊直孝は門前の猫に導かれて寺に寄ると嵐になり、雷雨に遭わずに済み和尚との話も楽しめたという伝説がある。豪徳寺は直孝の支援を受けて再興し、のちに福を招いた猫を「招福猫児」（まねきねこ）として招福殿が建立された。

MAP 別冊 P.10－C1

紅葉スポットでも知られ墓所では豪徳寺を再興した井伊直孝が眠る

「招福観音菩薩立像」が安置された「招福殿」近くの奉納所に極小サイズから特大サイズの「招福猫児」が並び圧巻。外国人観光客にも人気で連日にぎわう

11:40

ありし日をしのび 世田谷城阯公園へ

世田谷吉良氏の城郭を一部保存した世田谷区唯一の歴史公園。天正18（1590）年豊臣秀吉の小田原征伐によって小田原北条氏が滅ぼされると、北条氏と親戚関係にあった吉良氏朝は下総国に逃れたため、廃城となった。その後寛永10（1633）年頃に、世田谷15ヶ村は彦根藩井伊家の所領となった。

MAP 別冊 P.19－A3

豪徳寺付近に本丸があり、世田谷城阯公園まで城域が広がっていたと考えられる。土塁や空堀が現存している

11:55

快適な散歩道！ 烏山川緑道

船橋の千歳温水プールから三宿にある北沢川緑道の合流地点まで、全長約7kmの烏山川緑道。緑道沿いには世田谷の歴史とかかわりの深い、豪徳寺や世田谷城阯公園、松陰神社などがある。豪徳寺に近づくと招き猫の石板や看板が増えてくる。

MAP 別冊 P.19－A3

緑道は整備され、四季折々の草花が植えられている。豪徳寺橋付近は道幅が狭くなり、それが逆に情趣を醸し出している

豪徳寺の境内には奉納所以外にも多くの「招福猫児」に出合える。例えば三重塔の1層目には子から亥までの十二支たちがいるが、その中に猫が紛れ込んでいるので目を凝らして探そう！（杉並区・S）

本堂裏に寄棟造り茅葺きの書院があり区指定有形文化財（非公開）

山門の左側に世田谷吉良家の墓所があり右側に美しい竹林と竹垣がある

12:00

世田谷吉良氏菩提寺 勝光院

世田谷吉良氏の菩提寺が近くにあるとガイドさんが教えてくれ、せっかくなので立ち寄ることに。掃き清められた墓地の中央に、歴史を感じさせるたたずまいの世田谷吉良氏歴代の墓所が並ぶ。住宅街奥の高台に鎮座する勝光院は世田谷城を防御する役割も担っていたという。

MAP 別冊 P.19－A3

※世田谷観光ボランティアガイドのツアーには入っていないスポット

12:15

世田谷代官屋敷で江戸に思いをはせる

彦根藩世田谷領20ヵ村（2306石）の代官を世襲した大場家の住居兼役宅。大名領の代官屋敷が現存しているのは都内で唯一。茅葺き・寄棟造りの主屋と表門は国指定重要文化財。代官の仕事は年貢の収納以外にも領内の治安や消防など多岐にわたり、犯罪を取り締まるための突棒などの道具が残る。

MAP 別冊 P.19－A3

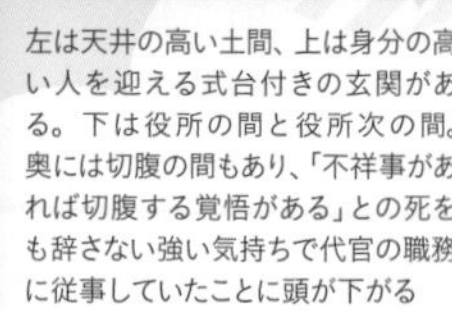

左は天井の高い土間、上は身分の高い人を迎える式台付きの玄関がある。下は役所の間と役所次の間。奥には切腹の間もあり、「不祥事があれば切腹する覚悟がある」との死をも辞さない強い気持ちで代官の職務に従事していたことに頭が下がる

被告人を取り調べる「白洲跡」。玉砂利は当時のもので治安を守ることは大切な仕事のひとつ

Info ボロ市通りの世田谷代官屋敷周辺では、7月中旬の土・日曜に「せたがやホタル祭りとサギ草市」を開催している。区の花・サギ草の展示などもあり、17:00から入れ替え制でホタル観賞ができる。

12:40

吉田松陰を祀る 松陰神社

ガイドツアー最後の場所は維新の先駆者・吉田松陰を祀る松陰神社。討幕をはかる反対勢力を一掃するため、井伊直弼は「安政の大獄」により松陰を含む約100人を処罰した。松陰が主宰した「松下村塾」は高杉晋作や伊藤博文など、明治政府で活躍した人々を多く輩出した。

MAP 別冊 P.19－A4

門下生たちによりこの地に松陰の墓を改葬。現在の社殿は1928年造営

身分や階級に関係なく学べた萩市の松下村塾を模した建物。神社は学問の神様としても人気。右は30歳で亡くなった松陰の坐像

ツアー後に

足を延ばして三軒茶屋へ

ツアー後は東急世田谷線で三軒茶屋へ。江戸時代中期に人気を博した「大山詣で」の際、旅人の憩いの場となった三軒の茶屋があり、地名になったといわれる。駅に隣接してキャロットタワーが立つ一方で、戦後闇市だった名残の下町風情も魅力。

町のランドマーク的存在のキャロットタワーは人参色からネーミング

世田谷区在住のガイドです。参加していただいた方に喜んでいただけるよう、幅広い知識とネタ集めのため、日々歩いて楽しく勉強しています。歴史以外にもグルメ情報の希望などありましたら、聞いてください！

世田谷観光ボランティアガイド
横須賀育子さん

世田谷観光ボランティアガイドを利用してみよう

TEL 03-3411-6715（公益財団法人世田谷区産業振興公社 ボランティアガイド担当）
営 10:30～17:00（ガイド利用可能時間）　休 年末年始　料 無料　※対象は原則2名以上のグループ

【申し込み方法】
ウェブサイトにある申込書に記入し、メール、FAX、郵送で下記宛先に提出
URL www.kanko-setagaya.jp/?p=we-page-entry&spot=0246437
✉ kanko@setagaya-icl.or.jp　FAX 03-3412-2340（問い合わせは9:00～17:45）
住 〒154-0004　世田谷区太子堂2-16-7 世田谷産業プラザ4階
公益財団法人世田谷区産業振興公社　ボランティアガイド担当行　※申し込みは利用希望日の2週間前まで

Voice 松陰神社の社務所からご墓所までの間に、人目を引く大きな石燈籠が32基立てられている。松陰を慕った「松下村塾」の門下生だった伊藤博文、山縣有朋、井上馨や縁故者により奉納されたもの。（横浜市・A）

観光しながら楽しめる

東急世田谷線食べ歩き

東急世田谷線

東急電鉄唯一の軌道線。以前は玉電と呼ばれた旧玉川線の一部だったが、1969年5月に同線の渋谷〜玉川(現・二子玉川)間が廃止された際に、三軒茶屋〜下高井戸間が独立して残り、世田谷線となった。車両は低床式の更新車両300系で、連接の2両編成で運行。

世田谷線散策きっぷ

購入当日に限り、下高井戸駅から三軒茶屋駅までの世田谷線各駅で何回でも乗り降りできるおトクなきっぷ。

発売箇所 ● 世田谷線三軒茶屋駅、下高井戸駅※電子乗車券(Q SKIP)も利用可

発売価格 ● 大人380円、子供190円 Q SKIP限定価格360円

有効期間 ● 券面に記載されている有効期間内で1日限り有効

下高井戸駅

世田谷線北端の駅。駅前に下高井戸商店街(→P.68)があり、昔懐かしい総菜店やカフェ、小さな映画館「下高井戸シネマ」(→P.103)もある。

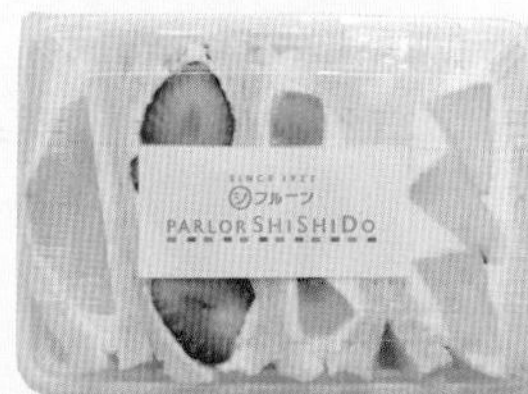

DATA → P.69

パーラーシシド
●ぱーらーししど

100年以上続く青果店。厳選した旬の味覚が並び、名物のフルーツサンドが購入可能。フルーツマイスター資格を持つ店主監修の、フルーツパフェやフルーツバイキングも楽しめる。

訪れるたび新しい味を楽しめる！

美麗●めいりー

ナチュラルな空間で、日本では珍しい台湾コーヒーや台湾茶を味わえるカフェ。一年を通して人気のかき氷990円〜は、季節のフルーツや台湾食材をたっぷり使っている。

DATA → P.240

松原駅

閑静な住宅地が広がるエリア。アジサイの季節には、世田谷線の専用軌道沿いが色づく。駅の近くには赤松公園もあり散策が気持ちいい。

TEA MAISON KoKoTTe
●てぃー めぞん ここっと

上質なセイロンティーを中心に、約40種類の茶葉を扱うティーサロン&ショップ。利用者の好みに合わせて、スタッフが茶葉をおすすめしてくれる。かわいいパッケージの紅茶は、ギフト用にもぴったり。

DATA → P.241

山下駅

小田急線豪徳寺駅すぐそばにある。駅から延びる山下商店街には、個性豊かな130以上の店舗が並ぶ。羽根木公園(→P.113)も徒歩圏内。

たまでんカフェ山下
●たまでんかふぇやました

通称玉電と呼ばれる世田谷線の関連グッズを購入できる、駅直結のカフェ。「たまでんくんポーチ」各1210円や「手作り電車 工作キット ソフレール(小)Nゲージ」510円などを販売している。

MAP 別冊 P.16 - B2
住 世田谷区豪徳寺1-44-5
電 03-5426-3737
営 11:00〜17:00
休 火・水 CC 不可
交 東急世田谷線山下駅直結、小田急線豪徳寺駅から徒歩1分

Info 東急世田谷線を走る300系連接車。300系を設計するときに参考にしたのが先代の連接車200形。1969年に廃車となったが、2005年の冬、200形登場50周年を記念して300系301Fが200形の「玉電カラー」に塗り替えられた。

買い歩き

世田谷線に乗って、個性豊かな商店街や沿線のショップ、レストランをぶらり散策。

下高井戸駅

松原駅

たこ坊 宮の坂店

●たこぼう みやのさかてん

だしが利いた京風たこ焼き専門店。メニューは9種類で、カレー、チーズ、塩ネギなどから選べる。おすすめは、塩こしょう6個600円。ボリューム満点！

住 世田谷区宮坂1-25-3
TEL 03-3420-3933　営 10:00〜19:00
休 木不定休　CC 不可
交 東急世田谷線宮の坂駅から徒歩すぐ
MAP 別冊 P.10-C1

まほろ堂 蒼月

●まほろどう そうげつ

店内でのんびりひと休み♪

線路沿いにある和菓子専門店。日本の伝統を守りながら、親しみやすい店づくりを大切にしている。人気の青豆大福は、自家製のあんと青豆の塩味が絶妙な味わい。季節限定商品も登場する。

DATA → P.295

宮の坂駅

かつて世田谷線で活躍した旧玉電車両が駅前で迎えてくれる。寺院のほか、国史跡に指定された井伊家墓所など歴史的なスポットが多数。

山下駅

豪徳寺
DATA → P.41、112

旧玉電車両 DATA → P.133

世田谷代官屋敷
DATA → P.42、128

宮の坂駅

上町駅

世田谷代官屋敷など数多くの史跡や緑道が点在し、散策が楽しいエリア。年末年始の風物詩、世田谷のボロ市（→P.17、196）はここで下車。

鹿港

●るーがん　DATA → P.287

手作り肉まんの専門店。創業者は台湾で修業をした本格派。じっくり発酵させたふわふわの生地に、肉の食感を楽しめる粗びきの国産豚肉、台湾油ネギなどこだわりの材料を使う。

世田谷区立郷土資料館
DATA → P.134

上町駅　世田谷駅　松陰神社前駅　若林駅　→至三軒茶屋駅

Voice 「世田谷百貨店」ではクリスマスツリーやリボンバッグを作るワークショップなどが行われているので、SNSをチェックしてから訪問するのがおすすめです。（世田谷区・M）

↖至下高井戸

世田谷駅

世田谷区役所や国士舘大学も近い落ち着きのあるエリア。駅前で開かれる楽市楽座では、ミニボロ市や物産直送市、落語などが開催される。

円光院 P.134

宮の坂駅

上町駅

世田谷駅

DATA → P.241

KANNON COFFEE shoinjinja

●かんのん こーひーしょういんじんじゃ

テイクアウトがメインのコーヒーとお菓子の店。自家製シュガードーナツ350円は、週末限定メニュー。しっかり発酵させているので、ふんわり食感を楽しめる。自家製シロップを使った創作ドリンクもぜひ。

松陰神社前駅

おしゃれで個性的な店が次々とオープンする松陰神社通り商店街。幕末の思想家・吉田松陰ゆかりの地でもあり、新旧店舗が融合する。

松陰神社 P.43、60、128

MERCI BAKE

●めるしー べいく

フランス菓子を学んだパティシエ・田代翔太さんが営む焼き菓子店。プレーンのスコーン300円は、定番で大人気。ボリュームもあり。毎日限定のスコーンも数種用意している。期間限定商品もあり。

DATA → P.295

Info 世田谷線は一部の駅を除いて車内で精算する「バス方式」を採用している。上町駅（三軒茶屋方面）と早朝・夜間時間帯、三軒茶屋駅と下高井戸駅を除く各駅では、一番前のドアからのみ乗車可能となる。

年間1万本を売り上げるミルクフランス

若林駅

環七通りを横切る唯一の踏切があり、電車が信号待ちでストップする姿が愛らしい。閑静な住宅街には、こだわりのベーカリーがある。

ラ・ブランジェ・ナイーフ

●ら・ぶらんじぇ・ないーふ

国産小麦と自家製天然酵母で作ったパンが並ぶ。ミルクフランス270円は、香ばしいフランスパンに、コクうまクリームがたっぷりサンドされた人気商品。食べる前に少し焼いてもおいしい。

DATA → P.275

西太子堂駅

三軒茶屋の喧騒と住宅地が交差する。最勝寺は、かつて青山にあったことから目青不動と呼ばれている。境内のチシャノキは樹齢100年以上。

ICHIBIKO 太子堂店

●いちびこ たいしどうてん

「いちごの、いちご好きによる、いちご好きのためのお店」。宮城県にあるイチゴ農園がルーツのスイーツ店。「とっておき いちごバターサンド」4個入り1112円は、ギフトにぴったり。

DATA → P.295

松陰神社前駅
若林駅
西太子堂駅
三軒茶屋駅

キャロットタワー

●きゃろっとたわー

三軒茶屋のランドマーク。商業施設やオフィスフロアから構成される複合ビル。地上124mからの眺望を楽しめ、天気に恵まれれば富士山も見える。展望フロアには、レストランやカフェがある。

DATA → P.156

幸福の招き猫電車

SETAGAYA LINE

2019年に50周年を迎えた世田谷線。周年記念企画のひとつとして、豪徳寺ゆかりの招き猫をモチーフにして、300系の車両全体に招き猫があしらわれた電車が運行中。外装はもちろん、招き猫をかたどったつり革は招きポーズ、床には足跡がデザインされるなど、内装にもこだわり満載。運行時刻表はHPより要確認。

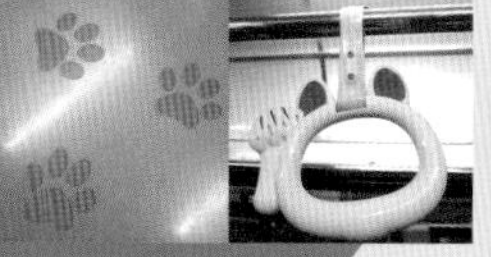

三軒茶屋駅

世田谷線の西端の駅で、田園都市線の乗り換え駅でもある。おしゃれなカフェから昔ながらの居酒屋までバラエティ豊かな飲食店が多い。

世田谷線はここがゴール!

Voice 「幸福の招き猫電車」は、2017年9月の玉電開通110周年記念に誕生したものが初代で、現在のものは2代目です。世田谷線のアイドルみたいな存在で、カメラを構える人が多いです。(世田谷区・Y)

アニメ・漫画・ドラマで訪ねる

ここが世田谷

©Makoto Shinkai / CoMix Wave Films

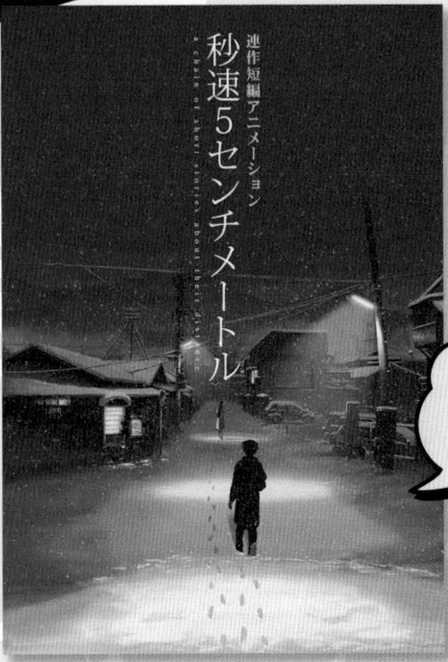

新海誠 監督作品 『秒速5センチメートル』

アニメ映画

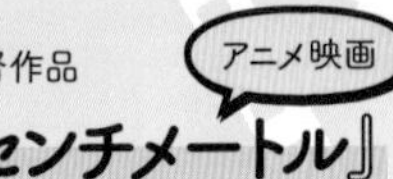

小学校卒業とともに、離れ離れになった遠野貴樹と篠原明里。おのおのがふたりの間だけに存在した特別な思いを抱えていたが、ある日、雪の降るなか、貴樹は明里に会いに行く……。

作品は3本の連作アニメとなっている

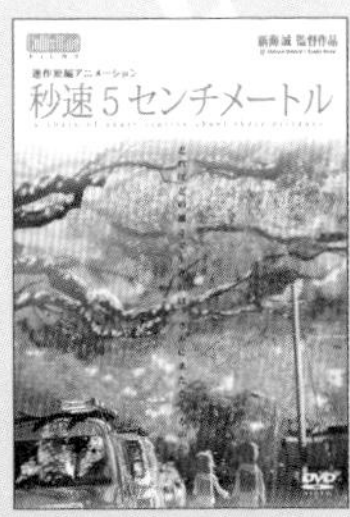

DVD：4180円（税込）
Blu-ray：6050円（税込）発売：コミックス・ウェーブ・フィルム

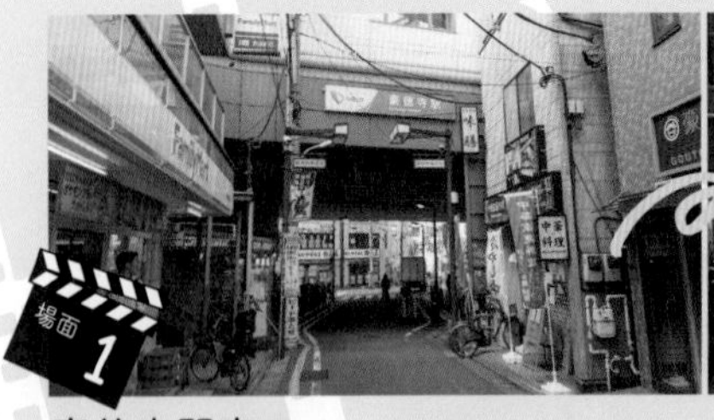

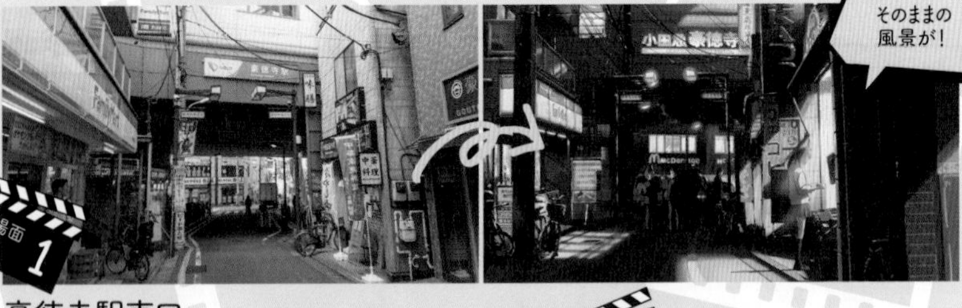

そのままの風景が！

場面1 豪徳寺駅南口

MAP 別冊 P.16－B2

第1話「桜花抄」で中1の貴樹の鹿児島への転校が決まり、岩舟へ明里に会いに行く際に利用する。

住 世田谷区豪徳寺1-24周辺

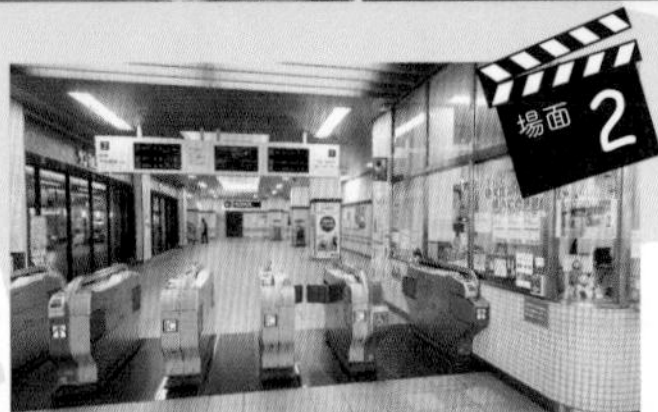

場面2 豪徳寺駅改札

MAP 別冊 P.16－B2

貴樹が利用していた駅で、3月4日の場面でも改札が登場するが、改札機や電光掲示板が現在の実際の様子とアニメで若干変わっている。

住 世田谷区豪徳寺1-43-4

3月4日は午後から雪が！

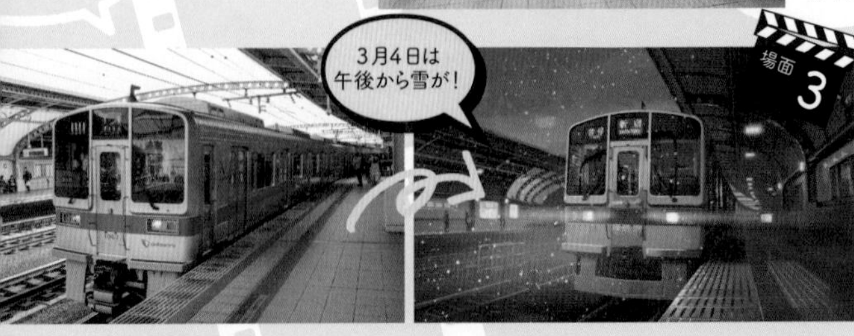

場面3 豪徳寺駅 小田急線ホーム

MAP 別冊 P.16－B2

豪徳寺駅から15時54分発の小田急線に乗り、岩舟へ。

住 世田谷区豪徳寺1-43-4

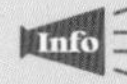

Info 「秒速5センチメートル」は、新宿方面に向かう小田急線も登場する場面があるが、豪徳寺を出発後の乗り換え駅・新宿駅の風景もリアルに描かれている。新海誠監督の映画「君の名は。」に通じる要素も多く両方視聴するとより楽しめる。

聖地巡礼

アニメや漫画やTVドラマなど
世田谷区が舞台となって
印象的な場面に登場した場所を
聖地巡礼して紹介します！

松原駅前コンビニエンスストア周辺

MAP 別冊 P.10－B1

TVアニメ1話で、陸生がアルバイトをしているコンビニエンスストア、「NIKO2 MART」がこのあたりにある想定となっている。

住 世田谷区赤堤2-43

冬目景 監督作品

漫画&TVアニメ

『イエスタデイをうたって』

1998年から累計140万部超えの発行部数を誇る人気漫画。2020年にはTVアニメ化された。フリーターの陸生や不思議な雰囲気の少女・晴、陸生のかつての同級生・榀子、榀子の幼なじみの浪などを中心とした青春群像漫画で、舞台は世田谷区がモデル。

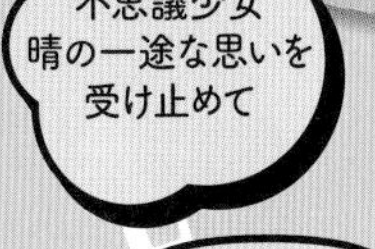

くぬぎ公園

MAP 別冊 P.19－A4

TVアニメ1話で、陸生とカラスを連れた晴が会話をする公園。敷地奥に特徴のあるパンダの遊具がある。周辺は8話などでも登場。

住 世田谷区世田谷4-17-17

若林公園

MAP 別冊 P.19－A4

TVアニメ1話や2話で登場。陸生や榀子、晴がそれぞれ語り合い、陸生が榀子にブランコで友達宣言される公園。さまざまな場面に登場。

住 世田谷区若林4-34-2

世田谷区役所前交差点

MAP 別冊 P.19－A4

TVアニメ3話で、オートバイに乗りバイトの出前中のハルが陸生と出会う場所。周囲の交差点の景色を入れて、何カットも登場する。

住 世田谷区若林4-31

松陰神社

MAP 別冊 P.19－A4

TVアニメ10話で描かれる神社。年越しのシーンとして、ここの鳥居などが出てくる。陸生と榀子は神社近くで食事しながら年を越す。

住 世田谷区若林4-35-1

『イエスタデイをうたって』では、上記以外に世田谷がモデルになっている場面として「代沢せせらぎ公園」や成城学園前駅の近くにある仙川に架かる橋、晴のアルバイト先MILK HALLのモデル店舗などが登場する。

心を読める
七海アオと
秋名が表紙

©『夜桜四重奏〜ヨザクラカルテット〜』ヤスダスズヒト/講談社

ヤスダスズヒト 作

漫画&TVアニメ

『夜桜四重奏〜ヨザクラカルテット〜』

2006年から『月刊少年シリウス』で連載されている漫画。2022年9月で累計430万部超。TV版は2008年版と2013年版〜ハナノウタ〜がある。桜新町(TV版は桜真町)を舞台にした人間と妖怪に巻き起こる奇怪な事件に、女子高生町長のヒメら3人の美少女と青年・秋名が立ち向かう。

場面 1

世田谷駅近くの踏切

MAP 別冊 P.19 - A4

TV2013年版1話のイントロ後すぐ出る場面がココ。東急世田谷線世田谷駅の東側にある踏切で、「通りゃんせ」を歌いながら少女が通る。

住 世田谷区世田谷4-9-20

駅からも
近くにある!

場面 2

世田谷新町公園

MAP 別冊 P.18 - C2

TV2013年版第1話から登場する、比泉秋名が所長を務める「比泉生活相談所」がここに立つ。ヒメやアオ、ことはたちも頻繁に訪れる。

住 世田谷区桜新町2-6-1

場面 3

御嶽橋

MAP 別冊 P.14 - A1

TV版1話の最後で登場し、円神がいた呑川に架かる小さな橋。『夜桜四重奏』に出たことで桜の名所としても知られるようになった。

住 世田谷区深沢7-5-2(西詰)、6-35-2(東詰)

場面 4

世田谷中央教会

MAP 別冊 P.18 - C2

TV2013年版2話に出てくる。「宝々菌」に丼を返しにいくアオが、八重さんなどと出会う教会。実際は、サザエさん通りに立っている。

住 世田谷区深沢1-14-22

駅周辺を
忠実に再現

場面 5

桜新町駅北口

MAP 別冊 P.18 - C2

TV2013年版2話の登校風景などでも出てくる駅の北口。ことはがショートカットしようとする。周辺の建物など、かなりアニメのまま。

住 世田谷区桜新町2-8

Info 2013年から放映されたTVアニメ『夜桜四重奏〜ハナノウタ〜』は、2008年の『夜桜四重奏〜ヨザクラカルテット〜』の続編ではなく、いちからストーリーを作り直し再アニメ化した作品。より漫画を踏襲する形になっている。

生方美久 脚本
『silent』
TVドラマ

2022年10月スタートし一大ブームに

川口春奈、目黒蓮らによる大人気TVドラマ。高校の同級生だった主人公たちの恋愛模様を描き、ブームを巻き起こした。ロケ地となった世田谷区内の世田谷代田駅周辺や、reload、BONUS TRACK周辺などへ、聖地巡礼する人も多い。

『silent -ディレクターズカット版-』Blu-ray&DVD BOX 発売中！
発売元：フジテレビジョン　販売元：TCエンタテインメント　©フジテレビジョン

歩いたのはベーカリー付近

場面1 世田谷代田駅西口改札
MAP 別冊 P.17 - C3

第1話で主人公・紬が別れた目黒蓮演じる想を見かけるのがこの駅。思わず声を掛けるが声は届かず。その後、待ち伏せするのがこの改札。

住 世田谷区代田2-31-12

場面2 reloadの遊歩道
MAP 別冊 P.17 - B4

1話のデートで、鈴鹿央士扮する湊斗が紬に想に会えたかを尋ねるシーンで歩く場所。すでに想の聴力のことを湊斗だけが知っていた。

住 世田谷区北沢3-19-20

場面4 代田富士見橋
MAP 別冊 P.17 - C3

1話で場面3のベンチから思わず逃げる想を紬が追いかけ話しかけるが、聞こえない想が初めて手話で切な過ぎる思いを伝える場所。

住 世田谷区代田3-58先～2-18先

場面3 世田谷代田駅西口改札前ベンチ
MAP 別冊 P.17 - C3

1話で本を読んでいる想が座っていたベンチ。駅正面にあり、ここで紬が落としたイヤホンを偶然想が拾い、ふたりは再会する。

住 世田谷区代田2-31付近

場面5 世田谷代田駅前広場ベンチ
MAP 別冊 P.17 - C3

2話で「パンダ、落ちる」の画像を見て紬が湊斗を待つベンチ。湊斗がここでコンポタ缶を出したことからコンポタ広場とも呼ばれる。

住 世田谷区代田2-19付近

紬と湊斗がデートした場所

場面6 シモキタ雨庭広場
MAP 別冊 P.17 - C3

4話で湊斗とデートしている紬が犬をかわいがって、モフモフなでる場所。奈々と歩いている最中にそれを見かけた想は複雑な気持ちに。

住 世田谷区代沢5-34-11

『silent』のロケ地はほかにもあり、東京農大世田谷代田キャンパスの裏手の歩道や、シモキタ雨庭広場裏手の階段、NANSEI PLUSの遊歩道など、ちょっとした場所に隠れているので、歩いて探してみよう！

東京23区内唯一の自然渓谷！

等々力渓谷をハイキング

都心を走る環状八号線に架かる橋の真下に豊かな湧水と木々に覆われた癒やしの別世界が。

散策アドバイス！

湧水が約20ヵ所あり、ぬかるみが多いため、滑りにくい靴がベター。桜や紅葉シーズンの週末は特に混み合う。緑陰のおかげで夏でも酷暑はしのげるが、虫よけスプレーは必須！

せせらぎが
心地よい

都心に残った木漏れ日注ぐ奇跡の渓谷！

等々力渓谷

●とどろきけいこく

渓谷入口脇の階段を下りると、東京23区内唯一の自然渓谷が出現し、異世界に迷い込んだよう。多摩川水系の谷沢川に沿って1kmほどの遊歩道が整備され、切り立つ崖の両脇に背の高い樹々が生い茂る。渓谷のほぼ真ん中に架かる玉沢橋の頭上を、都内屈指の交通量を誇る環状八号線が走っているが、鬱蒼とした林が外界の喧噪を遮断し、鳥のさえずりとせせらぎの音に癒やされる。敷地内には横穴墓群をはじめ、日本庭園や書院、日当たりのよい芝生公園など、寄り道スポットが点在。

MAP 別冊 P.18 - C1

住 世田谷区等々力1-22番先、2-37〜38番先、中町1-1番先、野毛1-15〜17番先外
TEL 03-3704-4972（玉川公園管理事務所）
営 常時開放
交 東急大井町線等々力駅南口より徒歩3分（等々力渓谷入口まで）

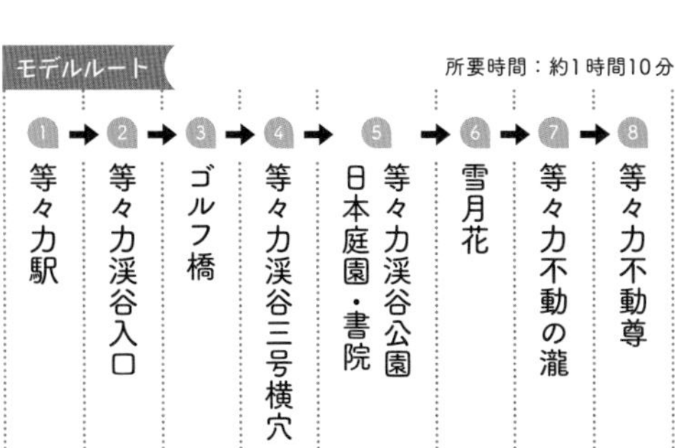

モデルルート　所要時間：約1時間10分

1 等々力駅 → 2 等々力渓谷入口 → 3 ゴルフ橋 → 4 等々力渓谷三号横穴 → 5 等々力渓谷公園 日本庭園・書院 → 6 雪月花 → 7 等々力不動の瀧 → 8 等々力不動尊

1 等々力駅

●とどろきえき

のどかなたたずまいのかわいい駅舎。南北に分かれた構内踏切の中央まで屋根が延び、その下に券売機を備える。南口に設置されたイラスト入りの案内板があるので矢印通りに右側へ進もう。

2 等々力渓谷入口

●とどろきけいこくいりぐち

商店街の道には、石板の等々力渓谷行きの道標があるのでわかりやすい。保存樹木のケヤキ前の道を曲がるとゴルフ橋が見え、橋のたもとに入口の標識がある。階段を下れば渓谷はすぐ。

緑に赤が
目を引く

3 ゴルフ橋

●ごるふばし

かつて8ヘクタールのゴルフ場があったことから命名。渓谷の緑と1961年に架けられた現在のアーチ形をした赤い橋桁のコントラストが鮮やかで、等々力渓谷映えポイントのひとつ。

4 等々力渓谷三号横穴

●とどろきけいこくさんごうおうけつ

東岸崖面には古墳時代末期から奈良時代に造られた地域の有力者を葬る横穴墓群がある。1973年に人骨や耳環が発見された3号横穴ではアクリル板越しに中をのぞくことができる。(→P.63)

「等々力渓谷」は武蔵野台地の南端に位置している台地が、谷沢川によって浸食され形成されたもので、「関東ローム層」、「武蔵野れき層」、「東京粘土層」などの地層を眺めることができる。

陽光が射し込む竹林があり、日当たりのよい芝生公園ではシートを敷いてお弁当もほおばれる

5 等々力渓谷公園 日本庭園・書院

●とどろきけいこくこうえん にほんていえん・しょいん

遊歩道の奥に位置する利剣の橋を渡らず、手前を道なりに進むと立派なかぶき門が出てくる。門をくぐり、石畳の階段園路を上った先にある日本庭園は、「雑木の庭の祖」といわれる造園家・飯田十基が土地の起伏を生かして造ったもの。1961年に棟上げした書院も保存され、室内では等々力渓谷の資料を展示。腰かけるスペースも用意され、お湯やお茶のサービスがあるので、散策途中の休憩に利用したい。

住 世田谷区等々力1-22-26
TEL 03-3704-4972（玉川公園管理事務所）
営 9:00～17:00（11月～2月は9:00～16:30）
休 12/29～1/3
料 無料
交 東急大井町線等々力駅南口より徒歩10分

6 雪月花

ちょっとひと休み

●せつげっか

等々力不動尊本堂へ向かう上り階段の脇にたたずむ和みの甘味処。落雁付きの抹茶をはじめ、土・日曜限定のくず餅や夏限定のかき氷やところてん、冬限定のおしるこなどのメニューを扱う。室内では窓越しに深い緑の景色を見ながら食べられるほか、パワースポットといわれる不動の瀧が望める外の席もおすすめ。本堂の境内にも休憩スポットの「四季の花」があり、コーヒーやソフトクリームが味わえる。

住 世田谷区等々力1-22-47
TEL 03-3705-8137
営 11:00～16:00
休 無休（12月第3月曜～3月中旬までは土・日・祝、2/3のみ営業） CC 不可
交 東急大井町線等々力駅南口より徒歩8分

店前の池で悠々と泳ぐコイ。よい気が流れる不動の瀧を眺めながら、優しい甘味に癒やされる

「せたがや百景」「新東京百景」「東京の名湧水57選」に選定されている等々力渓谷。等々力渓谷保存会では日頃より清掃や水質浄化の活動のほか、子供向けにタケノコ掘りやミカン狩りなども行っている。

学業成就や縁結びの御利益が期待でき、お守りも揃う。龍がいたる所にあり写真は手水舎の龍

展望台もおすすめ

8 等々力不動尊

とどろきふどうそん

真言宗中興の祖である興教大師様が信心する御不動様より、「関東に結縁の地がある」という夢のお告げがあり赴くと夢と同じ渓谷があり、杖で岩に触れると瀧が流れたことより、不動明王が祀られるようになったと伝わる。江戸末期に造られた本堂は趣があり、境内に設けられた木製の展望台からは桜や紅葉など四季折々の景観が楽しめる。「護摩供」や「写経」など日本の伝統や文化に触れられる行事も開催。

住 世田谷区等々力1-22-47
TEL 03-3701-5405
営 常時（札所9:00～16:00）
休 無休
交 東急大井町線等々力駅南口より徒歩8分

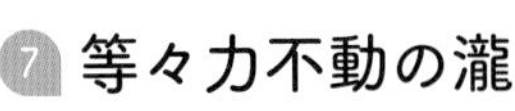

7 等々力不動の瀧

とどろきふどうのたき

利剣の橋を渡った先の、龍頭から流れる二条の瀧からなる不動の瀧は、昔は水量が多く、轟いたことより「トドロキ」の地名の由来になったと伝わる。今も瀧行が行われ、瀧の上の中央部に不動明王が安置されている。ふたつの祠には不動明王と正一位稲荷大明神が祀られていて、瀧の先にある階段を上ると等々力不動尊本堂へたどり着く。

COLUMN

とどろき渓谷ビールでのどを潤して

等々力渓谷のイラストがさわやかな地ビールは、世田谷区と姉妹都市関係にある群馬県川場村「田園プラザ」とコラボしたもの。ヴァイツェンですっきりした味わいが特徴。店飲みが基本でお願いすればテイクアウトも可能だ。等々力商店街振興組合HPで取り扱い店舗を確認しよう。

URL www.todoroki.net

「等々力不動尊」では愛らしい顔をした「不動明王 おみくじ」が人気。お尻の赤い紐を引くとおみくじが出て人形は厄除け開運の縁起物として持ち帰れる。お不動の名前が浮かび上がるお線香もあり。（川崎市・C）

がんばる選手たちにエール！

地元チームを応援しよう！

世田谷スポーツ界の聖地と、世田谷をホストエリアにして活動を続けるラグビーチーム＆女子サッカーチームを紹介！

Go! Go!

公園内で最も規模の大きな設備。設計は村田政真氏によるもの

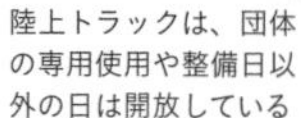

陸上トラックは、団体の専用使用や整備日以外の日は開放している

「JAPAN RUGBY LEAGUE ONE」などがここで開催され盛り上がっている

数多の感動がここで誕生した！

駒沢オリンピック公園総合運動場陸上競技場

●こまざわおりんぴっくこうえんそうごううんどうじょうりくじょうきょうぎじょう

1964年の東京オリンピックでは、サッカーの予選リーグと準々決勝1試合、準決勝1試合が行われ、今でも区民にはなじみ深い競技場。収容人員2万10人のスタンド席を備え、全国高校サッカー選手権大会、過去にはラグビー日本選手権大会、Jリーグの試合など、トップレベルの試合が開催されている。

MAP 別冊 P.14 - A2

住 世田谷区駒沢公園1-1
TEL 03-3421-6199（スポーツ施設予約）
P あり
交 東急田園都市線駒沢大学駅駒沢公園口から徒歩15〜25分

「駒沢オリンピック公園」の約2.1kmのジョギングコースはランナーが非常に多いが、10:00〜15:00頃を避けると快適にランニングできる。

©リコーブラックラムズ東京

リコーブラックラムズ東京

地域に根づくラグビーチーム

●りこーぶらっくらむずとうきょう

1953年創部で、2度の日本選手権制覇を達成している。名称は、チームのシンボルである黒と、常に立ち向かっていく選手たちの姿が勇猛果敢な雄羊（ラム）を連想させることに由来する。コンセプトのひとつに「社会貢献」を掲げており、学校や介護施設での活動やSDGsにも取り組む。

URL blackrams-tokyo.com
URL www.instagram.com/blackrams_official

所属リーグ

2022年に開幕した日本最高峰の大会「JAPAN RUGBY LEAGUE ONE」に所属している。24チームが3つのディビジョンに分かれて、総当たりのリーグ戦となる。

チケット購入方法

「公式チケットショップ」で購入可能。国内ラグビーのシーズンは12月から翌5月頃までとなるが、シーズンオフもさまざまなイベントを開催しているので、公式HPやSNSをチェック！

ファンクラブ

オフィシャルファンクラブ「RAMOVE」がある。特典はホストゲーム観戦チケットの割引やペアチケットプレゼントなど。来場ポイントを貯めれば限定グッズももらえる。U15会員も新設された。

アカデミー

前身はラグビーワールドカップ日本開催に向けた「放課後ラグビープログラム」であり、2021年にU-15を対象としたアカデミーに。2022年からU-10、U-12クラスも開校し、楽しく基礎を学ぶ場を提供。

FOOTBALL

©スフィーダ世田谷FC

URL www.sfida.or.jp
URL www.instagram.com/sfidasetagayafc/

2022 プレナスなでしこリーグ1部チャンピオン

日本No.1の女子サッカークラブ

スフィーダ世田谷FC

●すふぃーだせたがやえふしー

2001年、地元の小学校を卒業した子供たちに、サッカーを続ける環境を提供したいとの思いから設立された。「スフィーダ」はイタリア語で“挑戦”を意味する。現在は、なでしこリーグに所属するトップチームを筆頭に、日本最大規模のアカデミーを有するまでに。選手の活動は、SNSにて更新中！

所属リーグ

現在はアマチュアリーグの最高峰「なでしこリーグ1部」に所属。2011年度「チャレンジリーグ」への参入を果たし、2020年度は「なでしこリーグ2部」優勝。2022年は「なでしこリーグ1部」で優勝。

チケット購入方法

「公式チケットショップ」などで購入可能。試合以外にも「スフィーダ大蔵まつり」などを開催し、世田谷に根ざして地域やフットボールと気軽に触れ合えるイベントも大切にしている。

ファンクラブ

オフィシャルファンクラブ「12メンバーズ」がある。会員証、記念グッズなど最大9種の会員特典あり。ファンクラブで集められた資金は、遠征費、強化費、運営費として活用される。

アカデミー

全国大会常連のジュニアユース（中学生）、ユース（高校生）をはじめ、小学生、ママさん、アイマスクをしてプレイするブラインドサッカー、老若男女問わず楽しめるウオーキングサッカー体験も。

「リコーブラックラムズ東京」はさまざまなコラボ商品を展開しており、他では手に入らない限定商品も多数。新商品も続々と登場するので、公式HPにあるオンラインショップをチェックしよう！

軍隊の医療の貴重な史料を公開してます

＼幕末～終戦の戦争と医学の歴史資料を展示／

自衛隊の彰古館で軍事医療を学ぶ

かつて「軍陣医学」と呼ばれたのが軍隊における医療。医学情報史料館で戦争と医学、平和について考えよう。

戦争と医学をわかりやすく紹介

彰古館

●しょうこかん

陸上自衛隊三宿駐屯地内の衛生学校に併設された史料館で、幕末から第2次世界大戦終戦までの軍事医療の資料を収集・展示。戦災や接収からまぬがれた所蔵史料約1万点のうち、常時400点ほどを展示している。隊員の教育用に整備された施設だが、予約すれば見学可。戦争での兵器の多様化によって、軍隊での医療がどのように発展したかを知ることができる。

MAP 別冊 P.11－C3

住 世田谷区池尻1-2-24 陸上自衛隊衛生学校 TEL 03-3411-0151（内線2405） 営 9:00～12:00、13:00～16:00（要予約。詳細はHPで要確認） 休 土・日・祝、年末年始（臨時休館あり） 料 無料 交 東急田園都市線池尻大橋駅東口から徒歩15分
URL www.mod.go.jp/gsdf/mss/sp/sp6-400-museum.html

見学POINT

- 電話で予約のうえ、希望日の2週間前までに申請書を提出。詳細はHPで確認を。
- 約1時間のツアー形式。思わず引き込まれる解説も魅力。館内での撮影、録音NG。
- 数々の展示品のなかでも明治初期の顕微鏡や世界初の作業用能動義手は注目!

顕微鏡各種

イギリス製、ドイツ製、日本製の顕微鏡が年代別にズラリ。特に明治初期のものは珍しく、当時かなり高価だったそう

Info 彰古館は一般的にはあまり知られていないが、軍事医療の貴重な史料の宝庫なので見学希望者も多い。所蔵史料のリストはHPで閲覧できるので、見学時に見たい史料がある場合は予約の際に希望内容を伝えておこう。

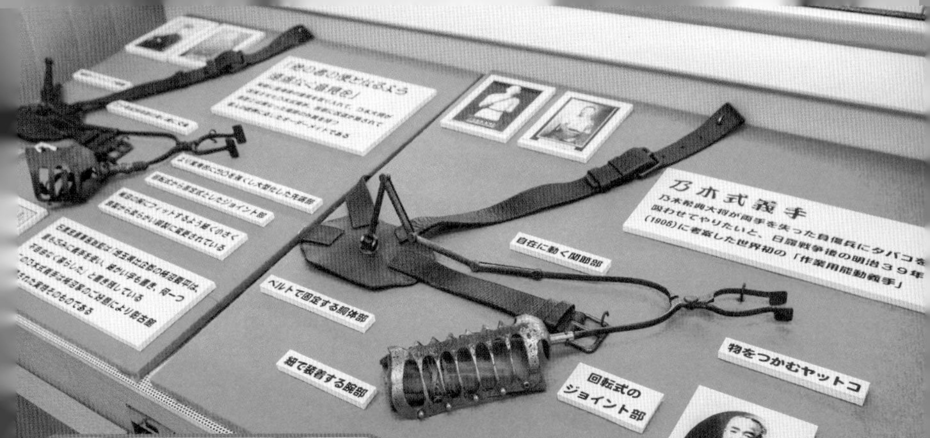

乃木式義手

陸軍の乃木希典大将が日露戦争で両手を失った兵のために考案し自費で製作。改良を重ねた世界初の作業用能動義手は必見

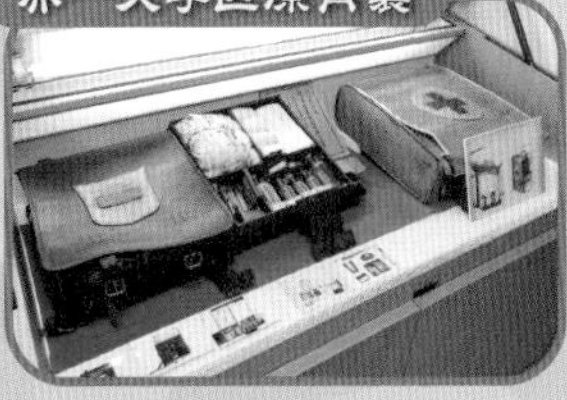

臨床用X線装置1号機

明治31（1898）年に軍医学校に寄贈されたドイツ製Ｘ線装置。当時国内で稼働する唯一の臨床用で、多くの患者を撮影

日本製切除器

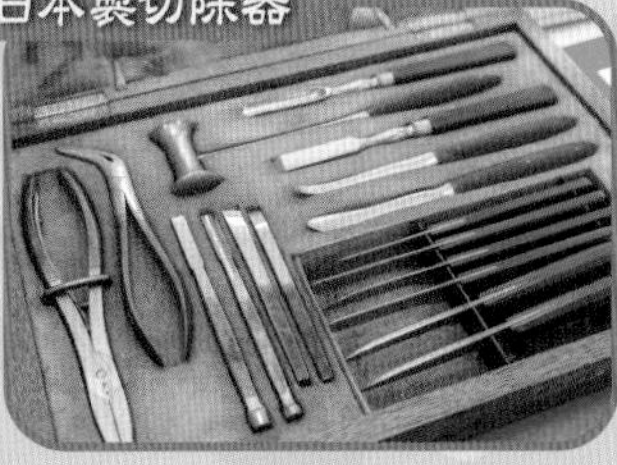

明治10（1877）年にドイツ製を参考に日本で作られたメスなどの外科器具。西南戦争時に戦傷者の治療に使用

赤一文字医療背嚢（はいのう）

左はジュネーブ条約加盟前の背嚢。加盟後に赤の縦線を入れて赤十字にした。後のランドセルの原型

軍医使用の医薬品のなかには疲労回復飲料も

使用方法が印刷された三角巾。実用性は抜群

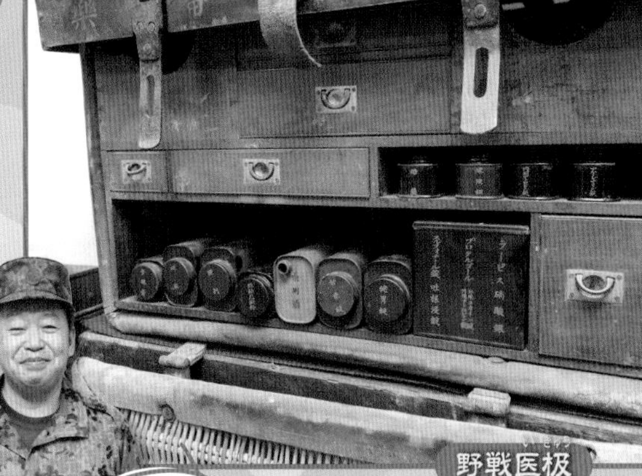

野戦医柩（いきゅう）

医柩は医療機器、薬などを運搬用の箱や行李に収納したもの。衛生兵は部隊とともに移動しながら医療を行った

広報援護陸曹
鈴木さん

軍隊の医療の歴史をじっくりご案内します

Info 展示品で特に印象的なのが、損傷した顔の修復手術の模型。陸軍軍医学校は特別診療室を開設し、戦傷者の社会復帰への不安を軽減できるよう尽力した。治療の経過ごとの模型を見ると、当時の医療技術の高さに驚かされる。

変わり種満載 世田谷区御朱印

必ずお参りをしてから御朱印をいただこう

1 吉田松陰の月命日（毎月27日）限定、月命日御朱印。松陰先生の印が押される／500円

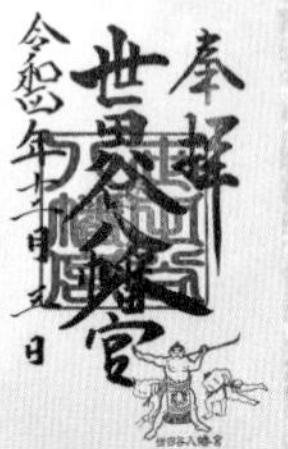
2 神様に奉納するために境内で行われる「奉納相撲」に由来する印が押される／500円

3 春分の日限定となる御朱印。毎月、その月に合わせた御朱印が授与される／500円

3 3月限定の「ひな祭」。なくなり次第、授与が終了／800円、ひなあられ付き。3月は春分の日の御朱印も

3 3月限定の「春栄」。"今年もさくらにこんにちわ"というコメントがかわいい／500円

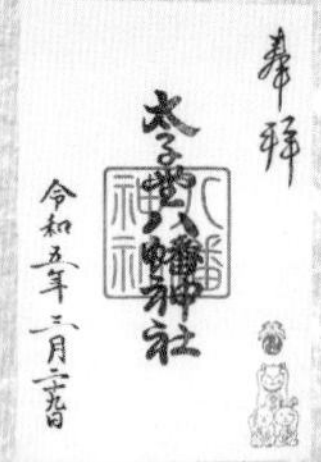
3 通年でもらえるシンプルな御朱印。御朱印は、鳥居そばの社務所でいただける／500円

1 松陰神社
●しょういんじんじゃ

幕末の思想家、教育者である吉田松陰先生（吉田寅次郎藤原矩方命）を祀る神社。幼い頃から兵学を学んだ松陰先生は、「松下村塾」を主宰し、伊藤博文や高杉晋作など、数々の志士を育て上げた。

MAP 別冊 P.19-A4
DATA P.128

2 世田谷八幡宮
●せたがやはちまんぐう

源義家が戦の帰途に滞在し、八幡大神の分霊を勧請したのが始まり。江戸三大相撲の名所のひとつで、境内には土俵がある。秋の例祭では、900年以上続く「奉納相撲」が開催され、多くの人が見学に訪れる。

MAP 別冊 P.10-C1
DATA P.130

3 太子堂八幡神社
●たいしどうはちまんじんじゃ

応神天皇を祀り、平安後期、源氏が武運祈願したと伝わる。月替わりや行事限定の御朱印多数で数種を授けていただける。

住 世田谷区太子堂5-23-5 TEL 03-3411-0753 営 5:30〜19:00（開門時間）、授与所10:00〜16:00 交 東急世田谷線西太子堂駅から徒歩5分、東急田園都市線三軒茶屋駅三茶パティオ口から徒歩10分

MAP 別冊 P.19-B3

Info 「太子堂八幡神社」は1度の参拝で複数の御朱印をいただける神社としても知られるが、毎年10月の例大祭では、切り絵を用いたものや仕掛けが施された飛び出す御朱印など特に趣向を凝らした御朱印が登場する。

さんぽ

神社や寺の特色を表現する御朱印のほか、季節や年間行事の間だけ期間限定で登場するものも要チェック！

4 代田限定の縁起物「代田の福猫ふくちゃん」のキュートな印が押されている／500円

5 季節の花や味覚などのモチーフをあしらった月替わりの御朱印。4月は桜／500円

5 初詣限定の御朱印。干支をモチーフにした印がある。祭事に応じた御朱印も／500円

6 12月限定の「雪だるま御朱印」／500円。12／23～25には季節限定御朱印も登場

6 12月限定の「椿御朱印」。寒さのなか凛と咲く椿の花をモチーフにしている／600円

御朱印帳にも注目！

ここでしか手に入らない御朱印帳。シーズン限定カラーも見逃せない。

1 期間限定の御朱印帳。冬の雪をイメージした淡雪色／1500円

3 世田谷区在住の画家・書家である大倉眞澄氏がデザイン／1800円

6 白地に白とピンクの桜が散りばめられた華やかな御朱印帳／2000円

※御朱印は2022年～2023年のもの

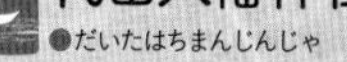

4 代田八幡神社

●だいたはちまんじんじゃ

1591年に創建された旧代田村の鎮守。社殿に向かう参道に立つ鳥居は、1785年に惣氏子中、大原講中によって奉納された。

住 世田谷区代田3-57-1　TEL 03-3414-5180　営 境内自由（社務所9:00～17:00）　交 小田急線世田谷代田駅から徒歩4分、梅ヶ丘駅から徒歩7分、京王井の頭線新代田駅から徒歩10分

MAP 別冊 P.17-C3

5 駒繋神社

●こまつなぎじんじゃ

御祭神は大国主命。平安後期、源義家と源頼朝が戦勝祈願したといわれる源氏ゆかりの神社。もとは「子の神」と呼ばれていたため、安産祈願や初宮詣の御利益を求めて多くの人が訪れる。

MAP 別冊 P.11-C3
DATA P.156

6 桜神宮

●さくらじんぐう

桜の名所として知られる神社。1883年に創建し、古式神道の神社と呼ばれる。すべての罪穢れを祓い、人々を幸せに導くといわれる特別祈祷「大中臣（おおなかとみ） 八方清メ（はっぽうきよめ）」を全国で唯一継承。御朱印の種類も多い。

MAP 別冊 P.18-C2
DATA P.172

御朱印巡りが話題になってから、季節や年間行事によってさまざまな御朱印が登場するようになったので、各寺社の公式SNSをチェックするのが楽しみになりました。（世田谷区・O）

歴史好きでなくても楽しめる

世田谷の古墳に着目せよ!

古墳の形状や副葬品から約1500年の時を超え
そこで生きた古墳時代の人々に思いをはせる。

野毛大塚古墳

世田谷の古墳について

世田谷には4世紀から7世紀に造られた古墳が残る。多くは多摩川左岸で10万年以上の時を経て、多摩川の浸食により誕生した河岸段丘・国分寺崖線（がいせん）南東に分布する。野川や仙川の周辺で宅地化や学校建設の際に発見された砧古墳群と、野毛大塚古墳を中心とする上野毛から尾山台に広がる野毛古墳群。立ち入り禁止の古墳もあるが、いずれも身近な暮らしと隣り合わせの場所にあり、1500年前の人々も目にしただろう、国分寺崖線ならではの地形や急峻な坂道なども楽しめる。

おもな古墳 砧古墳群

第六天塚古墳

●だいろくてんづかこふん　MAP 別冊 P.12－A2

直径28m、円墳の高さ2.7mで、喜多見1丁目から4丁目に点在の喜多見古墳群では最大規模。1980年、1981年、1993年に調査を行った結果、礫（れき）を用いた埋葬施設には礫から多数の埴輪が見つかったことより5世紀末から6世紀初めの約1500年前に造られた古墳とされる。『新編武蔵風土記稿』によると、江戸後期に古墳の上に第六天が祀られていたことが名前の由来。

住 世田谷区喜多見4-3　交 小田急線狛江駅南口から小田急バス宇奈根行きで喜多見中学校下車、徒歩4分

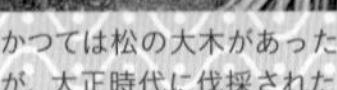

かつては松の大木があったが、大正時代に伐採された

住宅街の竹やぶにあり墳頂に第六天と思われる祠も残る

稲荷塚古墳

●いなりづかこふん　MAP 別冊 P.12－A2

墳丘の直径13m、高さ2.5mの円墳。1959年と1980年の2回発掘調査が行われ、遺体を埋葬する石室からは装飾大刀の一種、圭頭大刀（けいとうのたち）や耳飾りの耳環（じかん）、土師器（はじき）、玉類などが発掘され、区立郷土資料館に展示されている。これらの副葬品により約1400年前の古墳時代後期6～7世紀頃の砧地域で有力だった族長の墓だと考えられている。

住 世田谷区喜多見4-7（稲荷塚古墳緑地内）　交 小田急線狛江駅南口から小田急バス宇奈根行きで喜多見中学校下車、徒歩4分

稲荷塚古墳緑地にある円形植え込みの中に古墳を保存

円墳の周囲には約2.5mの周濠が巡らされている

Info　満願寺・等々力不動尊が所有する「御岳山古墳」。普段は鍵がかかり立ち入り禁止だが、5月開催の等々力不動尊「青葉まつり」の日は開放される。墳頂に鎮座する蔵王権現の参拝や満願寺僧侶による法楽なども行われる。

野毛古墳群

野毛大塚古墳

● のげおおつかこふん　MAP 別冊 P.14 - C1

全長82m（周濠を含め104m）、高さ11mの帆立貝形古墳として関東では最大級の大きさ。1989年から4年間調査を行った。主体部と呼ばれる埋葬施設は4基あり、関東最古の鉄製の甲冑や武器、銅鏡など大量に出土し、国の重要文化財に指定。平坦面は円筒埴輪（えんとうはにわ）や朝顔形円筒埴輪、造出部には柵形埴輪がめぐらされていたという。副葬品から古墳時代中期初頭の約1600年前に造られ、政治の頂点だった畿内の大王（おおきみ）と政治的関係がある南武蔵（現在の東京都・川崎市と横浜市北部）を支配した大首長の墓だと推測される。

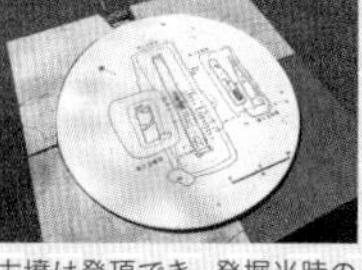
古墳は登頂でき、発掘当時の石室が陶板に描かれている

実物大の箱形石棺のレプリカが区立郷土資料館にある

住 世田谷区野毛1-25（玉川野毛町公園内）　交 東急大井町線等々力駅南口から徒歩10分

上野毛稲荷塚古墳

● かみのげいなりづかこふん　MAP 別冊 P.18 - B2

全長33m、後円部の高さ3mの小規模な古墳で形は仁徳天皇陵古墳（大仙古墳）と同じ前方後円墳。1995年と2009年の2回調査が実施された。木棺の周囲は粘土槨（かく）と呼ばれる粘土の層で覆われ、鉄刀やビーズのような装飾品管玉（くだたま）が見つかった。約1600年前の古墳時代中期初頭のもので、野毛古墳群では初期に築造された首長墳と考えられる。

住 世田谷区上野毛2-12　交 東急大井町線上野毛駅正面口から徒歩5分

住宅街にあり、古墳エリアはフェンス越しに望む

野毛古墳群のなかで最も西側にあるといわれている

御岳山古墳

● みたけさんこふん　MAP 別冊 P.18 - C1

全長54m、後円部直径40m、高さ7mは野毛古墳群では野毛大塚古墳に次ぐ大型帆立貝形古墳。大正6（1917）年に七鈴鏡が発見され、東京都指定文化財に指定。1950年には後円部墳頂に埋葬施設が見つかり、鉄製の甲冑や武器も発見。1992年と1999年の調査では周濠から埴輪が出土した。野毛大塚古墳から50年ほど経た今から約1550年前の5世紀中頃に築造されたといわれる。

住 世田谷区等々力1-18　交 東急大井町線等々力駅南口から徒歩10分

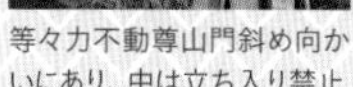
等々力不動尊山門斜め向かいにあり、中は立ち入り禁止

目黒通りに面し、緑に覆われたこんもりした丘にある

等々力渓谷三号横穴にも注目！

横穴前のアクリル板越しに中をのぞくことができる

MAP 別冊 P.18 - C1
住 世田谷区等々力1-22
交 東急大井町線等々力駅南口から徒歩7分
※2023年7月6日の倒木のため、2024年1月10日現在、立入禁止。詳細はHPで要確認

6基以上からなる等々力渓谷横穴（墓）群のひとつ。全長13mの横穴は等々力渓谷の東崖を横に掘り、遺体を安置する玄室（げんしつ）や外部とつなぐ通路の羨道（せんどう）、さらにそこに至る通路の前庭部（ぜんていぶ）で構成されている。3体以上の人骨が埋葬され、静岡県湖西地方で制作された須恵器（すえき）や耳環なども見つかり、古墳時代終末期から奈良時代に築造されたと考えられている。

古墳の移り変わり（黒：現存する古墳）

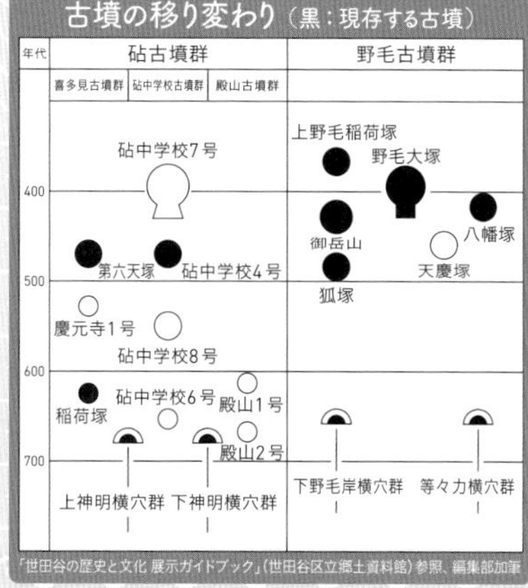

「世田谷の歴史と文化 展示ガイドブック」（世田谷区立郷土資料館）参照、編集部加筆

Voice 「野毛大塚古墳」には古墳ならではの怪談が複数ある。ひとつは古墳を発見した若者3人が埋葬品を盗んだため、次々と奇怪な死を遂げたというもの。墳頂に吾妻神社を祀って鎮魂したのだとか。（世田谷区・T）

タイ、ベトナム、台湾……

アジアンワールドで本格グルメを味わう

下北沢駅から徒歩すぐで海外トリップ!?
個性豊かなグルメやショップを満喫。

下北沢のホットスポットに注目!

ミカン下北

●みかんしもきた

MAP 別冊 P.17－C4

住 世田谷区北沢2-11-15ほか　TEL 営 休 店舗により異なる
交 京王井の頭線下北沢駅中央口・小田急線下北沢駅東口から徒歩すぐ
URL mikanshimokita.jp

「ようこそ。遊ぶと働くの未完地帯へ。」をコンセプトに、2022年3月、下北沢ならではの複合施設がオープンした。かつての京王井の頭線盛土部分が5つの街区に分けられ、多国籍なグルメ、新業態のカフェレストラン、古着屋やファッション雑貨店、ブックストア、コワーキングスペース、美容室など、個性豊かな21店舗が並ぶ。中央に位置する大階段「ダンダン」には、待ち合わせや休憩で腰かける人の姿が。夜になるとライトアップされスタイリッシュな雰囲気に。不定期で期間限定イベントなどが開催されるので、訪問前にHPを要確認。

外観がすてき！　NY発のコーヒーショップ

まるで海外に行ったかのような多国籍感！

1989年創業のバー「Fairground」がワインショップと融合して移転オープン。さまざまなデザートワインが楽しめるとっておきの空間。

ミカン下北のおすすめスポット

左／調味料　右／ガイドブック風のメニュー

店内に飾られたネオンが気分を盛り上げる！

タイ屋台の空気感そのもの！

タイ屋台999

タイ料理

●たいやたいかおかおかお

店主がタイの屋台を食べ歩き、現地で修業をした本格派のタイ料理店。タイのチキンライス「カオマンガイ」は、鶏肉を軟らかくゆで、そのだしでタイ米を炊く。ニンニクやショウガ入りの黒醤油ソースをかけていただこう。

住 A街区2階（A-207）　TEL 03-6450-7399
営 11:00～23:30（営業時間は変動する）
休 無休　CC ADJMV

タイの屋台を再現した異国情緒あふれる空間

日本在住のタイ人にも愛されるリアルな味と空間づくり

おすすめの「バケツ生ビール」1099円

人気No.1の「カオマンガイ」979円

「タイ屋台999」は、お酒に合うサラダやガパオライスをはじめ、スープやカレーなどメニューが多いので、友人とはもちろん、ひとりでも楽しめます。（渋谷区・F）

上／「焼小籠包」4個600円。「台湾ビール」680円と一緒に　右／「魯肉飯」680円には、台湾調味料の五香粉や八角が入る

店内では焼小籠包を作る作業風景を見学できる

台湾の屋台料理ならここ！

ダパイダン 105

だぱいだん いちまるご

台湾料理

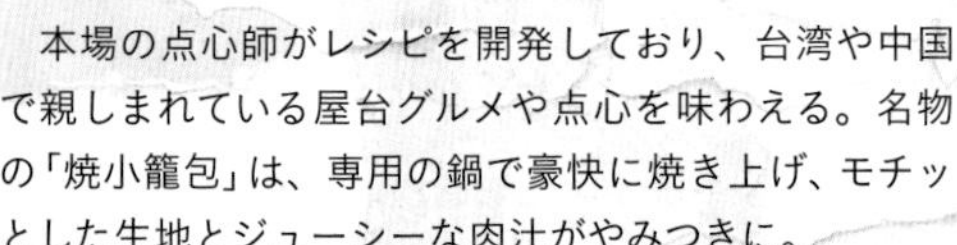

本場の点心師がレシピを開発しており、台湾や中国で親しまれている屋台グルメや点心を味わえる。名物の「焼小籠包」は、専用の鍋で豪快に焼き上げ、モチッとした生地とジューシーな肉汁がやみつきに。

住 A街区2階（A-203）　TEL 03-5431-3331　営 11:00〜22:00
休 無休　CC ADJMV

フォトジェニックな内装や看板がかわいい。テイクアウトもできる

日本食材とベトナム料理が融合！

チョップスティックス

ちょっぷすてぃっくす

ベトナム料理

日本の食材や製法を取り入れたベトナム料理店。「バインミー サイゴン」800円は、自家製パンにレバーペースト、チャーシュー、野菜をたっぷりサンド。調味料はベトナム産にこだわっている。自家製の生麺フォーもおすすめ。

住 A街区2階（A-206）　TEL 03-6805-5833　営 11:30〜22:00
休 不定休　CC ADJMV

「マンゴーとタピオカのチェー」550円と一緒に

アジアとヨーロッパの文化が融合するベトナムをイメージ

Info 「チョップスティックス」にはテイクアウト専用カウンターがあるので、待ち時間が少なく持ち帰りできる。

「ラテ」638円、「アップルパイ」715円

大きなロゴが目を引く外観

インダストリアルな空間

ブランド初のカフェレストラン業態！

アメリカ料理

BROOKLYN ROASTING COMPANY SHIMOKITAZAWA

●ぶるっくりん ろーすてぃんぐ かんぱにー しもきたざわ

NYブルックリン発。朝から夜まで気軽に立ち寄れるメニューを展開。厳選したコーヒー豆は、ローリング社製のスマートロースターでていねいに焙煎。料理は、「LIFE」を手がける相場正一郎シェフが監修している。

住 B街区1階（B-101） TEL 03-6450-8681
営 8:00～22:00（L.O.フード21:00、ドリンク21:30）
休 無休 CC ADJMV

ここもチェック！

お宝探しが楽しいファッション基地

東洋百貨店 別館

●とうようひゃっかてん べっかん

国産古着がお手頃価格で手に入る「3びきの子ねこ」や、作家約500名の手作りアクセサリーが集結する「素今歩（すこんぶ）」など、個性豊かな7軒のショップが入る。

住 A街区1階（A-101） TEL 03-3468-7000
営 11:00～20:00 休 無休 CC ADJMV

「素今歩」ではひとつの木箱に1作家の作品が！

センスのよいワンピースやファッション雑貨がずらり

Voice 「BROOKLYN ROASTING COMPANY SHIMOKITAZAWA」は、Wi-Fiや電源完備で、モーニング、ランチ、午後の休憩、夜の1杯などさまざまな目的で利用できる便利なスポットです。（下北沢・S）

看板親子の伊藤史子さんと青木史穂さん。店でのやりとりも家族経営のあたたかい雰囲気

手造焼豚 100g 450円

黒豚ジャンボシュウマイ1個 200円、ジャンボシュウマイは1個180円

売り切れ御免！

人気商店街 名物グルメ

活気ある商店街に名物あり！ そんな町のオ

下高井戸エリア

驚愕のジャンボシュウマイ

A ミートショップ伊藤

● みーとしょっぷいとう

世田谷で愛され続けて30年以上。げんこつのようなシュウマイが名物。毎日新鮮で上質な国産豚のモモ肉をひき肉にし、国産タマネギもうま味を逃さぬよう手切りするこだわりよう。ローストビーフには、最適なA4ランクの和牛モモを使用。

MAP 別冊 P.17-A4

住 世田谷区松原3-42-1
TEL 03-3324-6130　営 10:00〜19:00
休 水　CC 不可
交 京王線・東急世田谷線下高井戸駅から徒歩1分

小さな店のおすすめベーグル

B Ulalaka

● うららか

もとはベーグルの専門店。ベーグルは北海道産小麦、ホシノ天然酵母、沖縄産の塩やカナダ産のクリームハチミツなどを使用し、中のもっちり感が際立っている。今では米粉パンやシフォンケーキなど、日によって種類もいろいろ。売り切れ御免の店なので、早めに購入しよう。

MAP 別冊 P.17-A4

住 世田谷区赤堤4-46-6
TEL 非公開　営 12:00〜19:00
休 月・火　CC 不可
交 京王線・東急世田谷線下高井戸駅から徒歩1分

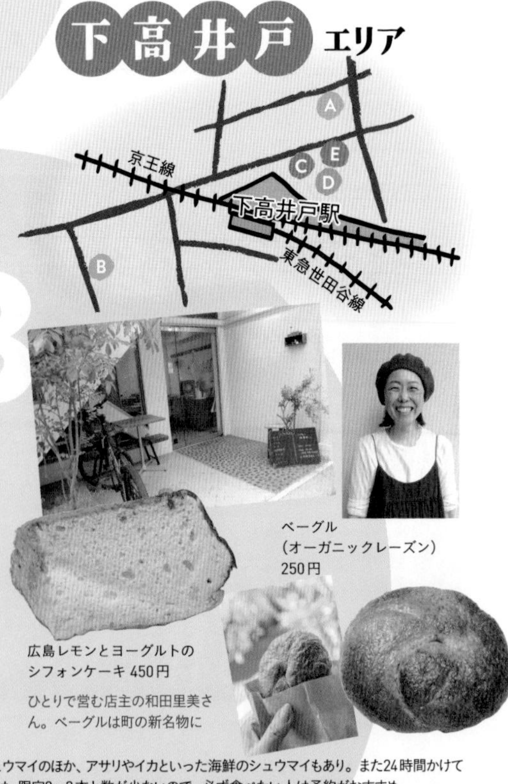

ベーグル（オーガニックレーズン）250円

広島レモンとヨーグルトのシフォンケーキ 450円

ひとりで営む店主の和田里美さん。ベーグルは町の新名物に

Info 「ミートショップ伊藤」では、黒豚のシュウマイのほか、アサリやイカといった海鮮のシュウマイもあり。また24時間かけてじっくり作る「プレミアムチャーシュー」は、限定2〜3本と数が少ないので、必ず食べたい人は予約がおすすめ。

下高井戸の行列店といえば

E 肉と惣菜の堀田

● にくとそうざいのほった

いつも行列が続いている精肉店。全国の黒毛和牛と国産牛肉、豚肉なら東京産、鶏肉なら岩手県産あべどりや平飼いの信玄どりなどを扱う。高品質の肉を使った、メンチカツやポテトコロッケなど、揚げたて商品の人気が高い。

MAP 別冊 P.17-A4

住 世田谷区松原3-29-19
TEL 03-3321-0589　営 9:00～19:00、揚げ物10:45～18:30
休 日・祝　CC 不可
交 京王線・東急世田谷線下高井戸駅から徒歩1分

ポテトコロッケ 115円
メンチカツ 125円
アジフライ 時価
カレーパン 172円

両親の代から数えて40年以上の店を切り盛りする、堀田裕司さん。アジフライは刺身用のアジを捌くので新鮮！ 1日12個限定のカレーパンも定評あり

スズメ美味をピックアップ!!

果物専門店のフルーツサンド

C パーラーシシド

● ぱーらーししど

熟度に合わせ食べごろのフルーツを使用する、専門店ならではの具材が密に詰まったフルーツサンドが人気。イチゴだけでも多種揃った「4種のいちごサンド」や、その時々の旬のフルーツを挟んだ「バラエティサンド」などが並んでいる。

MAP 別冊 P.17-A4

住 世田谷区松原3-29-18　TEL 03-3325-4410
営 10:00～19:00（パーラー11:00～L.O.17:30）
休 火・水（パーラーは月～木、祝日の場合は営業）
CC ADJMV（3000円以上から）
交 京王線・東急世田谷線下高井戸駅から徒歩1分

バラエティサンド 1188円

4種のいちごサンド 1490円

フルーツマイスターの資格を持つ宍戸順子さんに旬のアドバイスもうかがいたい

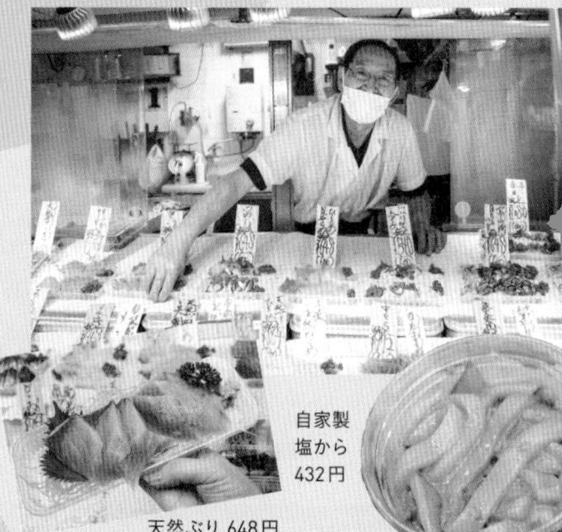

自家製塩から 432円

天然ぶり 648円

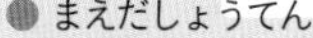

ザ・スパイダースの2代目ドラマー・トミーこと前田富雄さん＆けい子さん夫婦で営む

鮮度抜群の刺身がズラリ

D 前田商店

● まえだしょうてん

商店街の中でも中心となる一画に店があり、飲食店の買い出しも多い人気店。ショーケースにはきらきらと旬の刺身が並び、イカのワタだけで作った「自家製塩から」やきび糖使用の「かつお煮」324円、「赤貝のきも煮」324円など手作り総菜も◎。

MAP 別冊 P.17-A4

住 世田谷区松原3-29-19
TEL 03-3322-9566　営 11:00～18:00
休 水・日・祝　CC 不可
交 京王線・東急世田谷線下高井戸駅から徒歩1分

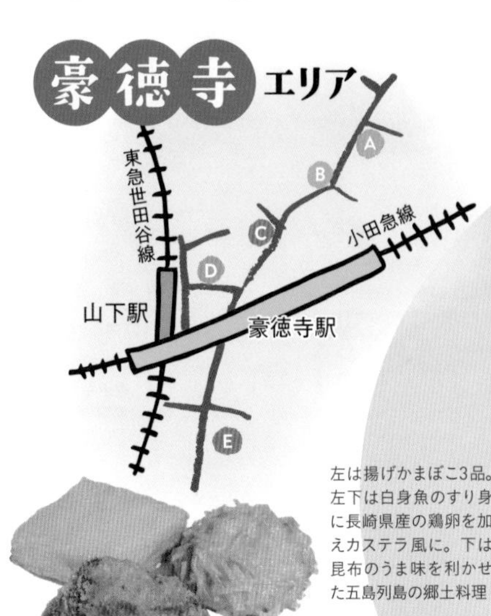

白身魚と豆腐の揚げしゅうまい

揚げかまぼこは、ばらもん揚げなど約10品。揚げたてを販売

五島列島産の良質な魚をかまぼこに

浜口水産 豪徳寺店

● はまぐちすいさん ごうとくじてん

D

　長崎県五島列島発のかまぼこ店。地元で水揚げした新鮮素材を自社工場ですり身にし、ていねいに手作りしている。おすすめは、エソを主原料にしたばらもん揚げ 白。粉類を一切加えずに作っており、魚のおいしさをそのままに味わえる。

左は揚げかまぼこ3品。左下は白身魚のすり身に長崎県産の鶏卵を加えカステラ風に。下は昆布のうま味を利かせた五島列島の郷土料理

左上から時計回りにばらもん揚げ 白、白身魚と豆腐の揚げしゅうまい、海ぼうず 各108円

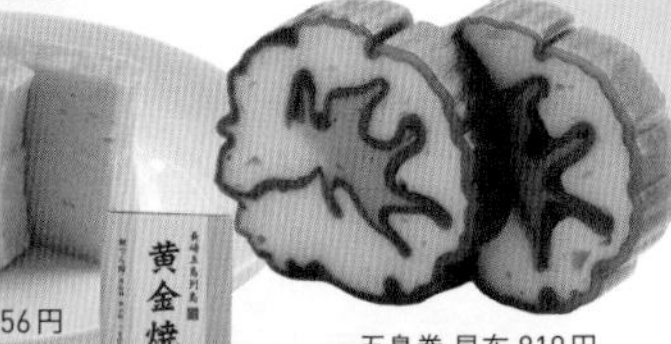

黄金焼 756円

五島巻 昆布 810円

MAP 別冊 P.16-B2

住 世田谷区豪徳寺1-45-2
TEL 03-6751-2171
営 11:00～19:00
休 月　CC ADJMV
交 小田急線豪徳寺駅から徒歩1分、東急世田谷線山下駅三軒茶屋方面2出口からすぐ

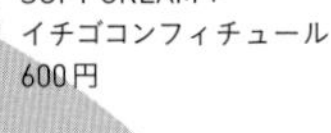

SOFT CREAM＋イチゴコンフィチュール 600円

BEAUTY SMOOTHY（パッション・ビューティ）750円

上は練乳入りで超濃厚。ジンジャーソースでさっぱりと。右のスムージーは飲む美容液・麹甘酒入りのものなど15種類

カラードリンクで心も体もキレイ＆健康に

HOLIC color drinks

● ほりっく からー どりんくす

E

　素材を生かした彩り豊かなドリンクが揃う。メインのスムージーは、色のもつパワーを取り入れたメニュー提案がユニーク。活力アップには赤系、リフレッシュにはグリーン系など気分や体調に合わせたチョイスを楽しめる。

MAP 別冊 P.16-B2

住 世田谷区豪徳寺1-22-5 豪徳寺市場5号室
TEL 03-6804-4695　営 11:00～18:00（L.O.17:30）
休 水・木　CC ADJMV
交 小田急線豪徳寺駅から徒歩1分、東急世田谷線山下駅三軒茶屋方面1出口から徒歩2分

「HOLIC color drinks」の代表、谷出一真さんはビューティーカラープランナーの肩書きも持つ色のスペシャリスト。不定期で色彩心理の理論に基づくカラーフードセミナーを開催している。詳細はお店に直接問い合わせを。

地元の焼き鳥好きがこぞって訪れる名店

鳥武 ●とりたけ

つくねは自家製。もも肉とねぎはうま味が凝縮。もつやきはレバーや砂肝をひと串で味わえる。いかだやきは手羽先を開いて焼いたもの。焼き鳥は全8種類

創業約60年、銘柄鶏のつくば鶏を専門に扱う鶏肉店。店には朝締めにした新鮮素材が並ぶ。平飼いで育てた鶏は身が締まってほどよい弾力で、噛むほどに味わい深い。15時頃から販売する炭火焼の焼き鳥には特にファンが多い。

MAP 別冊 P.16-A2

住 世田谷区豪徳寺1-41-5
TEL 03-3420-9289　営 9:00〜20:00
休 火・水　CC 不可
交 小田急線豪徳寺駅から徒歩2分、東急世田谷線山下駅三軒茶屋方面2出口から徒歩3分

ローストビーフのサンドイッチ 421円

上は低温長時間発酵させた店自慢のバゲットを使用。 右上はクミン、オレガノなどスパイスハーブ入り。四角いパンは、ブリオッシュ生地に自家製カスタードをイン

小麦の香り豊かな天然酵母パン

コトリベーカリー

●ことりべーかりー

イタリア料理店出身のオーナーによるプロデュース。国産の小麦粉を自家製天然酵母で発酵させたこだわりのパンを提供する。小麦の風味豊かなハード系のパンや総菜パンのほか、ジャムなども販売。京王線桜上水駅近くに支店もある。

MAP 別冊 P.16-A2

住 世田谷区豪徳寺1-46-17 アルファニッシュ世田谷豪徳寺1階　TEL 03-5716-3140（ラ・パニョッタ）
営 12:00〜17:30　休 日（不定休あり）　CC ADJMV
交 小田急線豪徳寺駅・東急世田谷線山下駅三軒茶屋方面2出口から徒歩2分

テリーヌで食卓をひときわ華やかに

Atelier de Terrine maison okei

●あとりえ ど てりーぬ めぞん おけい

常時約8種のテリーヌを楽しめる古民家ビストロ。テリーヌはテイクアウト販売もしており、ズワイガニ入りの海の幸のブイヤベース風1390円、10種の自然派野菜を使ったもの、パテ・ド・カンパーニュなどの肉系まで多彩。

MAP 別冊 P.16-A2

住 世田谷区豪徳寺1-45-9
TEL 03-6413-0112　営 平日17:00〜23:00、土・日・祝12:00〜
休 月（祝日の場合は翌日）　CC ADJMV
交 小田急線豪徳寺駅・東急世田谷線山下駅三軒茶屋方面2出口から徒歩1分

サーモンマリネとサワークリームのテリーヌ 950円

上は宮城県女川産のスーパーサーモンを使用。右は野菜がたっぷり入っており、滋味豊か

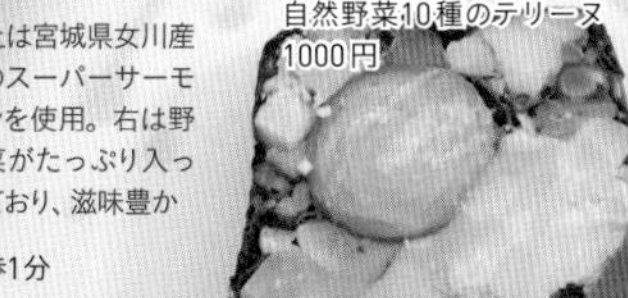

自然野菜10種のテリーヌ 1000円

「Atelier de Terrine maison okei」ではワイン販売も行っている。ストックはナチュラルワインや日本ワインを中心に100種以上と豊富。周辺には酒販店がなく、テリーヌにぴったりのワインも見つかるので重宝する。

祖師ヶ谷大蔵エリア

ラブリーテディベア
いちご＆メロン 1900円
※期間限定

生クリーム・カスタード・イチゴ＋クッキー 690円

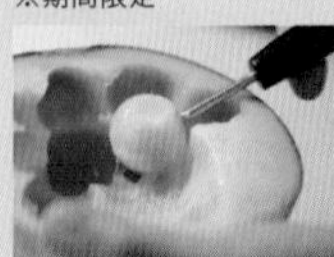

クリームは、純生クリーム、植物性のホイップクリーム、豆乳クリームから選べる。左上は限定クレープの一例

小田急線
祖師ヶ谷大蔵駅

ラブリー度MAXの胸キュンクレープ

D Creperie Tirol

くれーぷりー ちろる

北海道産の小麦粉で作るこだわりのクレープを提供。なかでも月替わりで3種を用意する限定クレープは上質なフルーツがたっぷり入り、動物をモチーフにしたアレンジがかわい過ぎると評判。薄くてモチモチの生地も◎。

MAP 別冊 P.16-B1

住 世田谷区砧8-7-17 TEL 03-6411-1594 営 12:00～19:00
休 月・木、祝日は不定休 CC ADJMV
交 小田急線祖師ヶ谷大蔵駅南口から徒歩3分

左上から時計回りにチキンローフ（正油）330円、ロースハム550円、エッセンサラミ490円、チーズソーセージ370円、ビアソーセージ390円、各100gあたり

職人が作る自家製ハム＆ソーセージ

E ホームメードソーセージ エッセン

ほーむめーどそーせーじ えっせん

厳選した国産の肉や食材で手作りするハム＆ソーセージの専門店。常時約30種揃う商品のなかでも、一番人気は凝縮した肉のうま味を楽しめるロースハム。ハム入りのポテトサラダや、丼にしてもおいしいコンビーフなど総菜類も好評。

コンビーフ
100g 890円

ポテトサラダ
100g 260円

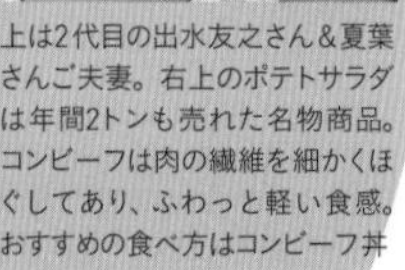

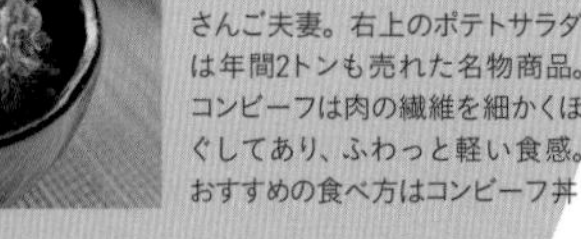

上は2代目の出水友之さん＆夏葉さんご夫妻。右上のポテトサラダは年間2トンも売れた名物商品。コンビーフは肉の繊維を細かくほぐしてあり、ふわっと軽い食感。おすすめの食べ方はコンビーフ丼

MAP 別冊 P.16-B1

住 世田谷区砧6-28-5 たけやビル1階
TEL 03-3416-5480 営 10:00～18:30
休 月・日 CC 不可
交 小田急線祖師ヶ谷大蔵駅南口から徒歩4分

Info 「ホームメードソーセージ エッセン」の初代店主は、大手ハム会社で商品開発を担当後、独立してこの店を開いた生粋のハム職人。その経験と腕を生かして作る品々は、おもてなし向きから子供に人気のものまで多彩。

名物・松阪牛入りのフライが絶品
祖師谷鈴木

そしがやすずき

1959年に創業した老舗精肉店。高級黒毛和牛・松阪牛の肉を扱っており、その切り落とし肉を使ったメンチやコロッケが大人気。サクッとした衣も、たっぷりと詰まった肉のうま味も格別で、開店後1時間程度で売り切れてしまう。

MAP 別冊 P.16-A1

住 世田谷区祖師谷2-4-7 けやきロード
TEL 03-3484-4129 営 10:00〜15:30
休 月・火・金、臨時休業あり CC 不可
交 小田急線祖師ヶ谷大蔵駅北口から徒歩7分

コロッケ 170円

メンチ 230円

とりからあげ 100g 280円

ご主人の小谷野安男さんと娘の恵子さん。右の3品は人気のフライBEST3。どれも予約が可能

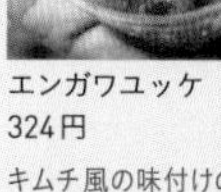

エンガワユッケ 324円

初ガツオ 518円

キムチ風の味付けの「エンガワユッケ」や刺身が人気。右下はスタッフの本宮佑太さんと久保田悠希さん

炊きたてご飯で握る多彩なおにぎり
おにぎり屋 青竹

おにぎりや あおたけ

炊きたての国産コシヒカリで握るおにぎりの専門店。具は鮭、梅といった5種類の定番から、期間限定の総菜が入る変わり種まで常時18種類。春は山菜、秋は栗や焼きサバなど、旬の味覚を使った炊き込みご飯のおにぎりもある。

MAP 別冊 P.16-B1

住 世田谷区祖師谷1-9-9
TEL 050-3632-2681
営 7:00〜20:00 休 不定休
CC ADJMV
交 小田急線祖師ヶ谷大蔵駅北口から徒歩2分

豚角煮むすび 350円

梅しそ鮭 350円

ぬか漬けきゅうりとしゃけ 300円

「ふわっと包むように1〜2回で握るのがコツ」。左は人気の具をWで。中央はトロットロの角煮が白飯と相性抜群。右は自家製の糠漬けの漬かり加減が絶妙

祖師ヶ谷で鮮魚が欲しいなら
魚武

うおたけ

豊洲市場で全国のものを仕入れ、鮮魚を中心に販売している。地元の飲食店が仕入れに来ることも多く、鮮魚はプラス100円で刺身にすることも可能。また魚の干物や、酒のアテになるつまみ類なども揃えている。13時から17時あたりが、商品豊富。

MAP 別冊 P.16-A1

住 世田谷区祖師谷1-37-9
TEL 03-6411-4948 営 11:00〜18:00
休 日・祝 CC ADJMV
交 小田急線祖師ヶ谷大蔵駅北口から徒歩6分

「祖師谷鈴木」は精肉もおすすめで、都内屈指の上質な肉が揃うと評判。すき焼き・焼き肉用の和牛スライス100g450円、A5ランクの和牛や松阪牛が入った小間肉「鈴小間」100g 700円〜は、サービス価格でお得感満点。(世田谷区・H)

クラフトビールとは？
小規模の醸造所で作られたビールのこと。職人技＝クラフトマンシップが込められたビールという意味もある。

ENJOY BEER!!

地元の工房に潜入して

世田谷クラフトビールのうまさを探れ!!

ビールファンはもちろん
ビアビギナーも必見！

おすすめメニュー［左から］

フタコブラック(R)	990円
リンゴサイダー(期間限定)	990円
フタコエール(R)	880円

お店の奥には立派な醸造設備

150ℓの仕込み釜とタンクを備えた醸造設備がある

明るく開放的でカジュアルな店

厚切りにした和牛モモ肉を特製たれに漬け込んだ「自家製和牛のビーフジャーキー」990円、「新鮮野菜のグリーンサラダ」748円

二子玉川

地元食材を楽しむブリューパブ

ふたこビール醸造所

●ふたこびーるじょうぞうしょ

用賀の瀬田醸造所と店内の醸造設備で作られたできたてのビールと、こだわりのフードメニューが並ぶ。まず味わいたいのはフラッグシップビールの「フタコエール」。麦のうま味と、華やかなホップが絶妙なペールエールだ。用賀にある「WOODBERRY COFFEE」のコーヒー豆を使った「フタコブラック」もぜひ。

From Staff

常時7種類のタップビールを用意しています。世田谷育ちのフルーツを使ったシーズナルビールや、おすすめ3種を飲み比べできるセットもおすすめです。シーズンに合わせた期間限定ビールも登場しますのでお楽しみに！

MAP 別冊 P.18－B1

住 世田谷区玉川3-13-7 柳小路南角2F
TEL 03-6411-7125 営 11:30～22:00
休 第4火・年末年始 CC ADJMV
交 東急田園都市線・大井町線 二子玉川駅から徒歩5分

ふたこビールの瀬田醸造所では、手造り醸造体験も！ 缶のラベルは自分でデザインができ、世界にひとつだけのビールはギフトにもおすすめ。

祖師ヶ谷大蔵

地元の人が集うタップルーム

RIOT BEER

●らいおっと びーる

カウンターがメイン。オリジナルグッズも販売

常時10種類のクラフトビールが楽しめるマイクロブルワリー&タップルーム。「ロクサーヌ」は、イギリスの伝統ビールで、優しいモルト感と紅茶のような上品な香りが特徴。「レキシコン・デビル」はさわやかで飲みやすい。ビールや麦芽生地を使ったおつまみも美味。不定期で地域イベントに参加している。

おすすめメニュー
［左から］

ロクサーヌ 800円
レキシコン・デビル 800円

From Staff

店の奥で週4回ほど仕込むクラフトビール。ビールに対する探究心は尽きませんが、何よりスタッフ全員が楽しんでいることが一番ですね。積極的に地域の人や仲間とのコラボビール作りや、イベントへの参加もしています。

麦芽生地で作った「エリィのビアピザ」500円、ビーフシチュー風「ミートパイ」500円

MAP 別冊 P.16－B1

住 世田谷区砧5-11-10
TEL 080-1018-9509
営 15:00～21:00
（土・日・祝12:00～）
休 無休 CC ADJMV
交 小田急線祖師ヶ谷大蔵駅南口から徒歩7分

地元らしいビールを手みやげに！

笹塚

東京 世田谷 升本屋

●とうきょう せたがや ますもとや

上面発酵、低温熟成による華やかな香りとフルーティな口当たりが特徴の「笹塚ビール」。升本屋オリジナルのカリントウとのセット3400円がおすすめ。

MAP 別冊 P.11－A3

住 世田谷区北沢5-35-21 TEL 03-6904-6331 営 11:00～19:00 休 日 CC ADJMV
交 京王線笹塚駅南口から徒歩5分 URL masumotoya1949.com

Voice 「RIOT BEER」では音楽に詳しいスタッフの人とお話ししながら、できたてのビールを楽しめます。手作りのおつまみもビールとぴったりなので、ぜひ試してみてほしい！（世田谷区・S）

こだわりのクラフトビールを飲むならここ！

おすすめメニュー

Starwatcher　1390円

その場で飲めて持ち帰りもOK！

瓶や缶を店内で飲む場合は開栓料200円。量り売りも可能。商品のラインアップは変動する

From Staff

私たちのビジョンは「すべての人にクラフトビールを」。ひと口飲んだときのあの感動をひとりでも多くの人に届けるべく、角打ち、テイクアウト、量り売りなどに対応しています。

三軒茶屋

個性豊かなビールストック

クラフトビール専門店 三軒茶屋 Sanity

●くらふとびーるせんもんてん さんげんぢゃや さにてぃー

国内外のクラフトビールやハードサイダーを500種類以上扱う。ドラフトビールは10種。「Starwatcher」は、静岡にある醸造所「West Coast Brewing」が誇るフラッグシップIPA。オレンジのような香りに、ほどよい苦味が残るあと味が特徴。

MAP 別冊 P.19－C4

住 世田谷区三軒茶屋1-37-2　TEL 080-3356-0671
営 16:00～23:00（日・祝14:00～22:00、土14:00～23:00）
※営業時間は変動するためSNSを要確認
休 不定休　CC ADJMV
交 東急田園都市線・世田谷線三軒茶屋駅南口B出口から徒歩3分

池尻大橋

クラフトビールと絶品料理

クラフトビールシザーズ池尻大橋店

●くらふとびーるしざーずいけじりおおはしてん

落ち着いたシックな店内。定番からレアなものまで、厳選した約150種類の缶・瓶ビールが並ぶ。樽生で飲めるクラフトビールは15種類。「アツアツ！包餃子」4個550円など、ビールと合うこだわりのフードメニューがあるのも魅力のひとつ。

MAP 別冊 P.11－C3

住 世田谷区池尻2-30-12 OSビルB1階　TEL 03-6770-8144
営 17:00～23:00（土14:00～、日・祝14:00～21:00）
休 月（祝の場合は営業）　CC ADJMV
交 東急田園都市線池尻大橋駅東口から徒歩90秒

好みや気分でおすすめを飲む

飲み比べセットもあり。気になる缶や瓶は角打ちで飲め、テイクアウトも可能。ショップ併設なので購入のみもOK

Info ビールの詰め替え容器のことを「グラウラー」と呼び、クラフトビール専門店ではマイグラウラーを持ち込めば、樽生ビールのテイクアウトができる店が増えている。

店内で試飲して
じっくり選べる

無料の試飲コーナー。銘柄は季節ごとに入れ替わる。試飲の際は消毒をお忘れなく！

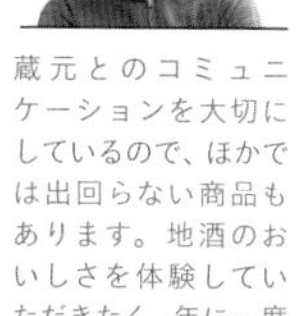

From Staff

蔵元とのコミュニケーションを大切にしているので、ほかでは出回らない商品もあります。地酒のおいしさを体験していただきたく、年に一度「美酒銘酒きき酒会」を開催しています。

& MORE

日本酒好きはここをチェック！

山下

日本全国の地酒が集まる酒屋

朝日屋酒店

●あさひやさけてん

1956年創業。全国の蔵元から日本酒は約400種類、焼酎は約200種類が集まる。美酒を求めて、名の知れた老舗から新しく小さな酒蔵まで幅広く扱う。近くに東京農大があることから、酒蔵の後継として醸造科学科で学ぶ学生がバイトをし、卒業後に蔵元に戻って自身が手がけた酒を送ってくることも。

店主おすすめの3本

左から、両関酒造の「花邑」3795円。味が濃く芳醇なうま味が特徴。山形県の酒米・出羽燦々がもつ淡麗な特性も。嘉美心酒造の「神心」3000円。里海米製法で栽培されたアケボノ米を使い、甘めでまろやか。ほうらいせん吟醸工房の「一念不動」2860円。熟成酒で、深みがある。濃い味の酒肴と相性がよく、食べながら飲むお酒としておすすめ。

MAP 別冊 P.10 - B1
住 世田谷区赤堤1-14-13
TEL 03-3324-1155
営 10:00～19:30
休 水 CC ADJMV
交 東急世田谷線山下駅より徒歩7分、小田急線経堂駅から徒歩8分

全国の蔵元の5割に東京農大醸造科学科の卒業生が！

東京農業大学「食と農」の博物館

●とうきょうのうぎょうだいがく「しょくとのう」のはくぶつかん

東京農業大学は全国で数少ない醸造科学科を開設した教育機関だ。博物館では、卒業生が手がけた酒瓶280本を常設展示している、東京農大名誉教授で醸造科学科の前身である短期大学醸造科を創設した住江金之氏の酒器コレクションも並ぶ。

MAP 別冊 P.9 - C4　DATA → P.166

Voice 「朝日屋酒店」でプレゼント用に酒を購入しました。スタッフがていねいに教えてくれるので、お酒に詳しくなくても大丈夫です。試飲ができるのもうれしいし、酒の特徴は説明書きがあるので選びやすいです。(世田谷区・F)

店長さんに聞く！

世田谷発スーパー 魅力の裏側

世田谷で生まれた人気スーパーが愛され続ける理由を探ってみよう！

オオゼキ編

鮮度＆サービスで1歩も2歩もリード！地元密着の愛すべき大型スーパー

オオゼキ 松原店

●おおぜき まつばらてん　MAP 別冊 P.10-B1

住 世田谷区松原4-10-4　TEL 03-5355-3301
営 10:00～21:00　休 不定休　CC ADJMV
交 東急世田谷線松原駅から徒歩1分

「スーパーマーケット オオゼキ」発祥店であり、売場面積は約1000㎡という規模の、オオゼキのなかでも3本の指に数えられる繁盛店。2019年4月にリニューアルし、特に鮮魚も豊富なことから、飲食店の仕入れなどの利用も多い。

教えて店長さん！

松原店 店長　根橋 浩正さん
オオゼキひと筋30年以上。20代後半で店長抜擢、エリアマネージャーを歴任後、松原店店長就任。サービスモットーは、お客様の心を読む・期待を裏切らない・お待たせしないです。

Q1: 発祥・歴史は？

1957年、東急世田谷線松原駅そばの小さな市場に、創業者・佐藤達雄が乾物店の「大関食料品店」を開店。新鮮なお値打ち商品を素早く見抜く天賦の才をもつ達雄と、お客様の名前をすぐに覚えて接客に役立てる正恵夫人が力を合わせて店を切り盛りし、1965年スーパーマーケットに業態を変更。2024年2月現在、世田谷区内の13店を含め東京都区部に35店、多摩地域に4店、神奈川2店、千葉1店の計42店舗を展開しています。

Q2: 特徴は？

地元密着・徹底した個店主義で、店舗ごとに市場からの仕入れを基本とし、オオゼキを冷蔵庫代わりに使っていただくため、駅から至近距離の立地。松原店は本店で、全体でも3本の指に入る繁盛店。売り場面積も約1000㎡あり、広いスペースを生かし個店ならではのユニークな商品も置いています。またスタッフの正社員比率が約7割と同業他社の2倍以上。やる気のあるスタッフが多く、お客様にどんどん声をかける「喜客」の精神があります。

Info 創業時のオーナー夫妻の会話。「ママ、うちはいくらお金があったら暮らせるんだい？」「1日、250円か300円ですよ。」「じゃあ、あとは全部お客さんに還元しよう。」「余計な儲けは少なくして、お客さんに喜んでもらおう。」

国産牛や黒毛和牛などを1頭買いし、インストア加工しているので鮮度も抜群です。何g欲しいなどの要望にも応えやすい。海藻を飼料に使う「岩手純情豚」や宮崎産「どんぐりの恵み豚」なども高品質でリーズナブルです。

こだわりはココ！

特徴的なのが鮮魚。クエやマグロといった1万円を超える高級魚などが並び、人気店のシェフなどがわざわざここに仕入れに来られます。また種類豊富で価格帯も幅広く、調理法に合わせ希望の切り方に捌いています。

1号店なので見映えや品質も求められ、おいしいことは最低限。常に勉強し、「おもしろいものがある！」とお客様に思っていただける商品を提案するのも仕事のひとつです。品揃えも自慢。東京野菜のコーナーもありますよ

飲食店の利用も多いため、調味料やスパイスなども種類だけでなくサイズが豊富。またオオゼキ最大規模のワイン売り場は、ギリシアや東ヨーロッパ産などの珍しいものや、ヴィーガンワインなども扱っています。

オススメはコレ！

※2023年5月撮影

霧島鶏炭火焼き
100g 323円

ハーブを飼料に加え、65日以上の長期肥育で保水性に富み歯応えしっかり、コクのあるうま味の銘柄鶏を使用。フライパンで温めて柚子胡椒でさらにおいしさアップ。

岩手純情豚ロース 金山寺味噌漬け　170g 431円

肉質の優れた銘柄豚を、ほんのりと甘味のある味噌漬けにしたもの。フライパンにホイルを敷いて焼けばあと片付けも楽で、リピーター続出の人気商品です。

宮崎産マンゴー 太陽のタマゴ　7344円

厳しい選別のうえ、最上級品AA品のみに与えられる赤いシールが貼られた、ブランドマンゴー。夏のギフトの定番商品となっており、贈答にも最適な木箱入りです。

すしの美登利「特選にぎり」
1814円

世田谷区発祥の梅丘の大人気店の寿司が、テイクアウトできる。全10種だが苦手なものなどがあれば、オーダーで中身の変更やワサビ抜きにしてもらうことも可能です。

オリジナルエコバッグ
1個 495円

密かな人気アイテムが、こちら。鮮やかなビタミンカラーなど全6色で、オオゼキのロゴがユニークです。何色か揃える方もいます。

オオゼキ コットンバッグ
1個 275円

㋔の文字が目立つマイバッグ。マチがあるので、食べ物などをそのまま入れやすく、持ち手も頑丈です。値段もかなり手頃です。

Voice 近所にもスーパーはあるのですが、圧倒的に鮮度がよくて、質も高く、安いと、3拍子揃っていたら、遠くても買いに来たくなってしまいます。買い物をする楽しみがオオゼキにはあるんです（世田谷区・M）

カルディコーヒーファーム編

世界を旅する気分で食材ハントしたい！ ワールドワイドな品揃えが自慢

Q1: 発祥・歴史は？

1977年世田谷区で株式会社キャメル珈琲を設立。コーヒー豆を焙煎し、喫茶店への卸売りを行う。1986年に下高井戸にカルディコーヒーファーム第1号店をオープン（現在は近くに移転）し、コーヒー豆や業務用パスタなどを販売。1992年開業した下北沢店で、海外のマルシェをイメージした陳列やコーヒーサービスを行うようになる。

Q2: 特徴は？

海外の調味料や食材が多彩に揃うことで独自の地位を確立しており、トレンドに乗った商品開発も行う。また来店者に紙カップでコーヒーを提供し、飲みながら商品を眺められる斬新なスタイルを打ち出した。店内には所狭しと商品が並び、宝探し感覚でお目当てを見つける楽しさ演出をしている。

教えて店長さん！

下高井戸店 店長
篠原 佳恵さん

他エリア店長を経て、歴史ある下高井戸店の店長へ。アレンジレシピを得意とし、お客様へアドバイスを行うことも。食材専門店を見かけると、つい入ってしまう研究熱心な店長。（取材時）

カルディコーヒーファーム 下高井戸店

●かるでぃこーひーふぁーむ しもたかいどてん

MAP 別冊 P.17-A4

住 世田谷区松原3-29-20 下高井戸SEビル1階　TEL 03-3323-8897　営 10:00～21:00　休 無休　CC ADJMV
交 京王線・東急世田谷線下高井戸駅から徒歩1分

世田谷区では12店舗を営業し、都内で最多の店舗数。下高井戸店は1986年に1号店として開店、2024年で38周年を迎える。カルディコーヒーファームの和食材ブランド「もへじ」や、お酒コーナーが好評。

オリジナル 青いにんにく辣油 青唐辛子 120g 451円

入荷後すぐ購入し、パンチのあるニンニクの味わいと青唐辛子のピリッとした辛さがマッチしていて、ハマりました。水餃子や豆腐にかけて食べています。ピザにも合います！

オリジナル インスタント チャイ 150g 410円

スパイシーさと濃厚な味わいが気に入っています！お湯でもおいしいのですが、牛乳で溶いて濃厚にして飲むのが好きです。夏はアイスチャイで楽しんでいます。

ラ・プレッツィオーザ ダイストマト缶／ホールトマト缶 400g 127円

2000年頃から発売している定番商品。イタリアからの輸入品でありながら、リーズナブルな価格で人気。皮なしで味が濃く、そのまま調理に使えるところも便利です。

オリジナル パンダ杏仁豆腐ミニ 215g 213円

2007年に発売を開始し、今やスイーツ人気No.1。季節ごとにフレーバー違いや、関連商品も発売しています。パックのまま冷蔵庫で冷やすとよりおいしくなります。

Info 「カルディ コーヒーファーム」の隣のビルにある「ピッツェリア トニーノ」は、「真のナポリピッツァ協会」認定の店。路面店から2022年に移転したが、旧店の雰囲気を残し今も地元の人に愛されている。

こだわりはココ!

直輸入で、価格がリーズナブルな世界のワインを取り揃えています。ブドウ栽培から醸造までを手がけるキャメルファームワイナリーのピノ・ノワールは国際的なワインコンペティションで受賞しています。

国内外の定番から珍しいものまで、他店にはないものが見つかることも。タイと台湾に店舗があるため、このエリアの調味料の豊富さも自慢です。「もへじ いぶりがっこのタルタルソース」など和の食品も人気があります。

コーヒー豆の種類の多彩さもさることながら、近年では環境に配慮したコーヒー作りに協力しており、フェアトレード認証コーヒーや、鳥の休息地を守るバードフレンドリーコーヒーなどを積極的に扱っています。

オススメはコレ!

サンスクイーズ グレープフルーツ
411g 321円

柑橘類大好きな私のおすすめが、この缶詰です。シロップ漬けなので甘味もあり、ヨーグルトと合わせて食べています。箱買いするほど好きなアイテムです！

オリジナル シナモンロール
1個 286円

もともとシナモンは苦手でしたが、これを食べてシナモンロールが好きになりました。レンジで温めるだけで、できたてのようにふわふわになり、おいしさに驚きました。

もへじ りんごジャム
260g 669円

「もへじ」創業時からあるアイテム。青森県産ふじを100%使用し、自然な甘さが楽しめます。果肉が残っているので、シャキシャキとした食感も好評です。ジュースもおすすめ。

オリジナル 生ハム切り落とし
120g 386円

こちらも定番の人気商品で、安くて万能に使えます! 特に夏は冷麺に入れて食べることも多く、夏期限定の「レモン冷麺」との相性も、バッチリです。

オリジナル
ピーチエードベース
500ml 405円

モモが大好きなので、モモの商品はすべて試しています。春から夏場にかけては、山梨県産のモモ果汁を使用したピーチエードベースを常備し、水や炭酸で割って飲んでいます。夏期限定。

同じ企業グループの「キャメルファームワイナリー」は、北海道・余市でワイン用ブドウの開拓者の畑を受け継ぎ、世界に誇れるワイン作りに取り組んでいる。

第二章 交通ガイド

世田谷区の交通 完全攻略ガイド

世田谷区は東京23区で唯一JRと地下鉄のない区で、私鉄3社が運行し、東西に長く延びる京王線、小田急線、田園都市線の3路線を中心とし、路線網が張り巡らされている。上記以外の南北に運行する路線も含め、各路線を把握すれば、移動の足はより快適に。また、特徴的な車両についても知っておきたい。

5路線で区南部まで網羅

東急電鉄

運賃	
初乗り	140円
ICカード	140円

東西に延びる田園都市線ほか、南北に走る世田谷線、大井町線など、区内に路線網が広がる。また自由が丘駅、田園調布駅など駅自体は隣接区にあるが、ここが最寄駅になる区民も多く、区民にとってはなじみ深い駅となる。なお東急電鉄では、お得なきっぷも多種用意されているため、うまく活用したい(→P.88)。

田園都市線

東京メトロ半蔵門線直通となる渋谷駅から神奈川県の中央林間駅まで運行。世田谷区内は、池尻大橋駅～二子玉川駅間。急行停車駅は、世田谷線に隣接している三軒茶屋駅と大井町線に乗り換え可能な二子玉川駅。

大井町線

大井町駅から神奈川県の溝の口駅まで運行。世田谷区内は、九品仏駅～二子玉川駅間。区外だが自由が丘駅も区民利用が多く、急行停車駅は東横線接続の自由が丘駅と田園都市線接続の二子玉川駅。

東横線

渋谷駅から神奈川県の横浜駅まで運行。世田谷区内に東横線の駅はないが、特急、通勤特急、急行の停車駅で大井町線に乗り換え可能な自由が丘駅と、急行の停車駅で目黒線に接続可能な田園調布駅は区民の利用も多い。

目黒線

目黒駅から神奈川県の日吉駅まで運行。世田谷区内で唯一の目黒線の駅として、奥沢駅がある。また隣の田園調布駅は大田区にあり、東横線へ乗り換えが可能で、最寄駅として利用している世田谷区民も多い。

世田谷線

都内では珍しい路面電車。下高井戸駅から三軒茶屋駅まで運行。下高井戸駅で京王線、三軒茶屋駅で田園都市線に接続、山下駅は小田急線豪徳寺駅に隣接。沿線に豪徳寺や世田谷代官屋敷、松陰神社など見どころが点在。

キュートな招き猫電車

2017年の世田谷線50周年記念企画で運行開始。招き猫発祥の地として知られる豪徳寺の協力を得て、300系の車両全体に招き猫がデザインされている。運行時刻表は東急電鉄のホームページをチェック！

Info かつて渋谷駅と玉川駅(現二子玉川)を結んだ玉川電気鉄道の玉川線。支線の下高井戸線が現在の世田谷線にあたる。玉川線廃止の1969年に下高井戸線は世田谷線と名称を変えたが、今だにこの路線を「玉電」と呼ぶ人も多い。

新宿&渋谷を起点に延びる

京王電鉄

運賃	
初乗り	140円
ICカード	140円

新宿駅を起点とし京王八王子駅まで東西に延びる京王線と、渋谷駅を起点とし吉祥寺駅まで運行する井の頭線が世田谷エリアを通っており、小田急線が交わる下北沢駅は再開発後、特に世田谷区のなかでも多くの人々を集める観光エリアになっている。なお京王電鉄にもお得なきっぷがあるので、うまく活用してみよう(→P.89)。

京王線

新宿駅から京王八王子駅まで運行し、都営新宿線と相互直通運転。笹塚駅～仙川駅間で高架化が進行中。区内は八幡山を除く代田橋駅～千歳烏山駅間。区内の特急停車駅は明大前駅と千歳烏山駅。下高井戸駅で東急世田谷線に接続。

井の頭線

渋谷駅から吉祥寺駅まで運行。世田谷区内は池ノ上駅～明大前駅間。区内の急行の停車駅は小田急小田原線に乗り換え可能な下北沢駅と京王線に乗り換え可能な明大前駅がある。なお、渋谷駅のホームは渋谷マークシティ直結。

区の東西を端までカバー

小田急電鉄

運賃	
初乗り	140円
ICカード	136円

新宿駅を起点とし小田原駅まで延びる小田原線(本誌では小田急線と表記)と、江ノ島線、多摩線を運行。世田谷区の北部を小田原線が東西に貫いており、近隣住民の足となっている。また2018年に高架化、地下化により東北沢駅～和泉多摩川駅間の複々線化が完成した。なお、小田急電鉄のお得なきっぷも活用してみたい(→P.89)。

小田急線

新宿駅から箱根の玄関口になる小田原駅まで運行、ロマンスカーは箱根湯本駅まで運行する。区内は東北沢駅～喜多見駅間。区内の急行停車駅は京王井の頭線接続の下北沢駅、経堂駅、成城学園前駅。豪徳寺駅は世田谷線山下駅と隣接。

幸せになるレインボー

井の頭線車両のアクセントカラーは7色あるが、全色が入る1000系ラッピング車両は「レインボー」と呼ばれ、子供たちにも大人気。白い前頭部にグラデーションラインが入り、これを見ると幸せになる？とも噂される。

人気を集めるロマンスカー

箱根方面や江ノ島方面まで運行する人気のロマンスカー。従来、世田谷区内に停車駅はなかったが、メトロはこね号やメトロえのしま号などメトロ系列車の運行により、成城学園前駅に停車する列車が登場。より便利になった。

幻の代田連絡線

かつて8年だけ運行していた路線が世田谷区内にある。その名は「代田連絡線」。帝都線(現・井の頭線)の代田二丁目駅(現・新代田駅)と小田急線の世田ヶ谷中原駅(現・世田谷代田駅)を結んでいた路線で、1945年5月の東京大空襲で東京急行電鉄井の頭線永福町の車庫が被害を受け、井の頭線にほかの路線から車両を運ぶ必要があり急遽造られた。1952年に使用が停止され、廃線跡のほとんどが住宅街となっているが、世田谷代田駅の北側通路に代田連絡線をかたどったデザインが見られる。

小田急線の「成城学園前駅」には私立学校の名が入っているが、これは成城学園の主事であった小原國芳が駅の建設費用の一部を負担したため。小田急創業者・利光鶴松と協議をし、駅の設置と急行停車を求めたという。

世田谷区の鉄道路線図

世田谷区の鉄道は新宿駅を起点とし京王線、小田急線が、
渋谷駅を起点とし京王井の頭線、東急田園都市線が延びる。
東急世田谷線や東急大井町線も含め、鉄道網をうまく利用したい。

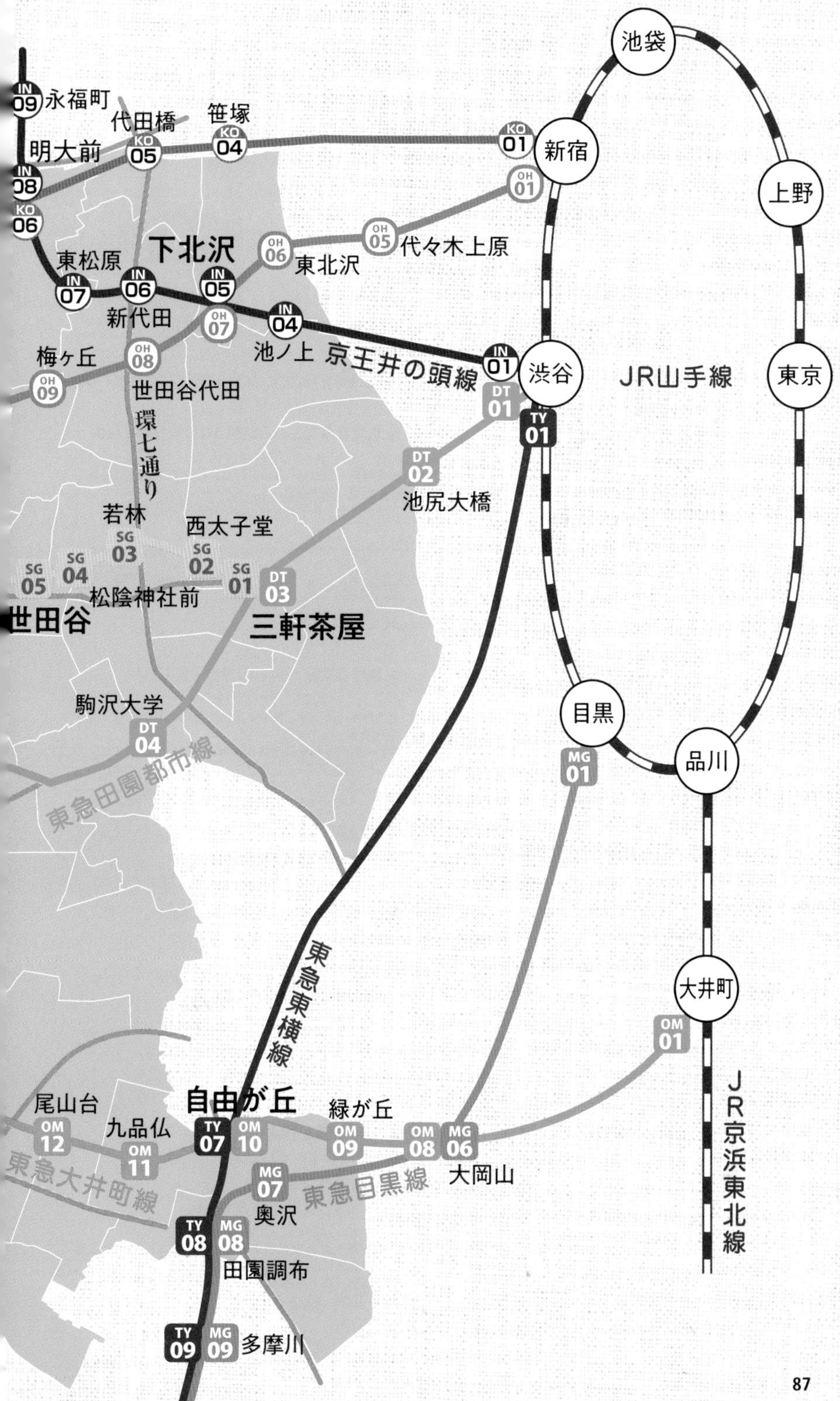
池袋
新宿
上野
東京
渋谷
JR山手線
目黒
品川
大井町
JR京浜東北線
永福町
代田橋
笹塚
明大前
下北沢
東松原
新代田
代々木上原
東北沢
梅ヶ丘
池ノ上
京王井の頭線
世田谷代田
環七通り
池尻大橋
若林
西太子堂
松陰神社前
世田谷
三軒茶屋
駒沢大学
東急田園都市線
東急東横線
尾山台
九品仏
自由が丘
緑が丘
大岡山
東急大井町線
東急目黒線
奥沢
田園調布
多摩川

世田谷区で使える

お得なきっぷ情報

世田谷区内での移動や、世田谷区から都区内を観光の際に、便利でお得なきっぷをご紹介！

東急電鉄

URL www.tokyu.co.jp/railway/ticket/types/value_ticket/

世田谷線散策きっぷ

「紙式乗車券」「電子乗車券」

世田谷線各駅で何回でも乗り降りできる

料金　大人380円、子供190円、Q SKIP限定価格360円
発売箇所　世田谷線三軒茶屋駅、下高井戸駅（左記以外の世田谷線各駅から乗車の際は、普通運賃で乗車のうえ、乗務員に申告して「乗車券購入票」を受け取り、両駅で提示にて差額で購入可能）
有効期間　券面記載の有効期間内で1日限り
フリー区間　世田谷線全線

東急線ワンデーパス

「磁気乗車券」「PASMO」「電子乗車券」

東急線全線が1日乗り降り自由

料金　大人780円、子供390円、Q SKIP限定価格740円
発売箇所　東急線各駅の券売機※1
有効期間　券面記載の有効期間内で1日限り
フリー区間　東急線全線

東急線トライアングルパス

「磁気乗車券」「PASMO」「電子乗車券」

渋谷駅～二子玉川駅～自由が丘駅間が1日乗り降り自由

料金　大人470円、子供240円、「トライアングルエリア内」Q SKIP限定価格450円
発売箇所　東急線各駅の券売機（世田谷線を除く）
有効期間　券面記載の有効期間内で1日限り ※往復乗車区間で途中下車をした場合、チケットは前途無効

東急線・東急バス1日乗り放題パス

「磁気乗車券」「PASMO」「電子乗車券」

東急線全線と東急バス※2が1日乗り降り自由

料金　大人1070円、子供540円、Q SKIP限定価格1020円
発売箇所　東急線各駅の券売機※1
有効期間　券面記載の有効期間内で1日限り
フリー区間　東急線全線と東急バス全路線※2

※1世田谷線内から乗車の際は、乗務員に申告して「乗車券購入票」を受け取り、田園都市線三軒茶屋駅の窓口で払い戻し　※2空港連絡バス、高速乗合バス、溝の口駅～新横浜駅直行バス、ハチ公バス（上原・富ヶ谷ルート、本町・笹塚循環ルート）は利用不可　※3発駅～東京メトロ接続駅（往復は行きと帰りで異なる東京メトロとの接続駅〈渋谷駅、中目黒駅、目黒駅〉を経由することも可）

東急線・みなとみらい線ワンデーパス

PASMO限定（モバイル除く）

東急線とみなとみらい線が1日乗り降り自由

料金　大人1220円、子供610円
発売箇所　東急線、みなとみらい線各駅の自動券売機
有効期間　発売当日
フリー区間　東急線全線とみなとみらい線全駅

CHIKA TOKU 対象

東急線・東京メトロ共通1日乗車券

PASMO限定（モバイル除く）

東急線と東京メトロが1日乗り降り自由

料金　大人1280円、子供640円
発売箇所　東急線、東京メトロ各駅の自動券売機
有効期間　発売当日
フリー区間　東急線全線と東京メトロ全線

CHIKA TOKU 対象

東急線・都営地下鉄・東京メトロ共通1日乗車券

PASMO限定（モバイル除く）

東急線と都営地下鉄と東京メトロが1日乗り降り自由

料金　大人1680円、子供840円
発売箇所　東急線、都営地下鉄線、東京メトロ各駅の自動券売機
有効期間　発売当日
フリー区間　東急線全線、都営交通全線（都営地下鉄、都バス、都電荒川線、日暮里・舎人ライナー）、東京メトロ全線

東急東京メトロパス

「磁気乗車券」「PASMO」

東急線往復乗車券※3と東京メトロ1日乗車券のセット

料金　大人740円～1120円、子供370円～560円
発売箇所　東急線各駅の自動券売機（渋谷駅、中目黒駅、目黒駅の東京メトロ接続駅、世田谷線を除く）
有効期間　発売当日
フリー区間　東京メトロ全線※3

東急電鉄デジタルチケットサービス「Q SKIP」は、2023年8月30日に開始。事前にオンライン購入した携帯などのQRコード乗車券やタッチ決済対応のVISA・JCBカードのタッチで、改札を通過できる（2023年11月現在）。

京王電鉄

URL www.keio.co.jp/train/ticket/profitable/

京王・東京メトロ・都営地下鉄パス

CHIKA TOKU 対象

京王線・井の頭線往復乗車券※と東京メトロ、都営地下鉄共通1日乗車券のセット

料金　大人1130円～1530円、子供570円～770円
発売箇所　京王線・井の頭線各駅の自動券売機（新宿駅、渋谷駅を除く）
有効期間　発売当日
フリー区間　都営地下鉄と東京メトロ全線
※発駅～新宿駅または渋谷駅

京王東京メトロパス

京王線・井の頭線往復乗車券※と東京メトロ1日乗車券のセット

料金　大人730円～1160円、子供370円～590円
発売箇所　京王線・井の頭線各駅の自動券売機（新宿駅、渋谷駅を除く）
有効期間　発売当日
フリー区間　東京メトロ全線
※発駅～新宿駅または渋谷駅

TOKYO探索きっぷ

CHIKA TOKU 対象

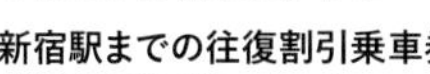

新宿駅までの往復割引乗車券と都営1日乗車券のセット

料金　大人930円～1390円、子供470円～710円（乗車駅により異なる）
発売箇所　京王線・井の頭線各駅の自動券売機（新宿駅を除く）
有効期間　発売当日
フリー区間　都営交通全線（都営地下鉄、都バス、都電荒川線、日暮里・舎人ライナー）

京王線・井の頭線一日乗車券

京王線全線の各駅で何回でも乗り降自由

料金　大人 1000円、子供 500円
発売箇所　京王線・井の頭線各駅の自動券売機
有効期間　発売当日
フリー区間　京王線・井の頭線全線

小田急電鉄

URL www.odakyu-freepass.jp/

小田急1日全線フリー乗車券

小田急線全線（新宿～小田原、片瀬江ノ島、唐木田）が1日乗り降り自由

料金　大人2000円、子供1000円
発売箇所　小田急線各駅の自動券売機、窓口　※新宿～代々木上原駅間を除く
有効期間　発売当日
フリー区間　小田急線全線（新宿～小田原、片瀬江ノ島、唐木田）

小田急東京メトロパス

CHIKA TOKU 対象

小田急線（発駅～代々木上原駅）の往復乗車券と小田急線の一部の乗り降り自由と東京メトロの1日乗車券をセット

料金　大人860円～1910円、子供350円
発売箇所　小田急線各駅の自動券売機、窓口　※新宿～代々木上原駅間を除く
有効期間　発売当日（窓口では1ヵ月前から購入可）
フリー区間　小田急線（新宿～代々木上原）と東京メトロ全線

お得な特典がいっぱい

「CHIKA TOKU」を活用してみよう

「CHIKA TOKU」は、東京メトロ、都営地下鉄が発行している1日乗車券を購入、提示することにより、230以上のスポットで割引やプレゼントなどの特典を受けられるサービス。異なるスポットであれば、1日に何度でも使用が可能。美術館の入場料やショッピングスポットの代金割引、グルメスポットでのドリンク1杯サービスなど、各スポットでさまざまな特典が用意されている。今回掲載しているおトクなきっぷのなかでは、「東急東京メトロパス」、「東急線・東京メトロ共通1日乗車券」、「東急線・都営地下鉄・東京メトロ共通1日乗車券」、「TOKYO探索きっぷ」、「京王東京メトロパス」、「京王・東京メトロ・都営地下鉄パス」、「小田急東京メトロパス」が該当。「CHIKA TOKU」を上手に利用して、おトクに巡ってみよう。

URL chikatoku.enjoytokyo.jp/

「CHIKA TOKU」のお得スポットは、地下鉄路線沿線に多いが、世田谷区から移動し、これらのスポットを利用する場合、いくつものスポットで特典を受けるとかなりお得になることもあるので、上手に利用してみたい。

世田谷区バス 攻略ガイド

東西に延びる鉄道網を補完する、世田谷区内を走るバス。
数社のバスをしっかりガイド！

世田谷区のバスの乗り方

① 行き先を確認

1ヵ所のバス停であっても、行き先は複数に分かれていることが多いため、停留所の行き先と系統番号をまず確認。バス到着後も、車両の前後部と側面に表示されている行き先と経由地を確認してから乗車しよう。

② 乗車

世田谷区内のバスは運賃のほとんどが均一で、乗車時に運賃を支払う「先払い」が主流。前扉から乗車し、ICカードをタッチする、もしくは料金を投入しよう（1000円札まで）。なお高額紙幣は両替不可も多い。

③ 降車

目的地が車内モニターに表示もしくは車内放送でアナウンスされたら、座席やつり革近くに設置されている降車ボタンを押して降車準備。必ずバスが止まってから立ち上がり、順番に後ろの扉から降車しよう。

八幡山、千歳烏山から運行

京王バス

運賃

現金…………230円
ICカード……230円
※2024年3/16〜

乗り方

都区内地区は一律運賃で、前扉から乗車して先払い、中扉から降車する。

京王線の八幡山駅から松沢病院前、希望ヶ丘団地、経堂小学校前、赤堤小学校前を経由し経堂駅へ、また千歳烏山駅から千歳船橋駅など、南部へ運行するルートが複数ある。また京王線沿線の仙川駅やつつじヶ丘駅などへのルートもある。周辺の京王バスが1日乗り降り自由な「IC都区内一日乗車券」（大人500円、子供350円）も販売。

おもな運行系統

経02	八幡山駅⇔希望ヶ丘団地⇔経堂駅
八01	八幡山駅➡船橋七丁目➡八幡山駅
烏51	八幡山駅➡希望ヶ丘団地➡塚戸小学校➡千歳烏山駅
歳23	千歳船橋駅⇔塚戸小学校⇔千歳烏山駅⇔南水無
丘22	千歳船橋駅⇔千歳烏山駅⇔仙川駅⇔つつじヶ丘駅北口

区内を東西、南北につなぐ

小田急バス

運賃

現金…………220円
ICカード……220円

乗り方

都区内地区は一律運賃で、前扉から乗車して先払い、中扉から降車する。

小田急線沿線などに路線を展開し、京王線の八幡山駅、千歳烏山駅への路線が充実しているため、南北の移動に便利。また渋谷駅を起点とし、梅ヶ丘駅経由経堂駅までの路線や、世田谷通り経由で狛江駅までの中距離の路線もある。小田急路線バスが1日乗り降り自由な「1日乗車券」（大人600円、子供300円）も販売。

おもな運行系統

渋26	渋谷駅⇔三宿⇔関東中央病院前⇔狛江駅北口
渋54	渋谷駅⇔代沢小学校⇔梅ヶ丘駅⇔経堂駅
下61	北沢タウンホール⇔代沢小学校⇔太子堂⇔三軒茶屋⇔駒沢陸橋
成02	成城学園前駅西口⇔芦花恒春園前⇔芦花公園駅前⇔千歳烏山駅北口
玉07	成城学園前駅南口⇔次大夫堀公園前⇔二子玉川緑地前⇔二子玉川駅

複数のバス会社が運行する世田谷区で、バス停や時刻表を調べたい時に便利なのが「NAVI TIME」路線バス時刻表。検索サイトで「世田谷区」「バス」のキーワードを入れよう。URL www.navitime.co.jp/bus/diagram/

世田谷近隣を
広範囲にカバー

東急バス

運賃
現金……………230円
ICカード……230円
※2024年3/24～

乗り方
都区内地区は一律運賃で、前扉から乗車して先払い、中扉から降車する。

世田谷区と隣接区を含めて縦横に路線を展開。渋谷駅発着の便が複数あり、世田谷区内の祖師ヶ谷大蔵駅や成城学園前駅、二子玉川駅や等々力駅への路線がある。また鉄道のアクセスが乏しい多摩川沿いに二子玉川駅から多摩川駅までの路線も通っている。「東急バス一日乗車券」(大人520円、子供260円)も販売。

おもな運行系統
- 渋11 渋谷駅⇔駒沢大学駅前⇔八雲三丁目⇔田園調布駅
- 渋23 渋谷駅⇔上町駅⇔千歳船橋⇔祖師ヶ谷大蔵駅
- 玉12 渋谷駅⇔三軒茶屋駅⇔駒沢大学駅前⇔二子玉川駅
- 等12 成城学園前駅⇔用賀駅⇔等々力操車所
- 森91 新代田駅前⇔若林駅前⇔上馬⇔大森操車所

区内では1路線のみ

都営バス

運賃
現金……………210円
ICカード……210円

乗り方
都区内地区は一律運賃で、前扉から乗車して先払い、中扉から降車する。

世田谷区では民間のバス会社の路線網が発達しており、都営バスの路線もある。それが「宿91」。新宿駅西口から青梅街道上の中野坂上、新中野駅、東高円寺駅を経由し、環状7号線を通り、堀ノ内、方南八幡通り、代田橋を経て新代田駅までの路線だ。お得な「都営バス一日乗車券(大人500円、子供250円)も販売。

おもな運行系統
- 宿91 新宿駅西口⇔中野坂上⇔東高円寺駅⇔新代田駅

区内北部から杉並へ

関東バス

運賃
現金……………230円
ICカード……230円
※2024年3/1～

乗り方
都区内地区は一律運賃で、前扉から乗車して先払い、中扉から降車する。

世田谷区では、京王、小田急、東急バスの路線網が発達しており、関東バスの路線は少なめ。ただし、観光に使用できる千歳烏山駅と烏山寺町の間を循環している「烏01」路線や、杉並区の荻窪駅南口から芦花公園などを経由する「荻54」「荻58」などの路線がある。「一日乗車券」(大人630円、子供320円)も販売。

おもな運行系統
- 烏01 千歳烏山駅⇒寺院通り一番⇒久我山病院⇒千歳烏山駅
- 荻54 芦花公園駅⇔高井戸駅⇔荻窪駅南口
- 荻58 北野⇔千歳烏山駅⇔芦花公園駅⇔荻窪駅南口

世田谷区のバス停を地図から調べられるウェブサイトが、下記の「バス停検索」。地図上のバス停マークをクリックすると、路線名などが示される。URL buste.in/search/bus/list/BusteisCity/map/651

世田谷区コミュニティ

世田谷区のコミュニティバスは路線も多く、利用価値大!
区中央の西端にある宇奈根地区のオンデマンド輸送も気軽に利用したい。
※一般路線バスと同じ、バス事業者による自主運行のため、運賃は都区内運賃を適用。

コミュニティバス事情

東京では鉄道やバスが通常運行している路線以外の公共交通空白エリアをカバーする形で、自治体が関わるコミュニティバスが多数運行している。世田谷区では南北交通の強化や公共交通不便地域を解消するための取り組みとして10路線のコミュニティバスの導入に関わり、実証運行の経費負担や、環境配慮型車両の導入費補助、バス走行環境の整備などの支援を行い、世田谷区が新規導入に関わったバス路線を「コミュニティバス」と位置付けている。そして現在、3社のバス運行業者によって自主運行されている、世田谷区のコミュニティバスは9路線あり、加えてオンデマンド輸送を1エリアで運行している。

京王バス

運賃　現金220円　ICカード220円

路線名 経02 経堂・八幡山路線

小田急線経堂駅から希望ヶ丘団地を経由し、京王線八幡山駅までを結ぶバス。八幡山駅から経堂駅までのルートもあり。この路線のみ、京王バスと小田急バスの2社で運行。

バスルート　経堂駅発 八幡山駅行き

経堂駅➡大和橋➡赤堤小学校前➡経堂赤堤通り団地➡経堂小学校前➡桜上水二丁目➡すきっぷ前➡希望ヶ丘小学校➡希望ヶ丘団地➡朝日新聞社前➡希望ヶ丘東公園➡八幡山一丁目➡上北沢二丁目➡将軍池公園➡上北沢公園➡八幡山駅

バスルート　八幡山駅発 経堂駅行き

八幡山駅➡松沢病院前➡上北沢二丁目➡八幡山一丁目➡希望ヶ丘東公園➡朝日新聞社前➡希望ヶ丘団地➡希望ヶ丘小学校➡水道辻➡桜上水二丁目➡経堂小学校前➡経堂赤堤通り団地➡赤堤小学校前➡大和橋➡経堂駅

路線図　URL www.city.setagaya.lg.jp/mokuji/sumai/007/004/d00130435.html

路線名 八01 希望ヶ丘路線(八幡山ルート)

京王線八幡山駅を起点とし、松沢病院前、希望ヶ丘団地、朝日新聞社前を経由して、大東学園、将軍池公園を通り、再び八幡山駅までぐるりと循環し運行するバス。

バスルート　八幡山駅発 八幡山駅行き

八幡山駅➡松沢病院前➡上北沢二丁目➡八幡山一丁目➡船橋六丁目➡船橋交番北➡希望ヶ丘団地➡朝日新聞社前➡大東学園➡船橋七丁目➡船橋交番北➡船橋六丁目➡八幡山一丁目➡上北沢二丁目➡将軍池公園➡上北沢公園➡八幡山駅

路線図　URL www.city.setagaya.lg.jp/mokuji/sumai/007/004/d00035450.html

運行事業者問い合わせ先　京王バス　TEL 042-352-3713

Info 世田谷区のコミュニティバスは、バス事業者による自主運行のため、運行状況や時刻、運賃制度、忘れ物などについては運行事業者へ問い合わせよう。

バスガイド

小田急バス

運賃 現金220円 ICカード220円

路線名 歳25 希望ヶ丘路線(千歳船橋ルート)

小田急線千歳船橋駅から船橋地区会館、船橋まちづくりセンターを経由し、希望ヶ丘団地までを結ぶバス。希望ヶ丘団地から千歳船橋駅行きのルートもあり。

バスルート 千歳船橋駅発 希望ヶ丘団地行き

千歳船橋駅→水道局前→有隣病院前→船橋地区会館→船橋まちづくりセンター→船橋交番→希望ヶ丘小学校→船橋希望中学校北→大東学園→朝日新聞社前→希望ヶ丘団地

バスルート 希望ヶ丘団地発 千歳船橋駅行き

希望ヶ丘団地→希望ヶ丘小学校→船橋交番→船橋まちづくりセンター→船橋地区会館→有隣病院前→水道局前→千歳船橋駅

路線図 URL www.city.setagaya.lg.jp/mokuji/sumai/007/004/d00035452.html

路線名 成06 南北路線

小田急線成城学園前駅西口から祖師谷国際交流会館を経由し、京王線千歳烏山駅南口までを結ぶバス。千歳烏山駅南口から成城学園前駅西口行きのルートもあり。

バスルート 成城学園前駅西口発 千歳烏山駅南口行き

成城学園前駅西口→成城一番→成城四番→ゴルフ練習場前→都立総合工科高校前→祖師谷国際交流会館→上祖師谷四丁目→駒大グランド前→榎→榎北→粕谷区民センター入口→千歳烏山駅南口

バスルート 千歳烏山駅南口発 成城学園前駅西口行き

千歳烏山駅南口→南烏山→粕谷区民センター入口→榎北→榎→駒大グランド前→上祖師谷四丁目→祖師谷国際交流会館→都立総合工科高校前→ゴルフ練習場前→成城四番→成城一番→成城学園前駅西口

路線図 URL www.city.setagaya.lg.jp/mokuji/sumai/007/004/d00035448.html

運行事業者問い合わせ先 小田急バスお客さまセンター TEL 03-5313-8330

※運賃は2024年1月現在。改定の可能性があるので、確認のうえ、利用すること。

小田急バス

運賃 現金220円 ICカード220円

路線名 狛12 宇奈根地区路線

小田急線狛江駅（狛江市）からこまえ苑、喜多見中学校などを経由し、世田谷区の宇奈根地区までを結ぶバス。宇奈根から小田急線狛江駅行きのルートもあり。

バスルート 宇奈根発 狛江駅南口行き

宇奈根➡宇奈根ハンカチ公園➡宇奈根地区会館➡交通安全教育センター入口➡荒玉水道➡喜多見中学校➡こまえ苑➡狛江みずほ幼稚園➡六小通り入口➡狛江第三小学校➡狛江第二中学校➡猪方中通り入口➡東和泉二丁目➡狛江駅南口

バスルート 狛江駅南口発 宇奈根行き

狛江駅南口➡東和泉二丁目➡猪方中通り入口➡狛江第二中学校➡狛江第三小学校➡六小通り入口➡狛江みずほ幼稚園➡こまえ苑➡喜多見中学校➡荒玉水道➡交通安全教育センター入口➡宇奈根地区会館➡宇奈根ハンカチ公園➡宇奈根

路線図 URL www.city.setagaya.lg.jp/mokuji/sumai/007/004/d00035451.html

路線名 祖師谷・成城地域循環路線（せたがやくるりん）

小田急線祖師ヶ谷大蔵駅から祖師谷商店街（ウルトラマン商店街）、砧総合支所（成城学園前駅入口）などを経由し、再び祖師ヶ谷大蔵駅まで循環し運行するバス。

バスルート 祖師ヶ谷大蔵駅発 祖師ヶ谷大蔵駅行き

祖師ヶ谷大蔵駅➡祖師谷商店街➡祖師谷まちづくりセンター➡ふれあい遊歩道➡祖師谷五丁目南➡塚戸南➡祖師谷五丁目北➡つりがね池公園➡祖師谷六丁目三叉路➡上祖パンダ公園南➡鞍橋➡成城九丁目➡成城七丁目➡砧総合支所(成城学園前駅入口)➡砧図書館➡祖師谷商店街西➡祖師ヶ谷大蔵駅

路線図 URL www.city.setagaya.lg.jp/mokuji/sumai/007/004/d00035453.html

運行事業者問い合わせ先 小田急バスお客さまセンター TEL 03-5313-8330

東急バス

運賃 現金220円 ICカード220円

路線名 等13 等々力・梅ヶ丘路線

東急バス等々力操車所から駒沢大学駅前、世田谷区民会館を経て、小田急線梅ヶ丘駅までを結ぶバス。梅ヶ丘駅から等々力操車所行きのルートもあり。

バスルート 等々力操車所発 梅ヶ丘駅行き

等々力操車所➡等々力➡玉川警察署➡園芸高校前➡深沢坂上➡深沢不動前➡駒大深沢キャンパス前➡駒沢公園西口➡駒沢➡駒沢大学駅前➡駒沢中学校➡弦巻一丁目➡世田谷駅前➡世田谷区民会館➡国士舘大学➡梅ヶ丘駅

バスルート 梅ヶ丘駅発 等々力操車所行き

梅ヶ丘駅➡ 梅丘一丁目➡国士舘大学➡世田谷区民会館➡世田谷駅前➡弦巻一丁目➡向天神橋➡駒沢中学校➡駒沢大学駅前➡駒沢➡駒沢公園西口➡駒大深沢キャンパス前➡深沢不動前➡深沢坂上➡園芸高校前➡玉川警察署➡等々力➡等々力操車所

路線図 URL www.city.setagaya.lg.jp/mokuji/sumai/007/004/d00140858.html

東急バス

運賃 初乗り220円　ICカード220円

路線名 等01 玉堤循環路線(タマリバーバス)

東急大井町線等々力駅から等々力不動尊、東京都市大前、玉堤、尾山台中学校、尾山台駅などを経由し、再び等々力駅まで循環し運行するバス。

バスルート 等々力発 玉堤経由 等々力行き

等々力➡等々力商店街➡等々力不動尊➡不動下➡玉根橋➡玉堤小南門➡東京都市大前➡玉堤➡玉堤地区会館➡東京都市大東入口➡はちまん橋➡寮の坂上➡尾山台三丁目➡尾山台中学校➡等々力五丁目➡尾山台駅➡等々力通り中央➡等々力

路線図 URL www.city.setagaya.lg.jp/mokuji/sumai/007/004/d00035402.html

---

路線名 砧06 喜多見・宇奈根・砧本村循環路線 ※始発から8時台まで

砧本村から天神森橋、宇奈根地区会館、喜多見小学校、東名高速下を経由し、砧本村まで循環し運行するバス。※2023年1月から運行。

バスルート 喜多見・宇奈根・砧本村循環

砧本村➡天神森橋➡宇奈根一丁目➡宇奈根ハンカチ公園➡宇奈根地区会館➡交通安全教育センター入口➡喜多見小学校➡東名高速下➡永安寺前➡砧本村

※90分以内に対象系統〈玉06、玉07〉を乗り継ぎ利用した場合、2回目の乗車時に運賃がかからない(PASMO、Suica利用時のみ)。

路線図 URL www.city.setagaya.lg.jp/mokuji/sumai/007/004/d00035454.html

喜多見・宇奈根地区オンデマンド輸送(予約制)

運賃 現金220円　ICカード220円　※2023年3月1日から運行。

9時台から21時台までの日中から夜の時間帯に運行し、専用電話または専用ウェブサイトで予約をしてから利用する形のオンデマンド輸送。乗降場所は、下記のミーティングポイントとなっている。

オンデマンド予約専用電話	東急バスオンデマンドコールセンター TEL 03-6412-0182(利用1週間前から30分前まで予約可)

ミーティングポイント

D01 砧本村(〈玉06〉乗り継ぎバス停)　D02 天神森橋(〈玉07〉乗り継ぎバス停)

A11 宇奈根一丁目　A12 宇奈根ハンカチ公園　A13 宇奈根地区会館　A14 交通安全教育センター入口
A15 喜多見一丁目　A16 喜多見公園　A17 荒玉水道　A18 喜多見小学校

B19 宇奈根ハンカチ公園　B20 宇奈根地区会館　B21 交通安全教育センター入口　B22 荒玉水道

C31 宇奈根一丁目公園　C32 宇奈根台口公園　C33 ホスピア玉川　C34 宇奈根中島公園
C35 喜多見1-4遊び場　C36 喜多見まえこうち緑道　C37 優っくり村喜多見　C38 小泉整形外科

※90分以内に〈玉06、玉07〉系統を乗り継ぎ利用した場合、2回目の乗車時に運賃はかからない(PASUMO、Suica利用時のみ)。

オンデマンド運行区域、ミーティングポイント
URL www.city.setagaya.lg.jp/mokuji/sumai/007/004/d00035454.html

運行事業者問い合わせ先	東急バスお客さまセンター　TEL 03-6412-0190

※運賃は2024年1月現在。運賃改定の可能性があるので、確認のうえ、利用すること。

シェアサイクルガイド

ちょっとした
移動の足として利用可能な
シェアサイクル。町中にポートも増えてきて、より便利になっている！

世田谷区のレンタルサービス

世田谷区
コミュニティサイクル・レンタサイクル（愛称：がやリン）

12歳以上の区内在住、在勤、在学の人が利用可。1回利用、1日利用の場合は区外在住も利用可。相互乗降可能なコミュニティサイクル（がやリン）のポート5ヵ所と同所で借用＆返却が必要なレンタサイクルポート2ヵ所がある。

台数も
多めで
安心

ポート一覧表

ポート名	路線名	駅名	住所	電話番号
IHIがやリン桜上水南ポート	京王線	桜上水駅	世田谷区桜上水4-18-13	03-3303-6495
IHIがやリン経堂駅前ポート	小田急線	経堂駅	世田谷区経堂2-1-38	03-3426-0016
IHIがやリン三軒茶屋中央ポート	東急田園都市線・東急世田谷線	三軒茶屋駅	世田谷区三軒茶屋2-11	090-4811-0905
IHIがやリン桜新町ポート	東急田園都市線	桜新町駅	世田谷区桜新町2-7-15	03-3427-7346
IHIがやリン等々力ポート	東急大井町線	等々力駅	世田谷区等々力3-2-2	03-3705-3741
三軒茶屋北レンタサイクルポート	東急田園都市線・東急世田谷線	三軒茶屋駅	世田谷区太子堂2-16-1	03-3419-2191
成城北第二レンタルサイクルポート	小田急線	成城学園前駅	世田谷区成城6-14-10	03-3484-9722

料金プラン

区分	ポート	プラン	プラン内容	料金		保証金
コミュニティサイクル	桜上水南 経堂駅前 三軒茶屋中央 桜新町 等々力	1回利用	借りた時間から24時間まで利用可能 ポートに自転車を返却すると利用が終了	普通自転車	200円	500円 ※解約時に返金
				電動アシスト	300円	
		1日利用	借りた時間から翌日7時まで利用可能 借りた時間から翌日7時までの間、何度でも自転車を貸し出し・返却が可能	普通自転車	300円	
				電動アシスト	取り扱いなし	
		定期利用	1ヵ月／2ヵ月／3ヵ月契約 連続して5日間利用可能。 5日間に1度は必ずポートへ自転車を要返却	普通自転車	一般：1ヵ月2000円、学生1ヵ月1700円	
				電動アシスト	取り扱いなし	
レンタサイクル	三軒茶屋北 成城北第二	1回利用	7時から当日18時まで利用可能 ポートに自転車を返却すると利用が終了	普通自転車	200円	不要
		定期利用	1ヵ月契約 連続して5日間利用可能。 5日間に1度は必ずポートへ自転車を要返却	普通自転車	一般：1ヵ月2000円、学生1ヵ月1700円	

※電動アシストの貸し出しは7時～19時、等々力ポートの貸し出しは7時～20時、レンタサイクル（1回利用）7時～18時、（定期利用）24時間

ステーションがたくさん！

HELLO CYCLING

電動アシスト自転車をシェアできる。好きなステーションで乗り降り可能で、世田谷区にも多数のステーションがあり、現在も増加中。スマホのアプリから会員登録、自転車検索、予約までできる。損害保険にも対応。

●ポート数　152（2023.11月現在）　●料金　利用開始30分までは130円（延長15分ごとに100円）、12時間まで1800円　※利用車両によって料金が異なる

観光エリアを中心に

ドコモ・バイクシェア

電動アシスト自転車をシェアでき、ポートのどこでも乗り降り可能。観光エリアを中心にポートが設置され、世田谷区にも複数のポートあり。スマホのアプリから会員登録、自転車検索、予約まで可能。損害保険にも対応。

●ポート数　18（2024.1月現在）　●料金　利用開始30分までは165円（延長30分ごとに165円）、1日1650円（当日23:59まで）　●℡0570-783-677

乗り降り自由が便利！

ポート数が区内のコンビニより多い

LUUP

日本最小クラスの電動アシスト自転車をシェア可能。ポートのどこでも乗り降り自由で、世田谷区にも多数のポートがあり、現在も増加中。スマホのアプリから会員登録、自転車検索まで可能。損害保険にも対応。

●ポート数　400以上（2024.1月現在）　●料金　30分ごとに200円　●℡0800-080-4333（7:00～22:00）

ちょっとした移動に便利！

電動キックボードもシェアできる！

上記LUUPのポートでは電動アシスト自転車のほか、電動キックボードもシェア可能。キックボードは漕がずに乗車できるため、スーツやスカートでも気軽に乗ることができる。原則車道を走行する必要があるが、特定の標識などがある歩道では時速6kmモードへの切り替えで通行可能な場合もあり。料金も安く、短距離移動などに便利。

●料金　30分ごとに200円

多摩川サイクリングロード

たまリバー50キロ（二子玉川周辺）

風が心地よい多摩川沿いのスポットをシェアサイクルで巡る。

START!

A 駅の近くでシェアサイクルを借りる

二子玉川駅周辺は、「HELLO CYCLING」のステーションが点在しておりサイクリングにぴったり。アプリで予約をしてから借りて、返却時にもアプリで空きのあるステーションを検索&返却予約ができる！

シェアサイクル「HELLO CYCLING」の使い方

HELLO CYCLINGとは?

電動アシスト自転車のシェアサイクリングサービス。料金は、利用開始30分までは130円、延長15分ごとに100円、12時間まで1800円となる。※エリアや車体によって料金が異なる

登録・自転車を探す

1 スマホアプリ「HELLO CYCLING」（上記QRコードを読み取る）をダウンロードし、会員登録をする。

2 アプリでステーションの貸出可能台数を確認して予約する

借りる

1 サドル下の車体番号で予約した自転車を確認する

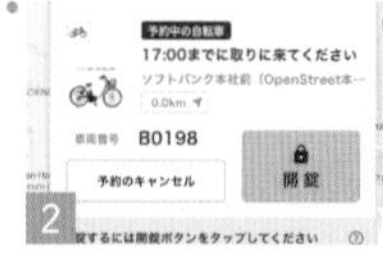

2 アプリの「解錠」を押す

3 自転車に不具合がないか、バッテリー残量があるかチェックする

返す

1 アプリで空いているステーションを探して返却予約をする

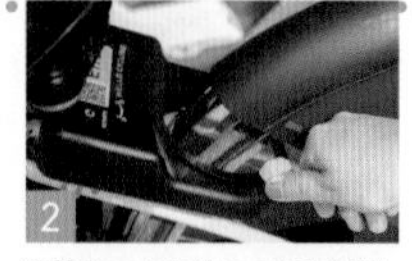

2 後輪サークル錠のつまみを押して止まるまで回して施錠する

3 アプリ上の「返却」もしくはサドル横のボタンを押すと返却完了

「HELLO CYCLING」の借り方、返し方、アプリの使い方は、公式HPに動画で紹介されているので、そちらを要チェック。URL www.hellocycling.jp/#howtouse

\たまリバー50キロとは？/

多摩川沿いに延びる「多摩川サイクリングロード」。羽村市（羽村取水堰付近）から羽田近辺までを結ぶ約50kmのこと。

二子玉川駅から二子玉川公園へ。途中、ピクニックをする人の姿も

たまリバー 50キロ（二子玉川周辺）MAP

走行ルート
道路を走行
二子玉川駅
東急田園都市線
善養寺
第三京浜道路
多摩川大橋→
■多摩川サイクリングロード

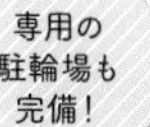

自転車走行禁止エリアは手押しで進もう

交通

リバーサイドをポタリング！

MAP 別冊 P.18 – B2

B CHICHI CAFE

●ちち かふぇ

多摩川沿いにあるカフェ。のんびりとした空気感のなかで、ランチでは週替わりの定食や和風ドライカレー、ディナーはアラカルトで楽しめる。オリジナルのスイーツやドリンクも充実。

専用の駐輪場も完備！

住 世田谷区玉川1-2-8　TEL 03-6411-7958
営 11:00～22:00　休 無休　CC ADJMV
交 東急田園都市線・大井町線
二子玉川駅東口から徒歩8分

MAP 別冊 P.18 – B2

C 二子玉川公園

●ふたこたまがわこうえん

国分寺崖線の緑と多摩川に囲まれた、自然豊かな公園。眺望広場からは富士山を望める。カフェのほか、世田谷区登録有形文化財の旧清水家住宅書院や回遊式日本庭園の帰真園もある。

季節の花や緑が多くて気持ちよい

住 世田谷区玉川1-16-1
TEL 03-3700-2735（二子玉川公園ビジターセンター）
営 8:30～17:00　休 12/29～1/3
交 東急田園都市線・大井町線
二子玉川駅東口から徒歩8分

ちょっと足を延ばして……

MAP 別冊 P.5 – B4

多摩川大橋

●たまがわおおはし

多摩川に架かる国道1号線（第二京浜）の橋。都内から川崎方面へアクセスできる。自転車は車道を通行しよう。二子玉川駅周辺から多摩川大橋までは自転車で約35分。

「二子玉川公園」には自転車専用の駐輪場がある。公園内では自転車走行が禁止となっているので、手押しで移動しよう。

ドライブで聴きたい

コミュニティラジオ

世田谷のコアな情報を手に入れるならエフエム世田谷で。
ドライブのおともにもぴったりなラジオをチェックしよう！

スタジオキャロット　用賀Aスタジオ

エフエム世田谷（えふえむせたがや） 83.4MHz

1998年7月から放送を開始した、都内で9局目のコミュニティFM。24時間、365日体制で情報発信をしており、交通情報なども頻繁に流れている。世田谷区の「地域防災力の強化」と「コミュニティの醸成」への貢献も掲げ、放送は世田谷区全域のほか、杉並区、中野区、渋谷区、目黒区、狛江市などもカバーしており、車での聴取はさらに広範囲で可能。また世田谷区議会の開会時期には、その録音放送も行われる。さらに用賀のスタジオのほか、三軒茶屋のキャロットタワー展望フロアにもスタジオがあり、それぞれのスタジオから毎日タイムテーブルに合わせ、下記のような放送を行っている。インターネットでの聴取も可。

生放送の人気帯番組

★Bee Up! Setagaya
毎週月～金／8:00～11:00

日替わりのパーソナリティが用賀Aスタジオから生放送で、月曜は車やドライブ情報、火曜は世田谷区の農業、金曜は区内の文化・芸術などといったテーマで、気になる話題を紹介する。

★アフタヌーンパラダイス
毎週月～木／13:00～16:55

三軒茶屋のスタジオキャロットから、パーソナリティの有名シンガーが日替わりで公開生放送。ニュースや天気、交通情報に、世田谷区の旬な情報を放送。

クリアな音質で聴く

エフエム世田谷は用賀のSBSタワー屋上から電波を送信しているため、そこから距離が近く、さえぎるものがない場所が電波を受信するのに理想的。この方向に面した部屋にラジオを置くとよい。また、スマホやPCで聴取するならば、エフエム世田谷のウェブサイトのインターネットラジオの部分からアクセスするか、アプリ「リッスンラジオ」の利用で聴取できる。

＼スタジオはココ！／

スタジオキャロット ●すたじおきゃろっと

MAP 別冊 P.19－C4
住 世田谷区太子堂4-1-1 キャロットタワー26階

用賀Aスタジオ ●ようがえーすたじお

MAP 別冊 P.13－A4
住 世田谷区用賀4-7-1 エコプラザ2階（非公開）

Info キャロットタワー26階「スタジオキャロット」では公開生放送を行っているが、この階は無料の展望フロアになっており、眺望抜群。また「オークラレストランスカイキャロット」やカフェラウンジもあるので利用したい。

第二章 エリアガイド

再開発エリアがおしゃれタウンに変身

下北沢エリア

北沢・大原・羽根木・松原・赤堤・桜上水・代沢・代田・梅丘・豪徳寺

散策が楽しい下北線路街の「BONUS TRACK」

エリア内停車駅

■京王井の頭線
明大前駅・東松原駅・新代田駅
下北沢駅・池ノ上駅

■京王線
代田橋駅・明大前駅
下高井戸駅・桜上水駅

■小田急線
東北沢駅・下北沢駅
世田谷代田駅・梅ヶ丘駅
豪徳寺駅

■東急世田谷線
下高井戸駅・松原駅・山下駅
宮の坂駅

下北沢(しもきたざわ)エリアへの行き方

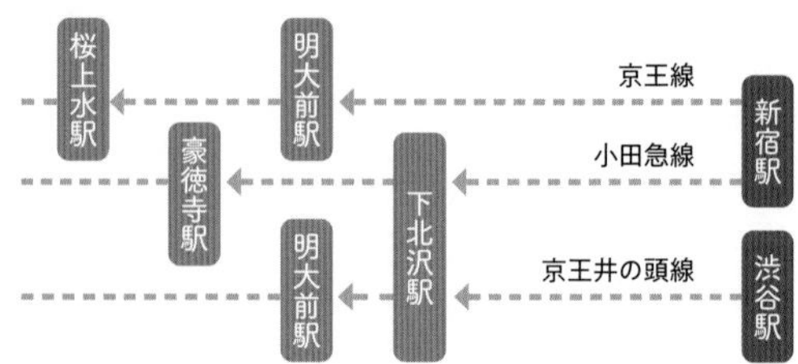

おもに12世紀後半から13世紀前半に清和源氏・足利氏の一族である吉良氏が領地を持っており、世田谷城が築城されたと伝わる。天正18（1590）年豊臣秀吉の小田原攻めで北条氏没落にともない吉良氏は上総に逃れ、廃城となった世田谷城阯が現在も残る。江戸時代に彦根藩領となると、豪徳寺が井伊家の菩提寺となり、赤堤村などは旗本服部氏の所領で、後に幕府領となり松原村が独立。ここは旧世田谷村の一部と旧松沢村の一部を合わせたエリアだが、近代は鉄道の開業で住宅地に開発され、近年はトレンドスポットも生まれている。

Info 「下北線路街」が登場し、おしゃれな町としても注目を集めているシモキタ。人気TVドラマのロケ地になったため、ロケ地めぐり＝聖地巡礼のため訪れる人も多い。P.51などを参考に巡ってみよう。

歩き方

進化するシモキタに豪徳寺など東急世田谷線さんぽも楽しめる！

「下北線路街」の人気カフェ「BROOKLYN ROASTING COMPANY SHIMOKITAZAWA」(→P.67)は、NYブルックリン発カフェレストラン

東は渋谷区、北は杉並区に接する世田谷区の北東部。京王線と小田急線沿線に広がる住宅街が主となっており、エリア内一番の繁華街は下北沢。平日、週末問わず、多数の人出があり、イベントも盛んに行われる。また多くの個店が商店街をなす下高井戸や、大学の玄関口となり飲食店も多い明大前、京王線を挟んで南北に商店街が延びる桜上水など、京王線沿線もにぎわいを見せている。さらに小田急沿線では、人気飲食店が多い梅ヶ丘や、外国人観光客が多く訪れる豪徳寺もあり、その近くには世田谷城跡や、吉良氏などに関わりのある寺院も点在。散策も楽しいエリアだが、名物電車・東急世田谷線を利用した小さな旅もおすすめ。

駅から続くスカイデッキもあり

緑にも触れ合える

「下北線路街」は、ショップや飲食店だけでなく、シモキタのはら広場や「シモキタ園藝部」など緑の空間が取り入れられ、散歩にも適している。

おさんぽプラン

1 reload →P.106

↓ 徒歩4分

2 ミカン下北 →P.64

↓ 徒歩3分

3 NANSEI PLUS →P.104

↓ 徒歩4分

4 BONUS TRACK →P.110

↓ 徒歩5分

5 世田谷代田駅 →P.51

散策が楽しくなる「下北線路街」

エリア一番の繁華街といえば、下北沢駅周辺。もともと演劇の町や古着ショップの集積地として知られていたが、小田急線の複々線化にともない再開発について話し合いが行われ、2016年に「下北線路街」が開業。2020年には「BONUS TRACK」など、話題の施設が続々オープン。東北沢駅から「reload」を経て、下北沢駅沿いの「ミカン下北」に立ち寄り、「NANSEI PLUS」、「BONUS TRACK」を通り世田谷代田駅まで、店舗や緑が続き散策が楽しいエリアとなっている。

せたトーク

マンション2階の愛され名画座 下高井戸シネマ

126席のミニシアター。昭和30年代に木造平屋の建物で開業し、1985年に名画座へ。1986年に現在の建物になったが、町に溶け込み常連も多い。年会費3500円（大人）で会員になると、有効期間1年間で招待券2枚のほか、990円の料金で利用できるなどお得なサービスもあり。

MAP 別冊 P.17－A4

住 世田谷区松原3-27-26 京王下高井戸マンション2階 TEL 03-3328-1008 営 上映作品により異なる 休 年末年始 CC ADJMV 交 京王線・東急世田谷線下高井戸駅東口から徒歩2分

線路跡がおしゃれに大変身！

下北線路街を遊び尽くす

下北沢駅を中心に変貌を遂げた線路跡地。
シモキタの今を映す最旬エリアをご紹介！

下北線路街ってナニ？

小田急線東北沢駅から世田谷代田駅までの地下化による開発で誕生。全長約1.7kmの線路跡地には商業施設をはじめ、オープンカレッジやテラスハウス、温泉旅館やホテルなどさまざまなスポットが点在。多様性に満ちたシモキタらしい新しい“街”は、常に変化を続けるカルチャー発信地だ。

線路街を構成する13施設は2016年より順次オープンし、2022年5月に全面開業。各スポットをつなぐ街路は木々や季節の草花に彩られ、地域密着のイベントも各所で開催。シモキタの新たな魅力を体感してみよう。

井の頭線
小田急線
下北沢駅
C シモキタエキウエ
D NANSEI PLUS
E BONUS TRACK
F 由縁別邸 代田
世田谷代田駅
世田谷代田キャンパス

地域の人や観光客でにぎわう「BONUS TRACK」。緑も多く心地よい空間

Info 「下北線路街 空き地」は下北沢駅の東口からすぐのオープンスペース。芝生エリアを中心に、飲食エリアやイベントエリア、ステージのほか、オーナーが定期的に入れ替わるポップアップキッチンも！

下北線路街 MAP

1階から2階、また1階へと、散策も楽しい「reload」

下北線路街のおもなスポット

A MUSTARD™ HOTEL SHIMOKITAZAWA

「街のかくし味」がコンセプトのスタイリッシュなホテル。ダブル、ツイン等の全客室にはレコードプレーヤーも。

DATA→P.315

B reload

下北沢駅と東北沢駅の中間エリアでひときわ目を引く白亜の建物。感性を刺激する多彩なジャンルの店舗が集う。

DATA→P.106

C シモキタエキウエ

下北沢駅上に日常を豊かにするカフェや居酒屋、フラワーショップ、雑貨店などが勢揃い。駅にいながら町ブラ感を楽しめる。

MAP 別冊 P.17-C4 住 世田谷区北沢2-24-2

D NANSEI PLUS

下北沢駅南西口改札前に展開。複合施設「(tefu) lounge」、食がテーマの路面店、広場、ギャラリーなどがあり、多目的に利用できる。

MAP 別冊 P.17-C4 住 世田谷区北沢2-21-22ほか

E BONUS TRACK

下北沢駅と世田谷代田駅の中ほどに、住居併設の飲食店や物販店などひと味違った店が並ぶ。個人の出店も応援。

DATA→P.110

F 由縁別邸 代田

世田谷代田駅近くのモダン日本旅館。箱根から運ぶ温泉を使った浴場があり、セットプランで日帰り利用も可能。

DATA→P.312

下北線路街の開発テーマは、地域に根差した「支援型開発」。イベントを開催したい、店を開きたいといった人向けのレンタルスペースなど、シモキタでアクションを起こしたい人を応援する試みにも注目。

reload 1F

●りろーど
MAP 別冊 P.17-B4

鮮やかな白亜の棟が連なり、各棟には感性際立つ店が集結。従来の商業施設とは一線を画す「個店街」として異彩を放っている。各店舗を結ぶ屋外通路を歩けば、まるで路地を散策している気分に。共用のベンチやテラスもあり、気ままに過ごせるのも魅力。

住 世田谷区北沢3-19-20 TEL 非公開 営 店舗により異なる 休 店舗により異なる 交 京王井の頭線・小田急線下北沢駅東口から徒歩4分、小田急線東北沢駅西口から徒歩4分

新感覚の「体験型ビーンズサロン」

A OGAWA COFFEE LABORATORY下北沢

●おがわ こーひー らぼらとりー しもきたざわ

約40種の器具を自由に使い、自分で焙煎から抽出まで試せる実験感覚の体験が人気。バリスタのレクチャーを受けながら、自分好みの1杯を見つけてみよう。

TEL 03-6407-0194 営 9:00～20:00（L.O.19:30）
休 無休 CC ADJMV（金属素材は不可）

豆は100gから購入可（600円～）。自分で抽出する場合は器具使用料300円。バリスタに入れてもらう場合は抽出料400円

イートインの場合、ほうじ茶香る自家製アイスチャイをサービス

極辛口のカシミールカレー1000円。常時10種類のカレーを用意

カレーの聖地シモキタで必食の一皿

B SANZOU TOKYO

●さんぞう とうきょう

カレー×ギャラリーのコンセプトショップ。ベースのカレーには国産の野菜や果物を余すところなく用い、各種スパイスを巧みに配合。立食で魅惑のひと皿を。

DATA→P.205

reload MAP | 1F |
※店舗は一部

MASUNAGA 1905
世界で名高い「増永眼鏡」の直営店

はしり 下北沢
寿司とワインのペアリングを堪能

Cotopaxi TOKYO
サステナブルなアウトドアギア

Info 「OGAWA COFFEE LABORATORY下北沢」では常時21種類以上のコーヒー豆を取り揃え、テイスティングも可能（有料）。気軽に試せるドリップコーヒーをはじめ、コーヒー器具、カップなどが並ぶ販売コーナーも見逃せない！

日本茶の多彩な魅力を発信

C しもきた茶苑大山

しもきたちゃえんおおやま

「茶師十段」の大山泰成さん、拓朗さんご兄弟が営む日本茶専門店。日本茶スタンドでは抹茶エスプーマをかけたかき氷（季節限定）や抹茶ラテなど至福メニューに行列も！

DATA→P.283

自家焙煎の香り高いほうじ茶「極上 沢の響」は「世田谷みやげ」に選定

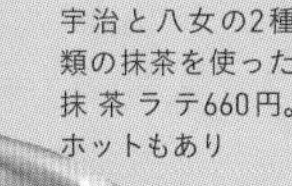

宇治と八女の2種類の抹茶を使った抹茶ラテ660円。ホットもあり

日本茶の入れ方を楽しく学べる体験も実施（→P.283）

上は果物豆花1000円。左は魯肉飯（スープ付）900円

プラントベースのフード＆スイーツ

D 明天好好

みんてんはおはお

東アジアなど極東エリアをイメージしたメニューはすべてプラントベース。魯肉飯や麻婆飯などどれも動物性食材不使用とは思えない食べ応え。

TEL 03-6452-3102 営 11:00～18:00（L.O.17:30）
休 無休 CC ADJMV

ヴィーガンの方だけでなく誰もが気軽に集い食事を楽しめる居心地のよさも◎

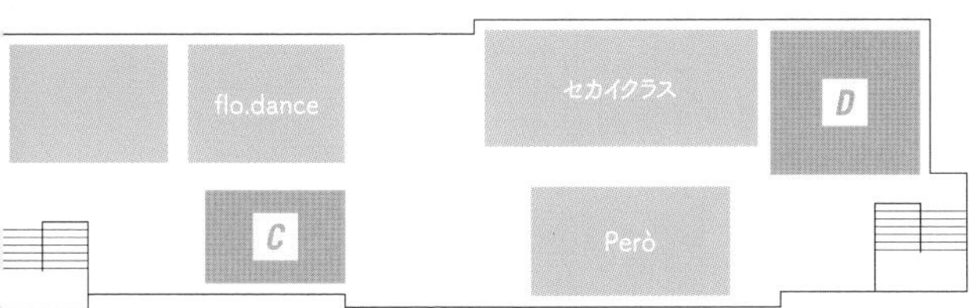

セカイクラス
世界各地の暮らしを彩るアイテムを展開

flo.dance
生花とドライフラワーの融合

Però
スタンド併設のワインストアで1杯

「明天好好」は、ビンテージショップ「DEPT」オーナーで環境問題にも取り組むアクティビストのeriさんがプロデュース。店の一部には前店舗を解体した際の端材を利用しているので、内装も必見。

reload 2F

アートが彩る空間でシーシャ体験

E cafe & shisha "chotto"

●かふぇあんどしーしゃ ちょっと

ドリンクのみの利用もOK。オリジナルドリンクも評判

シーシャは水パイプを使って喫煙する、別名「水タバコ」で愛好家も多い。ボトル1台2000円、シェアの場合800円(別途チャージが必要)。

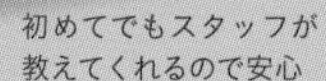

初めてでもスタッフが教えてくれるので安心

フレーバーはフルーツ系やハーブ系など約40種。ノンニコチンもあり

営 12:00～23:30 (L.O.22:30)
※入店は20歳以上
休 無休　CC ADJMV
※詳細はSNSで要確認

重量級ミートサンドを豪快にガブリ!

F STABLER Shimokitazawa Meatsand 2nd

●すていぶらー しもきたざわ みーとさんど せかんど

牛の希少部位のサガリを使ったミートサンドはジューシーで驚くほど軟らか。自家製ソースとマスタードが肉のうま味を引き立てるリピーター続出の逸品。

TEL 03-5738-8633　営 11:00～20:00 (L.O.19:30)
休 年末年始　CC 不可

アパレルブランド「STABLER」がプロデュース

ボリューム満点の下北沢ミートサンド(ダブル)1850円。アメリカンビールとも相性抜群

reload MAP | 2F |
※店舗は一部

CYAN vintage&used

FORES TIÈRE

E

DESK LABO

CYAN vintage&used

ウィメンズの古着とアクセサリー

FORES TIÈRE

ビンテージ＆セレクトショップ

DESK LABO

国内外のステーショナリーがずらり

「cafe & shisha"chotto"」ではミュージシャンやダンサー、役者など各分野で活躍する表現者がスタッフとして勤務。併設のギャラリーではミニライブやワークショップなども行っているので足を運んでみよう。

立ち飲みで10人ほど。ひとり飲みにも便利

ドリンクと小皿料理が楽しめるおひとり様専用セット1000円

立ち飲みで美酒と美食を気軽に堪能

G 立てば天国

たてばてんごく

国産のクラフト蒸留酒や日替わりの日本酒などをふらりと立ち飲みで楽しめる。名物はグラス、ホッピー、焼酎を冷やして作る「三冷ホッピー」。

TEL 070-4731-1110 営 14:00〜23:00 (L.O.22:30)
休 年末年始 CC ADJMV

アジアンテイストの小皿料理も定評あり

誰もが笑顔になれるベーカリー

H Universal Bakes Nicome

ゆにばーさる べいくす にこめ

乳製品や卵など動物性素材不使用のヴィーガンベーカリー。ココナッツオイルや豆乳、野菜、果物など植物性素材を生かしたパンや焼き菓子は味わい豊か。

TEL 03-6407-1021 営 8:30〜18:00 休 月・火（祝日の場合は翌日） CC ADJMV
※営業時間・定休日は変更の場合あり。来店前に店舗またはInstagramで要確認

ヴィーガンもそうでない人も「おいしい」を共有できるパンが並ぶ

外はパリッ、中はしっとりのクロワッサン380円

全粒粉ドーナツ（オリジナルグレーズド）380円

看板メニューのドーナツは豊富な品揃え

F G H

バゲットは味や食感を追求した自信作

「reload」では展示会やポップアップストア、マルシェなど魅力いっぱいのイベントを随時開催。各店舗の季節限定メニューや体験、店舗間でのコラボメニューなど、気になる最新情報はSNSでチェックしてみて！

BONUS TRACK

●ぼーなすとらっく

MAP 別冊 P.17-C3

コンセプトは「みんなで使い、みんなで育てていく新しいスペース、新しい"まち"」。建ち並ぶ12店舗は飲食や物販など、オリジナリティ豊かで店主の思いが伝わるショップ揃いだ。敷地内の広場では季節の市やワークショップなど参加型のイベントを随時開催。

住 世田谷区代田2-36-12～15 TEL 非公開
営 店舗により異なる 休 店舗により異なる
交 京王井の頭線・小田急線下北沢駅南西口から徒歩5分、小田急線世田谷代田駅東口から徒歩5分

発酵のことならココにおまかせ

A 発酵デパートメント

●はっこうでぱーとめんと

全国の多種多様な発酵食品を揃えた専門店で、調味料や加工食品、酒など、その数は500点以上。併設のレストランでは各地に伝わる発酵食が楽しめる。

TEL 非公開 営 物販11:00～20:00、飲食～16:00（L.O. 15:30）、日は～19:00（ランチL.O.15:30、カフェL.O. 18:00） ※変動あり、SNSで要確認 休 不定休
CC ADJMV

オリジナル商品も販売。発酵に関する書籍コーナーも

黒麹甘酒660円。アウトドア納豆880円

ぼだっこのおむすび350円。きりたんぽ鍋の具材を使ったアンドン土鍋粥1200円

秋田の地酒は週替りで提供

旅情を誘う秋田の美味にほっこり

B お粥とお酒 ANDONシモキタ

●おかゆとおさけあんどんしもきた

あきたこまちを使ったお粥、おむすびが評判。秋田で「ぼだっこ」と呼ばれる塩鮭や比内地鶏など名物食材を生かしたメニューは秋田出身のオーナーならでは。

TEL 03-5787-8559 営 11:30～20:00、土・日・祝8:00～ 休 不定休 CC ADJMV

BONUS TRACK MAP | 1F

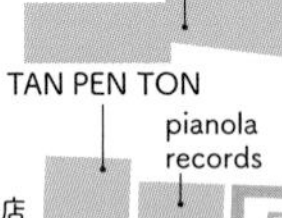

OSCAR
ヴィーガン仕様アメリカンチャイニーズ

TAN PEN TON
短編映画をVHSで観る喫茶＆バー

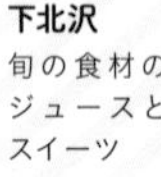

Why__? 下北沢
旬の食材のジュースとスイーツ

日記屋 月日
日記専門店。コーヒーもおすすめ

本の読める店 fuzkue
静かな環境で気兼ねなく読書を

Info 「BONUS TRACK」の会員になると、併設のワークスペースやシェアキッチン、ポップアップスタンドを利用して、ワーキングはもちろん販売やイベントなどを行うことも。個人のチャレンジをあと押しする仕組みにも注目だ。

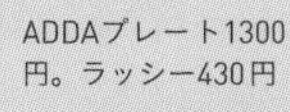

ADDAプレート1300円。ラッシー430円

アジア各地のビールも豊富

バスクチーズケーキ480円。特製和チャイ490円

サクホロ食感のスノーボールはギフトにも◎

大阪2名店のコラボカレー

C ADDA

あっだ

大阪のインドカレーの店「ボタ」、スリランカカレーの「デッカオ」のカレーをワンプレートで提供。一品ずつ味わった後はカレーや副菜をミックスして楽しんで。

DATA→P.205

和の素材を駆使した絶品洋菓子

E 胃袋にズキュン はなれ

いぶくろにずきゅん はなれ

国産の厳選素材を用いた和テイストの洋菓子が人気。テラス席ではスパイスを利かせた焼き菓子を、国産クラフト生ビールや自家製ドリンクと味わえる。

TEL 080-5885-8700 営 11:00～21:00（季節で変動あり） 休 年末年始 CC ADJMV

あいがけ魯肉飯1000円。スタンダードの魯肉飯とピリ辛の麻辣味の2種盛り

店内では最新の台湾インディーズカルチャーを紹介

台湾カルチャーの発信地で魯肉飯を

D 大浪漫商店

だいろまんしょうてん

日本と台湾を結ぶ音楽レーベル「大浪漫唱片」による魯肉飯の専門店。オーナーが台湾で数々の魯肉飯を味わって開発した自信作は必食！

TEL 非公開 営 11:00～22:00 休 無休 CC ADJMV

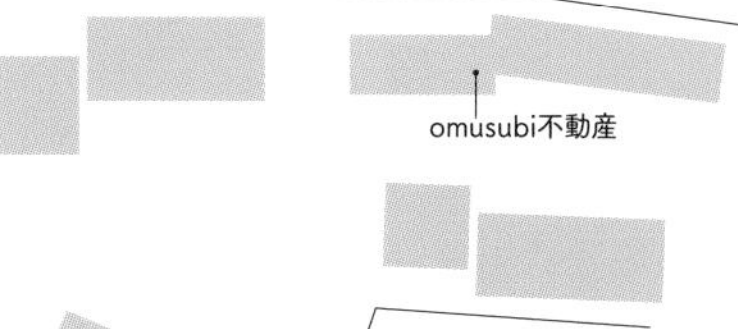

omusubi不動産
BONUS TRACKの会員制スペースを運営

pianola records
世界の多様な音楽のレコードを販売

本屋B&B
ビールほかドリンクが楽しめる書店

BONUS TRACK LOUNGE
フリーデスクを備えた会員制のワークスペース

BONUS TRACK HOUSE
会員制のシェアキッチンやミーティングスペース

Info 松戸市八柱エリアを拠点に米作りも行っている「omusubi不動産」。空き家を魅力的な物件として再生し、クリエイターやアーティストの利用者も多いそう。店を開きたい、何か始めてみたいという人は相談してみては。

おもな見どころ

MAP 別冊 P.10－C1　**招き猫伝説が残る井伊家菩提寺**

豪徳寺 ●ごうとくじ

住 世田谷区豪徳寺2-24-7
TEL 03-3426-1437
営 6:00～18:00(寺務所8:00～16:30)季節により異なる
休 無休
交 東急世田谷線宮の坂駅から徒歩5分、小田急線豪徳寺駅から徒歩15分

室町時代の1480年、世田谷城主・吉良家5代の政忠が亡くなった叔母のために建てた弘徳院が前身。1590年に吉良家が滅亡し、一時衰退したが、江戸時代の1633年に世田谷が彦根藩の所有地となり、2代目藩主・井伊直孝が弘徳院を井伊家の江戸における菩提寺に定め、直孝の長女・亀姫が現在のような仏殿、石灯籠、梵鐘、三世仏像など寄進し、再興した。1659年直孝の法号「久昌院殿豪徳天英大居士」より豪徳寺と改称。山門から左手奥にある井伊家墓所には直孝や亀姫をはじめ、「桜田門外の変」で知られる井伊直弼など歴代藩主や正室などの墓が並び、2008年に国指定史跡へ。なお、直孝が鷹狩りに訪れた際、猫に導かれて寺の中へ入ったところ雷雨となり、難を免れたことより招き猫伝説が残る。招福殿には数多の招福猫児(まねきねこ)が奉納されている。

井伊家の墓所は豪徳寺をはじめ彦根市や東近江市にもある

高さ22.5mの三重塔。秋は絶好の紅葉スポットで知られる

都内屈指の大名墓地。2代藩主・井伊直孝や13代藩主・直弼など6名の藩主、正室、側室、子息、子女などが埋葬され、藩士の墓石など303基の墓がある

招福猫児は小判を持たず、人との縁が大切と右手をあげている。さまざまな大きさがある

Info 井伊軍団の赤兜をかぶった滋賀県彦根市の人気ゆるキャラ「ひこにゃん」は豪徳寺の招福猫児がモデル。2020年2月24日に豪徳寺に誕生した「招福猫児 銅像除幕式」の折にはスペシャルゲストとして招待された。

梅の名所とみんなの憩いの場

MAP 別冊 P.10 - B2

羽根木公園 ●はねぎこうえん

約8万㎡の丘陵地にあり、六郎次という名の鍛冶屋が住んでいたことから「六郎次山」と呼ばれていたり、大正末期に土地の一部を根津財閥が所有していたことより「根津山」といわれていたが、世田谷区の管理となり、羽根木町の飛び地にあったため、現在の名前になった。傾斜を生かした公園には図書館をはじめ、予約制で有料のテニスや野球などのスポーツ施設や、「日月庵」、「星辰堂」の茶室などがあり、1979年の「国際児童年」には全国に先駆け、子供の冒険遊び場「羽根木プレーパーク」も開設された。東京23区屈指の梅の名所としても知られ、早咲きの12月中旬から遅咲きの3月上旬まで、紅梅約270本、白梅約380本が咲き誇る。毎年2月上旬から3月初旬に「せたがや梅まつり」も開催。詳細はHPをチェック！

住 世田谷区代田4-38-52
TEL 03-5431-1822（北沢公園管理事務所）、03-3322-0415（有料施設窓口）
営 散策自由（日月庵・星辰堂、羽根木プレーパークなど施設はHPで要確認）
休 無休（日月庵・星辰堂は月、祝の場合は翌日、羽根木プレーパークは火、施設は年末年始）
料 入園無料、日月庵・星辰堂ほか施設により異なる。詳細はHPで要確認
交 小田急線梅ヶ丘駅北口から徒歩5分、京王井の頭線東松原駅から徒歩7分

子供たちが「自分の責任で自由に遊ぶ」プレーパークもある

「星辰堂」の休憩スペースは無料で利用可

1967年区議会議員が梅を植樹したことが始まり。今では60品種約650本の梅が咲く

土塁や堀が往時をしのばせる

MAP 別冊 P.19-A3

世田谷城阯公園 ●せたがやじょうしこうえん

世田谷区内唯一の歴史公園。築城は1426年以前と推定される。吉良頼康の側室・常盤姫ゆかりの城でもある。世田谷吉良氏は小田原北条氏と親戚関係にあり、天正18（1590）年の小田原攻めで豊臣秀吉が北条氏を滅ぼすと、城は廃城となった。

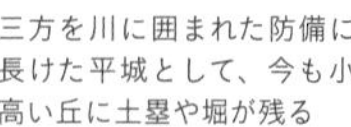

三方を川に囲まれた防備に長けた平城として、今も小高い丘に土塁や堀が残る

住 世田谷区豪徳寺2-14-1
TEL 03-3429-4264（世田谷区生涯学習課文化財係）
営 散策自由
交 東急世田谷線宮の坂駅から徒歩5分

園内は木々が多く自然豊かでせたがや百景にも選ばれている

Info 普段は要予約・有料で利用ができる「星辰堂」ですが、「せたがや梅まつり」のときは和室が開放され、庭園を眺めながら抹茶をいただくことができます。当日整理券が配布されるので要チェック！

おもな見どころ

MAP 別冊 P.17－C4

例大祭時は町全体が盛り上がる

住 世田谷区代沢3-25-3
TEL 03-3422-1370
営 境内自由（社務所10:00～16:00）
休 無休
交 京王井の頭線池ノ上駅から徒歩8分、京王井の頭線・小田急線下北沢駅南西口から徒歩12分

澄み切った冬の日は境内より富士山が望める

富士山の溶岩を使った、富士山の形をした富士山遥拝所もある

北澤八幡神社 ●きたざわはちまんじんじゃ

室町時代の文明年間（1469～1487年）に世田谷城の鬼門に当たるとして、当時の城主・吉良頼康の勧請により創建されたと伝わる。七澤八社随一正八幡宮と呼ばれ、地域随一の八幡様として信仰を集めた。時は移り、現在は下北沢の総鎮守として親しまれ、2023年に創建555年を迎えた。演劇や音楽が盛んな下北沢らしく、芸能関係の祈願者も多いという。夏の終わりの9月第1土・日曜日には例大祭が開催され、町全体が祭一色に染まる。北沢・代沢地区を中心に8つのエリアに分かれ、総勢23基に及ぶ神輿が連合して境内に集まる宮入りは、熱気に包まれ、最も盛り上がる。3年に一度ひときわ大きな「本社神輿」の渡御も行われ、7～9月限定の神輿の印が付いた御朱印も人気。よく晴れた冬の日は、境内にある富士山遥拝所から冠雪の富士山が望める。

揃いの半纏を身にまとった8つの睦会の神輿が町を練り歩き、境内に集まる瞬間は祭りも最高潮

階段を上った高台に拝殿が鎮座。技能上達、縁結び、厄除けなどのご利益があるといわれる

Info 北澤八幡宮本殿の左には産土社があり、龍神様が祀られている。春の大型連休中には「代沢芸術祭」が開催され、北澤八幡宮は公演場所のひとつ。厳かな伝統芸能の能や華やかなデキシーランドジャズなど奉納される。

茶の歴史や伝統文化に触れられる

MAP 別冊 P.10 - B2

齋田記念館 ●さいたきねんかん

代田の旧家・齋田家や茶の歴史がわかる記念館。齋田家は世田谷城主の家臣だったが、天正18(1590)年に現在の地に帰農し、代田村の開墾に力を注いだ。明治には茶園を経営し、内外の博覧会で高い評価を受けた。茶の歴史や齋田家に伝わった書画などを展示。

環七通り沿いの喧騒が嘘のような趣ある白壁に囲まれた、緑豊かな場所にたたずむ

住 世田谷区代田3-23-35
TEL 03-3414-1006
営 10:00〜16:30(入館は16:00まで)
休 土(第4除く)・日・祝、展示替え期間
料 300円(展示により異なる)
交 小田急線世田谷代田駅西口から徒歩7分、東急世田谷線若林駅から徒歩10分

ミュージアムショップではオリジナル日本茶も購入できる

控えめながらも気品漂う教会

MAP 別冊 P.17 - C4

下北沢グレイスガーデンチャーチ(富士見丘教会)
●しもきたざわぐれいすがーでんちゃーち(ふじみがおかきょうかい)

木造2階建てで、モルタルの外壁にはクリーム色の塗装が吹き付けられ、屋根は緑青色の銅板で葺いている。教会堂は改修を重ねながらも1936年の建設当初の様式を残し、2003年に国の登録有形文化財に指定。ドラマやミュージックビデオの撮影にも使用されている。

教会入口上部のバラ窓のようなレリーフと凹凸のある屋根が西洋の城郭のよう

住 世田谷区代沢2-32-2
TEL 03-3414-1892
営 日曜礼拝10:30〜12:00、祈り会毎週土・水10:30〜2:00などもあり
休 月〜土
交 京王井の頭線・小田急線下北沢駅東口から徒歩7分

トラス構造の三角形の骨組みで窓にはステンドグラスも

世田谷の学問の神様

MAP 別冊 P.10 - B1

菅原神社 ●すがわらじんじゃ

武州江戸の石井兵助直慶が寺子屋を開き、学問の神様・菅原道真公を祀ったのが始まり。今も「せたがやの天神様」として受験生が多く訪れる。境内には「願い石」や若者たちが力を競った「力石」、丑年に生まれて丑の日に亡くなった道真公ゆかりの「撫で牛」などがある。

住宅街にたたずむ艶やかな朱塗りの社殿が目を引く。9月第4日曜日に例大祭を開催

住 世田谷区松原3-20-16
TEL 03-3321-6665
営 参拝自由
交 東急世田谷線下高井戸駅北口から徒歩7分、京王井の頭線明大前駅中央口から徒歩7分

境内には撫でると願いがかなうといわれる「撫で牛」もある

Voice 菅原神社の境内にある「願い石」は、石灯籠の擬宝珠(ぎぼし)部分を持ち上げて一度戻して願い事をし、再度持ち上げたときに感じる重さが軽いと感じることができれば願いがかなうといわれています。(世田谷区・N)

文豪が愛した世田谷の「武蔵野」

千歳烏山エリア

上北沢・八幡山・粕谷・南烏山・北烏山・給田・上祖師谷

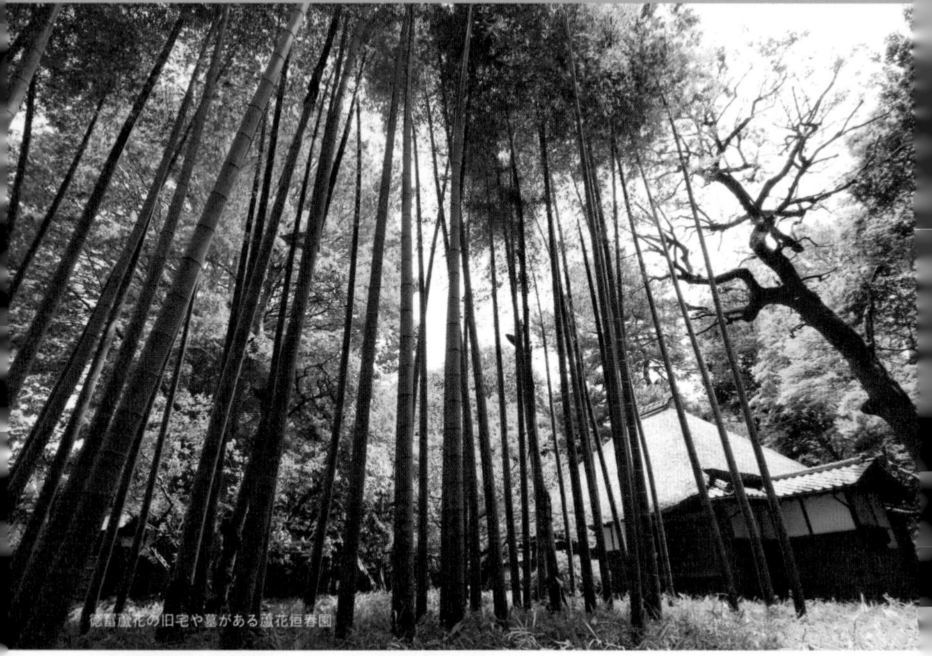

徳冨蘆花の旧宅や墓がある蘆花恒春園

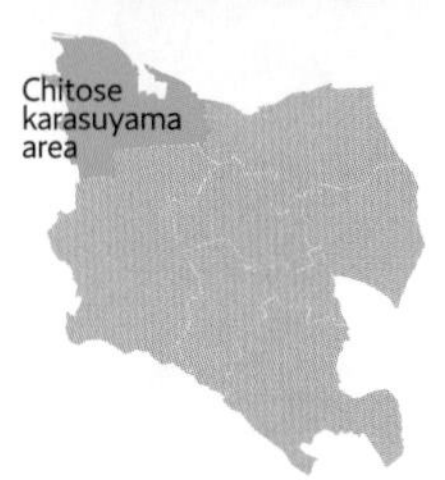

エリア内停車駅

■京王線
上北沢駅・(八幡山駅)・芦花公園駅・千歳烏山駅

※( )はエリア外最寄駅

千歳烏山エリアへの行き方

武蔵野台地南端に位置するこのエリアは、烏山遺跡も見られ、古くから人が定住していたと考えられる。また江戸時代には旧甲州街道の高井戸宿と布田宿の間に設けられた「間の宿」として機能し、街道に面した家の間口は狭く、奥行を長く取った短冊形地割で、宅地周辺には畑が広がり家の周りには風除けの屋敷林が設けられ、「武蔵野」の面影といえる景観が今も残されている。徳冨蘆花はこのような土地を気に入り、粕谷に居を構えた。なお、このエリアは明治22(1889)年に千歳村が成立した当初、神奈川県に編入されていたが、明治26(1893)年に東京府に移管、1936年に区に編入された。一方、関東大震災後、都心から移転してきた寺院が寺町を形成。現在、寺院の数は26にのぼる。

Info　このエリアには、かつて「烏山城」があったといわれ、城跡は北条氏の家臣で吉良氏にも仕えた高橋氏により築かれたなど諸説あるが、その場所は現在の烏山神社とも、化粧品のウテナ工場の位置ともいわれ、特定されていない。

歩き方 花の名所もいろいろあり 文学にゆかりの地も点在する

左は千歳烏山にある、烏山つつじ緑地。見頃は4月上旬から4月いっぱい。右は蘆花恒春園にある、花の丘。桜の時期も美しい

千歳烏山駅周辺は商店街がにぎやかで、北へ足を延ばすと烏山つつじ緑地や西沢つつじ園が広がり、さらに進むと甲州街道を越え、烏山寺町がある。ここは大正時代に京王電気軌道が開通し、東京市内の寺院移転を進めたエリア。文豪・徳冨蘆花の書いた『みゝずのたはこと』もここの土地買収について触れている。なお蘆花が農村生活を望み、移住したのが旧・千歳村粕谷。蘆花の旧宅は、その後、芦花公園として整備され、最寄駅も上高井戸駅から芦花公園駅に改称された。芦花公園駅徒歩圏に世田谷文学館もある。また上北沢には空想小説などを書いた賀川豊彦の記念資料館や作家・大宅壮一の名を冠した私設雑誌図書館がある。

美しい花手水もある存明寺

寺院が集まる烏山寺町

烏山寺町は関東大震災などの影響もあって寺院の移転が進み、現在では26の寺院が連なる。鍋島家の邸宅一部や喜多川歌麿の墓もある(→P.118)。

おさんぽプラン

1 世田谷文学館 →P.123
↓ 徒歩11分
2 蘆花恒春園 →P.124
↓ 徒歩1分
3 蘆花恒春園(旧宅) →P.124
↓ 徒歩9分
4 大宅壮一文庫 →P.125
↓ 徒歩17分
5 賀川豊彦記念松沢資料館 →P.125

世田谷ゆかりの文学を訪ねて

多くの作家が居住し、文学界とも縁が深い世田谷区。芦花公園駅から徒歩圏内に世田谷文学館があり、ユニークな視点の企画展なども行っている。徳冨蘆花に関する記念館や旧居、墓がある蘆花恒春園を訪ね、その足で、雑誌専門の図書館へ。ここは、出版社の編集者の利用も多い。また少し足を延ばして、小説なども書き残した賀川豊彦記念松沢資料館にも立ち寄りたい。

せたトーク

入場無料で毎年楽しめる西沢つつじ園

毎年訪れるリピーターも多いつつじ園。こちらの約3000㎡のつつじ園と、区に割譲した1000㎡の烏山つつじ緑地を合わせ、多種類の約1万株が植えられている。入場無料で、4月上旬から咲き始め4月いっぱいまで咲き続け、見頃は4月中旬あたり。気に入ったつつじは購入可能!

MAP 別冊 P.8 - A2

住 世田谷区北烏山6-16-10 TEL 03-3300-2438 営 ツツジの期間中早朝～夕方 休 ツツジの期間中以外 交 京王線千歳烏山駅西口から徒歩10分

「世田谷文学館」は図録がいつもおしゃれ! ミュージアムショップにある「澁澤龍彦 ドラコニアの地平」の一筆箋や、「林芙美子 コンチクショウの詩・手帖」もおすすめです!(文学館に近い杉並区・N)

26の寺院が立ち並ぶ

世田谷の小京都
烏山寺町を散策

千歳烏山駅の北に位置する、静かで風情漂う烏山寺町は隠れた名所。
町の生い立ちに思いをはせながら、のんびり寺院巡り。

山門からまっすぐの場所に立つ乗満寺の本堂

寺院や住民が中心となり風情ある町並みや緑豊かな住環境は自分たちで守ろうと、1975年に「烏山寺町環境協定」が定められ、今も守られている。法事や葬式をしている寺院もあり、訪れる際は配慮を忘れずに。

烏山寺町とは？

宗派が異なる26の寺院が軒を連ねる閑静な烏山寺町。関東大震災後の都市計画により築地や浅草、麻布などにあった寺が移転し、少しずつ寺町が築かれた。当時の烏山は一面に畑やススキ野原が広がっていたという。歴史に思いをはせながら、寺町ならではの建物や梵鐘、石碑などを見学したり、歴史に名を刻んだ人々の墓前に手を合わせたい。移転当時に植えられた樹々はすでに大木となり、春は桜、夏は新緑、秋は紅葉、冬には渡り鳥が集まる池もあり、四季折々楽しめる。

戦火で焼失した本堂や庫裡は1958年に再建

美人画の新境地を拓いた浮世絵師喜多川歌麿の墓

1 喜多川歌麿の墓がある
専光寺

●せんこうじ　MAP 別冊 P.8-A2

徳川家康が関東入国するにともない品川から馬喰町へ移り、のちに浅草にあったときに関東大震災に遭い、現在地へ。1945年5月には最後の東京大空襲で本堂が全焼したという。墓地入口に歌麿の墓がある。

住 世田谷区北烏山4-28-1　TEL 03-3300-3052　営 9:00～16:00　交 京王線千歳烏山駅から徒歩18分、千歳烏山駅から関東バス久我山病院行きで「寺院通四番」下車徒歩1分

2 広い境内には見どころが満載
妙壽寺

●みょうじゅじ　MAP 別冊 P.8-A2

関東大震災で堂宇が焼失し、1927年に現在地へ移転した。境内には震災で破損した江戸の名工・藤原正次が造った梵鐘や麻布から移築した、世田谷区指定有形文化財の瀟洒な旧蓮池藩鍋島家もある。

住 世田谷区北烏山5-15-1　TEL 03-3308-1251　営 9:00～17:00　交 京王線千歳烏山駅から徒歩18分、千歳烏山駅から関東バス久我山病院行きで「寺院通四番」下車徒歩1分

左はガラス障子がモダンな客殿として使われている旧蓮池藩鍋島家。右は山門近くのイチョウの大木

妙壽寺の境内に宮沢賢治の代表作「雨ニモマケズ」の詩碑が立ち、賢治が手帳に記した文字をそのまま刻んだもので味わいがあります。墓所には昭和を代表する女優・大原麗子さんのお墓もあります。（川崎市・C）

鬼瓦が付いた薬医門形式の山門と本堂のガラス障子には家紋などをあしらった意匠が入る

3 宗福寺

しゃれたガラス窓に注目

●そうふくじ　MAP 別冊 P.8-A2

開山は慶長6（1601）年だが、安政3年の火災に遭い詳細は不明という。関東大震災後の都市計画で日暮里から移転してきた。本堂の意匠入りのガラス窓や種類の異なるガラス窓が付いた庫裡など、遊び心が感じられる。

住 世田谷区北烏山5-10-1　TEL 03-3300-0565　営 9:00〜16:00　交 京王線千歳烏山駅から徒歩20分、千歳烏山駅から関東バス久我山病院行きで「寺院通四番」下車徒歩1分

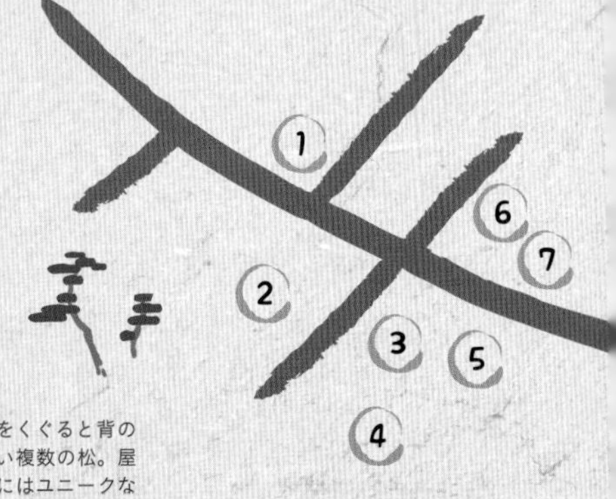

門をくぐると背の高い複数の松。屋根にはユニークな表情の唐獅子と獏

4 浄因寺

華道家・安達親子の墓がある

●じょういんじ　MAP 別冊 P.8-A2

開基は祐念法師で正保3（1646）年だが、火災により詳細は不明。関東大震災後に麻布から移転してきた。福岡黒田藩士の菩提寺のため、墓所には士族の墓が多く、華道家の安達潮花・瞳子親子も眠る。

住 世田谷区北烏山5-11-1　TEL 03-3300-5141　営 8:00〜16:00　交 京王線千歳烏山駅から徒歩20分、千歳烏山駅から関東バス久我山病院行きで「寺院通四番」下車徒歩1分

飢饉後も蕎麦目当ての人が押し寄せ立てた碑

5 稱往院

蕎麦を振る舞い人々を救った

●しょうおういん　MAP 別冊 P.8-A2

末寺の道光庵が浅草にあった頃、天明の大飢饉で餓死しそうな人々のため、蕎麦を振る舞い、多くの命を救ったという。関東大震災で被災し、烏山へ。現在の境内に「不許蕎麦」の石碑が立つ。

住 世田谷区北烏山5-9-1　TEL 03-3300-5004　営 9:00〜16:00　交 京王線千歳烏山駅から徒歩20分、千歳烏山駅から関東バス久我山病院行きで「寺院通四番」下車徒歩1分

Info 烏山寺町にはケヤキやイチョウなどの高木やツツジやツゲなど150種類以上の樹木が植栽され、ヒヨドリやオナガなど15種類以上の野鳥がすみかにしている。冬にはシベリアから渡り鳥のカモがやって来る池もある。

疱瘡に効く薬に卵の殻を用いたため犠牲になった鶏を供養

6 犠牲になった鶏卵を供養する石塚 永隆寺

●えいりゅうじ　MAP 別冊 P.8-A2

開基の利玄院日義上人は徳川家康の囲碁の師匠だったことより、神田加冶橋に寺領を拝領し、創建した。のちに幾度か移転をし、関東大震災後に本所より移った。鶏卵供養のための鶏塚がある。

住 世田谷区北烏山4-17-1　TEL 03-3300-4661　営 9:00～16:00　交 京王線千歳烏山駅から徒歩20分、千歳烏山駅から関東バス久我山病院行きで「寺院通四番」下車徒歩1分

7 異彩を放つ古代インド様式の本堂 妙祐寺

●みょうゆうじ

前身は円証寺と伝わる。渋谷の地中から阿弥陀如来像が発見され、本尊として渋谷で寺を再建。地下鉄銀座線の工事より1937年に墓地の一部を当地に移転し、戦火を受けた後に本堂も現在地へ。

住TEL営交 非公開

築地本願寺と同じ浄土真宗本願寺派で、左官の腕が光る意匠を施した古代インド様式の本堂

山門前や門をくぐってすぐの場所にあるベンチ前に季節の花々による花手水があり、気持ちが癒やされる

8 花手水の花に気持ちが和む 存明寺

●ぞんみょうじ　MAP 別冊 P.8-A2

開基・願龍法師が正保4（1647）年に現在の警視庁がある桜田に建立したのが始まり。その後、幾度か移転し、関東大震災後の区画整理により麻布から移転した。境内には親鸞聖人像や保存樹の大イチョウが迎えてくれる。

住 世田谷区北烏山4-15-1　TEL 03-3300-5057　営 9:00～17:00　交 京王線千歳烏山駅から徒歩18分、千歳烏山駅から関東バス久我山病院行きで「寺院通三番」下車徒歩1分

Voice　存明寺では大切な人を亡くした人のために、「グリーフケアのつどい」を年4回行うほか、毎月一度子供たちに特製キーマカレーと温かな場所を提供する「ぞんみょうじこども食堂」も開催。（杉並区・S）

太田六右衛門（藤原正次）の天水桶、本堂右には田中七右衛門の天水桶もある

上は国歌に詠まれる「さざれ石」。下は難を逃れた天保年間に建築の清正公堂

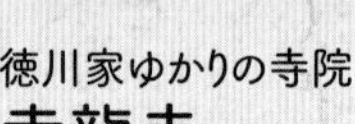

江戸の名工が手がけた天水桶

9 源正寺

●げんしょうじ　MAP 別冊 P.8-A2

関東大震災で被災したが、本尊の阿弥陀如来像は難を逃れた。震災後の復興計画により築地から烏山へ。鋳物師の名工・太田六右衛門（釜六）と田中七右衛門作（釜七）の天水桶一対がある。

住 世田谷区北烏山4-14-1　TEL 03-3300-5563　営 日により異なる　交 京王線千歳烏山駅から徒歩15分、千歳烏山駅から関東バス久我山病院行きで「寺院通三番」下車徒歩1分

徳川家ゆかりの寺院

10 幸龍寺

●こうりゅうじ　MAP 別冊 P.8-A2

第2代将軍徳川秀忠の乳母・大姥局が徳川家康に願い出て、浜松城外に開山。家康が関東に入国すると、翌年湯島に移転し、さらに浅草へ移った際に関東大震災で罹災し、現在地に移築した。

住 世田谷区北烏山5-8-1　TEL 03-5314-7010　営 8:00～17:00　交 京王線千歳烏山駅から徒歩15分、千歳烏山駅から関東バス久我山病院行きで「寺院通三番」下車徒歩1分

烏山寺町へ早い時点に移転

11 乗満寺

●じょうまんじ　MAP 別冊 P.8-A2

浅草松葉町にあったときに関東大震災で被災し、翌年に烏山へ移転した、烏山寺町の形成の先駆となった寺院のひとつ。開かれたお寺で不定期にキャンドルナイトなどのイベントも開催している。

住 世田谷区北烏山5-7-1　TEL 03-3300-5139　営 9:00～17:00　交 京王線千歳烏山駅から徒歩15分、千歳烏山駅から関東バス久我山病院行きで「寺院通二番」下車徒歩すぐ

インドのデカン高原で産出された石を使った巨大な涅槃図と地蔵菩薩像が安置された本堂

入母屋造りの本堂。屋根の端には鬼飾りの雲と獅子

最後に移転してきた寺院

12 多聞院

●たもんいん　MAP 別冊 P.8-A2

真言宗豊山派の寺院で創建は元和元（1615）年。新宿にあったが、1945年5月の東京大空襲によって全焼。戦後復興のため、都の要請を受けて墓地を移し、1954年に本堂や庫裡を再建した。

住 世田谷区北烏山4-12-1　TEL 03-3300-3628　営 9:00～16:00　交 京王線千歳烏山駅から徒歩15分、千歳烏山駅から関東バス久我山病院行きで「寺院通二番」下車徒歩1分

Info 「さざれ石」とは小さな石灰角礫岩が雨に溶けて結び付き、やがて岩になることから、団結と繁栄、平和と長寿の象徴。幸龍寺境内にある「さざれ石」は、国歌発祥の地といわれる岐阜県の山中より産出されたという。

ユニークな企画展が大評判

MAP 別冊 P.9-A・B3

世田谷文学館 ●せたがやぶんがくかん

1995年に開館した東京23区初の地域総合文学館。湾曲するガラス張りと鉄骨を組み合わせた異彩を放つ外観に負けず劣らず、内容も斬新でユニークだ。世田谷にゆかりのある作家や幅広い分野の芸術家たちを中心に資料を収集し、展示する博物館。1階はテーマによって企画されるコレクション展を催し、2階はマンガや映画、音楽、美術など純文学のジャンルの枠にとらわれない、多様な企画展が年に2〜3回開催される。いずれも、マニアックなテーマをディープに掘り下げ、作家の思いに触れることができ、文学に興味がある人はもちろん、ない人をも引きつける。絵本や児童書を集めた「ライブラリーほんとわ」では乳幼児や児童が楽しめるほか、ジュニア向けのワークショップも開催。「喫茶どんぐり」もあり、幅広い年代の人に親しまれている。

住 世田谷区南烏山1-10-10
TEL 03-5374-9111
営 10:00〜18:00（最終入館17:30）
休 月（祝日の場合は翌日）、展示替え時、年末年始
料 一般200円、高大生150円、小中生・65歳以上100円、企画展により異なる。「ライブラリーほんとわ」、「喫茶どんぐり」は無料
交 京王線芦花公園駅南口から徒歩5分

ウテナ創業者邸宅跡地に立ち、その名残を残す入口前の木々

武蔵野の面影を残す場所にあり、館内から緑豊かな庭やニシキゴイが泳ぐ池が眺められる

1階「ライブラリーほんとわ」にはさまざまなジャンルの絵本や児童書が揃う。授乳室やキッズスペースも備わり、親子でのんびり過ごせる

鉄骨剥き出しのスタイリッシュなカーテンウォールの外観が目を引く建物は、建築家兼国際的な弁理士である杉村憲司氏がデザインしたもの

1階には「ムットーニ」と呼ばれるアーティスト・武藤政彦氏による「自動からくり人形」を10作品所蔵し、一部を常時公開している。時期により、光や音を駆使した「自動からくり人形」の本格的な演出が楽しめる。

おもな見どころ

MAP 別冊 P.9-B3　武蔵野を愛した文豪ゆかりの公園

蘆花恒春園 ●ろかこうしゅんえん

住 世田谷区粕谷1-20-1
TEL 03-3302-5016 (8:30〜17:30)
営 散策自由 (恒春園区域9:00〜16:30ただし、旧宅、記念館は9:00〜16:00)
休 年末年始 (旧宅、記念館、墓所)
料 無料 (集会場は有料)
交 京王線芦花公園駅南口・八幡山駅・千歳烏山駅南口から徒歩15分

明治から大正にかけて活躍した作家・徳冨蘆花は明治40 (1907) 年40歳のとき、青山から武蔵野の自然が広がるこの地へ移り住み、蘆花自ら「恒春園」と名づけて晴耕雨読の暮らしを送っていた。蘆花没後10年のとき、妻の愛子氏から家屋や土地、遺品が東京市に寄贈され、愛子氏の意向を汲んで武蔵野の風景を保存し、1938年に蘆花の名を冠した公園として公開された。当時の邸宅「徳冨蘆花旧宅」や「夫妻の墓所」とともに、東京市が愛子氏の住居として新築した「愛子夫人居宅」が残され、見学することができる。園内には四季折々の花々が咲き、特に春は長野県高遠町 (現・伊那市) から贈呈された高遠小彼岸桜を含む、12種類の桜が咲く「花の丘」が見事。多種多様な器具を揃えた「アスレチック広場」や公園中央には「ドッグラン」も備える。

正面右手にあり、夏でも涼を呼ぶ背の高いモウソウチクの竹林

クヌギに囲まれた、長兄の徳冨蘇峰が刻んだ墓石に夫妻が眠る

半農生活を過ごした当時の住宅「徳冨蘆花旧宅」。ここで過ごした日々の暮らしを執筆した『みゝずのたはこと』はベストセラー

写真提供：(公財) 東京都公園協会

地域のシンボルとして親しまれている、高遠小彼岸桜の並木と四季折々の草花が彩りを添える中央部にある「花の丘」の花壇

Info 色鮮やかな「花の丘」。当初「樹林公園」を予定していたが、商店街や住民の人々の熱意により花壇に変更された。1999年に第1回桜祭りとともに完成記念式典が開催。花はボランティアが手入れをしている。

博愛精神を貫いた牧師の資料館

MAP 別冊 P.9-A4

賀川豊彦記念 松沢資料館 ●かがわとよひこきねん まつざわしりょうかん

キリスト教の博愛精神を実践した賀川豊彦の資料を所蔵・公開。数々の労働運動や生活協同組合なども指導し、著作も多く残した。資料館は「アーカイブズ」「ライブラリー」「ミュージアム」の3つの機能をもち、2階の展示フロアを「ミュージアム」として一般公開。

賀川豊彦の遺品である蔵書や日記、原稿、書簡など貴重な資料を多数保管

住 世田谷区上北沢3-8-19
TEL 03-3302-2855
営 10:00～16:30（入館は16:00）
休 日・月（祝日の場合は翌日）・夏期休館日・年末年始
料 330円（小中高生・65歳以上220円）
交 京王線上北沢駅南口から徒歩3分

併設の松沢教会は牧師でもあった賀川豊彦が創立した教会

膨大な数の希少な雑誌が勢揃い

MAP 別冊 P.9-B4

大宅壮一文庫 ●おおやそういちぶんこ

評論家・大宅壮一が集めた雑誌約17万冊（現在80万冊）で1971年に開館した、日本初の雑誌図書館。明治8（1875）年に華族会館で発行した『會館雑誌』や慶応3（1867）年発行の日本初の雑誌『西洋雑誌』の復刻版など希少な雑誌も取り揃える。

大宅壮一が亡くなった翌年に設立された。今では年間約10万人が訪れる

住 世田谷区八幡山3-10-20
TEL 03-3303-2000
営 11:00～18:00（雑誌閲覧～17:15、コピーサービス～17:30）
休 日・祝
料 500円（65歳以上250円、いずれも閲覧雑誌15冊）
交 京王線八幡山駅から徒歩8分

雑誌記事索引データベースがあり、原本の閲覧や複写も可能

住宅街で艶やかなツツジを観賞

MAP 別冊 P.8-A2

烏山つつじ緑地 ●からすやまつつじりょくち

隣接する西沢つつじ園から区に譲られた緑地は、毎年4月初旬から4月下旬になると、色鮮やかなツツジが約1000㎡にわたって咲き誇る。久留米躑躅を中心に32種類あり、その数は1000株以上。歩道が整備され、水飲み場や休憩できるベンチも設置している。

隣接している「西沢つつじ園」と合わせると多種類約1万株のツツジが楽しめる

住 世田谷区北烏山6-16-8
TEL 03-3308-0731（烏山公園管理事務所）
営 散策自由
交 京王線千歳烏山駅北口から徒歩10分

静かな住宅街にあり、艶やかな花を見に毎年多くの人が訪れる

関東大震災後に現在地へ居を移し、救済活動に携わった「賀川豊彦記念 松沢資料館」の賀川豊彦の活動は「カガワ、ガンジー、シュヴァイツァー」と称され、国内で最初にノーベル平和賞にノミネートされている。

代官屋敷＆区役所もある世田谷の中心地

経堂・上町・世田谷エリア

宮坂・経堂・世田谷・桜・桜丘・弦巻

国指定重要文化財「世田谷代官屋敷の表門」

経堂・上町・世田谷エリアへの行き方

エリア内停車駅

■小田急線
(豪徳寺駅・)経堂駅・千歳船橋駅
■東急世田谷線
(山下駅・宮の坂駅・)上町駅・世田谷駅

※( )はエリア外最寄駅

世田谷区役所が立ち、行政の中心ともなっているこのエリア。近接エリアの豪徳寺に室町時代の築城と伝わる世田谷城跡もあり、昔からこのエリアは世田谷の中心になってきた。世田谷城を築いた吉良氏は、その後多くの寺社を城の周辺に創建している。世田谷城の鬼門方面に建てられた祈願所が前身の勝國寺、吉良氏の菩提寺・勝光院、吉良氏領内第一の神社・世田谷八幡宮などがある。また江戸時代に彦根藩の代官屋敷として使用された大場家住宅は、現在もその威容を見せている。

Info 世田谷の歴史を感じさせるイベントが、「世田谷のボロ市」。約440年前に開かれた楽市が起源で、楽市なき後も歳の市として続けられてきた。世田谷代官屋敷周辺で毎年12月15・16日、1月15・16日に開催。

歩き方　小田急線と東急世田谷線沿線でそれぞれにぎわう文化エリア

エリア内を走る東急世田谷線。招き猫仕様の車両もあり、世田谷観光に利用されることも多い。各駅にそれぞれ特徴がある

現在、このエリア内で、町の規模が大きくにぎわっているのは、小田急線の経堂駅。駅周辺に大きな複合施設があり、商店街も長く延び、東京農業大学などもあることから通称・農大通りなど往来も盛ん。千歳通りの桜なども美しい。また隣駅の千歳船橋駅周辺も南北の商店街がにぎわい、多様な店舗が軒を連ねる。飲食店も小規模ながら人気の高い店があるため、趣味に合った店を探す、町歩きの楽しみがある。さらに烏山川緑道などがあるほか、通称・森繁通りなどで知られるように著名人や文化人なども多く居を構えている。一方、東急世田谷線沿線の世田谷駅や上町駅は、昔から世田谷の中心として歴史ある寺社が点在し、歴史散歩も楽しいエリアだ。

前川國男設計のホールを継承した新庁舎1期棟

世田谷区役所の新庁舎

区役所には行政窓口だけでなく、クッキーなどの障がい者施設製品を扱う「はっぴぃハンドメイド」のアンテナショップ「フェリーチェ」などもある。

おさんぽプラン

1 世田谷八幡宮 →P.130
↓ 徒歩4分
2 勝光院 →P.134
↓ 徒歩9分
3 世田谷代官屋敷 →P.128
↓ 徒歩1分
4 世田谷区立郷土資料館 →P.127
↓ 徒歩6分
5 円光院 →P.132

ゆかりの寺社を巡る世田谷歴史さんぽ

世田谷ゆかりの名所や吉良氏関連の寺社などを巡る、このエリアならではのルート。世田谷八幡宮は世田谷城主・吉良氏も崇敬していた神社。また勝光院は吉良氏の菩提寺で、代々の墓が吉良氏墓所としてまとまっている。世田谷代官屋敷は、江戸中期以降、彦根藩世田谷領だった20村の代官を世襲した大場家による役宅で、住宅建物として都内初、国の重要文化財の指定を受けた。敷地に郷土資料館もあるので、世田谷の歴史をたどりたい。円光院は吉良氏祈願所として創建された寺院である。

せたトーク

歩いて買って食べて楽しいボロ市通り

毎年1月15日～16日、12月15日～16日に世田谷のボロ市（P.196）が開催されることから「ボロ市通り」と呼ばれているストリート。時代劇でおなじみの世田谷代官屋敷（P.42、129）を中心に、地元で愛される洋食店・バーボン（P.255）やショップなど隠れた名店が点在している。

世田谷区役所は2024年現在工事中だが、元の本庁舎の建物はモダニズム建築の大家・前川國男が設計したもの。新庁舎では区民会館ホール部分のみ保存。前川は、ル・コルビュジエに初めて弟子入りした日本人建築家。

主屋正面

北面に身分の高い人を迎える式台付き玄関がある茅葺屋根の主屋

時代劇の世界にタイムトリップ

世田谷代官屋敷をじっくり観賞

時代劇でおなじみの「お代官様」が実際に暮らし、職務をまっとうした希少なお屋敷が見学できる。

板の間

式台付きの玄関から入ってすぐの板の間は名主の詰所に使われた

Info 大場家は「石橋山の戦い」の際、源頼朝を撃破した桓武平氏の末流・大庭景親の子孫と伝わる。のちに世田谷城主・吉良氏に仕えたが、小田原征伐敗北後は世田谷村で農民になり、江戸時代に代官を命じられ職務に従事した。

ありし日の代官の生き方が伝わる

世田谷代官屋敷

●せたがやだいかんやしき　　MAP 別冊 P.19－A3

　時代劇に出てくるようなお屋敷は、3代将軍・徳川家光の時代に彦根藩2代目当主・井伊直孝が世田谷領20ヵ村を与えられ、この地の代官職を約200年間世襲した大場家の邸宅を兼ねた代官所。代官とは領主（藩主）の代わりに地域を納める役人で、年貢の取り立てや領内の治安維持、消防など職務は広範囲に渡る。大名領の代官屋敷として現存するのは都内唯一として1952年に「東京都指定史跡」に指定され、1978年には主屋と表門の2棟が「国指定重要文化財」に指定された。

住 世田谷区世田谷1-29-18　TEL 03-3429-4237（世田谷区立郷土資料館）　営 9:00～17:00（最終入館は16:30）　休 月（祝日の場合は翌日）・祝、年末年始、臨時の工事日など　料 無料　※土間以外の内部は立ち入り禁止　交 東急世田谷線上町駅から徒歩5分

通用口から土間に入ると内部を見渡せる。天井の梁は圧巻

18畳の広さがある「代官居間」は代官家にふさわしい格式を備える

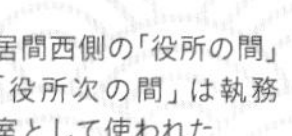

居間西側の「役所の間」「役所次の間」は執務室として使われた

表門

宝暦3（1753）年頃に建築された重厚な茅葺の門。西側に番所を備えた

世田谷区名木百選のタブノキや季節の花々に彩られた庭園もある

敷地にある白州で容疑者を玉砂利の上に座らせ取り調べた。玉砂利は当時のもの

Voice　隣接する世田谷区立郷土資料館の2階の展示室2には、世田谷代官を務めた大場家の歴史や代官の仕事、世田谷代官屋敷についての資料が常設されているので、見学の前後の立ち寄りをおすすめ！　（世田谷区・N）

MAP 別冊 P.10-C1 江戸三相撲の名所のひとつ

世田谷八幡宮 ●せたがやはちまんぐう

住 世田谷区宮坂1-26-3
TEL 03-3429-1732
営 参拝自由（授与所9:30～16:00）、秋季大祭は9月敬老の日直前の土・日（奉納相撲は土）
休 無休
交 東急世田谷線宮の坂駅から徒歩5分、小田急線豪徳寺駅から徒歩15分

世田谷の鎮守様として信奉されている世田谷八幡宮。寛治5（1091）年に源義家が戦地からの帰途、この地で豪雨に遭い、天気の回復を待って10日ほど滞在したという。義家は「今回の戦勝は日頃より信仰する八幡大神様のご加護によるもの」と感謝し、豊前国の宇佐八幡宮の分霊を勧請し、その勧請を祝う席で家来たちによる奉祝相撲が行われたと伝わる。江戸時代には渋谷氷川神社、大井鹿嶋神社とともに江戸三相撲の名所のひとつとして評判を呼んだ。木々に囲まれた境内の一角には土俵があり、今も9月の秋季大祭の土曜日には東京農業大学相撲部による奉納相撲が執り行われる。土俵の周囲には円形劇場のような観客席が設けられ、手に汗握る迫力あふれる試合を楽しみに、多くの人が訪れる。

奉納相撲は900年以上の歴史があり約1万人が見学に訪れる

相撲にちなんだ御朱印や絵馬、お守りもあり大人気！

現在の壮麗な本殿は1964年に建造された。境内には力自慢たちが競った「力石」も残る

MAP 別冊 P.16-C2 経堂の地名の由来になった古刹

福昌寺 ●ふくしょうじ

住 世田谷区経堂1-22-1
TEL 03-3420-3269
営 参拝自由
休 無休
交 小田急線経堂駅南口から徒歩3分

第3代将軍徳川家光の時代に創建され、山号は「経堂山」。経堂を代表する寺院として、町を見守るように階段上に立つ。「一切経」を祀ったお堂があったことや経塚を祀ったため、さらに京風のお堂があったなど諸説あるが、今日の「経堂」の地名の発祥となった。

扁額には「経堂山」の号。400年の歴史を重ねてきた

開基は室町時代の優れた漢方医・松原土佐守彌右衛門により、ご本尊は釋迦牟尼佛

Info 世田谷八幡宮の大鳥居をくぐり右手に行くと、カモが泳ぐ弁天池があり、その奥には七福神の弁天様と同じ神様を祀る厳島神社がある。近くには世田谷区の花のさぎ草が植えられ、7月頃に可憐な花を咲かせる。

第1回「地域風景資産」に選定

MAP 別冊 P.9-C4

玉石垣のある風景 ●たまいしがきのあるふうけい

千歳通りの道路は、かつて農業用水だった品川用水を埋め立てて拡幅整備された。標高が高いエリアは深く開削する必要があったため、多摩川で採取した玉石が法面保護に使われ、玉石垣が一定の場所に残る。春は沿道に植えられた桜との景観が美しい。

枝を道にまで広げて花を付ける桜並木と積み上げられた玉石垣の景観は唯一無二

住 世田谷区桜丘2-17、5-4〜6、3-37
TEL 非公開
営 散策自由
交 小田急線千歳船橋駅南口から徒歩12分

ピンク色の桜並木のトンネルと玉石垣のコラボレーション

大きなクスノキがシンボル

MAP 別冊 P.10-C1

乗泉寺 世田谷別院 ●じょうせんじ せたがやべついん

日蓮上人ゆかりの「本門佛立宗」の寺院。渋谷に本堂を構える乗泉寺の別院で常徳院に隣接している。境内には「世田谷区名木百選」にも選ばれた、推定樹齢200年、高さ18mのクスノキの大木が枝を広げ、圧倒される。墓地には五代目柳家小さん氏も眠る。

本堂(回向堂)を中心に納骨堂がある静かな雰囲気の墓地

住 世田谷区宮坂2-1-5
TEL 03-3429-0331
営 参拝自由
休 無休
交 東急世田谷線宮の坂駅から徒歩6分、小田急線豪徳寺駅から徒歩8分

生命力あふれる樹齢200年あまりのクスノキに目を奪われる

閑静な住宅街に残る貴重な自然

MAP 別冊 P.9-C4

長島大榎公園界隈の緑 ●ながしまおおえのきこうえんかいわいのみどり

経堂5丁目の長島大榎公園と道路を挟んで隣接する、経堂五丁目特別保護区一帯は巨木が多いエリア。区画整理に伴う樹齢400年の大榎保存のため、地主の長島氏が土地を提供し、1962年に長島大榎公園が開園。台風の影響により根元を残してやむなく伐採した。

閑静な住宅街にこんもりと森があるような景色は「第2回地域風景資産」に選定

住 世田谷区経堂5-17-25、5-12-13ほか
TEL 非公開
営 長島大榎公園は散策自由
交 小田急線経堂駅南口から徒歩10分

切り株が劣化しないよう、保護のために覆われている

Info 長島大榎公園界隈の緑地のひとつ「経堂五丁目特別保護区」にはダイダラボッチ伝説の池もあり、個人宅のため普段は非公開だが、春と秋に公開日があるので、(一財)世田谷トラストまちづくりHPで要確認！

おもな見どころ

MAP 別冊 P.19-A3　代官を世襲した大場家の菩提寺

住 世田谷区世田谷1-38-20
TEL 03-3420-2481
営 参拝自由
交 東急世田谷線上町駅から徒歩4分

浄光寺（浄光寺）●じょうこうじ

「世田谷代官屋敷」に隣接し、代々世田谷代官を務めた大場家の菩提寺。文安元（1444）年に専蓮社然誉上人補阿源公大和尚の開山と伝えられる浄土宗の寺院。境内には世田谷代官大場越後守信久以下、歴代代官の墓所がある。寛政7（1795）年に出火し、資料の多くを焼失したため詳細は不明だが、本堂は翌寛政8（1796）年に再建され、1953年に茅葺きを瓦葺きに替えて現在にいたる。大場家は桓武天皇の血筋を引き、2022年の大河ドラマ『鎌倉殿の13人』にも登場した、「石橋山の乱」で源頼朝に大勝した大庭景親の子孫という。室町時代には世田谷城主・吉良氏に仕え、江戸時代に彦根藩の井伊家が世田谷を領有すると、井伊氏より世田谷代官職に任じられた。境内にある大イチョウが悠久の時を伝えている。

世田谷代官を務めてきた人々が眠る。区立郷土資料館も隣接

木々だけではなく苔むした石灯籠にも歴史が感じられる

大きな瓦屋根の本堂。本尊は二尺の阿弥陀如来坐像。境内には大イチョウや桜、菩提樹なども

MAP 別冊 P.19-A3～4　城主や代官が信仰した由緒ある寺院

住 世田谷区世田谷4-7-12
TEL 03-3420-0706
営 参拝自由
交 東急世田谷線世田谷駅から徒歩2分

円光院 ●えんこういん

世田谷城主・吉良氏の祈願所として室町末期の天正年間に盛尊和尚が創建。朱塗りの山門や本堂、閻魔十王堂などもあったが、吉良氏の滅亡により荒廃。明治期の神仏分離令により廃寺の危機に陥ったが、吉良氏や代官大場家が信仰した由緒ある寺のため再建された。

多摩川沿いに点在している玉川八十八ヶ所霊場の49番札所

白い鉄筋コンクリート造りの本堂は1962年築、境内には閻魔護摩堂もある

Info　円光院の山門右手に「区立桜小学校発祥の地」の黒い記念碑がある。明治12（1879）年に桜小学校は円光院を仮校舎として開校し、翌年約500m西に離れた場所に本校舎ができ移転。碑は明治100年記念に造られた。

お寺で日本の文化に触れられる

MAP 別冊 P.10-C1

常在寺 ●じょうざいじ

世田谷城主・吉良氏の側室・常盤姫が開基と伝わる日蓮宗の寺院。常在寺の山号「寶樹山」は常盤姫の戒名「寶樹院殿妙常日義大姉」からきたもの。開山500年の記念事業として、2002年に室町時代の建築様式を取り入れた本堂が新たに建立された。地上と地下を回廊のように巡ることができ、地下に造られた吹き抜けの庭園には滝が流れ、明るい陽光が降り注ぐ地下伽藍に釈迦殿（納骨堂）や祖師堂（斎場）、書院などが配置されている。季節の移ろいが感じられる四季折々の草花や光や風、水音などを五感で楽しむことができ、非日常の穏やかな時間が過ごせる。和の空間のお寺で日本の文化に触れることができるよう、写経や瞑想、キャンドルヨガ、和菓子教室など、「おとなの寺子屋」も開催している。

住 世田谷区弦巻1-34-17
TEL 03-3429-1831
営 9:00～17:00（和菓子教室第3日曜15:00～16:45／寺ヨガ×キャンドル 第2日曜16:00～、18:00～・第4日曜16:00～／写経第3日15:00～
休 無休
料 和菓子教室4300円、寺ヨガ×キャンドル2700円、写経2000円
交 東急世田谷線世田谷駅から徒歩7分

写経はなぞるタイプで正座が苦手な人には椅子も用意している

リラックスできるよう本堂にキャンドルをともしてヨガができる

静かな空間で五感を磨き、豊かな時間を過ごせる各講座の後には住職の法話に耳を傾けたい

かわいいフォルムに癒やされる

MAP 別冊 P.19-A3

旧玉電車両 ●きゅうたまでんしゃりょう

宮の坂駅下高井戸方面ホームに隣接する宮坂区民センター前に、渋谷と二子玉川間を走っていたレトロなフォルムの世田谷線旧車両が保存されている。大正14（1925）年に木製車として製造され、昭和28（1953）年に鋼製車に改造。車内は自由に入ることができる。

玉川線廃線後は江ノ島電鉄でも活躍。レトロな形と木の床にぬくもりが感じられる

住 世田谷区宮坂1-24-6
TEL 03-5432-2835（世田谷総合支所地域振興課生涯学習・施設係）
営 9:00～17:00
休 年末年始
交 東急世田谷線宮の坂駅からすぐ

江ノ島電鉄引退後に里帰りし、世田谷線と同じ緑色に塗装

Voice 常在寺では写経やキャンドルヨガだけではなく、毎月第3日曜日に和菓子デザイナーによる、味はもちろん見た目も麗しい和菓子作り教室を開催。和菓子作り約90分＋法話約15分。予約抽選制。（世田谷区・U）

おもな見どころ

MAP 別冊 P.19-A3　2023年夏に常設展示をリニューアル！

世田谷区立郷土資料館 ●せたがやくりつきょうどしりょうかん

住 世田谷区世田谷1-29-18
TEL 03-3429-4237
営 9:00〜16:30
休 月・祝（月の場合は翌日も休）
料 無料
交 東急世田谷線上町駅から徒歩5分

世田谷区の歴史について、時代を追い辿ることができる、貴重な資料館。昭和39（1964）年に都内で初めて開館した、公立地域博物館となる。2023年8月1日に常設展示を一新し、リニューアルオープン。世田谷区内に残る遺跡や古墳から出土した貴重な土器や鉄製品などがさまざま展示されている。また有力武家の出現や領地支配の様子なども細かい解説がなされ、代官を務めた大場家に伝わる「大場家文書」などの資料展示もある。旧玉電など世田谷の人々のくらしに関わる展示解説も好評。

縄文時代中期の桜木遺跡などから出土した土器の数々

江戸時代の古文書を紹介しているコーナー。写真は『江戸名所図会』「奥沢村 淨眞寺 九品仏」

世田谷代官屋敷と同じ敷地内にあるので、併せて立ち寄りたい。古い道標などの屋外展示もあり

※資料保存のため、展示品を入れ替えることがある。

MAP 別冊 P.10-C1　1億4000万個の星が圧巻！

中央図書館プラネタリウム ●ちゅうおうとしょかんぷらねたりうむ

住 世田谷区弦巻3-16-8
TEL 03-3429-0780
営 土・第3日除く日・祝・10/1、世田谷区立小中学生の春・夏・冬休み11:00〜11:50、13:30〜14:30、15:30〜16:30
休 上記以外、年末年始
料 高校生以上400円、小中学生100円（土・日・祝は無料）
交 東急田園都市線桜新町駅北口から徒歩10分、東急世田谷線上町駅から徒歩10分

世田谷区で一番大きな図書館の1階に併設されたプラネタリウム。世界最高クラスの1億4000万個の星を映し出す投影機を所有し、専門解説員によるわかりやすい解説が好評。午前中の「ちびっこタイム」はほぼ毎月内容が変わり、午後からは一般向けに2回投影があるほか、第2・3土曜日には「星空CDコンサート」を催し、音楽を聴きながら星が観賞できる。第4土曜日には高校生以上を対象にした「大人のための星空散歩」があり、当日の夜空の星空解説や天文の話題を取り上げる。

天の川を含め、すべて恒星で構成し、自主制作した番組も投影している

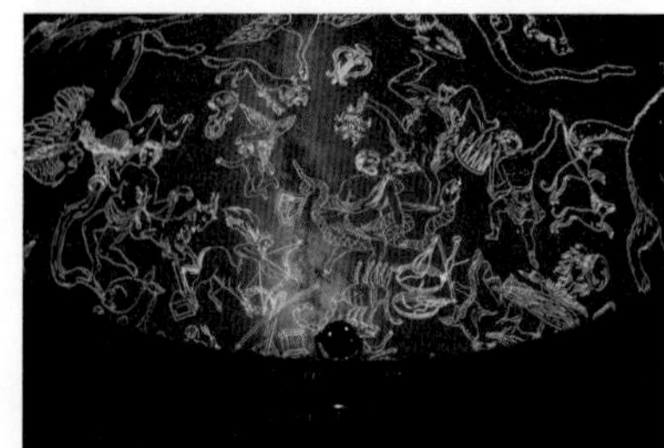
18等星を含む、星数が世界最多クラスで自然な夜空を再現するハイブリッドな投影機をもつ

場所ゆかりのオブジェが盛りだくさん

MAP 別冊 P.19-A3

烏山川緑道 ●からすやまがわりょくどう

川の上に蓋をして暗渠化した道を有効活用するため、世田谷区が緑道整備を手がけた結果、16もの自然豊かな緑道が誕生した。散策やジョギングに利用され、親しまれている。なかでも烏山川緑道は延長6979.9mあり、現在ある緑道のなかでは最も長く、船橋の千歳温水プール付近から三宿の北沢川緑道との合流地点まで続いている。途中には豪徳寺や世田谷城阯公園、松陰神社などの歴史の名所や万葉集に詠まれた草木が植えられた万葉の小径があり、川の名残を伝える橋の欄干のオブジェや沿道の小学生が描いた絵画、エリアゆかりのイラストが描かれた道標や看板などが多く点在している。道路脇には四季折々の草花が咲き、当初植栽された桜が今は見事な大木となり、春は散策しながらお花見も楽しめる。

住 世田谷区三宿2-1～船橋7-21先
TEL 03-3412-7841（世田谷公園管理事務所）
営 散策自由
交 最下流:東急田園都市線池尻大橋駅から徒歩10分、最上流:小田急線千歳船橋駅から小田急バス希望ヶ丘団地循環行きで約12分、「区立温水プール前」下車徒歩5分

橋の欄干のオブジェが、その昔川があったことを教えてくれる

世田谷線が走るエリアでは道に埋め込まれた玉電の道標を発見

道沿いには木々や花が植えられ、沿道の住宅の庭木も含め、四季折々に表情が変わり楽しめる

縁起のよい名の寺は直木賞作家の実家

MAP 別冊 P.19-A4

大吉寺 ●だいきちじ

天正2（1574）年に品川から世田谷に移転開山。本尊は享保8（1723）年開眼の金銅阿弥陀如来坐像。吉良氏の衰亡とともに衰退したが、江戸中期に祐天上人の弟子祐海上人の助けにより再興。僧侶兼直木賞作家などで活躍した寺内大吉の生家自坊でもある。

緑豊かな中に建つ本堂前にある金色の香炉と屋根上の金色に輝く相輪にも注目！

住 世田谷区世田谷4-7-9
TEL 03-3420-1074
営 参拝自由
料 無休
交 東急世田谷線世田谷駅から徒歩2分

あるTV番組で「暗渠」がよく話題になり、世田谷区にもあると聞いて行ってみたのが「烏山川緑道」でした。区内にはほかにも蛇崩川緑道などがあり、暗渠さんぽを楽しめます。（世田谷区・N）

緑豊かな文教エリアと農村風景に癒やされる

成城学園エリア

船橋・千歳台・祖師谷・成城・砧・大蔵・喜多見・砧公園・岡本・鎌田・宇奈根

世田谷を代表するアート空間・世田谷美術館

成城学園エリアへの行き方

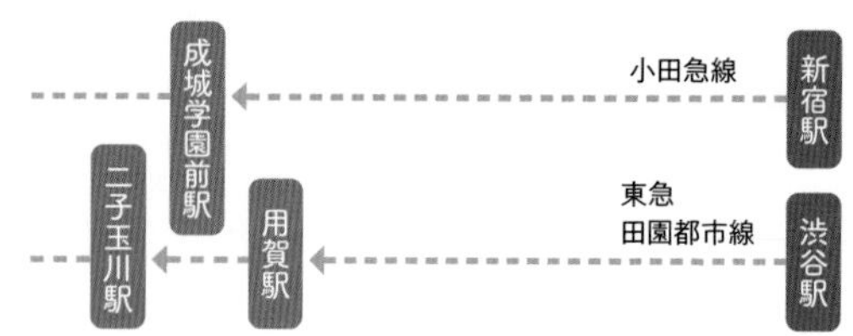

エリア内停車駅

■小田急線
千歳船橋駅・祖師ヶ谷大蔵駅・成城学園前駅・喜多見駅

■東急田園都市線
（用賀駅・二子玉川駅）

※（ ）はエリア外最寄駅

喜多見など立川段丘面にあった地域に原始・古代の集落があり、歴史を刻んできたエリア。室町時代に喜多見に移った江戸氏が、その後、世田谷城主・吉良氏に仕えたのち、徳川家康に取り立てられ、喜多見氏に改姓。元禄2（1689）年に滅びるまで喜多見藩を立藩するなど活躍した。明治22（1889）年成立の砧村は、当初神奈川県に編入、東京府に移管を経て、1936年に区に編入となった。その間、大正14（1925）年、現・成城学園が移転すると、学園町を形成。一方、エリア全体では農業も盛んで、農村風景が残されている。

Info 成城学園エリアには、廻沢北遺跡や砧古墳群、喜多見古墳群なども点在している。また江戸時代に喜多見藩の陣屋がおかれた慶元寺周辺に、喜多見稲荷塚古墳が残っており、興味深い。詳しくは→P.62へ。

歩き方 高級住宅街に観光スポットも！さまざまな風景を楽しみたい

成城学園前のいちょう並木。学校の前の通りに並ぶ。町がきれいに整えられているのが成城の特徴で、都内の高級住宅街のひとつ。

区内西部にある成城学園エリアは、いくつもの要素をもつエリア。北側にある成城学園前は文教地区のイメージが強く、高級住宅街としても知られている。また狛江市と接する喜多見は古墳や古寺社が点在するほか、畑なども多いエリア。同様に宇奈根も農業エリアでビルも少なく、のどかな雰囲気だ。鎌田は鉄道駅からのアクセスは遠いが多摩川へ接し、河岸に運動場などが広がっている。船橋、千歳台、砧は住宅街がおもで、大蔵は幹線道路沿いにさまざまな公共施設や店舗が並んでいるエリア。また岡本は坂道が多く、1軒1軒大きな家が多い高級住宅街でもある。観光ならば、成城学園前の町歩きや、砧公園＆世田谷美術館などがおすすめ。

おさんぽプラン

1 世田谷美術館 →P.140

↓ 徒歩1分

2 ル・ジャルダン →P.141

↓ 徒歩1分

3 砧公園 →P.138

↓ 徒歩4分

4 仙川(仙川の桜など) →P.147

↓ 徒歩10分

5 次大夫堀公園民家園 →P.143

桜の時期がおすすめ

世田谷美術館＆砧公園を満喫し、次大夫堀公園民家園までのルート。各スポットはさほど離れておらず徒歩分数は少なめだが、それぞれ広大なので、歩く距離は長め。

せたトーク

町に隠れたウルトラマンを探してみよう！

祖師ヶ谷大蔵はかつて円谷プロの社屋があり、ウルトラマンの町として知られ、駅を出るとモニュメントが迎えてくれる。駅から延びる商店街は、「ウルトラマン商店街」と呼ばれ、街灯やアーチにウルトラマンヒーローがデザインされている。また駅西側と南側のマンホールのふたには、ウルトラマンのキャラクターが施され、探す楽しみも。

©円谷プロ

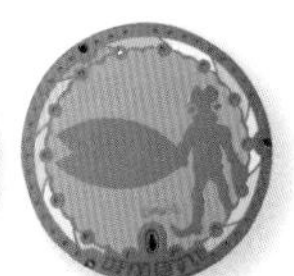

駅西側と南側の歩道に施されたマンホールふた。ウルトラマン以外にウルトラセブンやカネゴン、バルタン星人、アントラーがある。

祖師ヶ谷大蔵のウルトラマンのマンホールは、東京都の「アニメ関連観光情報等発信事業」として設置されたもので、マンホールカードが作成されており、カードは「三軒茶屋観光案内所SANCHA³」MAP P.19-C3で配布されている。

世田谷区のなかで2番目に広い公園は
自然豊かで遊び場から美術館まで揃い
子供も大人も1日中楽しめる。

世田谷のオアシス 砧公園を徹底的に遊び尽くす

幅広い世代の人がいろいろな楽しみ方をできる魅力にあふれた公園

砧公園

●きぬたこうえん

MAP 別冊 P.13－A3～4

緩やかな起伏を生かした約39万ヘクタールの園内は、世田谷区の公園のなかでは駒沢オリンピック公園に次ぐ広さを誇る都立公園。約半分を占める「ファミリーパーク」には緑輝く芝生が敷き詰められ、周囲には多彩な種類の木々が植えられている。春には座った位置からお花見ができる、地面すれすれの低い場所に枝を伸ばす、約840本の桜の巨木が圧巻だ。子供の遊び場も充実し、2020年春にオープンした「みんなのひろば」内にある船形の「みらい号」は、車椅子の子供たちが安心してみんなと楽しめるデザインになっている。スポーツ施設や美術館もあり、1日丸ごと楽しめる。

住 世田谷区大蔵1・岡本1
TEL 03-3700-0414（砧公園サービスセンター）
営 常時開園
休 サービスセンター・各施設は年末年始
交 東急田園都市線用賀駅から徒歩15分

●園内の飲食店舗

パークス砧美術館前店
営9:00～17:00　休月（祝日の場合は営業）、年末年始

パークス梅園前店
営9:00～17:00　休火（祝日の場合は営業）、年末年始

※ほか、世田谷美術館内に「ル・ジャルダン」「SeTaBi Café」あり

砧公園のシンボル的エリア

ファミリーパーク

広々とした芝生にシートを敷いて、のびのび過ごせるよう、自転車の持ち込みやペットの立ち入りは禁止。桜の季節に加え、大木のケヤキやイチョウ、モミジの紅葉スポットとなる秋にも多くの人が訪れる。

野鳥たちが羽を休める保護区

バードサンクチュアリ

ファミリーパークの西側に広がる野鳥の保護区。中に入ることはできないが、観察窓からバードウオッチングが堪能できる。2021年にはカワセミやカワウ、ムクドリなど36種類の野鳥が確認された。

ペット同伴でピクニックができる

芝生広場

早春に約65本が咲き競う梅林や子供の森に囲まれた場所にある。椅子やコンロなど用具の持ち込みや火器の使用は禁止だが、ここではペットと一緒に芝生の上にシートを敷いて、お弁当が食べられる。

2つある売店のうち「パークス梅園前店」では、「きぬた」を反対から読んだ「たぬき」の焼き印入りの「きぬた焼き」を扱う。定番のあんやカスタードのほか、抹茶やタコ入りなど季節限定もあり、ぜひご賞味を！

子供の森・みんなのひろば・わくわく広場

公園東側には1歳児から小学生向けの遊具を備えた遊び場が点在。2020年3月には障がいの有無に関係なく、誰もが遊べる都立公園第1号のユニバーサル遊具のある「みんなのひろば」がオープン。

バラ園

大小2ヵ所のバラ園には46種・300株をこえるバラがボランティアによって丹精を込めて育てられ、春と秋の約1週間だけフェンスを開放し、間近に観賞できる。期間限定で「バラを観る会」も開催。

まだまだあるお楽しみスポット！

吊り橋

園内を流れる、多摩川の支流・谷戸川に架かる5つの橋のうち、ひとつは吊り橋になっている。約30mの小さな橋だが、まるで森の中にいるような気分が味わえる。

サイクリングコース

1周約1.7kmのジョギングや犬の散歩などもできるサイクリングコース。林の中に設けられ、緑陰があるので夏でも爽快に走れる。左周りで進むと、前半は下り道で後半は緩やかな上り道になる。自転車は持ち込みのみ。

犬の散歩コース

木立に囲まれたサイクリングコースの南側にある。一部にはチップが敷かれ、落ち葉もあり、犬が歩きやすい散歩道が整備されている。休憩できるベンチも置かれ、愛犬と一緒に心地よい散歩が楽しめる。リードは必須。

世田谷美術館

緑深い園内に溶け込む建築も魅力的な美術館。幅広いジャンルの展覧会やイベントのほか、レストランやカフェ、ライブラリー、ミュージアムショップなども備わる。

花カレンダー

早春 ●2月〜3月中旬／梅

春 ●3月中旬頃〜／菜の花、源平桃 ●3月下旬〜4月上旬（例年）／桜 ●4月／チューリップ、ナンジャモンジャ、ハンカチノキ、芝桜 ●5月／藤、バラ

夏 ●8月／サルスベリ、フヨウ

秋 ●10月／バラ

花関連イベント
5月中旬・10月中旬の土・日曜日
「バラを観る会」

砧公園 園内MAP

※青線・赤線はバリアフリールート

Voice 前身は都営ゴルフ場で使用料が安く人気があったそうだが、1966年により多くの都民が楽しめる「砧ファミリーパーク」になったという。砧公園に芝生が多いのはゴルフ場の名残だそう。（世田谷区・T）

感性を磨こう！

世田谷美術館でアートなひととき

自然豊かな砧公園の一角にある美術館は
暮らしに潤いを与えるアートにあふれる。

アートに包まれた1日が過ごせる

世田谷美術館

●せたがやびじゅつかん

MAP 別冊 P.13－A4

住 世田谷区砧公園1-2 TEL 03-3415-6011、3415-6415（ル・ジャルダン） 営 10:00～18:00、ランチ11:00～14:00、ティータイム14:30～L.O.17:00（ル・ジャルダン） 休 月（祝日の場合は翌平日）、年末年始 料 収蔵品展一般200円、高大生150円、小中生・65歳以上100円（企画展別途） 交 東急田園都市線用賀駅北口から徒歩20分

緑したたる砧公園の一角に立ち、1986年の開館以来コレクション展や企画展が年間複数開催されている。自然とアートは日々の暮らしに潤いを与え、人々を心豊かにするとの考えから、美術館ボランティアによる展覧会にちなんだワークショップなども行われ、人気を博している。アートライブラリーやミュージアムショップ、レストランも併設。

建物のデザインに注目！

建築家・内井昭蔵の設計で、公園の木々よりも高くならない形で造られ、景観と一体化している。展覧会によっては窓越しの緑と一緒に作品鑑賞ができる展示もある。建物が大きな塊にならないよう各棟は回廊でつながれ、作品とともに建築美も堪能できる。

逆三角形のパーゴラに目を奪われる

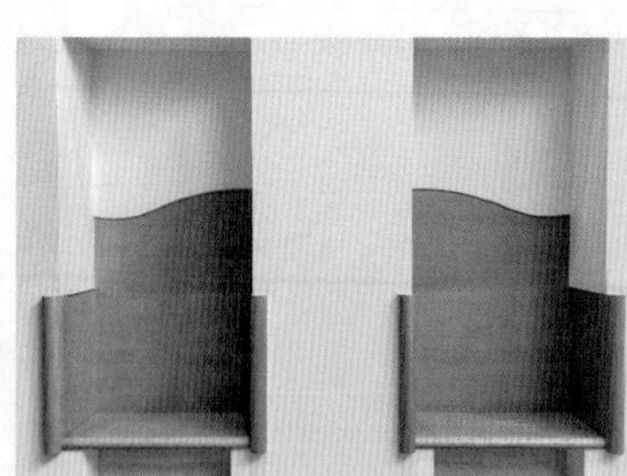

壁にはめ込まれたオブジェのような左右対称の椅子

椅子にもこだわりが！

レストラン棟に続く渡り廊下には、公園が望める位置に波をモチーフにした椅子が並び壮観。ほかにも館内にはフォルムの異なる数種類の椅子が配置され、座ることができる。すべて美術館を設計した建築家・内井昭蔵のデザインで、修理を重ねながら開館当初の姿を維持している。

アートライブラリーでは企画展のカタログや映像資料も収蔵している。美術館をデザインした建築家・内井昭蔵氏の著書『内井昭蔵のディテール』を閲覧すると、細部にいたる建物の話を知ることができ、興味深い！

どんなコレクションがある？

パリの税関に勤務しながら制作した素朴派のアンリ・ルソーの絵画、多彩な才能を開花させた北大路魯山人の器など157点もの作品や、ニュー・ペインティングの旗手としてNYで活躍するも27歳で早世したバスキア、世田谷在住の横尾忠則など、おもに近現代の国内外アーティストによる作品を約1万7000点収蔵。

アンリ・ルソー
《サン=ニコラ河岸から見たシテ島（夕暮れ）》
1887-88年頃 世田谷美術館蔵

正規の美術教育を受けることなく、独学で絵を描き世界的な画家となったアンリ・ルソーの絵からは当時のパリの風景を感じることができる

北大路魯山人
《雲錦大鉢》1940年 世田谷美術館蔵
撮影：上野則宏

美術館に寄贈された「塩田コレクション」のひとつ。北大路魯山人と親交を深めた世田谷の実業家・塩田岩治と妻・サキは日々愛着をもって器を使っていたという

企画展時の土曜日と8月金・土曜日13:00〜15:00

手足が動く「ルソー人形」作りは大人気！

100円ワークショップとは？

2004年に始まった、世田谷美術館の名物プログラム。開催中の展覧会や作品に親しんでもらうため、簡単ながらも本格的な展覧会にちなんだ創作体験が大人気。美術館ボランティアが創作をサポートするので子供から大人まで気軽に楽しめる。

全5色の「ルソースケッチブック」各631円

「魯山人手ぬぐい」椿文鉢1426円と蟹絵・海老916円

ソーダ味の「ルソーキャンディ」300円

ミュージアムショップでお買い物

開催中の展覧会や鑑賞後の感動がより深まる図録、関連アイテムを扱う。世田谷美術館のアイドル的存在（？）のちょっとシュールでかわいい「ルソー人形」。ルソーが描いた肖像画の金太郎飴や北大路魯山人関連の商品など、ここでしか手に入らないグッズも盛りだくさん。

鑑賞の余韻に浸れる「ル・ジャルダン」

美術館併設のフレンチレストラン。緑あふれる砧公園を借景にリーズナブルなランチセットや本格フレンチのディナーコース（完全予約制）が味わえる。ティータイムにはアフタヌーンティーもあり、企画展とコラボしたメニューが好評。一つひとつの盛りつけが美しく、アート鑑賞の感動がさらに盛り上がる。

大きな窓から四季折々の砧公園が眺められ、優雅な時間が過ごせる

ランチセットは肉と魚各2500円。デザート付きセットは3700円〜

好みの自家製ケーキが選べるセットは紅茶またはコーヒーが付く

「ル・ジャルダン」にある椅子は、すべて「Yチェア」と呼ばれるデンマークの高級ブランド椅子。世界屈指の椅子デザイナーのハンス・J・ウェグナーによるもの。料理とともに座り心地も楽しんで！（川崎市・Cさん）

おもな見どころ

MAP 別冊 P.9 - C3

油絵の具の跡が残る展示室

住 世田谷区成城2-22-17
TEL 03-3416-1202
営 10:00～18:00(最終入館17:30)
休 月(祝日の場合は翌平日)
料 一般200円、高大生150円、小中生・65歳以上100円、世田谷区内在住・在校の小中生は土・日・祝・夏休み期間無料
交 小田急線成城学園前駅南口から徒歩3分

白いキャンバスのような外観に庭の緑豊かな草木が映える
撮影：宮本和義

2階まで吹き抜けの展示室の床には画家が残した油絵の具跡
撮影：上野則宏

世田谷美術館分館 清川泰次記念ギャラリー

●せたがやびじゅつかんぶんかん きよかわたいじきねんぎゃらりー

成城の閑静な住宅街にたたずむ白を基調にしたモダンな建物は、戦後間もない1949年に移り住んだ画家・清川泰次のアトリエ兼住居。芸術や文化の振興に役立ててほしいと遺族から区に寄贈され、2003年に世田谷美術館の分館として開館。絵画を独学で学び、2度の渡米を経て、具象画から抽象画へ移行した。物の形を写すことに捉われることなく独自の芸術を探求し、デザインなども幅広く手がけた画家の作品が並ぶ。区民の創作活動の発表の場として区民ギャラリーも併設している。

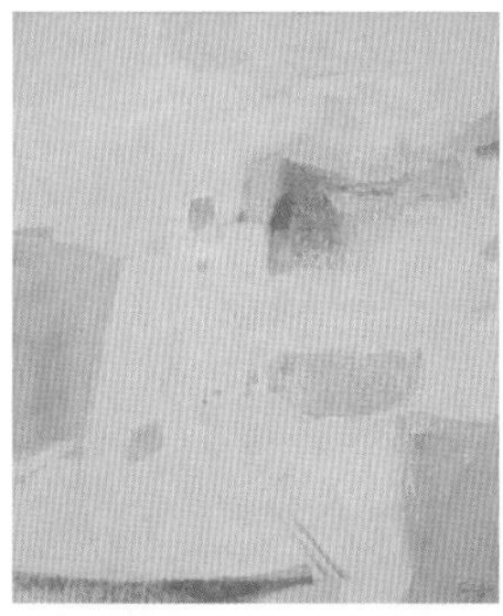
画家としてスタートした当初は具象的な表現をしていたが、しだいに線や色面の構成による独自の抽象絵画へ。展示は半年ごとに入れ替わる

清川泰次《黄色の浮遊》
1961-63年

MAP 別冊 P.8 - C2

世界を席巻したカシオ発明の館

住 世田谷区成城4-19-10
営 完全予約制(HP参照)
休 土・日・月・祝(HP要参照)
料 無料
交 小田急線成城学園前駅西口から徒歩15分

俊雄氏は「創造の部屋」にこもって発明に没頭していたという

飛び立つ鳥をイメージして造られた六角形の屋根をもつ外観

樫尾俊雄発明記念館

●かしおとしおはつめいきねんかん

カシオ計算機を創業した樫尾4兄弟のなかでも幼い頃からエジソンに憧れ、発明部門を一手に担った次男・俊雄氏旧邸にある記念館。1957年に世界に先駆け誕生した、小型純電気式計算機「14-A」が今も動く状態で展示されている。累計1000万台のヒットになった小型電卓「カシオミニ」、世界初のオートカレンダーを搭載した腕時計「カシオトロン」のほか、歴代の「G-SHOCK」も展示。複雑な機能を搭載した電子楽器も並び、幅広いジャンルの底知れない発明品に圧倒される。

「発明の部屋」。ほかに「創造の部屋」「数の部屋」「時の部屋」「音の部屋」がある。共同名義を含め、生涯で手にした特許は313件

「樫尾俊雄発明記念館」は建築物としても魅力的。有名建築家にはあえて依頼せず、意匠ひとつにもこだわり抜き、ほとばしるアイデアを形にしてくれる人に家造りを頼んで建てたという。

瀟洒な洋館を眺めながら緑さんぽ

MAP 別冊 P.18－A1

静嘉堂文庫 ●せいかどうぶんこ

三菱2代社長・岩崎彌之助と息子・小彌太が収集した国宝を含む古美術品などを所蔵。美術館の展示室は2022年に丸の内へ移転し、静嘉堂文庫は研究者向けのため、一般には非公開。瀟洒な洋館前には噴水池があり、自然林に囲まれた絶好の散策スポット。

ジョサイア・コンドルの弟子・桜井小太郎が設計したスクラッチタイル貼りの洋館

住 世田谷区岡本2-23-1
TEL 050-5541-8600(ハローダイヤル)
営 9:30～16:30(文庫は非公開)
休 土・日・祝(不定休あり)
交 小田急線成城学園前駅南口から小田急バス二子玉川駅行き・東急田園都市線二子玉川駅東口から東急バス玉川病院循環行きで静嘉堂文庫下車、徒歩5分

正面入口一帯には木々が生い茂る「岡本静嘉堂緑地」が広がる

ありし日の世田谷の農家の屋敷を再現

MAP 別冊 P.18－A1

岡本公園民家園 ●おかもとこうえんみんかえん

1980年に開園し、江戸後期の瀬田にあった旧長崎家主屋(世田谷区の有形文化財第1号)のほか喜多見の旧浦野家住宅土蔵、大正時代に造られた旧横尾家椀木門を移築復原している。囲炉裏には毎日火が焚かれ、昔の世田谷の農家の暮らしに触れることができる。

茅葺き屋根の旧長崎家住宅主屋。元日開園や七夕など春夏秋冬の行事も行っている

住 世田谷区岡本2-19-1 TEL 03-3709-6959 営 9:30～16:30(元日は10:00～15:30) 休 月(祝日の場合は翌平日、元日除く年末年始) 交 東急田園都市線二子玉川駅から徒歩20分、または東急田園都市線・大井町線二子玉川駅東口から東急バス成城学園前駅西口で世田谷総合高校下車5分

竈火の神様・荒神などの神棚や、実際に使われた民具なども展示している

世田谷の昔の農村風景に合える

MAP 別冊 P.12－A2

次大夫堀公園民家園 ●じだゆうぼりこうえんみんかえん

江戸初期に稲毛・川崎領の代官だった小泉次大夫の指導で開削した農業用水(六郷用水)を復元し、古民家や水田を配している。当時の世田谷の農村の風景を再現した民家園では、世田谷区の有形文化財に指定された民家や土蔵のほか畑や雑木林などが見学できる。

身分の高い客用の式台付き玄関や内倉がある、名主家の旧安藤家住宅主屋

住 世田谷区喜多見5-27-14 TEL 03-3417-8492 営 9:30～16:30(元日は10:00～15:00) 休 月(祝日の場合は翌平日、元日除く年末年始) 交 小田急線成城学園前駅南口から徒歩15分、または小田急線成城学園前駅南口から小田急(東急)バス二子玉川駅行きで次大夫堀公園民家園前下車徒歩2分

旧秋山家住宅土蔵。名主の屋敷にあった穀倉として復原

Voice 岡本公園民家園に隣接する「岡本八幡神社」参道にたたずむ、2基の石灯籠のひとつは松任谷由美夫妻が奉納したもの。名前が刻まれているのでファンの間では「ユーミン神社」と呼ばれています。(川崎市・S)

おもな見どころ

MAP 別冊 P.8 - C2 成城みつ池緑地が望める洋館

住 世田谷区成城4-20-25
TEL 03-3789-6111（世田谷トラストまちづくりビジターセンター）
営 9:30～16:30
休 月（祝日の場合は翌平日）、年末年始（12/29～1/3）
交 小田急線成城学園前駅西口・北口から徒歩7分

成城みつ池緑地・旧山田家住宅

●せいじょうみついけりょくち・きゅうやまだけじゅうたく

国分寺崖線に立つ洋館は、1937年頃アメリカで成功した事業家・楢崎定吉が建てた邸宅。一時期進駐軍に接収されたが、1961年に水墨画家・山田耕雨が買い取り、住居兼アトリエとして使われた。上げ下げ窓や玄関と階段上にあるステンドグラス、部屋ごとに異なるパズルのような寄木張りの床板など、創建当初からのものと、接収時代に塗り替えられた青い壁や花模様の壁紙の部屋を残している。成城の街や住宅地が誕生した歴史を伝えるパネル展示や2本のビデオを常時上映している。

居室は寄木張りの床と上げ下げ窓を多用しているのが特徴

屋根はフランス瓦を使用し、玄関ポーチにはスクラッチタイルを使用

MAP 別冊 P.8 - C2 機能性を兼ねた近代数寄屋造り

住 世田谷区成城5-12-19
TEL 03-3789-6111（世田谷トラストまちづくりビジターセンター）
営 9:30～16:30、年末年始
休 月（祝日の場合は翌平日）、12/29～1/3
交 小田急線成城学園前駅西口・北口から徒歩7分

成城五丁目猪股庭園

●せいじょうごちょうめいのまたていえん

（財）労務行政研究所の理事長を務めた猪股夫妻の旧邸宅を一般公開。近代数寄屋造りで知られる、文化勲章受章の建築家・吉田五十八が設計した。100坪の面積をもつ木造平屋建ての邸宅は武家屋敷のようなたたずまいだが、居間に足を踏み入れた瞬間、大きな窓に目を奪われる。雨戸や網戸、ガラス戸など、すべての建具を引き込み戸にし、スギゴケやアカマツが植えられた回遊式の庭と一体化したような開放的な空間。採光や風通しにも考慮し、伝統的な日本家屋に住み心地のよい機能性を備えている。

屋根付きの門をくぐり高低差のある玄関まで敷石がアプローチ

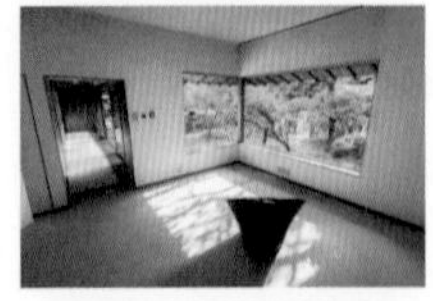
和室と茶室以外は絨毯を敷き椅子が置かれた洋室になっている

計8枚の建具をすべて引き込み戸にし、機能性のある和モダンな邸宅

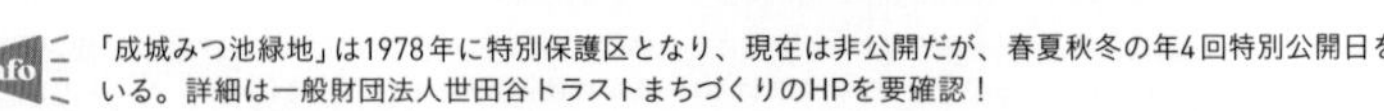
Info 「成城みつ池緑地」は1978年に特別保護区となり、現在は非公開だが、春夏秋冬の年4回特別公開日を設けている。詳細は一般財団法人世田谷トラストまちづくりのHPを要確認！

東京五輪アメリカチームの合宿拠点

MAP 別冊 P.13 - A3

大蔵運動公園 ●おおくらうんどうこうえん

総合運動場体育館棟をはじめ、野球場やテニスコート、温水プールなどを備え、東京2020オリンピック・パラリンピックの際はアメリカ選手団がトレーニングキャンプを行ったことで知られる。噴水広場や遊具、バラ園もあり、子供から大人まで楽しめる。

春と秋に花を付けるバラ園先の噴水広場の前にある、三角屋根が特徴の体育館

住 世田谷区大蔵4-6-1
TEL 03-3417-9575(砧公園管理事務所)、03-3417-4276(総合運動場管理事務所)
営 園内散策自由
交 小田急線成城学園前駅南口から東急バス二子玉川駅行きで区立総合運動場下車、徒歩すぐ

南側に広がる野球場。奥には収容人数2000人超の陸上競技場

近代建築と伝統建築が融合

MAP 別冊 P.9 - C3

耕雲寺 ●こううんじ

旗本の頭領・水野十郎左衛門が非業の死を遂げ、側室の釣月尼が安永5(1776)年に創建したが、戦災に遭い、1991年に現在地へと移転。すり鉢状の地形を生かし、モダンなコンクリートの山門をくぐり、階段を下りた先に寄棟造りの本堂が建てられている。

住宅街に溶け込んだ曹洞宗の寺院。大本山は福井の永平寺と横浜・鶴見の総持寺

住 世田谷区砧7-12-22
TEL 03-3416-1735
営 参拝自由(要予約の坐禅・写経はHP参照)
交 小田急線祖師ヶ谷大蔵駅南口から徒歩7分

誰でも自由に参加できる坐禅や写経の会を定期的に開催

子育て地蔵尊で知られる

MAP 別冊 P.9 - B3～4

寶性寺 ●ほうしょうじ

大日如来を御本尊とする真言宗智山派の寺院。時折鳥のさえずりが聞こえる、都心にいるのを忘れるような緑豊かな境内には不動堂や大師堂、鐘楼堂もあり、厳かなたたずまい。寺の門前には元禄年間のものと伝わる夜泣地蔵があり、子育て地蔵尊として知られている。

詳細不明だが開基は寛永年間または元禄年間といわれる。山門右に夜泣地蔵も

住 世田谷区船橋4-39-32
TEL 03-3482-8694
営 境内自由
休 無休
交 小田急線千歳船橋駅から徒歩20分

庚申塔(大青面金剛尊)への祈念でイボが消える言い伝えも

Voice 大蔵運動公園は子供が楽しめる場所も充実。バラ園のある幅広い園路の横には「児童園」があり、迫力のあるC57蒸気機関車が展示され、アクリル板越しに運転台を眺めることができる。(川崎市・S)

おもな見どころ

MAP 別冊 P.12 - A2　江戸期の本堂や山門、鐘楼に風格

慶元寺 ●けいげんじ

住 世田谷区喜多見4-17-1
営 参拝自由
交 小田急線喜多見駅南口から徒歩18分、または狛江駅南口から小田急バス宇奈根行きで喜多見中学校下車、徒歩2分

江戸城を築いた、秩父の流れを汲む江戸氏の菩提寺として江戸城内にあったが、太田道灌に城を渡し、喜多見移転の際、阿弥陀如来座像を本尊とする浄土宗の慶元寺に改め、名前も喜多見氏に改名した。杉木立や江戸期の本堂、山門、鐘楼に風格が感じられる。

喜多見氏（江戸氏）の墓所もあり、鐘楼は江戸中期1759年築

本堂は1716年の建築で、世田谷区にある寺院建築物では最古といわれている

MAP 別冊 P.12 - A2　総鎮守として親しまれている

喜多見氷川神社 ●きたみひかわじんじゃ

住 世田谷区喜多見4-26-1
営 参拝自由
交 小田急線喜多見駅南口から徒歩15分

江戸氏の末裔・喜多見氏ゆかりの神社で喜多見の総鎮守。創建は約1300年前と伝えられているが、たび重なる災害により古文書が消失し、詳細は不明という。二の鳥居の石鳥居は承応3（1654）年に建立され世田谷区最古。境内は保存樹林地区で鳥のさえずりも聞こえる。

区内最古の石鳥居は喜多見重恒と重勝兄弟が寄進したもの

入母屋破風造りの風格ある拝殿。四隅には青竜、白虎、朱雀、玄武の彫刻も

MAP 別冊 P.8 - C2　冬至の日に「星祭り」がある

喜多見不動堂 ●きたみふどうどう

住 世田谷区成城4-2-8
営 参拝自由
交 小田急線成城学園前駅西口から徒歩10分

創建は明治9（1876）年。多摩川の大洪水で流れ着いた「不動明王」を住民たちが成田山新勝寺で入魂し、安置したのが始まり。昔は境内の滝で水行が行われたという。冬至の日に「星祭り」が行われ、南瓜に真田幸村と書き護摩供養すると病にかからないといわれている。

お堂のほか岩屋不動、玉姫稲荷などを祀った小祠がある

真田幸村と書くのはかつて同郷の堂守がいて、優れた武将にあやかったといわれる

Info　喜多見氷川神社の節分祭では赤・青・黒・白の鬼と神官が問答する「鬼問答」が行われ、問答に負けた鬼が山に帰り、「恵比寿舞」や「大国舞」が奉納される。珍しい民俗行事として世田谷区指定無形民俗文化財に指定。

黄金色に輝く紅葉が見事

MAP 別冊 P.8 - C2

成城学園前のいちょう並木 ●せいじょうがくえんまえのいちょうなみき

成城学園正門前に続く通りの両脇約120mに、その昔成城学園の生徒が苗木を植樹したイチョウの大木が並び、秋になると黄金色に色づく。「せたがや百景」のひとつ。

見頃は11月下旬から12月上旬

住 世田谷区成城6
営 散策自由
交 小田急線成城学園前駅北口から徒歩3分

満開時にフェスティバルを開催

MAP 別冊 P.8 - C2

成城の桜並木 ●せいじょうのさくらなみき

成城の町に溶け込んだ桜並木は「せたがや百景」に選ばれている。満開の土・日曜には「成城さくらフェスティバル」が開催され、商店街のワゴンセールもあり盛り上がる。

樹齢を重ねた大木がいっせいに咲いて圧巻

住 世田谷区成城6～7
営 散策自由
交 小田急線成城学園前駅北口から徒歩3分

夜はライトアップされ幻想的

MAP 別冊 P.9 - C3

仙川の桜並木 ●せんがわのさくらなみき

川岸の遊歩道に桜が植えられ、春は花見の名所に。並木の桜が川まで枝を伸ばし、川面に映り込んだ景色も魅力にあふれ、なごみの遊歩道として訪れる人々に愛されている。

ときおり聞こえてくる水の音にも癒やされる

住 世田谷区砧7
営 散策自由
交 小田急線成城学園前駅南口から徒歩12分

渡り鳥にも会える自然豊かな散歩道

MAP 別冊 P.8 - C2

野川緑道 ●のがわりょくどう

喜多見駅近くに約700mの緑道がある。春は青空にピンクが映える桜並木とともに、ユキヤナギ、ツツジなどが次々と花を付け、彩り豊かな散歩道として人気。

カワセミや渡り鳥に出合えることも！

住 世田谷区喜多見9-25番先
TEL 03-3417-9575（砧公園管理事務所）
営 散策自由
交 小田急線喜多見駅北口から徒歩4分

成城の桜並木は成城学園に通っていた歌手・森山直太朗の名曲『さくら』のモデルになったことで一躍有名になった。昭和初期に成城学園の生徒たちなどによって植えられた桜は太い幹となり年月が感じられる。

懐かしさもある三茶＆周辺おしゃれタウン

三軒茶屋エリア

池尻・三宿・太子堂・若林・
三軒茶屋・下馬・野沢・上馬

劇場や書店なども入るキャロットタワー

エリア内停車駅

■**東急田園都市線**
池尻大橋駅・三軒茶屋駅・
駒沢大学駅

■**東急世田谷線**
(松陰神社前駅・)若林駅・
西太子堂駅・三軒茶屋駅

※( )はエリア外最寄駅

三軒茶屋エリアへの行き方

世田谷区の東側に位置するエリア。江戸時代の大山講などに利用された古道・大山道が通り、昔から往来の多いエリアでもあったため、エリア内には道標や、旅人の渇きを癒した井戸なども残されている。また現在、東急田園都市線で渋谷駅からアクセスすることができるが、もともとは玉川電鉄・玉川線が明治40(1907)年から走っていたエリアで、沿線の発展に寄与していた。自動車の急増で、路面を走る玉電が“ジャマ電”などと言われるようになり、1969年に玉川線は廃止となる。なお池尻、三宿、下馬周辺に集合住宅が多いが、これは旧日本陸軍の軍事施設があり、そこを満州からの引揚者や復員兵などの集合住宅として利用したため。今でも自衛隊関連の施設が点在している。

Info 三宿エリアには陸上自衛隊の三宿駐屯地が広がっているが、かつてはここに駒沢練兵場があった。その広さは東西の幅で現在の池尻大橋駅から三宿交差点あたりまでであり、転用スペースの一部が世田谷公園などになった。

歩き方 世田谷の繁華街のひとつ三茶と寺社スポットで歴史をおさらい

世田谷公園でミニSLに乗れるほか、実物のSL展示も見ることができる。平和資料館に連動するモニュメントなどもあり

エリア中心の三軒茶屋(通称・三茶)は、昔から交通の要衝で戦前から商店街を形成、戦後に闇市ができ、その雰囲気を残す街でもある。昭和の雰囲気を味わえるのが、エコー仲見世商店街。また町でひときわ高くそびえるのは、世田谷のランドマーク・キャロットタワーだ。ビルには劇場が入るほか、上階に無料の展望ロビーがあり、富士山などの眺望も楽しめる。三宿や池尻にはおしゃれな飲食店も多いが、平和資料館(せたがや未来の平和館)がある世田谷公園、自衛隊の施設で見学可能な彰古館などの施設もあり。古くからの寺社も多く、世田谷や地名にゆかりのある世田谷観音や駒繋神社、圓泉寺のほか、北側に松陰神社もあるので、足を運んでみよう。

約3kmの遊歩道が続いている

暗渠(あんきょ)が緑道に変身

世田谷は暗渠も多く、そこが緑道になっている。そのひとつが蛇崩川緑道。旧弦巻村が水源で、目黒川へ合流する。たどって歩くのも楽しい。

おさんぽプラン

1 彰古館 →P.58
↓ 徒歩1分
2 世田谷公園 →P.154
↓ 徒歩8分
3 駒繋神社 →P.156
↓ 徒歩6分
4 世田谷観音 →P.152
↓ 徒歩20分
5 キャロットタワー →P.156

平和を祈る半日さんぽ

自衛隊施設の中で一般人が見学できる彰古館。予約が必要だが、戦争と医療について学ぶことができる。また道路を隔ててすぐ隣にあるのが、旧陸軍の練兵場の跡地などに開園した世田谷公園。ここには平和資料館や平和を願うモニュメントなどもあるので、ぜひ見学しておきたい。その後、古社の駒繋神社へ。元の名が「子(ね)の神社」ということから、ここは子供の神様として知られる。さらにしばらく歩いてキャロットタワーへ。展望ロビーまで上がり、夕日に染まる富士山を拝みたい!

せたトーク

三軒茶屋で良書を探して楽しむ読書タイム

三茶で本が読みたくなったら、キャロットタワー2階にある「TSUTAYA 三軒茶屋店」(MAP P.19-C4)が便利。また古本の良書を置くのが、茶沢通りの「Art & Books Sometime」。アンティークに加え、アートや音楽、カルチャーなどセンスのいい書籍が並ぶ。戸外の書棚もおすすめ。

Art&Books Sometime
MAP 別冊 P.17 - B3
住 世田谷区太子堂5-15-14 TEL 03-5481-3822 営 10:00～19:00(日12:00～18:00) 休 第3火 CC ADJMV 交 東急田園都市線・東急世田谷線三軒茶屋駅三茶パティオ口から徒歩6分

Voice 三軒茶屋の名は、かつて旅人相手の「信楽(後に石橋楼)」、「角屋」、「田中屋」という三軒の茶屋があったことが由来。江戸時代の文献にもその名が記されているが、正式に町名となったのは1932年のことだった。

明治維新に思いをはせて

松陰神社へお参りしよう

多くの維新志士を育てた吉田松陰先生を参拝して、ここでしか手に入らない御朱印やお守りをゲット。

幕末維新の先駆者、松陰先生が眠る地

松陰神社

●しょういんじんじゃ

MAP 別冊 P.19－A4

幕末の思想家、教育者である吉田松陰先生（吉田寅次郎藤原矩方命）を祀る神社。松陰先生は、幕末反対勢力の一掃をはかった井伊直弼の「安政の大獄」によって30歳で刑死した。没後、門下生たちによってこの地に改葬され、明治15（1882）年に御霊を祀る社を墓畔に創建。現在の社殿は、1928年に造営されたものである。近年は学問の神様として崇敬を受け、多くの参拝者が足を運んでいる。境内には、松陰先生の墓所や模築の松下村塾、松陰先生像などがある。

住 世田谷区若林4-35-1　TEL 03-3421-4834
営 7:00～17:00（授与品は社務所休務日除く9:00～17:00、祈祷9:00～受付15:00、松下村塾土・日・祝9:00～16:00雨戸開放、風雨により開放しない場合あり）　休 無休（社務所休務日はHPを確認）　交 東急世田谷線松陰神社前駅三軒茶屋方面1出口から徒歩3分

松陰先生他烈士墓所

墓域には松陰先生はじめ、頼三樹三郎、小林民部、来原良蔵、福原乙之進、綿貫次郎輔、中谷正亮などの墓碑がある

吉田松陰先生像

大熊氏廣作の松陰先生像から鋳造されたブロンズ像

Info 合格祈願や厄除け、家内安全、心願成就などの各種ご祈祷は、松陰神社のHPより予約可能。毎年4月27日と10月27日には例大祭が行われ、例大祭限定の御朱印も登場する。

吉田松陰先生とは……

1830〜1859年。幼少期から兵学を学び、11歳で藩主・毛利敬親に『武教全書』の講義を行う。20代前半で日本各地を遊歴。浦賀に来航したペリー艦隊を見て衝撃を受け、密航をはかるが失敗して幽閉処分に。「松下村塾」を主宰し、数多くの志士を育て上げる。

授与品

月命日御朱印

松陰先生の月命日となる毎月27日限定の御朱印／1500円

志守

松陰先生直筆の「志」が写された初志貫徹のお守り／1000円

御言葉みくじ

松陰先生のありがたいお言葉を受けられるおみくじ／100円

松下村塾とは……

天保13(1842)年に松陰先生の叔父・玉木文之進が私塾を開き、その後、外伯父の久保五郎左衛門が継承。安政4(1857)年より松陰先生が主宰となり、身分や階級にとらわれることなく塾生を受け入れた。門下生には、初代総理大臣の伊藤博文や奇兵隊を創設した高杉晋作がいる。

山口県萩市の松陰神社にある松下村塾を模して建てられている

松下村塾は、1892年頃まで続いた。門下生は約80名と推定される

Info 「松陰神社」西隣の「若林公園」に明治34(1901)年に首相になり、後に現・拓殖大学を創立した桂太郎の墓が立つ。桂は同郷の吉田松陰を敬愛し、「平素崇拝する松陰神社隣接地に葬るべし」との遺言を残し、ここに葬られた。

古建築や名仏がずらり

癒やしの寺院 世田谷観音へ

どの宗派にも属さない戦後生まれのお寺は
各地から集まった貴重な仏像や古建築の宝庫。

観音堂（本堂）前にある龍神様

マリア観音や特攻観音堂もある

世田谷観音

●せたがやかんのん

MAP 別冊 P.15－A3

住 世田谷区下馬4-9-4　TEL 03-3410-8811　営 境内自由（寺務所9:00～16:00、土・日・祝は～12:00）　休 朝市（第2土曜6:00～8:00、雨天決行）
交 東急東横線・世田谷線三軒茶屋駅南口Aから徒歩15分

敗戦の傷跡が残る1951年に初代の太田睦賢住職が私財を投じ、宗派に属さない単立寺院を建立した。住職はハンセン病患者に尽くした、イギリス人女性に感銘し洗礼を受けたため、マリア観音もある。また、各地で取り壊されるのを待つ貴重な仏像などを買い取っており、文化財が数多く点在。本堂左手には特攻観音堂があり、国のために命を捧げた6418柱の英名が記された巻物が納められている。

観音堂（本堂）

伊勢長島（三重県）にあった秘仏を金龍山浅草寺で開眼し、本尊として聖観世音菩薩を奉安している。脇侍は日光菩薩、月光菩薩、布袋尊とマリア観音。日光・月光菩薩は足利幕府に重用された院派仏師の作と伝わる。

阿弥陀堂

金閣寺を模したお堂は京都二条城より移築。本尊の阿弥陀如来や韋駄天神、日光東照宮の眠り猫や三猿の作者・左甚五郎による鬼念仏を安置。目黒羅漢寺の五百羅漢像のうち9体を奉安し、都指定有形文化財に指定されている。

Info 観音堂（本堂）前の龍神様は旧福井城にあったもの（現在はボストン美術館が所蔵）を金沢三名工のひとり石塚他三郎氏による欅材の一木彫りで復元。仁王門にある鳴き龍は本堂に向かって真下で手を叩くと鳴き声が聞こえる。

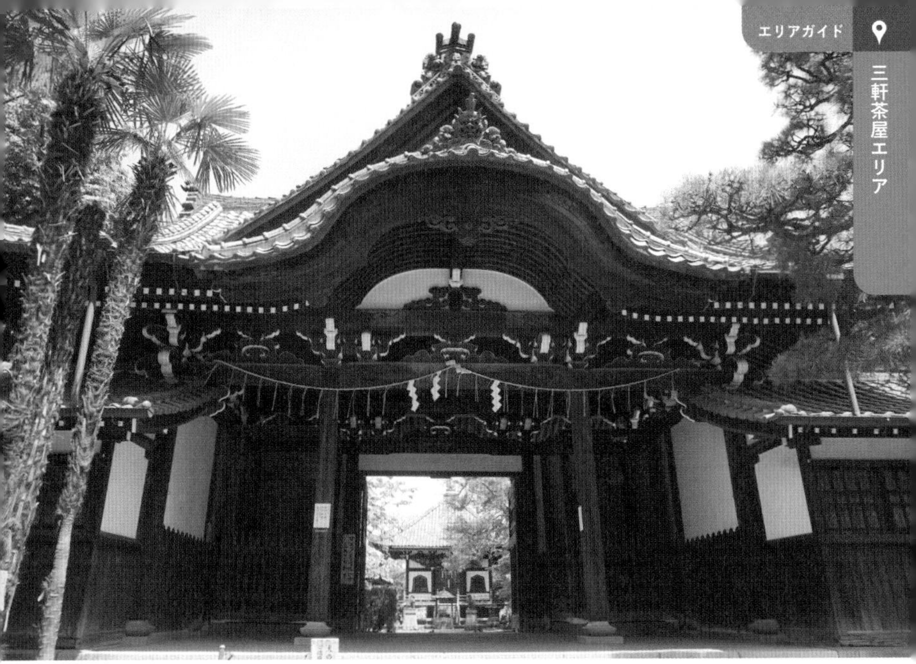

仁王門の唐破風上には烏を頭に載せた鬼瓦が見下ろし、両脇の仁王像2体は平安末期作で世田谷最古に属する貴重な仏像

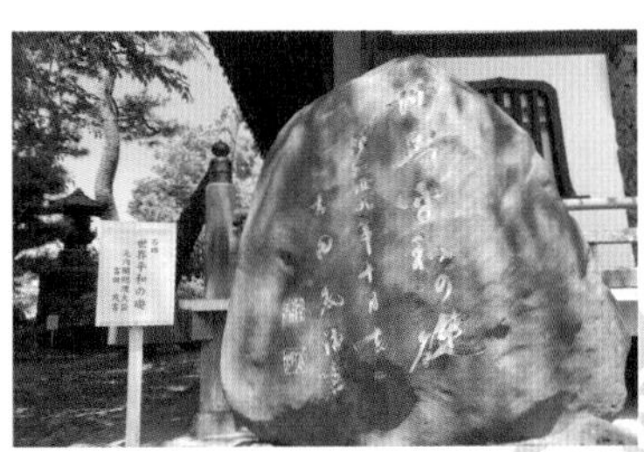

世界平和の礎

旧日本軍の元大将たちが発起人となり、「特攻平和観音像」を祀る特攻観音堂が設立。9月23日と毎月18日に法要が営まれる。観音堂左手の「世界平和の礎」の文字は戦後の混乱期に内閣総理大臣を務めた吉田茂の謹書。

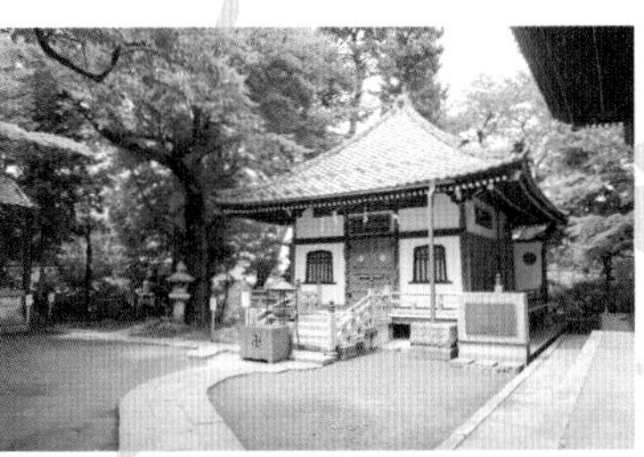

特攻観音堂

「特攻平和観音像」は護国寺にあったが、財政難により行き場を失い、旧日本軍の大将に懇願され、どの宗派にも属さない世田谷観音へ。天井に菊の御紋がある、華頂宮家の旧持念仏堂を譲り受けて移築し、奉安された。

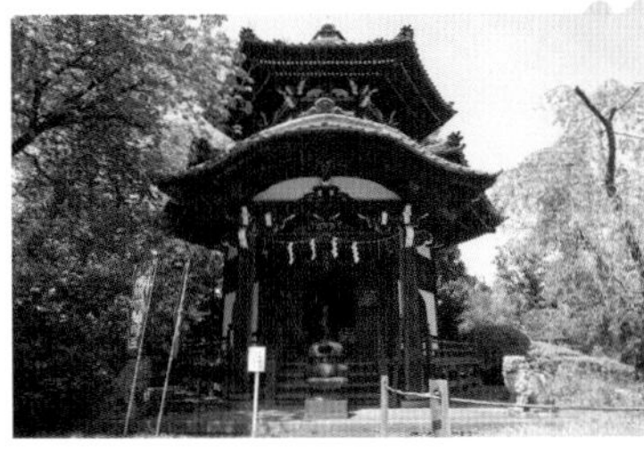

六角堂

堂内に安置されている「不動明王ならびに八大童子」は運慶の孫・康円の作。八大童子をともなう不動明王は国内ではほかに高野山にある運慶が造ったものしかなく、貴重な文化財として、国の重要文化財に指定されている。

おいしくて激安！

毎月第二土曜日開催　雨天決行

世田谷観音朝市

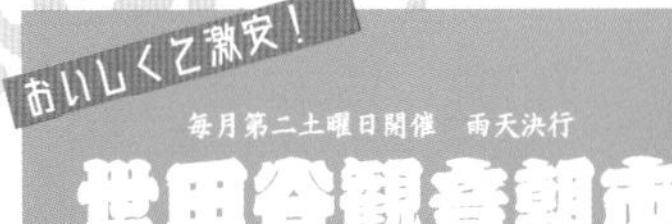

千葉県産の野菜や九十九里産の干物をはじめ、あさり飯や巻き寿司などのほか世田谷のパンなどを扱う約20店舗が出店。いずれも住職が実際に味わって太鼓判を押す逸品ばかり。おいしいのに激安のため早朝からにぎわう。不定期でコンサートも開催。

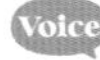

Voice 長野から上京し、財を成した初代住職が、取り壊されそうな仏像や古建築を移築。なかでも仁王門や阿弥陀堂、六角堂は新潟の石油王と呼ばれた中野家ゆかりの見事な建物で一見の価値あり（世田谷区・M）

おもな見どころ

MAP 別冊 P.11-C3

ミニSLや噴水広場がある

世田谷公園 ●せたがやこうえん

住 世田谷区池尻1-5-27
TEL 03-3412-7841（世田谷公園事務所）、03-3418-7634（ミニSL）
営 散策自由（ミニSLは水・土・日・祝・学校休業日・都民の日）
休 ミニSLは上記運用以外の日、雨天日、年末年始（12/29〜1/3）
料 ミニSLは中学生以上100円、小学生50円
交 東急田園都市線池尻大橋駅南口から徒歩18分、東急田園都市線南口A・世田谷線三軒茶屋駅から徒歩18分

東京ドーム約1.7倍の広さがあり、噴水広場を中心に野球場・サッカー場やテニスコート、プール、スケートボード広場などスポーツ施設が充実。遊具広場や交通広場、冒険遊び場「世田谷プレーパーク」もあり、特に親子連れに人気があるのは2022年に地元企業とネーミングライツパートナー契約を結んだ、「せたがや公園キンカン三姉妹ミニSL」。赤レンガの駅舎「せたがや公園駅」から出発し、陸橋や踏切、木々のトンネルを通りながら1周約280mを約3分で走り抜ける。こどもの日は無料開放され、秋は「せたがやこどもSLまつり」も開催。噴水広場近くの石段を上がった先には、1982年の区政50周年を記念して造られたタイムカプセルの丘があり、50年後に開けられる予定の子供たちへのメッセージが入ったカプセルがベンチに埋められている。

子供に人気のミニSL。障がいのある方々が切符の手配を行う

園内には野球場・サッカー場など、さまざまなスポーツ施設が

交通広場には蒸気機関車を展示。足で漕ぐミニカートもあり、遊びながら交通ルールが学べる

旧陸軍練兵場や軍事施設跡地に広がる世田谷公園。六角形の噴水広場は公園のシンボル的存在

Info 世田谷公園のさくら広場やかえで広場にはレジャーシートを広げて、お弁当を頬張り、のんびり過ごすことができる。噴水広場の近くには売店があるほか、近くにはテイクアウトができるコンビニやカフェも多くあり！

戦争と平和を考える区立資料館

MAP 別冊 P.11-C3

平和資料館（せたがや未来の平和館）

●へいわしりょうかん（せたがやみらいのへいわかん）

太平洋戦争の体験や記憶を未来に残し、戦争の悲惨さと平和の尊さを後世に伝えるため、1995年に世田谷区立玉川小学校内に開設された。戦後70年を迎える2015年8月15日には世田谷公園内に移設。「常設展」では太平洋戦争の写真や資料を公開し、世田谷区の学童集団疎開の写真をはじめ、区民から寄贈された、出征する兵士の無事を願って作った千人針の布、被爆した衣服など、戦争体験者が高齢化し、語り継ぐ人が少なくなるなか、戦争当時の貴重な資料を目にすることができる。現代や未来の平和についての展示がある「企画展」や「地域巡回展」も開催している。戦争と平和に関する書籍やDVDを揃えたライブラリーもあり、資料館の周囲には区在住のアーティストや区民の寄付による、平和の願いを込めたモニュメントも点在する。

住 世田谷区池尻1-5-27（世田谷公園内）
TEL 03-3414-1530
営 9:00～17:00（最終入館は16:45）
休 火（祝日の場合は翌日）、年末年始（12/29～1/3）
交 東急田園都市線池尻大橋駅南口から徒歩18分、東急田園都市線南口A・世田谷線三軒茶屋駅から徒歩18分

世田谷区在住の彫刻家・向井良吉氏が手がけた「平和の灯」

「平和の祈り像」は1986年の国際平和年に区民の寄付により設置

太平洋戦争時の写真や資料が並び、世田谷以外にも広島や長崎の原爆に関する資料を展示

©世田谷区

2019年3月15日に常設展示室がリニューアルオープン

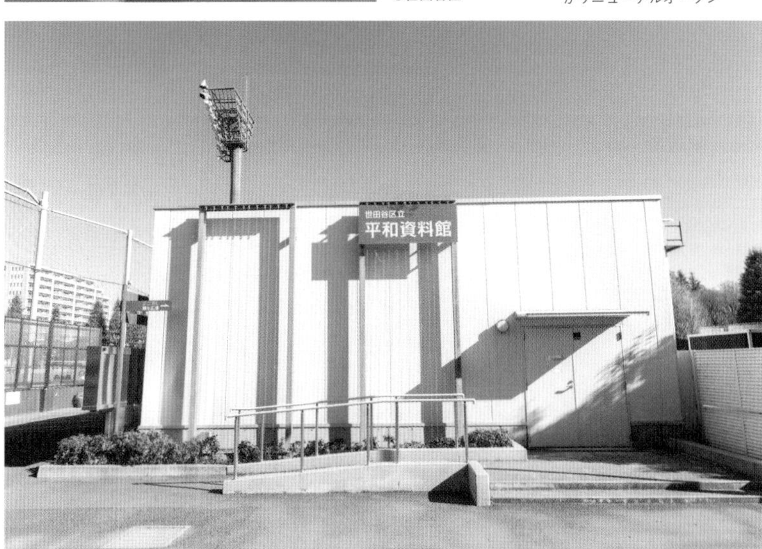

種がハート形をしている「フウセンカズラ」を平和の花活動として、毎年資料館で種まきを行っているほか種や苗の配布もあります。白い花が咲く、つる性の一年草なので緑のカーテンができますよ。（世田谷区・F）

MAP 別冊 P.11-C3

源氏にゆかりのある神社

住 世田谷区下馬4-27-26
TEL 03-3414-8369
営 境内6:00〜17:00、(社務所9:30〜16:30、不在のときあり電話で要確認)
休 無休
交 東急東横線祐天寺駅西口から徒歩15分、東急田園都市線南口A・世田谷線三軒茶屋駅から徒歩20分

蛇崩川緑道に架かる神橋を渡り階段を上がった先に社殿が立つ

駒繋神社 ●こまつなぎじんじゃ

今から約950年前の平安後期である天喜4(1056)年に、鎌倉より奥州安倍氏征伐へ向かう源頼義と源義家親子がかつて「子(ね)の神」と呼ばれていたこの神社に立ち寄り、武運祈願したといわれる。文治5(1189)年には源頼朝が藤原泰衡征伐で奥州に向かった際、頼義と義家に倣って戦勝祈願に訪れたという。頼朝は愛馬から降りて馬(駒)を境内の松に繋いだ故事により、「子の神社」は「駒繋神社」とも呼ばれるようになり、明治以降に正式に「駒繋神社」となった。もともとの名が「子の神」であることから、子供の神様として信奉され、安産祈願やお宮参り、七五三詣はもとより、毎年夏には赤ちゃんの成長を祝い、力強く泣くことで健やかに育つことを祈願する、「一心泣き相撲」が奉納される。ご祭神は大国主命を祀っている。

足元に子がいる左の狛犬は「子守りの狛犬」といわれ、子宝や安産などの御利益があるという

MAP 別冊 P.19-C3・4

富士山や都心の夜景が一望

住 世田谷区太子堂4-1-1
TEL 03-5430-1185
営 9:30〜23:00
休 第2水、年末年始
料 無料
交 東急田園都市線・世田谷線三軒茶屋駅直結

眺望絶景。2018年には「日本夜景遺産」に認定された

スカイキャロット展望ロビー(キャロットタワー26階) ●すかいきゃろっとてんぼうろびー(きゃろっとたわー26かい)

レンガ調の色合いがニンジンに見えることから、公募でキャロットタワーと命名された三軒茶屋のランドマーク的存在。地上約120mに位置する最上階の26階から、晴れた日は富士山を望むことができ、夜は東京タワーや光の渦のような都心の夜景が楽しめる。

2階から直通エレベーターで一気に最上階へ。劇場も備えた複合オフィスビル

駒繋神社の名前の由来となった「駒繋松」は枯れたため、現在は境内にはなく、実生や接ぎ木から4代目の苗を別の場所で育成しています。大きくなったら再び、駒繋神社の境内に植えられる予定です。(駒繋神社)

地名の由来となったお堂がある

MAP 別冊 P.11-C3

圓泉寺 ●えんせんじ

賢恵僧都（けんけいそうづ）が大和国久米寺より聖徳太子像と十一面観世音立像を背負って関東に下向した際、聖徳太子が夢に現れ、この地に文禄5（1596）年圓泉寺を開山したといわれる真言宗豊山派の寺院。境内の太子堂に祀られた聖徳太子像は818（弘仁9）年に疫病が流行し、国民擁護のために弘法大師が造ったと伝わり、太子堂の地名の由来になったとされる。十一面観世音立像は運慶作といわれ、本堂に安置されている。境内には宮野菱平（さんぺい）の碑があるが、明治4（1871）年に地域の有志が身分の上下を問わない「郷学所」を作り、先生として宮野氏を迎え入れた。新学制に伴い、区内最初の小学校・荏原学校となり、地域の教育に尽くした宮野氏が初代校長を務めた。西隣には作家・林芙美子が下宿していた長屋があり、旧居跡の碑が残る。

住 世田谷区太子堂3-30-8
TEL 03-3414-2013
営 境内自由
交 東急田園都市線北口A・世田谷線三軒茶屋駅から徒歩10分

本堂には江戸時代に作られたとされるご本尊の不動明王像を安置

山門前には樹齢約700年の上部のないケヤキの空洞に庚申塔

夢に現れた聖徳太子は「霊泉湧き出る霊地あり、ここに安住し、止まるべし」と告げたという

お気に入りのグッズに出合えるかも!?

MAP 別冊 P.10-C2

世田谷233 ●せたがやにーさんさん

プロ・アマ問わず誰でも気軽に借りることができるボックスタイプのスペースを提供し、手芸作品やアート作品など、常時100名に近い人の作品を展示・販売。「手作り落語寄席」などのイベントも開催され、カフェではエクアドル産の有機栽培コーヒーも味わえる。

審査がないので誰でも展示したい一点物や販売したい作品を置くことができる

住 世田谷区若林1-11-10
TEL 03-5430-8539
営 12:00～19:00
休 火・第1・3水
交 東急世田谷線若林駅三軒茶屋方面から徒歩2分

環七を渡ってすぐの場所。目の前を世田谷線がのんびり走る

不遇な時代の林芙美子の寓居は路地奥にあり、隣に壺井繁治と栄夫妻が暮らしていた。芙美子の処女作『放浪記』は当時の太子堂での生活が描かれ、壷井栄の『はたちの芙美子』でも当時の様子を知ることができる。

おもな見どころ

MAP 別冊 P.19-A4 悲劇の常盤姫を祀る

常盤塚 ●ときわづか

住 世田谷区上馬5-30-19
TEL 03-3429-4264（世田谷区生涯学習課文化財係）
営 見学自由
交 東急世田谷線松陰神社前駅から徒歩7分

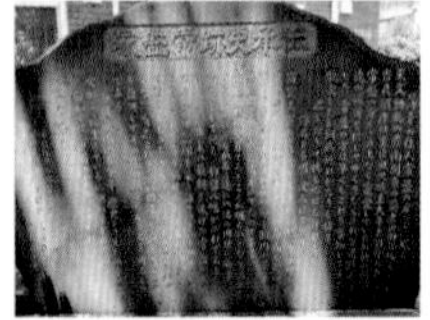
家々に囲まれた敷地内にある常盤姫の伝承がつづられた石碑

「さぎ草物語」で知られる、伝説『名残常盤記』の常盤姫を祀る。世田谷城主・吉良頼康は奥沢城主の娘・常盤姫を寵愛したが、妬んだほかの側室たちの企てにより、次第に頼康から遠ざけられた。悲しみに暮れた姫は自ら命を絶ち、自害した場所に塚が立つという。

命日に法要が営まれる。真実を知り頼康は計略した側室たちを処刑したとされる

MAP 別冊 P.11-C4 中目黒まで続く心地よい緑道

蛇崩川緑道 ●じゃくずれがわりょくどう

住 世田谷区下馬1-8〜駒沢2-41番先
TEL 03-3412-7841（世田谷公園管理事務所）
営 散策自由
交 最下流：東急東横線祐天寺駅東口2から徒歩9分、最上流：東急田園都市線駒沢大学駅西口から徒歩11分

道沿いには藤やツツジ、アジサイなど季節の花々が楽しめる

全長2990mの蛇崩川緑道は弦巻を始点に、玉川通りから駒繋神社前を通り、お花見スポットとして知られる中目黒まで散策が楽しめる。「蛇崩」の由来は細く曲がりくねって蛇行していることや、崖が崩れた際、蛇が出てきた説、崖がよく崩れたなど諸説ある。

満開の桜並木を散策したり、途中には駒繋神社や公園に立ち寄れる場所も点在

MAP 別冊 P.11-B3 烏山川との合流地点にモニュメント

北沢川緑道 ●きたざわがわりょくどう

住 世田谷区三宿2-1〜赤堤3-34番先
TEL 03-5431-1822（北沢公園管理事務所）
営 散策自由
交 最下流：東急田園都市線池尻大橋駅から徒歩10分、最上流：小田急線経堂駅から徒歩11分

北沢川を暗渠化し、赤堤から池尻まで約4300mを整備。一部には下水の高度処理水を流すことで、せせらぎが復活した。レンガの歩道とユリノキの並木や150本の桜並木もあり、季節感あふれる緑道。最後は烏山川緑道と合流し、合流地点にはモニュメントが立つ。

北沢川は目黒川の支流。川沿いには植え込みや、花の植木鉢を置いた家々も多い

Voice 常盤姫の伝説は諸説ありますが、姫が可愛がっていた白鷺が息絶えた場所に鷺に似た白い花が一面に咲き、常盤姫の運命をしのんでシラサギソウと命名され、世田谷区の花になったといわれています。（世田谷区・O）

三茶の茶沢通りに注目！

三軒茶屋のなかでも店舗が軒を連ね、人通りも多い
活気あふれるストリート。その魅力の一端をお伝えします。

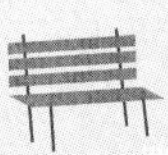

歩行者天国になる三茶の中心地

三軒茶屋から下北沢へ向かう道路で、それぞれの一文字を取って命名された茶沢通り。道路幅も広過ぎず狭すぎず、ほどよい広さ。日曜午後の13時から17時までは一部が歩行者天国となり、近くの店舗からお気に入りグルメを調達し、椅子などに座り込んでちょっとほろ酔いのウイークエンドを愉しむ人々も多い。また、三茶から下北までのさんぽもおすすめ。

大山道の道標が立つ三茶の駅前

三軒茶屋駅世田谷通り口の脇にある古い道標に、大山道と書かれている。大山道は相模国（現・神奈川県）大山へ向かう道のこと。大山山頂に五穀豊穣・商売繁盛の信仰を集める大山阿夫利神社があり、江戸時代中・後期に大山講を組み、信仰と娯楽を兼ねた参拝が流行。世田谷にある大山道は古くは矢倉沢往還といわれ、江戸・赤坂起点、三軒茶屋、用賀を通り、二子の渡しで多摩川を渡り、厚木、伊勢原（大山）へいたるルートで、さらに秦野、松田を経て矢倉沢関所に続く脇街道となった。大山詣でが爆発的人気となったため、三軒茶屋で道が分かれ、新町（現・桜新町）、二子を通る近道ができ、本道となった。

世田谷区内の大山道の地図が下記のウェブサイトに掲載されているので利用してみよう！
URL www.city.setagaya.lg.jp/theme/kanko/002/003/003/d00021915_d/fil/21915_1.pdf

タワー林立！ 発展し続ける最新タウン

二子玉川エリア

駒沢公園・駒沢・新町・桜新町・
用賀・上用賀・玉川台・瀬田・玉川

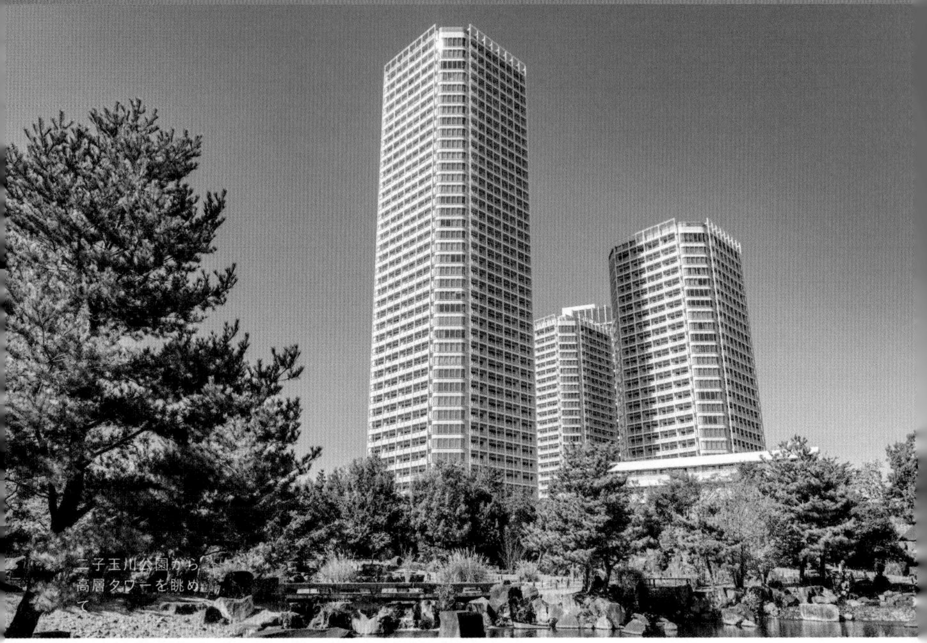

二子玉川公園から高層タワーを眺めて

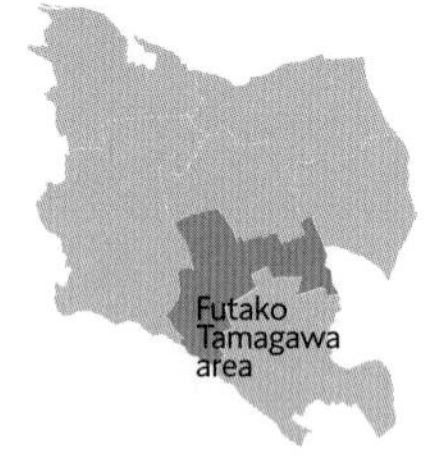

エリア内停車駅

■東急田園都市線
(駒沢大学駅・)桜新町駅・用賀駅・二子玉川駅
■東急大井町線
二子玉川駅

※( )はエリア外最寄駅

二子玉川(ふたこたまがわ)エリアへの行き方

二子玉川駅 ← 東急田園都市線 ― 渋谷駅

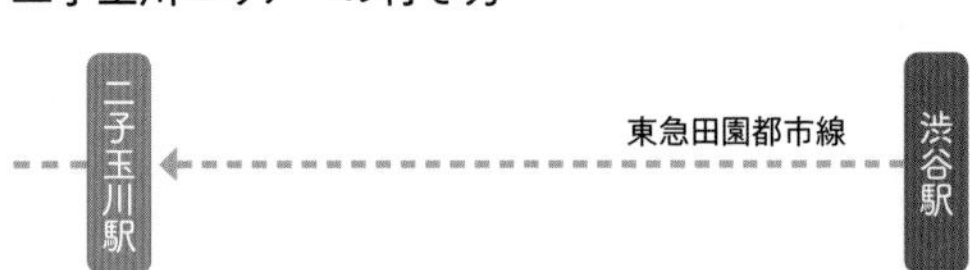

　旧石器時代から古代、中近世までの複合遺跡である「瀬田遺跡」があり、多摩川があり国分寺崖線が延びる地形が、人々が住むのにちょうどよい環境であったといえる。また、江戸時代になると多摩川は遊楽の名勝地としても知られ、瀬田の寺院からは絶景が眺められたという。ここは旧玉川村の一部で、明治末期になると新中産階級と呼ばれる人々が増加し、その人々のために郊外に住宅地が造成されるようになったが、玉電沿線の新町住宅地などはかなり早く電鉄系企業によって開発されたものといえる。もともとショッピングセンターなどもあったが、近年、二子玉川に高層ビルが建ち、企業誘致も行われたことにより昼間人口が増え、2010年代中頃から町の様相が一変した。

Info　二子玉川で見かけられる珍しいスポットが「陸閘(りっこう)」。陸閘とは河川の堤防を通常は通行できるように開けておくが、河川の増水時は閉じて水の侵入を防ぐ設備。玉川1丁目に玉川西陸閘と東陸閘がある。

歩き方 東急田園都市線沿線に花開いた高級住宅街と最新タウン

二子玉川公園にある旧清水家住宅書院。この公園はタワーマンションを望む景観と世田谷区初の本格的回遊式日本庭園が特徴

このエリアを貫いているのが、東急田園都市線。各駅にはそれぞれ街が形成され、駒沢大学前は大学のほか、東京オリンピックにちなみ開園した駒沢オリンピック公園があり、多くの区民の憩いや散歩の場所となっている。また桜新町はサザエさんの町として有名で、ゆったりとした町の雰囲気はとなりの用賀とともに高級住宅地としても知られる。漫画やアニメ『夜桜四重奏～ヨザクラカルテット～』の聖地巡礼の地の側面も。用賀は、駅に直結する高層複合タワーは「世田谷ビジネススクエア」という名称で呼ばれ、昼間の人口も多くにぎわっている。二子玉川も「二子玉川ライズ」の開業で、新たな町として広がりを見せている。

東京農業大学「食と農」の博物館

大学博物館にも潜入

世田谷は文教都市でもあり、さまざまな大学が置かれているが、大学の専門を生かしたミュージアムも興味深い。ぜひ立ち寄ってみよう！

おさんぽプラン

1 玉眞院 玉川大師 →P.171

↓ 徒歩10分

2 ふたこビール醸造所 →P.74

↓ 徒歩5分

3 二子玉川ライズ・ショッピングセンター →P.310

↓ 徒歩5分

4 二子玉川公園 →P.170

↓ 徒歩2分

5 旧清水家住宅書院 →P.170

胎内めぐりを体験してトレンドスポットへ

このエリアの伝統スポットとモダンスポットを、組み合わせて巡るルート。玉眞院 玉川大師では灯り禁止の真っ暗闇の中を地下仏殿へ。約100mに300体以上の仏像が並び、ここを巡るだけで四国の霊場を回るほどの御利益が得られるという。またクラフトビールの醸造所やおしゃれなショッピングセンターを訪れれば、世田谷のトレンドが味わえる。最後は2013年開園のおしゃれな公園へ。多摩川を望む抜群の立地で、人気コーヒーショップもあり！

せたトーク

水遊びが楽しめる親水公園は秘かな富士見スポット

このエリアでもう1ヵ所おすすめの芝生スポットが、世田谷区立兵庫島公園。駅から徒歩圏にかかわらず開放的な芝生が広がり、人工池の兵庫池もあって、夏は水遊びも楽しめる。また近代的な高層ビルの風景や遠方には富士山ので望むこともできる。

MAP 別冊 P.18－B1

住 世田谷区玉川3-2-1　TEL 03-3704-4972（玉川公園管理事務所）　営 園内散策自由　休 無休　料 無料　交 東急田園都市線二子玉川駅口から徒歩4分

上記公園やキャロットタワー以外に、世田谷の富士見スポットがいくつかある。成城の富士見橋、岡本の富士見坂、上野毛の富士見橋、世田谷代田の富士見橋など。URL www.kanko-setagaya.jp/?p=we-page-entrylist&spotlist=16832&type=special

町のシンボル

桜新町 サザエさんタウンめぐり

国民的アニメ『サザエさん』の聖地へ。
作者・長谷川町子の世界観に触れて、
ここだけでしか買えない限定品をゲット。

長谷川町子ワールドにどっぷり浸る

長谷川町子記念館

●はせがわまちこきねんかん

MAP 別冊 P.18－C2

長谷川町子美術館（P.164）の分館として2020年7月オープン。常設展ではマンガ家・長谷川町子の生涯をはじめ、3大代表作『サザエさん』、『いじわるばあさん』、『エプロンおばさん』の原画を見ながら創作秘話、作品に込められたこだわりも学べる。不定期に企画展も開催されるのでHPを参照のこと。購買部では、素材からこだわったオリジナルグッズが並び、新商品も登場。喫茶部では、銀座で100年続く喫茶店の豆を使ったコーヒーや、町子の好んだパパイアやほうじ茶などを使ったメニューも楽しめる。

住 世田谷区桜新町1-30-6　TEL 03-3701-8766
営 10:00～17:30（最終入館16:30）
休 月（祝日の場合は、その翌日）、展示替期間、年末年始　料 900円（美術館と記念館の入館可）
交 東急田園都市線桜新町駅西口から徒歩7分

記念館の入口に立つ銅像は、左から「いじわるばあさん」、長谷川町子、「サザエさん」

1F 「町子の作品」展示室

長谷川町子の作品をデジタルとアナログの双方向から楽しめる。昭和20～30年代の『サザエさん』に描かれた生活道具を配置した空間や、『サザエさん』の原画をデジタルで見られるコーナー、絵本コーナー、お絵かきコーナーがある。

Info 購買部で販売されている一部のグッズは、公式オンラインミュージアムショップにて購入できる。URL shop.hasegawamachiko.jp

貴重な資料がずらりと並ぶ

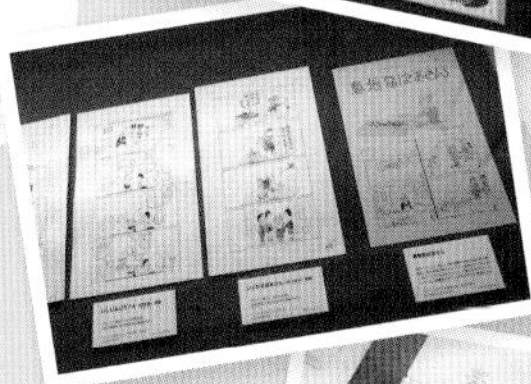

2F 「町子の生涯」展示室

長谷川町子の幼少期から没後までを紹介する常設展示室。写真や子供時代のスケッチブックをはじめ、サザエさんの原画、新聞連載の歩みや姉妹で立ち上げた「姉妹社」で刊行したマンガ、実際に使われた仕事道具や趣味の陶芸作品も展示している。

企画展限定の商品も！

1F グッズ販売＆カフェ

購買部では、長谷川町子が食べていたパパイアから発想を得たドライパパイア972円、図案を直刷りしたグラス770円や豆皿880円、ポストカード各110円などが並ぶ。喫茶部では、老舗のほうじ茶やコーヒー、ドライパパイアをぜひ。

Info 「長谷川町子記念館」の喫茶部で使われているマグカップは、昭和から日本で作り続けられている厚手の磁器製。100種すべて異なる図柄であり非売品！

展示内容は年数回変わる

長谷川姉妹が集めた美術品を展示する

2022年春に開催された収蔵コレクション展「春爛漫」展示風景

長谷川町子美術館

●はせがわまちこびじゅつかん

MAP 別冊 P.18－C2

1985年にオープン。長谷川町子と、姉の長谷川毬子がマンガの収益をもとに1955年頃から集めた美術品788点（日本画311点、洋画250点、工芸品195点、彫塑32点）を収蔵している。年に数回、テーマに合わせたコレクション展が開催され、長谷川姉妹が見つめた美の世界を堪能できる。そのほか館内には、磯野家の間取りを模したミニチュア、『サザエさん』のアニメ映像を見られるコーナーなどもある。最新の展示内容はHPを参照のこと。

住 世田谷区桜新町1-30-6　電 03-3701-8766
営 10:00～17:30（最終入館16:30）
休 月（祝日の場合は、その翌日）、展示替期間、年末年始　料 900円（記念館と美術館を閲覧可）
交 東急田園都市線桜新町駅西口から徒歩7分

凹凸のある赤れんがが町に溶け込む。2階建てで、2つの展示室とアニメの部屋からなる

海外の風景を描いた作品が集まる

2023年に開催した収蔵コレクション展「異国の風景」

旅行が趣味だったという長谷川町子は、1964年に海外旅行が解禁されると、その年の7月にはさっそくヨーロッパ旅行へ出かけている。生涯で巡った国はなんと20数ヵ国にも及んだそう！

カット
クーヘン
【サザエさん】
290円

伝統を守り続ける
バウムクーヘン

ヴィヨン 桜新町本店

●ゔぃよん さくらしんまちほんてん　MAP 別冊 P.18 - C2

1965年創業。一つひとつていねいに焼き上げるバウムクーヘンが名物。店舗限定の「サザエさん チョコレート付き」プレーン1770円はギフトにおすすめ。

住 世田谷区桜新町2-8-4
TEL 03-5426-5044
営 9:30～20:00 休 不定休
CC ADJMV
交 東急田園都市線桜新町駅西口から徒歩すぐ

素材のおいしさを楽しむスイーツ

プラチノ 桜新町店

●ぷらちのさくらしんまちてん　MAP 別冊 P.18 - C2

添加物をできる限り抑えた繊細な味わいのスイーツが並ぶ。店舗限定の「ショコラ・ド・ISONOKE」各702円は、マシュマロやナッツをショコラで包んだ人気商品。

住 世田谷区新町2-35-16
TEL 03-3426-3451 営 9:00～19:00 休 木（祝、季節のイベント時は営業）
CC MV 交 東急田園都市線桜新町駅南口から徒歩1分

ショコラ・ド・ISONOKE。左からストロベリー、ペカンナッツショコラ和三盆、アマンドショコラ

住 世田谷区桜新町2-8-4 TEL 03-3428-5198
営 9:00～19:00 休 無休 CC ADJMV 交 東急田園都市線桜新町駅西口から徒歩すぐ

甘さ控えめのかわいいどら焼

桜の杜 伊勢屋

●さくらのもり いせや　MAP 別冊 P.18 - C2

地元で愛される和菓子店。「サザエさんどら焼」は、独自の製法で焼き上げたしっとりとした生地に、大納言を使ったこしあんを挟んでいる。1個280円。

サザエさんどら焼5個入り1600円

MORE INFO

町なかにいるサザエさん

桜新町駅から長谷川町子美術館までを結ぶ約500mに桜新町商店街があり、通称「サザエさん通り」と呼ばれている。サザエさん一家のイラストがあちらこちらに点在！

上奥は桜新町駅西口付近。出口によってメンバーは異なるのでチェック！ 上・右は桜新町商店町を歩いていると見つかる

「プラチノ桜新町店」の看板メニュー「アンジュ」572円は、ふわふわのレアチーズケーキの中に自家製カシスジャムが入る。濃厚な味わいながらカシスがさっぱりとしていて甘いのが苦手な人にもおすすめ。

ザ・専門ミュージアム

大学博物館で学びの時を

長い歴史や伝統のなかで蓄積された膨大な研究資料を楽しく見学できる大学博物館。
有名建築家設計による美しい建物にも注目！

＼ 食と農の過去から未来を学ぶ ／

東京農業大学「食と農」の博物館

●とうきょうのうぎょうだいがく「しょくとのう」のはくぶつかん

2004年開館。「日本の博物館の父」と称される田中芳男が明治37（1904）年に開いた標本室を源流とする。館内には、収蔵する約3600点の古農具の一部や、歴史的背景や使用法を解説する古民家のジオラマ展示をはじめ、鶏の先祖とされる野鶏や国の天然記念物指定の日本鶏の剥製、醸造科学科卒業生による銘酒紹介（→P.77）などが展示される。芦野石製の縦ルーバーが目を引く外観は、建築家・隈研吾氏の設計によるもの。

MAP 別冊 P.9-C4

住 世田谷区上用賀2-4-28　TEL 03-5477-4033
営 9:30～16:30　休 日・月・祝日、大学が定めた日
料 入館料無料、バイオリウムツアー大人500円、子ども250円※FAX03-3425-2554にて要予約　CC 不可
交 小田急線経堂駅南口から徒歩20分、千歳船橋駅南口から徒歩20分、小田急線千歳船橋駅南口から渋谷駅行きまたは用賀駅行きで「農大前」下車徒歩3分

醸造科学科卒業生などが製造に携わった日本酒の酒瓶70蔵280本を展示

バイオリウム

隣接のバイオリウム。ケヅメリクガメやレムールなど、貴重な動植物コレクションを公開！

常設展示 1F

農大の歴史やクラシックトラクターを展示する

常設展示 2F

野鶏4品種や尾長鶏の剥製標本コレクションが120体以上

Voice 「東京農業大学『食と農』の博物館」のバイオリウムに子連れでよく行っています。リクガメやレムールなど、何度行っても喜んで眺めています。無料なのもいいですよね（世田谷区・ユウコママさん）

禅の歴史と文化を深掘り！

駒澤大学 禅文化歴史博物館（耕雲館）

●こまざわだいがく ぜんぶんかれきしはくぶつかん（こううんかん）

駒澤大学開校120周年記念事業として2002年に、「禅・仏教の文化と歴史」を伝える博物館として誕生した。建築家・菅原榮蔵が設計し、東京都の歴史的建造物に選定されている建物は、1928年に図書館として建てられたもの。常設展示室「禅の世界」では、禅僧の墨蹟や絵画、美術工芸品などの仏教美術を展示している。企画展示室では、駒澤大学の情報発信の場所として、さまざまな展示を行なっている。

外壁を覆うスクラッチタイルが美しい外観

MAP 別冊 P.14-A2

住 世田谷区駒沢1-23-1 駒澤大学キャンパス内
TEL 03-3418-9610 営 10:00～16:30（入館は閉館15分前まで） 休 土・日・祝、大学の定める休業日
料 無料 交 東急田園都市線駒沢大学駅駒沢公園口から徒歩11分

常設展示室「禅の世界」

上は、釈尊生涯のレリーフ。左は、曹洞宗の禅籍・経典の展示と写経のコーナー

体験

上は、木魚や鐘を実際に触れる鳴らし物コーナー。左は、禅僧の修行コーナー

天井のステンドグラスはフォトジェニックスポットとしても人気

「駒澤大学 禅文化歴史博物館（耕雲館）」では、博物館資料の解説やセミナー・イベントのライブ配信を公式YouTubeチャンネル「禅博チャンネル」で公開中！ 訪問前にチェックしてみよう。

愛されスポーツパーク

駒沢オリンピック公園へ行こう

白い花びらのような6枚の庇が目を引く陸上競技場は
駒沢オリンピック公園のシンボル

緑あふれる公園でトレーニング

駒沢オリンピック公園

●こまざわおりんぴっくこうえん

都立駒沢オリンピック公園は約41万㎡ある世田谷区最大級の公園。1964年に開催された東京オリンピックでは、第2会場としてバレーボールやサッカーなどの競技会場となった。大会終了後は公園として一般公開され、陸上競技場や体育館、野球場、ジョギングコースなどのほか東京2020オリンピック・パラリンピック競技大会で話題になったスケートボードやBMXができるストリートスポーツ広場も備え、スポーツ好きに愛されている。

高くそびえるオリンピック記念塔

電気やガス、水道、通信など備えた五重塔を模した高さ50mの管制塔

MAP 別冊 P.14－A2

住 世田谷区駒沢公園1-1　TEL 03-3421-6431（駒沢オリンピック公園管理所）　営 園内散策自由　休 駒沢オリンピック公園管理所・各施設は年末年始　料 施設利用は有料　交 東急田園都市線駒沢大学駅駒沢公園口から徒歩15分

左／約2万人を収容する陸上競技場　中／トウカエデやイチョウなど紅葉も見事　右／100mごとに距離を刻んだ全長約2.1kmのジョギングコース

1964年に開催した東京五輪の際、陸上競技場ではサッカーの試合が行われた。釜本邦茂氏や川淵三郎氏が活躍した日本チームは優勝候補のアルゼンチンを3対2で逆転勝ちするという快挙を成し遂げ、ベスト8に輝いた。

馬に出会える緑豊かな公園

MAP 別冊 P.9 - C4

JRA馬事公苑 ●じぇいあーるえーばじこうえん

東京2020オリンピック・パラリンピック馬術競技会場の整備のため、2017年1月より休苑していたが、2023年11月3日にパワーアップしてリニューアルオープン。5月3日から5日まで開催される「ホースショー」では、障害飛越競技やスペイン原産の優雅な馬・アンダルシアンが音楽に合わせて演技をするアンダルシアンホースダンス、体験乗馬などのさまざまな馬事イベントが楽しめる。秋分の日の「愛馬の日」には各地の馬事芸能なども行う。「メインアリーナ」は東京2020オリンピック・パラリンピック大会時に実際に使われた馬場で、馬術競技会の日には観覧席からの見学も可能だ（日程など詳細はHPをチェック！）。ほかにも芝生が広がる「はらっぱ広場」や原生林が残る「武蔵野自然林」にはメルヘンの世界に迷い込んだようなかわいいツリーハウスや遊歩道も整備されている。

住世田谷区上用賀2-1-1
TEL 03-3429-5101　営9:00～17:00（11～2月は～16:00）
休無休　料施設利用も無料
交東急田園都市線桜新町駅北口から徒歩15分、小田急線経堂駅南口から徒歩20分

体験乗馬は年間複数回行われる。苑内には50種類、300本の桜が植樹されている

長い手綱を使ったロングレーンホースダンスという馬の演技

林に溶け込むツリーハウスはイベント開催時は中に入れる

1964年の東京オリンピックと東京2020オリンピック・パラリンピックの会場となった公苑で迫力満点の馬術競技
※ツリーハウスを除き画像はすべて旧馬事公苑のもの

Voice 馬に出会える機会が多いJRA馬事公苑近隣の小学校では、年に一度、「お馬さん集会」という朝礼があり、通学路に馬に乗った警視庁騎馬隊による、児童の登校時間を見守る活動が行われています。（世田谷区・ナオコ）

おもな見どころ

MAP 別冊 P.18-B2

都市型公園の中にある庭園と書院

住 世田谷区玉川1-16-1
TEL 03-3700-2735（二子玉川公園ビジターセンター）
営 8:30～17:00（帰真園は9:00～17:00、旧清水家住宅書院は日・祝・第2月9:00～16:30いずれも季節により異なる）
休 帰真園は火（祝は開園、旧清水家住宅書院は第2以外の月・火・水・木・金・土）
交 東急田園都市線・大井町線二子玉川駅東口から徒歩8分

二子玉川公園（帰真園・旧清水家住宅書院）

●ふたこたまがわこうえん（きしんえん、きゅうしみずけじゅうたくしょいん）

2013年に開園した国分寺崖線に位置する緑豊かな丘陵と多摩川に囲まれた公園。多摩川が望める「いこい広場」には人気コーヒーショップが店を構え、カップルや家族連れでにぎわう。そびえ立つタワーマンションに隣接する園内は子供の遊び場が充実し、河川敷に近い「眺望広場」では晴れた日に富士山を眺めることができ、夕日スポットとしても人気がある。世田谷区で初めての本格的な池泉回遊式日本庭園「帰真園」もあり、広さ約5800㎡の庭園中央には、清水建設副社長の自宅離れだった「旧清水家住宅書院」を移築復原。「帰真園」の3つの入口のうち「清水門」から入ると正面に位置する。明治期、台東区に建てられた建物は大正期に瀬田に移築。その後、一度解体されるも、保管していた部材で復原。限定日には内観を公開している。

「帰真園」には世田谷本来の自然に回帰するという意味が込められる。ユニバーサルデザインのためベビーカーや車椅子もOK

多摩川河川敷から国分寺崖線を望む「眺望広場」もあり、晴れた日には多摩川越しに丹沢や富士山も眺められる

「旧清水家住宅書院」は区の登録有形文化財。金箔地に蔦と藤が描かれた華やかな襖など明治の近代和風建築が堪能できる

Info 春になると、アズマヒキガエルのカップルが卵を産みに「帰真園」の池にやってくる。鳥やトカゲなど天敵も多く、卵からカエルになるのは1000匹にわずか1匹の確率とのこと。見つけても触れずにそっと見守りたい！

地下に造られた霊場が圧巻

MAP 別冊 P.18-A1

玉眞院 玉川大師 ●ぎょくしんいん たまがわだいし

真言宗総本山の高野山奥之院の近くを清流・玉川が流れているのにちなみ、多摩川に近い当地に大正14(1925)年、龍海大和尚が大師堂を創建。真言宗智山派の寺院とした。開山した大和尚が6年の歳月をかけて、1934年に完成させた総鉄筋コンクリート造りの地下約5m、距離にして約100mの地下仏殿は、宗派の中で最高位とされる大日如来の胎内を模した迷路のような順路で、懐中電灯など一切の明かりが禁止され、一寸先も見えない真っ暗闇で足がすくむ。壁を頼りに手探りで進んでいくと、途中の薄明かりの所々に四国霊場八十八ヵ所の弘法大師像や西国三十三ヵ所の観音像、釈迦涅槃像、大日如来像などの仏像が祀られ、全部で300数体安置されているという。進むうちに心身が浄化され、四国八十八ヵ所・西国三十三ヵ所観音霊場と同じ御利益があるといわれる。

住 世田谷区瀬田4-13-3
TEL 03-3700-2561
営 9:00～16:30(最終来寺～16:00)
休 無休
料 地下仏遍照金剛殿は中学生以上800円、小学生以下500円
交 東急大井町線・田園都市線二子玉川駅西口から徒歩15分

本堂の向拝に玉川八十八ヵ所第5番玉川大師御詠歌の扁額。境内には巨大な弘法大師像やぼけ封じ観音も鎮座

正式名称は「奥之院 地下霊場遍照金剛殿」。土足と撮影禁止

本堂では願いごとを焚き上げる護摩祈祷も予約制で行っている

階段を下りて行く地下霊場は暗闇の中、線香の煙がもうもうと上がり、別世界に迷い込んだような不思議な気持ちになる

玉眞院 玉川大師の地下仏殿では毎年5月と10月に3日ずつ計6日、「お砂ふみ大祭」があります。初代・龍海大和尚から伝わる四国や西国、インドなどの寺院の砂を素足で踏み歩くと御利益が!?(横浜市・Y)

おもな見どころ

MAP 別冊 P.14-A2 草葺屋根の民家を描き残した

世田谷美術館分館 向井潤吉アトリエ館

●せたがやびじゅつかんぶんかん むかいじゅんきちあとりえかん

住 世田谷区弦巻2-5-1
TEL 03-5450-9581
営 10:00〜18:00(最終入館17:30)
休 月(祝日の場合は翌日)
料 200円、高大生150円、65歳以上/小中生100円
交 東急田園都市線駒沢大学駅西口から徒歩10分

高度経済成長期に次々と姿を消し、失われていった伝統的な草葺屋根の民家をテーマに描き続けた洋画家・向井潤吉の美術館。武蔵野の面影を残す画家のアトリエ兼住居を改装し、1993年に世田谷美術館分館として開館。現場に足を運び、旅のなかで見つけた民家やダム建設のため湖底に沈む民家など、日本各地にあった美しい風景の中に溶け込む民家を数多く描き残した。遺族から譲り受けた油彩画やデッサンを約1000点所蔵し、年間2回の企画展ではさまざまな視点から発信している。

絵の中で今も息づく日本の風土に根づいた民家の数々
©上野則宏

展示している民家の絵と共鳴し合う大きな梁が目を引く建物
©上野則宏

1962年に造られた大きな切り妻屋根の画家のアトリエ兼住宅だった建物。1969年に岩手県一関から土蔵を移築した
©宮本和義

MAP 別冊 P.18-C2 縁結びが期待できる「花帯」が人気

桜神宮 ●さくらじんぐう

住 世田谷区新町3-21-3
TEL 03-3429-0869
営 受付9:00〜17:00
休 無休
交 東急田園都市線桜新町駅北口から徒歩3分

神道のあるべき姿に帰するため、明治15(1882)年、東京神田に創建し、古式神道の神社と呼ばれる。すべての罪穢れを祓い、人々を幸せに導くといわれる特別祈祷「大中臣 八方清メ」(おおなかとみ はっぽうきよめ)を全国で唯一継承。大正8(1919)年に当地に移った。境内には河津桜が植えられ、桜にちなんだ御朱印やお守りが評判。願い事を書いた「花帯」と呼ばれるリボンを河津桜の「えんむすびの木」に結ぶと、恋愛成就の御利益や仕事や学業の良縁の御利益があるという。

『鬼滅の刃』の煉獄杏寿郎が桜新町出身のため聖地のひとつ

「花帯」が結ばれる「えんむすびの木」

早春は境内が桜色に染まる。伊勢神宮より御神鏡を賜りお祀りしていることから「世田谷のお伊勢さん」とも呼ばれている

Info 桜神宮にはその名前のとおり、桜にちなんだ授与品が勢揃い。肌守やえんむすび、学業守、合格祈願などのお守りには桜があしらわれている。ほかにも絵馬や御朱印、御朱印帳にも桜が描かれているので要チェック！

ヨガ道場があった場所に立つ

MAP 別冊 P.14-A1

眞福寺 ●しんぷくじ

約400年前、用賀村を開拓した飯田図書（ずしょ）が天正6（1578）年に開基した真言宗智山派の寺院。御本尊の大日如来は九品仏浄真寺を開山した珂碩上人（かせきしょうにん）作という。山門が朱塗りのため「赤門寺」と呼ばれている。本堂と庫裡の間には趣ある太鼓橋が架かっている。鎌倉時代に当地に真言密教の瑜伽（YOGA）道場があり、用賀の地名の由来になったとも伝わる。1946年に実相山真如院から瑜伽山（ゆがさん）へと改められた。寺ではヨガ教室も開催している。

本堂は昭和30年代に造り変えられ、平成に改修。本堂内に大日如来のほか不動明王、興教大師、弘法大師が祀られている

住 世田谷区用賀4-14-4
TEL 03-3700-0614
営 境内自由（寺務所9:00〜17:00）
休 無休
交 東急田園都市線用賀駅北口から徒歩3分

1965年に造られた大山道に面した朱塗りの山門

境内には六地蔵のほか太子堂、芭蕉の句碑、大日堂などがある

かつて道標が立っていた分岐点

MAP 別冊 P.14-A1

大山道追分 ●おおやまみちおいわけ

江戸中期、神奈川県伊勢原にある大山への道は、「大山詣で」として人気を博した。三軒茶屋、用賀、二子玉川を経て二子の渡しから多摩川を渡船し、大山にいたったが、なかでも用賀は江戸から新旧の大山道が合流するため、旅籠や料理店などが軒を連ね、にぎわった。文政10（1827）年には分岐点の追分に道標を兼ねた庚申塔が立ち、「右に江戸道、左に世田谷四谷道」と刻まれていたという。現在は新たに造られた石標が立ち、当時の庚申塔は世田谷区立郷土資料館に展示されている。

三軒茶屋には今も江戸時代に造られた「大山道」の道標が残り、二子玉川には目印として新たに造った石標が立っている

住 世田谷区用賀3-14-8
TEL 03-3429-4264（世田谷区生涯学習課文化財係）
営 見学自由
交 東急田園都市線用賀駅東口から徒歩4分、東急田園都市線・大井町線二子玉川駅から徒歩5分

大山道は現在の国道246号線とほぼ同じルートを通っている

赤坂御門を起点とする矢倉沢往還は、相模国・足柄峠を越えて駿河国・沼津へいたる150kmある街道です。途中に「大山詣で」でにぎわう道があったため、大山道（大山街道）ともいうそうです。（世田谷区・B）

MAP 別冊 P.18-A1

唯一残った国分寺崖線の別邸

住 世田谷区瀬田4-41-21
TEL 03-3709-5471
営 9:30〜16:30
休 月（祝日の場合は翌平日、年末年始）
交 東急田園都市線・東急大井町線二子玉川駅西口から徒歩20分

茶の間は数寄屋風の造り。庭園や崖線の緑にも癒やされる

南東の内倉前にアメリカから取り寄せたレトロな冷蔵庫がある

瀬田四丁目旧小坂緑地（旧小坂家住宅）

●せたよんちょうめきゅうこさかりょくち（きゅうこさかけじゅうたく）

国分寺崖線の縁辺部に立つ建物は、1937年から翌年にかけて造られた長野県出身の政治家・実業家の小坂順造の別邸。渋谷の本邸が空襲で焼失し、戦後は一家で暮らしていた。多摩川に近い富士山が望める場所にあり、周辺には政財界人や著名人の別邸が点在していたが、主屋が現存するのは旧小坂家住宅のみ。約100坪の木造和風平屋建て（一部2階建て）の建物は古民家風の玄関を入ると南に茶の間と居間が広がり、西に離れの書斎、東に女中室や台所、渡り廊下でつながる南東に内倉や2階建ての寝室棟がある。この和洋折衷の別邸は部屋ごとに趣が異なり、それぞれに意匠を凝らし、最高級の材料と技術を駆使しつつも庭や周囲の自然に溶け込む。希望すればエピソード満載の解説付きの見学も可能だ。

漆喰の天井からシャンデリアが下げられた寝室。窓の上部にも装飾が施されている。マントルピースのある書斎もある

MAP 別冊 P.18-A1

閑静な住宅街に残る屋敷林

住 世田谷区玉川台2-30-8
TEL 03-3704-4972（玉川公園管理事務所）
営 9:30〜17:00（季節により異なる）
休 年末年始（12/29〜1/3）
交 東急田園都市線用賀駅北口から徒歩7分

手入れが行き届いた閑静な住宅街に残された貴重な屋敷林

玉川台二丁目五郎様の森緑地

●たまがわだいにちょうめごろさまのもりりょくち

所有者の先祖・高橋五郎衛門の名前にあやかり「五郎(ごろ)様(さま)の森」と呼ばれ親しまれてきた、地域のシンボル的な存在の屋敷林を整備し、2017年3月に公開。カブトムシの飼育小屋が設けられ、ケヤキやシラカシの大木やモウソウチクが屋敷林の面影を残している。

奥のグリーンのフェンス越しにカブトムシ飼育小屋が。幼虫から大切に育てている

約3000坪の敷地に約100坪の建物が立つ瀬田四丁目旧小坂緑地（旧小坂家住宅）は1996年に世田谷区が購入し、国分寺崖線の緑がそのまま残った。建物は小坂家より寄贈された。

そびえ立つ2基の巨大な双子塔

MAP 別冊 P.14-A1

駒沢給水所の配水塔 ●こまざわきゅうすいしょのはいすいとう

人口増加が著しい渋谷町に安全な飲料水を確保するため、多摩川に近い砧村に浄水所を設け、渋谷町に送水するため、駒沢給水所を建設した。大正13（1924）年に完成した2基の配水塔は、高さ約30mの鉄筋コンクリート造り。堅牢で空襲にも耐え抜いた。

頂部に王冠のような意匠が施され、「丘の上のクラウン」と呼ばれ親しまれている

住 世田谷区弦巻2-41-5
営 給水所施設内は立ち入り禁止
交 東急田園都市線桜新町駅北口から徒歩7分

近代水道の父と呼ばれる中島鋭治博士が設計した

美術館まで続く魅惑の散歩道

MAP 別冊 P.13-A4

用賀プロムナード（いらか道） ●ようがぷろむなーど（いらかみち）

用賀駅から砧公園内の世田谷美術館まで続く約1kmの道にあり、グレーの淡路島産のいらか（瓦）をふんだんに使った造形から「いらか道」と呼ばれている。ベンチやオブジェが随所に置かれ、季節の移ろいを感じる並木とともに道行く人を楽しませている。

「楽しく歩けるまちづくり」をコンセプトに象設計集団がデザインを手がけた

住 世田谷区用賀4～上用賀5
TEL 03-6432-7151（世田谷区都市デザイン課）
営 散策自由
交 東急田園都市線用賀駅北口から徒歩4分

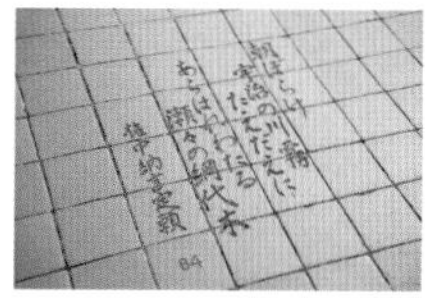
路面や植木の石には和歌が刻まれ、世田谷美術館までいざなう

旧新町住宅地を取り囲む桜並木

MAP 別冊 P.14-A1 など

桜新町の桜並木 ●さくらしんまちのさくらなみき

桜新町駅の南側に広がる旧・新町住宅地は大正2（1913）年に分譲が始まり、街路に桜が植樹された。やがて桜の名所となり、玉川電気鉄道の駅名が1937年に「新町」から「桜新町」へ。今も1000本あまりの並木になっている。駅前通りには八重桜の並木もある。

旧・新町住宅地の桜並木は4月初旬頃に見頃を迎える

住 世田谷区桜新町1～深沢7・8
営 散策自由
交 東急田園都市線桜新町駅西口から旧新町住宅地は徒歩10～13分、駅前通りはすぐ

東急田園都市線桜新町駅前通りの八重桜は4月下旬が見頃

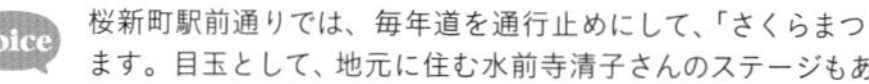
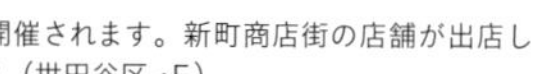
Voice 桜新町駅前通りでは、毎年道を通行止めにして、「さくらまつり」が開催されます。新町商店街の店舗が出店します。目玉として、地元に住む水前寺清子さんのステージもあります。（世田谷区・F）

古墳点在する多摩川近くの高級住宅街

等々力エリア

深沢・中町・上野毛・野毛・等々力・尾山台・玉堤・玉川田園調布・奥沢・東玉川

燃えるような美しい紅葉の九品仏 浄眞寺

等々力（とどろき）エリアへの行き方

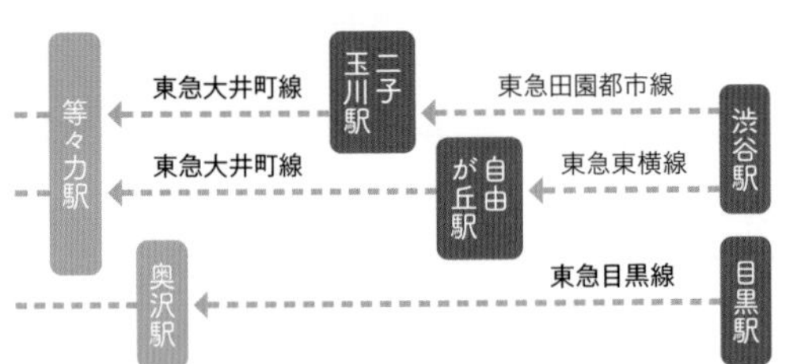

エリア内停車駅

■東急田園都市線
（桜新町駅・用賀駅・二子玉川駅）
■東急大井町線
（二子玉川駅）・上野毛駅・等々力駅・尾山台駅・九品仏駅・（自由が丘駅・緑が丘駅）
■東急東横線
（自由が丘駅・田園調布駅）
■東急目黒線
奥沢駅・（田園調布駅）

※（ ）はエリア外最寄駅

区南部のこのエリアは西側に多摩川が流れ、地上には国分寺崖線が延び、崖線上の台地には古くから人が生活を営んでいた跡が残る。古墳時代後期のものと考えられる等々力根遺跡や下野毛遺跡、後期旧石器時代の野毛大塚古墳などいくつもの遺跡があり、等々力渓谷では何層にもわたる地層が確認されている。また九品仏 浄眞寺周辺には、かつて吉良氏により世田谷城の出城である奥沢城も築かれ、現在も土塁が残る。明治時代になると玉川村が成立し、大正時代に農村から郊外住宅地へと変化。一部エリアは高級住宅地となった。

Info 「奥沢城」は天文から永禄年間頃に築城され、吉良氏もしくは家臣の大平氏の居館と伝わる。現在は、「九品仏 浄眞寺」に「奥沢城跡」の石標が立てられており、土塁部分が残っている。中世の城館の規模を知ることのできる貴重な遺跡だ。

歩き方 古墳巡りで昔の姿に思いをはせ 23区内唯一の渓谷も訪ねて

等々力渓谷に隣接している等々力不動尊。世田谷城主・吉良氏が戦勝祈願に訪れ、「等々力の不動様」として信奉される

このエリアはおもに東急大井町線の沿線に広がっており、川辺の多摩川沿いや緑豊かな国分寺崖線付近など自然との触れ合いが楽しめる場所。観光の中心となるのは等々力エリアで、等々力不動尊への参拝や等々力渓谷の散策なども人気が高い。これらの場所からは徒歩圏内に、野毛大塚古墳や御岳山古墳など野毛古墳群の古墳が点在しているので、歴史好きは足を運んでみよう。ほか、九品仏 淨眞寺や世田谷区で唯一の国宝を収蔵する五島美術館など見どころたっぷり。町歩きならば、目黒区との境界にある自由が丘も定番エリアだ。

※2024年1月現在、等々力渓谷は危険木伐採のため、ゴルフ橋から不動の滝手前まで一部遊歩道が通行禁止。

おさんぽプラン

1 野毛大塚古墳 →P.63、182

↓ 徒歩6分

2 等々力渓谷 →P.180

↓ 徒歩2分

3 等々力不動尊 →P.181

↓ 徒歩2分

4 御岳山古墳 →P.63、182

↓ 徒歩25分

5 九品仏 淨眞寺 →P.183

等々力王道さんぽ

等々力駅を起点にして、等々力エリアや古墳を見学する、区外から訪れる人も多い定番の観光コース。最後は九品仏 淨眞寺へ足を延ばし、帰りは九品仏駅から帰途につこう。

せたトーク

東京都市大学で楽しむイベント 小・中学生向け「科学体験教室」

武蔵工業大学を前身とする理工系を軸とした大学で、一般向けイベントも盛況。「科学体験教室」では、「水ロケット」や「暗闇で光るストラップ」を作るなど、科学を楽しく学べるプログラムが体験できる。

MAP 別冊 P.14 - C1

住 世田谷区玉堤1-28-1 東京都市大学世田谷キャンパス TEL 03-5707-0104

交 東急大井町線尾山台駅から徒歩12分

大学内に設置された安心の 子育て支援センター「ぴっぴ」

大学内に設けられた、親と子（乳幼児）がゆったり過ごすことのできる遊び場。0歳から未就学児までが登録可能。人間科学科の学生などが「子育て支援」を学ぶ場にもなっている。

Voice 「九品仏 淨眞寺」の「二十五菩薩来迎会」は、信者が菩薩のお面をかぶり行道する形の「おめんかぶり」とも呼ばれる珍しい行事です。2024年5月5日の後は4年ごとに行われる予定とのこと。（世田谷区・サニー）

四季の自然とともに

ゆったり楽しむ名建築と国宝

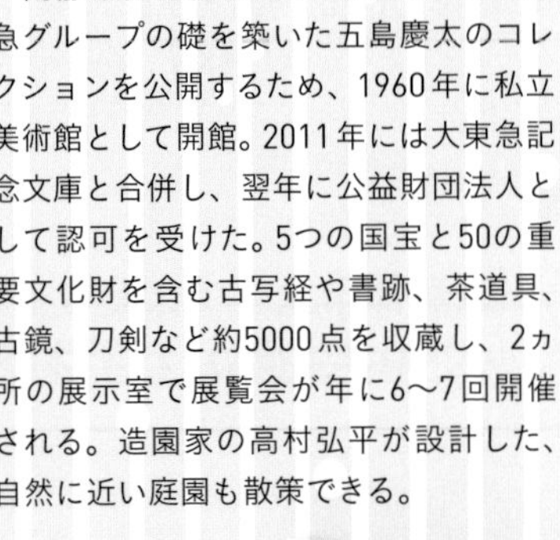
美術館本館は文化勲章受章の建築家吉田五十八が設計

五島慶太氏が半生をかけて収集した国宝や重要文化財を含む貴重な収蔵品が趣向を凝らした展覧会で堪能できる。

珠玉の展示作品と庭園散策が楽しめる

五島美術館

●ごとうびじゅつかん

MAP 別冊 P.18 - B2

住 世田谷区上野毛3-9-25 TEL 050-5541-8600（ハローダイヤル） 営 10:00～17:00（入館は30分前） 休 月（祝日は翌平日休）、展示替え期間、夏期整備期間、年末年始 料 1100円、高大学生800円（特別展は別途）、中学生以下無料、庭園入園のみ300円 交 東急大井町線上野毛駅から徒歩5分 URL www.gotoh-museum.or.jp

閑静な住宅街に立つ五島美術館は東急グループの礎を築いた五島慶太のコレクションを公開するため、1960年に私立美術館として開館。2011年には大東急記念文庫と合併し、翌年に公益財団法人として認可を受けた。5つの国宝と50の重要文化財を含む古写経や書跡、茶道具、古鏡、刀剣など約5000点を収蔵し、2ヵ所の展示室で展覧会が年に6～7回開催される。造園家の高村弘平が設計した、自然に近い庭園も散策できる。

庭園さんぽもお楽しみ

武蔵野の面影を残す、国分寺崖線上にある敷地には高低差約35mの斜面を生かした約5000坪の庭が広がる。「大日如来」や「六地蔵」などの石仏や石灯篭が点在し、「蓬莱池」「瓢箪池」「菖蒲園」の3つの池泉や「古経楼」「冨士見亭」の2つの国の登録有形文化財の茶室があり、晴れた日は富士山も望める。

春になると庭園の高台に位置する見晴台庭園のシダレザクラが咲き誇る

©名鏡勝朗氏撮影
石灯篭の背に咲くハナミズキやツツジ越しに二子玉川のマンションも

©名鏡勝朗氏撮影
11月末から12月上旬は彩り豊かな紅葉が麗しい

五島慶太は70基ほどある石塔や石灯篭、石仏などを配置し、足腰の鍛錬も兼ねて庭園内を散策することを日課にしていたという。庭園の散策路には、晴れた日は富士山を望めるポイントもある。

おもな展示作品

常設展示はなく、年間6〜7回の展覧会のうち特別展が1〜2回あり、その都度作品が入れ替わる。展覧会ごとに講演会やギャラリートークを開催。国宝のうち「源氏物語絵巻」は春に、「紫式部日記絵巻」は秋の優品展で各1週間ほど公開される。残りの国宝は1〜2年に一度公開。

国宝 源氏物語絵巻 鈴虫二

『源氏物語』が世に出てから約150年後に誕生した日本の絵巻のなかで最古の作品。「詞書」と「絵画」を交互に繰り返す形で4巻分が現存し、「鈴虫」2場面と「夕霧」「御法」の3帖分を収蔵する

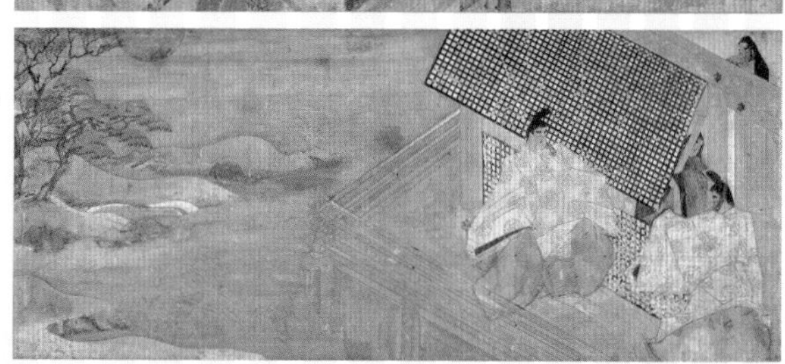

国宝 紫式部日記絵巻 五島本第一段

紫式部が平安貴族の様子を描いた『紫式部日記』の登場から約250年後に生まれた絵巻。もともと10巻ほどあったが、4巻分が現存。当館以外では藤田美術館、東京国立博物館のほか個人コレクターが所蔵

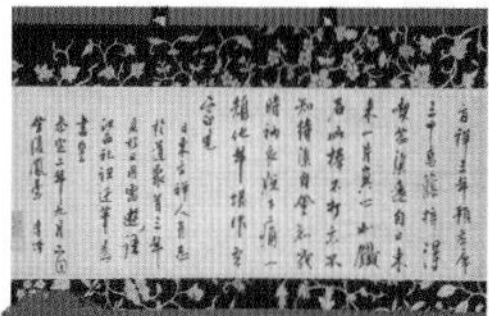

国宝 古林清茂墨跡 餞別偈

「墨跡」は禅僧の書のこと。中国元の時代の禅僧・古林清茂は韻文体で仏を称えた漢詩「偈頌」を行書で書いたものを多く書き残した。朝倉氏から織田信長を経て丹羽長秀に伝来

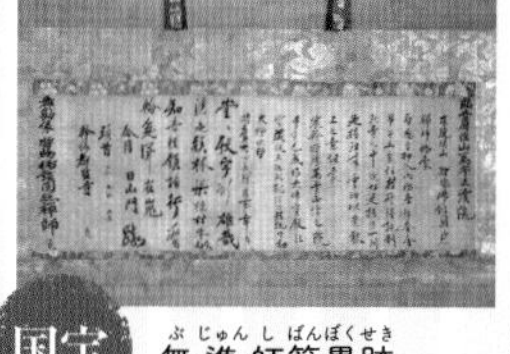

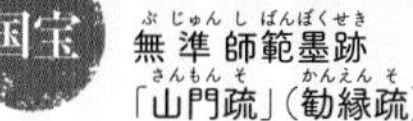

国宝 無準師範墨跡「山門疏」(勧縁疏)

「山門疏」は中国・浙江省の万寿寺内に万年正続院が落成した際の勧進の偈。京都・東福寺が所持していたが、小堀遠州の仲介で加賀藩主前田利常が現在の5千万円以上で入手したという

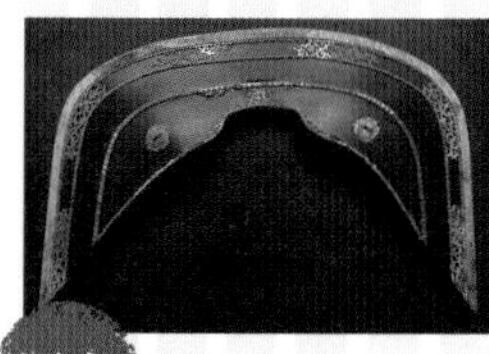

国宝 金銅馬具類 金銅鞍金具後輪

宮城県内の古墳群から出土した唯一の国宝。極めて精緻な造りで龍文透彫の意匠で統一されている。金色に輝く馬具は儀式の際の飾馬のためで、古代の権力の象徴といわれている

MORE INFO

名建築の茶室に注目!

庭園入口近くの見晴らしのよい場所にふたつの茶室がある。木造平屋建ての「古経楼」は古写経を好んだ五島慶太の号で、もとは政治家・田健治郎が1906年に東宮行啓のために造った茶寮。のちに五島慶太が所有し、一部増築した。もう一方の南側の窓からかつて富士山が望めた「冨士見亭」は五島慶太が晩年に造らせた、西大寺旧山門の古材を使った立礼席の茶室。いずれも通常は非公開だが、毎年2月と5月頃に特別公開日がある。詳細はHPを要確認。

Voice 寝殿造りの意匠を取り入れた鉄筋コンクリート造りの美術館本館と明治の建物「古経楼」や奈良西大寺山門の古材を使った「冨士見亭」の茶室は、2017年に国の登録有形文化財に登録されました(狛江市・F)

おもな見どころ

MAP 別冊 P.18-C1

東京23区内唯一の自然渓谷

住 世田谷区等々力1-22、2-37〜38、中町1-1
TEL 03-3704-4972（玉川公園管理事務所）
営 常時開放
休 無休
料 無料
交 東急大井町線等々力駅南口から徒歩3分（等々力渓谷入口まで）

等々力渓谷入口の階段を下りたとたん、渓谷がいきなり現れる

「等々力渓谷三号横穴」の被葬者は一帯を治めていた有力者のものと推測されている

赤い橋は昭和初期に開発されたゴルフ場への橋として築かれたため、「ゴルフ橋」と呼ばれている

等々力渓谷 ●とどろきけいこく

多摩川水系の谷沢川が武蔵野台地を侵食してできた全長約1kmの等々力渓谷は、崖線の斜面にシラカシやケヤキ、コナラなどの木々が生い茂る東京23区内唯一の自然渓谷。川沿いに遊歩道が整備され、都心にいながら四季折々の自然が楽しめる。約30ヵ所から水が湧き、「東京の名湧水57選」に選ばれ、等々力不動尊を含む一帯約3.5ヘクタールは東京都文化財保護条例により、「名勝」の文化財指定を受けている。古代より人が居住し、東側崖面には古墳時代末期から奈良時代にかけて築かれた横穴古墳が6基以上見つかり、1972年には良質の状態で人骨や副葬品が発掘された「等々力渓谷三号横穴」はアクリル板越しに中をのぞくことができる。谷沢川下流部の等々力不動尊の対岸には「日本庭園・書院」が設けられ、日当たりのよい芝生広場は渓谷散策の休憩に最適。

崖の両岸を縫うように谷沢川が流れ、生い茂る樹々が外界の音を遮断し、川のせせらぎと鳥のさえずりが耳に心地よい

2023年7月6日の倒木により、2024年1月10日現在、立ち入り禁止。詳細はHPで要確認。

Info 1975年に東京都指定史跡となった「等々力渓谷三号横穴」は全長13mあり、崖に横穴を掘った墓室内で3体以上の人骨が埋葬され、静岡県湖西地方産の須恵器や土師器、耳環、ガラス小玉なども発見された。

パワースポットとしても知られる

MAP 別冊 P.18-C1

等々力不動尊 とどろきふどうそん

平安時代末期に和歌山県根来寺の真言宗中興の祖・興来大師が「関東に結縁の地がある」という夢のお告げにより訪れると、夢と同じ渓谷が現れ、錫杖で岩に触れると瀧が流れ出したため、持参した不動明王を安置したのが始まりと伝わる。戦国時代には世田谷城主・吉良氏が戦勝祈願に訪れたといわれ、今も「等々力のお不動様」として親しまれている。境内から不動の瀧を結ぶ石の階段は「瀧の道」と呼ばれ、雌雄一対の龍の口から流れる「不動の瀧」は、平安時代の頃より霊場として知られ、瀧修行の人々が大勢やってきたという。かつての瀧は水量が多く轟いていたため、地名が等々力と命名されたという説もある。元旦の護摩焚き、2月の節分会豆まき式、4月8日の花まつり、秋の七五三や菊まつりなど四季折々の伝統行事も行う。

住 世田谷区等々力1-22-47
TEL 03-3701-5405
営 境内自由（札所は9:00～16:00）
休 無休
交 東急大井町線等々力駅南口から徒歩8分

「不動の瀧」に隣接のお休み処。抹茶のほか季節限定メニューも

等々力不動尊には多くの龍がいるが、これは境内の手水舎の龍

「不動の瀧」周辺には石仏やお不動様の像があり、よい気が流れ、今も瀧修行の人々が訪れる

大きな赤い提灯が目を引く本堂は1953年に再建された

Voice 境内にひっそり「草木供養碑」が立っています。草花や木を供養する碑で全国的にも珍しいそうです。戦後、世田谷に高級住宅街が形成されるとともに造園業者が増えていき、1972年に玉川造園組合より奉納されたとのこと。（目黒区・A）

おもな見どころ

MAP 別冊 P.14-C1

関東最大級の帆立貝形古墳

住 世田谷区野毛1-25-1 玉川野毛町公園内
TEL 03-3429-4264（世田谷区生涯学習課文化財係）
営 見学自由
交 東急大井町線等々力駅南口から徒歩10分

出土品は東京国立博物館や世田谷区立郷土資料館に収蔵

野毛大塚古墳 ●のげおおつかこふん

帆立貝の形をした墳丘長82m、後円部直径68m、高さ11m、国分寺崖線の上野毛から尾山台にかけて広がる野毛古墳群のなかで最大規模の古墳。4基の埋葬施設と多数の副葬品が発見され、ヤマト政権と関係の深い、南武蔵の大首長の墓と考えられている。

5世紀初めに造られたと推測される古墳。現在は階段がつけられ、登ることができる

MAP 別冊 P.18-C1

野毛大塚古墳に次ぐ大きさ

住 世田谷区等々力1-18
TEL 03-3429-4264（世田谷区生涯学習課文化財係）
営 見学不可
交 東急大井町線等々力駅南口から徒歩9分

等々力不動尊の山門前から目黒通りを渡った先の丘にある

御岳山古墳 ●みたけさんこふん

上野毛から尾山台の国分寺崖線上に点在する野毛古墳群のひとつ。5世紀中頃のもので全長54m、後円部直径40m、高さ7mの大きな帆立貝形古墳。大正6（1917）年に七鈴鏡が発掘され、平成時代の2回の発掘調査により、周溝から埴輪も出土。立ち入り不可。

被葬者は豪族と推測。野毛古墳群のなかで野毛大塚古墳に次ぐ大きさとも

MAP 別冊 P.14-C2

神聖な古墳の上に鎮座する神社

住 世田谷区尾山台2-11-3
TEL 03-3702-0875
営 参拝自由
交 東急大井町線尾山台駅から徒歩10分

国分寺崖線に点在する古墳のひとつで神聖な場所に立つ神社

宇佐神社 ●うさじんじゃ

平安時代の康平6（1063）年に奥州を平定した源頼義によって創建されたと伝わる。明治の神仏分離で八幡社から宇佐神社に改称され、尾山台の鎮守様として敬われてきた。右側の小高い丘には、5世紀後半頃に構築されたといわれる八幡塚古墳（非公開）がある。

世田谷区で最も南にある神社として知られる。社殿は大正7（1918）年に建造

Info 野毛大塚古墳は玉川野毛町公園内にあり、公園はかつてゴルフ場だった場所を整備して造られた。緑豊かで四季折々の花が咲き誇る園内は子供向けの遊具が充実し、ボールを持参すれば多目的広場で球技も楽しめる。

9躰の阿弥陀如来像を安置

MAP 別冊 P.14-B2

九品仏 浄眞寺 ●くほんぶつ じょうしんじ

江戸時代初期の延宝6（1678）年に高僧・珂碩（かせき）上人が開いた浄土宗の寺院。本堂向かいの「極楽浄土」を表す西に3つのお堂（向かって正面に上品堂、右が中品堂、左が下品堂）を配置。それぞれ3躰、計9躰の阿弥陀如来像が安置され、「九品仏」は周辺一体の名称になっている。人間が住む「娑婆の世界」を表す東に立つ本堂には釈迦如来像を祀り、9躰の阿弥陀如来像と釈迦如来像が対面する。4年に一度の5月5日には「おめんかぶり」と呼ばれる行事が行われ、これは本堂と上品堂の間に橋を架け、菩薩の面を付けた25名が3度行き来する、西方浄土よりご来迎されるという浄土宗の教えを具象化したもの。次回は2024年を予定している。本堂から美しい波紋の枯山水を望むことができ、境内は樹齢数百年の木々も多く、秋は紅葉狩りを兼ねた参拝客でにぎわう。

住 世田谷区奥沢7-41-3
TEL 03-3701-2029（9:00～16:00）
営 開門6:00～16:30
交 東急大井町線九品仏駅から徒歩5分

本堂の中から、波紋が美しい枯山水や池泉庭園が望める

奥沢城跡にあり、世田谷城主側室・常盤姫の父が城主を務めた

本堂は「龍護殿」と呼ばれ、2つの悪龍を珂碩上人が救い、火防の守護神「玉誉泉龍」「深誉清龍」として祀られたことにちなむ

Voice 世田谷城主の側室・常盤姫が白鷺の足に文を結んだ伝説にちなみ、本堂で「さぎ草絵馬」を拝受し、本堂前にある白鷺の像に結ぶと願い事がかなうといわれています。境内には「さぎ草園」もあります。（杉並区・N）

おもな見どころ

MAP 別冊 P.15-B3

築約100年のお宅で読書のひととき

読書空間みかも ●どくしょくうかんみかも

住 世田谷区奥沢2-33-2
TEL なし
営 イベントにより異なる（詳細は twitter.com/mikamoyotei）
休 不定
料 300円（イベントにより異なる）
交 東急東横線・大井町線自由が丘駅南改札から徒歩6分、東急目黒線奥沢駅から徒歩6分

海軍将校を父にもつ家主が生まれ育った洋館。大正13（1924）年に建てられた家に今も変わらずに住む。2006年より家の一部を開放し、自由が丘で古書店を営んでいた店主が「読書空間みかも」を開設。2018年からは家主が館長となった。利用者は本棚にある本や持ち込んだ本を思いおもいに読めるほか、百人一首の時間には館長が参加することも。地域の歴史的、文化的環境の保全に貢献するため、家主が所有している建物の一部や全部を開放し、一般財団法人世田谷トラストまちづくりの「地域共生のいえ」に登録することで活動の場を広げる。高い天井から吊り下げられたレトロな明かりが部屋を照らし、上げ下げ窓からは庭木が絵画のように映り、木洩れ日が射し込む。居心地がよく、長居したくなる。

こんもりと茂る緑と棟飾が付いたふたつの屋根が印象的

海軍を象徴する「桜と錨」の意匠をあしらった玄関扉

一箱古本市や茶話会などを開催。漆喰の壁や菊模様のガラス窓の扉など随所にこだわりが光る

MAP 別冊 P.15-B3

海軍の家族が暮らした町並み

奥沢海軍村 ●おくさわかいぐんむら

住 世田谷区奥沢2丁目付近
交 東急東横線・大井町線自由が丘駅南改札から徒歩6分、東急目黒線奥沢駅から徒歩約6分

関東大震災の教訓を踏まえ、海軍省があった霞が関と軍港があった横須賀の中間で、交通の便がよかった奥沢に、海軍の将校たちが移り住んだという。一時期は30軒ほど集まったことから「海軍村」と呼ばれるように。現在は3軒が残り、庭木の大木が往時をしのばせる。

海軍の親睦団体・水交社が斡旋しシュロを植える家が多かったという

閑静な住宅街に時を重ねた歴史があり、人知れず立つ石碑

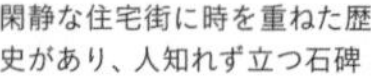

Info 1945年5月25日東京最後の空襲の際、読書空間みかもの敷地に焼夷弾が8発落ち、1発が母屋に命中したが、消火し大事にいたらずに済んだ。米軍は海軍村があることを事前にキャッチしていたと推測される。

開かれた地域の文化発信基地

MAP 別冊 P.14-C2

宮本三郎記念美術館 みやもとさぶろうきねんびじゅつかん

昭和の洋画家・宮本三郎と家族が暮らした邸宅跡地に世田谷区が2階建ての美術館を建て、世田谷美術館の分館として2004年に開館。ご遺族から寄贈された油彩や水彩、素描など4000点近くの作品と約1万冊の蔵書や資料を所蔵。多様な角度から作品を紹介する展覧会のほか、開館にあたり近隣住民とワークショップを重ね、世田谷区だけにとどまらず、隣接の大田区田園調布や目黒区自由が丘など一帯の文化的拠点として、講演会やワークショップ、コンサートなどを開催してきた。スケジュールはHPを要確認。

色彩豊かな画家の絵が映えるモダンな白い外観。1階はワークショップや講座を開催し、2階が展示室になっている

住 世田谷区奥沢5-38-13
TEL 03-5483-3836
営 10:00～18:00(最終入館17:30)
休 月(祝日の場合は翌日、展示入替期間、年末年始)
料 一般200円、高大生150円、65歳以上・小中生100円
交 東急大井町線九品仏駅から徒歩8分、東急大井町線・東横線自由が丘駅南改札から徒歩7分

《芥子と立藤》1967年
写実表現を軸にしつつ、色彩豊かで華やかな世界を描いた

邪悪を祓う龍の水墨画は必見

MAP 別冊 P.15-C3

東玉川神社 ひがしたまがわじんじゃ

その昔、諏訪分と呼ばれていた大田区との境にたたずむ。約400年前に建造された拝殿は1939年に、本殿は1940年に渋谷の氷川神社より譲り受け、区の登録有形文化財に指定されている。ご祭神は諏訪大社ゆかりの建御名方命(たけみなかたのみこと)と山の神である大山咋尊(おおやまぐいのみこと)。向拝の天井板には弘化2(1845)年に描かれたといわれる水墨画の火焔龍神像(正面座臥)があり、火焔となって立ち昇る、眼光鋭い高貴な龍の姿は邪悪を祓うと伝えられている。

向拝正面や唐破風屋根の下に、当時の職人技が伝わる本檜をノミで鮮やかに削った龍や獅子などの彫刻が見事

住 世田谷区東玉川1-32-9
TEL 03-3720-0007
営 境内自由
交 東急東横線田園調布駅東口から徒歩13分、東急目黒線奥沢駅・東急池上線雪が谷大塚駅南口から徒歩約11分

迫力あふれる「火焔龍神像」もぜひ拝みたい

本殿奥の鳥居前に御嶽神社や伏見稲荷大社の神様を祀っている

宮本三郎記念美術館開館後の2007年に、ボランティア組織「宮本三郎記念美術館と地域の会」が発足しました。さまざまな場で活躍する地域の方々に講演をお願いしています。(宮本三郎記念美術館)

おもな見どころ

MAP 別冊 P.14-B2 など　桜並木とせせらぎの親水公園

住 世田谷区深沢1-3～5-10
TEL 03-3704-4972（玉川公園管理事務所）
営 散策自由
交 最下流：東急東横線・大井町線自由が丘駅正面改札から徒歩20分
最上流：東急田園都市線桜新町駅西口から徒歩20分

花壇の花々が訪れる人の目を楽しませる呑川親水公園

呑川緑道 ●のみがわりょくどう

呑川は桜新町付近の品川用水の漏れ水と深沢周辺の湧水の池から流れる水が合流し、九品仏川と合流後に東京湾へ注いでいる。暗渠化した上部が緑道となり、昭和初期に植えられた300本の桜並木が残る。深沢7・8丁目では川が現れ、呑川親水公園になっている。

桜の大木が枝を伸ばし、春はお花見も。親水公園の両サイドは石畳になっている

MAP 別冊 P.14-B2 など　ベンチで思いおもいにくつろげる

住 世田谷区奥沢5-25、7-13先
TEL 03-3704-4972（玉川公園管理事務所）
営 散策自由
交 東急大井町線自由が丘駅南改札から徒歩3分
最西端：東急大井町線九品仏駅から徒歩5分
最東端：東急大井町線緑が丘駅南口から徒歩すぐ

桜やハナミズキ、キンモクセイなどが植えられている

九品仏川緑道 ●くほんぶつがわりょくどう

世田谷区と目黒区にまたがる約1600mの緑道。1974年に九品仏川を暗渠化したもので、浄眞寺の裏手から始まり、東急大井町線緑が丘駅付近で呑川に合流する。自由が丘駅前広場の緑道にはベンチがずらりと並び、休憩や談笑、お弁当をほおばる人たちでにぎわう。

世田谷区側の九品仏川緑道は「自由が丘南口商店会」が清掃を行っている

MAP 別冊 P.14-C1　カヤの大木と石像群は必見

住 世田谷区野毛2-7-11
TEL 03-3704-0643
営 散策自由（寺務所9:00～16:30）
交 東急大井町線等々力駅南口から徒歩22分
※外トイレなし

エキゾチックな一対の海駝が見守る石段の上に本堂がある

善養寺 ●ぜんようじ

京都・東山の総本山智積院の末寺で本尊は大日如来坐像。古く深沢から多摩川畔の当地に移転したと伝わる。本堂前には樹齢600～700年の都の天然記念物に指定されたカヤの木があり、境内には李王朝時代に造られた海駝や石羊など10数体の石像が鎮座する。

奈良の唐招提寺金堂を模した、屋根に特徴のある本堂。周囲には複数の石像が

Info 呑川緑道と烏山川緑道にはそれぞれ「城向橋（しろむかいばし）」という名前の橋跡がある。前者の城は奥沢城を指し、城跡に今は九品仏 浄眞寺が立つ。後者の城は世田谷城で現在は豪徳寺になっている。

第三章 歴史と文化

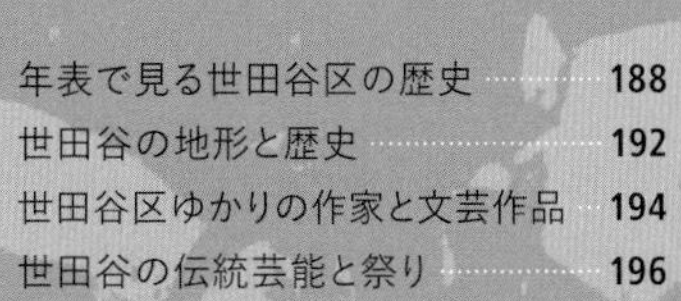

年表で見る世田谷区の歴史

世田谷区の歴史を日本や世界のできごととともに、わかりやすく一気見せ！

時代	西暦	和暦	世田谷のできごと	日本・世界のできごと
旧石器（先土器）時代	約3万5000年前		国分寺崖線沿いに世田谷最古の人々が生活の跡を残す（嘉留多・下山・堂ヶ谷戸・瀬田遺跡）	群馬県・岩宿遺跡で生活の跡が残る
縄文時代	約6000年前		瀬田・稲荷丸北・六所東遺跡で多摩川最奥部の貝塚が形成される	
	約5000～4500年前		縄文時代中期ごろ、大規模の集落ができる（明治薬科大遺跡）	
弥生時代	2世紀～3世紀		環濠のある集落が下山・堂ヶ谷戸・瀬田遺跡などで確認される	・秦の始皇帝、中国を統一（前221年） ・ローマ帝国成立（前27年） ・邪馬台国の卑弥呼が魏に使いを送る（239年） ・倭国の統一（大和朝廷の設立）（350年頃）
古墳時代	4世紀末～5世紀前後		前方後円墳の**上野毛稲荷塚古墳**、帆立貝形の**野毛大塚古墳**などが築造される（→P.62、63）	・ローマ帝国、東西分裂（395年） ・仏教伝来（538年）
	7世紀～8世紀初頭		**等々力横穴**など、横穴墓が複数造られる（→P.63）	・ムハンマド、イスラム教創始（610年） ・大化の改新（645年） ・大宝律令完成（701年）
奈良時代			このあたりの時代から鎌倉時代にかけ、火葬墓が築造される	平城京遷都（710年）
平安時代				・平安京遷都（794年） ・イングランド王国建国（829年）
鎌倉時代	11世紀～13世紀		喜多見で中国産白磁、青磁などが盛んに使用される	・十字軍派遣開始（1096年） ・壇ノ浦の戦い、平氏滅亡（1185年） ・源頼朝征夷大将軍になる（1192年） ・モンゴル統一（1206年）
	1264年	文永元年	豪族である木田見成念の娘・熊谷尼とその弟・長家が領地（現在の喜多見）を巡って争う	
	1274年	文永11年		元寇（文永の役）
	1281年	弘安4年		元寇（弘安の役）
	1333年	弘安3年		鎌倉幕府滅亡
室町時代	1336年	建武3年		・室町幕府成立 ・英仏百年戦争（1339年） ・ペスト流行（1347年）
	1376年	永和2年	吉良治家、世田谷郷上弦巻の半分の地を鶴岡八幡宮に寄進	南北朝統一（1392年）
	1467年	応仁元年		応仁の乱
	1480年	文明12年	・**豪徳寺**（→P.41、45、112）の前身である弘徳院がこの頃創建 ・吉良成高が太田道灌の援軍で江戸城に籠もる	
	1491年	延徳3年	吉良氏、泉澤寺を烏山に創建	
	1533年	天文2年	この頃江戸氏、喜多見に祷善寺を建立	・ルター宗教改革（1517年） ・ムガル帝国成立（1526年） ・鉄砲伝来（1543年） ・ザビエル来日、キリスト教伝来（1549年）
	1560年	永禄3年		桶狭間の戦い
	1570年	元亀元年	江戸頼忠、喜多見氷川大明神社を再建	
	1573年	天正元年		室町幕府滅亡
安土・桃山時代	1578年	天正6年	北条氏政、世田谷新宿にボロ市の起源とされる楽市の「掟書」を出す	
	1582年	天正10年		本能寺の変
	1590年	天正18年	吉良氏朝、下総国生実に逃れる	豊臣秀吉が全国統一

※時代の区分は諸説あり。また記載の西暦は世田谷のできごとに合わせている。

	1594年	文禄3年	上野毛郷などの検地	
	1597年	慶長2年	小泉次大夫、六郷用水開削の工事着手	
	1600年	慶長5年		・関ヶ原の戦い ・東インド会社設立（1600年）
江戸時代	1603年	慶長8年		江戸幕府開く
	1615年	慶長20年		大坂夏の陣、豊臣氏滅ぶ
	1633年	寛永10年	・世田谷領の15ヵ村（後に20ヵ村に加増）が彦根藩領に ・吉良氏旧家臣・大場市之丞吉隆、代官任命	
	1646年	正保3年	彦根藩世田谷領に初めて地詰検地が行われる	
	1653年	承応2年	玉川上水四谷大木戸まで完成	
	1658年	万治元年	玉川上水から北沢用水の分水許可	
	1659年	万治2年	・玉川上水から烏山用水の分水許可 ・井伊直孝没、豪徳寺に埋葬	隠元万福寺を創建
	1678年	延宝6年	珂碩上人が**九品仏 淨眞寺（→P.24、183）**開創	
	1683年	天和3年	喜多見重政、一万石の大名に	
	1685年	貞享2年		生類憐みの令発布
	1689年	元禄2年	喜多見家断絶	イギリス、名誉革命（1688年）
	1690年	元禄3年	大蔵村名主・石井兼重、家塾菅刈学舎を開き玉川文庫創建	
	1695年	元禄8年		元禄検地
	1703年	元禄15年		赤穂浪士討ち入り
	1707年	宝永4年		・富士山噴火 ・イギリス、産業革命（1760年頃）
	1716年	享保元年	世田谷が幕府の御鷹場に編入	享保の改革が始まる
	1739年	元文4年	世田谷代官・大場市之丞、追放。後任に大場盛政、用賀村名主・飯田平兵衛を任命	
	1786年	天明6年	代官・飯田平兵衛追放、宇奈根村・荒居市郎兵衛以謙が後任	・アメリカ、合衆国独立宣言（1776年） ・フランス革命（1789年）
	1841年	天保12年		・清、アヘン戦争（1840年） ・天保の改革
	1853年	嘉永6年	海岸警備のため世田谷領の村々に急発人馬が課せられる	ペリー浦賀来航
	1854年	安政元年		日米和親条約締結
	1858年	安政5年	井伊直弼、大老就任。日米修好通商条約調印	安政の大獄
	1859年	安政6年	吉田松陰処刑	
	1860年	安政7年	井伊直弼、桜田門外で殺される	公武合体（1861年）
	1863年	文久3年	高杉晋作、伊藤博文らが吉田松陰の遺骸を若林村の毛利家抱地内（現在の松陰神社）に改葬	
	1864年	元治元年	幕府、若林村毛利家抱屋敷を没収、吉田松陰墓破壊	禁門の変
	1867年	慶応3年	幕府、駒場野に三兵伝習所の設置計画、代田村、下北沢村などが反対	・リンカーン暗殺（1865年） ・大政奉還
明治	1868年	明治元年	木戸孝允、長州藩の命により吉田松陰墓碑建立	・鳥羽・伏見の戦い、戊辰戦争 ・江戸を東京と改称
	1869年	明治2年	彦根藩領以外の旧幕府領、旗本領、寺社領の村が品川県の管轄に	版籍奉還
	1871年	明治4年	・桜小学校の前身・幼学舎、若林小学校の前身・太子堂郷学所開校 ・廃藩置県が行われ彦根県が長浜県、品川県が東京府の管轄に	郵便制度実施
	1872年	明治5年	荏原郡の村が長浜県から東京府、多摩郡が神奈川県の所管に	
	1874年	明治7年	太子堂郷学所の幼童学所が公立の荏原学校に	板垣退助ら民撰議院設立建白書提出
	1877年	明治10年		西南戦争
	1879年	明治12年	・荏原郡に連合村制 ・世田谷村円光院に桜学校、用賀村に京西学校開校	教育令公布、学制廃止

時代	西暦	和暦	世田谷の出来事	日本の出来事
明治	1882年	明治15年	毛利元徳ら、吉田松陰墓畔に**松陰神社**(→P.43、46、49、60、150)を建造	立憲改進党成立 (総理大隈重信)
	1884年	明治17年	多摩郡に連合村制	自由党解散
	1889年	明治22年	市制及び町村制が実施。世田谷、松沢、駒沢、玉川、千歳、砧が誕生	大日本帝国憲法発布
	1891年	明治24年	目黒村駒場から世田谷村池尻に騎兵第一大隊移転	大津事件
	1894年	明治27年		日清戦争
	1904年	明治37年		日露戦争
	1905年	明治38年		日露講和条約調印
	1907年	明治40年	・徳冨蘆花、青山から千歳村粕谷に移住 ・玉川電気鉄道渋谷〜二子玉川間開通	
大正	1913年	大正2年	・京王電気軌道笹塚〜調布間開通 ・東京ゴルフ倶楽部駒沢にゴルフ場開場	桂内閣に対する憲政擁護運動激化
	1914年	大正3年		第1次世界大戦 (〜1918年)
	1919年	大正8年	・巣鴨病院、松沢村上北沢移転、松沢病院に改称 ・**世田谷城跡**(→P.41、113、136)が都指定旧跡となる	パリ講和会議開催
	1920年	大正9年		国際連盟正式加入
	1922年	大正11年	住宅地・田園調布が田園都市計画により売り出される	
	1923年	大正12年	世田谷村が世田谷町に	関東大震災
	1924年	大正13年	・玉川電気鉄道砧線玉川〜砧間開通 ・静嘉堂文庫、芝高輪から砧村岡本に移転	メートル法実施
	1925年	大正14年	・玉川電気鉄道世田谷線三軒茶屋〜下高井戸間開通 ・駒沢村が駒沢町に	治安維持法・普通選挙法制定
昭和	1927年	昭和2年	・小田原急行鉄道新宿〜小田原間開通 ・玉川電気鉄道溝ノ口線玉川〜溝ノロ間開通 ・東京横浜電鉄渋谷〜丸子多摩川間開通	
	1929年	昭和4年	・大吉寺「伊勢貞丈墓」都指定旧跡に ・目黒蒲田電鉄大井町線二子玉川〜大井町間全通	・世界恐慌 ・満州事変(1931年)
	1932年	昭和7年	東京市区域拡張により世田谷区成立	五・一五事件
	1933年	昭和8年	帝都電鉄(現・京王井の頭線)渋谷〜井の頭公園間開通	国際連盟脱退
	1936年	昭和11年		二・二六事件
	1937年	昭和12年	世田谷山観音寺「木造不動明王及八大童子像」国の重要文化財に指定	日中戦争
	1938年	昭和13年	東京横浜電鉄、玉川電気鉄道合併	国家総動員法公布
	1939年	昭和14年	区役所庁舎が現在地に竣工	第2次世界大戦
	1941年	昭和16年		・太平洋戦争始まる ・国民学校令により小学校が国民学校に改称
	1942年	昭和17年	東京横浜電鉄、小田急電鉄合併 (東京急行電鉄と改称)	
	1943年	昭和18年	溝ノ口線二子読売園〜溝ノロ間を大井町線に変更、大井町線乗り入れ	東京都制施行
	1944年	昭和19年	・B29が世田谷初空襲 ・東京急行電鉄、京王電気軌道合併	
	1945年	昭和20年	・空襲により区役所庁舎焼失 ・進駐軍、用賀の旧陸軍衛生材料廠を接収	・広島・長崎原爆投下 ・第2次世界大戦終結
	1946年	昭和21年		日本国憲法公布
	1947年	昭和22年	国民学校、小学校に改称。区立新制中学校一斉開校	第1回参議院選挙
	1948年	昭和23年	・区役所庁舎復興 ・小田急電鉄・京王帝都電鉄、東京急行電鉄より分離独立	帝銀事件
	1950年	昭和25年		朝鮮戦争始まる
	1951年	昭和26年	**二十五菩薩来迎会おめんかぶり**(→P.196)8年ぶりに復活	日米安全保障条約調印
	1952年	昭和27年	・「大場家文書」都指定有形文化財に ・「野毛大塚古墳」都指定史跡に	血のメーデー事件勃発

時代	西暦	和暦	世田谷区の出来事	日本・世界の出来事
昭和	1954年	昭和29年	区の人口50万人突破	第五福竜丸被爆
	1955年	昭和30年	砧ゴルフ場開場	日米原子力協定調印
	1960年	昭和35年	区役所庁舎落成	日米新安全保障条約調印
	1963年	昭和38年	・陸上自衛隊用賀駐屯地開設 ・東急大井町線を田園都市線と改称	J・F・ケネディ米大統領暗殺
	1964年	昭和39年	郷土資料館開館	・東海道新幹線東京〜新大阪間開業 ・東京オリンピック開催
	1965年	昭和40年		アメリカ、北ベトナム爆撃開始
	1966年	昭和41年	・多摩川水質保全水域指定 ・砧ゴルフ場、ファミリーパークとして一般開放 ・環状八号線（玉川通り〜世田谷通り間）開通	
	1967年	昭和42年	東名高速道路世田谷起点工事開始	
	1968年	昭和43年		小笠原返還協定調印
	1969年	昭和44年	東急玉川線・砧線営業廃止（三軒茶屋〜下高井戸間は世田谷線として存続）	アポロ11号月面着陸
	1971年	昭和46年	環状八号線区内区間開通	大蔵省1ドル308円に変更告示
	1972年	昭和47年	豪徳寺「井伊直弼墓」都指定史跡に	・冬季オリンピック札幌大会開催 ・沖縄本土復帰 ・日中国交正常化
	1974年	昭和49年	多摩川の堤防が台風の豪雨による増水で決壊	・佐藤栄作ノーベル平和賞受賞
	1975年	昭和50年	・「等々力渓谷三号横穴」が都指定史跡に ・24年ぶりの公選による区長・区議会議員選挙（大場啓二区長初当選）	ベトナム民族解放戦争終結
	1977年	昭和52年	東急新玉川線、渋谷〜二子玉川園間開通	アメリカ軍立川基地全面返還
	1978年	昭和53年	・「大場家住宅主屋及び表門」国重要文化財指定 ・東急新玉川線、営団半蔵門線と直通運転開始	日中平和友好条約調印
	1980年	昭和55年	・岡本公園民家園開園 ・「御岳山古墳」都指定史跡に	イラン・イラク戦争
	1985年	昭和60年		・つくば科学万博 ・日航ジャンボ機墜落
	1986年	昭和61年	**世田谷美術館（→P.140）**開館	ソ連チェルノブイリ原発事故
	1988年	昭和63年	**次大夫堀公園民家園（→P.143）**開園	イラン・イラク戦争停戦
平成	1989年	平成元年	せたがやトラスト協会設立	・天安門事件 ・ベルリンの壁崩壊
	1993年	平成5年	野毛大塚古墳復元・公開	湾岸戦争（1990年）
	1995年	平成7年		・阪神・淡路大震災 ・地下鉄サリン事件
	1997年	平成9年	次大夫堀公園民家園に旧安藤家住宅復元	
	1998年	平成10年		長野で冬季オリンピック開催
	2000年	平成12年	東急田園都市線・新玉川線を田園都市線に統一	・三宅島大噴火 ・アメリカ、同時多発テロ(2001年)
	2003年	平成15年	次大夫堀公園民家園に旧谷岡家表門を復元	イラク戦争
	2007年	平成19年	世田谷のボロ市、都無形民俗文化財に指定される	郵政民営化
	2008年	平成20年	「彦根藩主井伊家墓所」国指定史跡に	アメリカ発金融危機拡大、世界不況
	2011年	平成23年		東日本大震災
	2012年	平成24年		東京スカイツリー®開業
	2013年	平成25年	**二子玉川公園（→P.170）**開園	南アフリカ、ネルソン・マンデラ元大統領死去
	2015年	平成27年	**平和資料館（→P.155）**オープン	パリ同時テロ
	2016年	平成28年	「東京都野毛大塚古墳出土品」国の重要文化財指定	熊本地震
	2019年	平成31年	小田急線連続立体交差事業完成	
令和	2019年	令和元年		令和改元（5月1日）

5分で学べる！

世田谷の地形と歴史

数万年前からの歴史は、河川あり、崖線ありの地形によって築かれた。
その歴史の移り変わりを、コンパクトにまとめておさらいしてみよう！

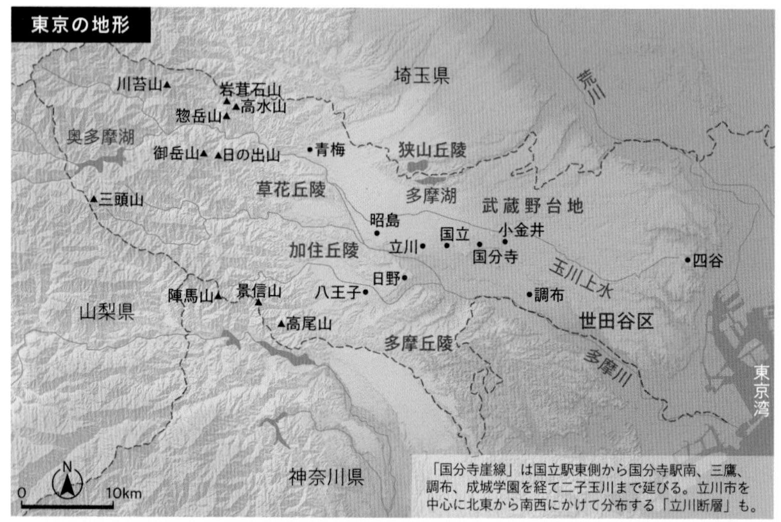

「国分寺崖線」は国立駅東側から国分寺駅南、三鷹、調布、成城学園を経て二子玉川まで延びる。立川市を中心に北東から南西にかけて分布する「立川断層」も。

国分寺崖線が遺跡を生んだ?!

世田谷区は武蔵野台地の東南部に位置し、武蔵野台地は古多摩川が作った扇状地が基盤となっている。そして、武蔵野台地と多摩川沿いにある多摩川低地の境には高低差があり、これが「国分寺崖線」といわれるもの。この崖線が大昔、多摩川が南へ流れを変える過程で武蔵野台地を削ってできた河岸段丘で、立川市砂川から大田区田園調布周辺まで、長さ30kmにも及んでいる。水利にも恵まれていた崖線上は居住に適していたと考えられ、世田谷区でもこの崖線上に遺跡が多く残されている。

区内の代表的な遺跡や遺構について年代を追って挙げると、旧石器時代の瀬田遺跡、縄文時代の下野毛遺跡、弥生時代の堂ヶ谷戸遺跡、古墳時代の野毛大塚古墳、喜多見稲荷塚古墳、奈良・平安時代の下山遺跡の横穴墓・火葬墓、中世の世田谷城跡・奥沢城跡、江戸時代の喜多見氏陣屋跡などがある。

なお、区の北西部に現在は暗渠化し緑道となっている北沢川や烏山川、蛇崩川が東流しており、さらに谷沢川、仙川などが南西側の境界をなしている多摩川に流入している。これらの豊かな河川が、畑など世田谷の土地にもたらした役割も大きい。

瀬田四丁目旧小坂緑地→P.33は国分寺崖線の境にある

世田谷区の地質は、武蔵野台地を形作る地層で造られ、多くは武蔵野砂礫層や関東ローム層などの後期更新世に堆積した地層が中心。関東ローム層は保水性がよいが、見かけ以上の支持力を持ち、宅地の地盤としては良好だ。

世田谷吉良氏が活躍

「熊谷家文書」などの史料により、現・喜多見一帯の武蔵国木田見郷が鎌倉時代には江戸氏の領地であったことが明らかになっている。木田見郷を本拠としたのは「関東一の大福長者」といわれた江戸太郎重長の次男の江戸氏重で、木田見次郎氏重と名乗っていたと伝わる。

また三河国幡豆郡吉良庄から起こったのが、清和源氏、足利氏の支族だった吉良氏。その庶流が世田谷吉良氏であり、足利義継を祖とする。なお、吉良氏が世田谷城を築造した時期は不明だが、永和2(1376)年には領地がすでに世田谷にあったという。15世紀半ばには関八州に力を持った後北条氏が、世田谷吉良氏が足利氏一族であることに着目。政略結婚で縁を結んだ。

その後、後北条氏が天正18(1590)年に滅亡すると、絆の強かった吉良氏朝が下総国に逃れ、徳川家康が関東入国。吉良氏は蒔田と名乗り家康に仕え、上総国長柄郡寺崎村に1120石を与えられた。なお、後北条氏と吉良氏に仕えていた江戸氏末裔の江戸勝重(後の勝忠)は、喜多見に住み、喜多見と改姓。喜多見氏は、その後、幕府の要職について2万石の大名となったが、元禄2(1689)年の刃傷事件で御家断絶となった。

喜多見にある慶元寺が江戸氏の菩提寺。境内の墓地の一画に代々の墓がある。一族の重鎮・重長の銅像もあり

彦根藩領から鉄道沿線の住宅へ

寛永10(1633)年、幕府の世田谷領15ヵ村が井伊家の江戸屋敷賄料として彦根藩領に、その後5ヵ村が加わり20ヵ村が彦根藩世田谷領として明治初期まで続いた。村を纏めたのは世田谷代官・大場家。

安政5(1858)年、彦根藩主・井伊直弼が大老職に就任、日米修好通商条約に調印し安政の大獄を強行したが、安政7(1860)年、桜田門外の変で暗殺された。

その後、明治2(1869)年版籍奉還、明治4(1871)年廃藩置県と明治維新改革が行われたが、世田谷の区域も次々と変わった。明治5(1872)年には中東部が東京府荏原郡に、西部は神奈川県北多摩郡となり、明治22(1889)年には荏原郡に世田ケ谷村、駒沢村、松沢村、玉川村、北多摩郡に千歳村、砧村ができ、明治26(1893)年、北多摩郡の2村が東京府に移管された。明治40(1907)年には玉川電鉄が開業し、昭和初期にかけて京王線、小田急線、大井町線、井の頭線も開通。1932年、世田谷が東京市に所属し、世田谷区が誕生。1936年には千歳村、砧村が編入された。第2次世界大戦では比較的被害が少なかったため、昭和40年代にかけ人口が急増、現在は約90万人が暮らす。

世田谷線上町駅から徒歩圏の世田谷代官屋敷。同じ敷地内にある世田谷区立郷土資料館とともに訪れたい

喜多見の慶元寺は江戸氏の菩提寺になっているが、この墓所に立派な三重塔がある。三重塔自体は古いものではないが、近くにある稲荷塚古墳緑地からこの三重塔の見える風景が「地域風景資産」に選定されている。

世田谷区ゆかりの

作家と文芸作品

さまざまな作家が居住地として選んだ世田谷には、
文芸作品の舞台となった場所も多い。
特に注目したいエリアや場所、作家について学んでみよう。

1.徳冨蘆花が眠る蘆花恒春園へ

世田谷ゆかりの文豪として知られる徳冨蘆花は、兄・蘇峰の経営する民友社に入った後、国民新聞に寄稿した『不如帰』がベストセラーとなった。そして明治39(1906)年、尊敬するトルストイのいるロシアを訪ね、すすめに従って、明治40(1907)年に武蔵野の自然広がる世田谷千歳村粕谷に移り住み田園生活を始めたという。蘆花はここを「恒春園」と名付け、晴耕雨読の暮らしを堪能。明治45(1912)年から構想を描いた『みゝずのたはごと』を執筆しはじめ、粕谷の風景を綴った作品もベストセラーとなった。結局、亡くなる昭和2(1927)年まで蘆花はここで暮らし、没後10周年忌に際した昭和11(1936)年に妻がこの地を東京市に寄贈。その意を汲んで武蔵野の風景を保存した公園には「徳冨蘆花旧宅」が残され、園内の墓所で夫妻は眠っている。

徳冨蘆花旧宅の「梅花書屋」。上は徳冨蘆花・愛子夫婦の墓 DATA→P.124

2.太子堂の林芙美子旧居跡を訪ねて

解説が書かれた「林芙美子旧居」の標識 MAP 別冊 P.11 - C3

太子堂という地名の由来になった聖徳太子像を祀る、円泉寺。その外壁の南西角に、「林芙美子旧居」の標識が立つ。路地奥の二軒長屋の1軒に、林芙美子と詩人・野村吉哉が同棲、もう1軒に友人の作家・壺井栄とその夫の繁治が住んでいた。ここは芙美子が不遇の時代の寓居であり、『放浪記』にはこの頃のひとコマが描かれ、栄の「はたちの芙美子」にも当時の暮らしが記されている。作家・平林たい子もここを訪れ、芙美子らと交流していたという。

Info 大吉寺（世田谷区世田谷4-7-9 MAP 別冊P.19-A4）は直木賞作家で僧侶の寺内大吉の実家で、司馬遼太郎や黒岩重吾も逗留した寺院。ここで生まれた『近代説話』は同人から直木賞受賞者が6人も出た伝説の同人誌である。

3. 下北沢文士町を知っていますか？

下北沢周辺は、かつて数多くの作家や歌人、俳人など文士が居住していたエリア。それらの旧居を地図に記した「下北沢文士町文化地図[※1]」には、こんなにも多くの文士が住んでいたのかと驚くほど名が連ねられている。その中でも戦前・戦中に“文学の神様”と称された横光利一は、代沢2丁目に家を設け、そこは「雨過山房」と呼ばれていた。利一の家には、代田に自分設計の家を建てた萩原朔太郎も訪れていたようで、行き来があったことを朔太郎の娘で『蕁麻の家』を著した作家の萩原葉子が述べている。よく散歩をしていた朔太郎は、その町周辺の様子を『猫町』で表していた。

また現在の区立代沢小学校で代用教員をしていたのが、坂口安吾。その教員時代の生活が『風と光と二十の私と』に描かれている。安吾の下宿先や勤務先は、朔太郎・葉子の旧居や画家・東郷青児とともに暮らしていた作家の宇野千代の旧居にも近く、安吾が小説に書いていた森巌寺（アワシマサマ）や北澤八幡神社へは、朔太郎や千代なども散策に訪れていたという。この界隈にある北沢川緑道には、利一の文学顕彰碑や安吾の文学碑が残されており、緑道の南側には作家の森茉莉や俳人・加藤楸邨などの旧居もあった。

4. 作家に愛された町・成城にて

多くの文人にゆかりのある成城。その街について『成城だより』で、「文学界」に昭和55（1980）年から昭和61（1986）年まで日記を連載したのが、大岡昇平。大岡は後の成城高等学校第1回生で通称松組（文系ドイツ語専攻）にて学生時代を過ごしたが、成城に転居したのは昭和44（1969）年、60歳になってから。『静かな生活』で成城に触れたノーベル文学賞作家・大江健三郎とも近隣で友好を深め、成城暮らしの野上弥生子との行き来も綴られている。

まだあるゆかりの作家と作品

作家	作品など
斎藤茂吉	現・都立梅ヶ丘病院院長も務めながら、アララギ派の中心として活躍した歌人。
北杜夫	斎藤茂吉の次男。世田谷松原を舞台に一家3代を描いた『楡家の人びと』が代表作。
志賀直哉	1940年から世田谷区新町に住み、特に戦後、精力的に作品を発表。
芹沢光治良	50歳で三宿に転居し多聞小学校PTA会長に就任。代表作『人間の運命』など。
三好達治	代田に住み、萩原朔太郎や宇野千代などと交流。『東京雑記』などを表す。
海音寺潮五郎	経堂の旧宅にあった「海音寺潮五郎記念館」が閉館。代表作『天と地と』など。
中野重治	豪徳寺に居を構えていたが、プロレタリア文学の旗手たちも近隣に多く居住。
石坂洋次郎	1940年奥沢へ。『陽のあたる坂道』、『乳母車』で周辺の情景を描く。
石川達三	1944年に世田谷転入、『金環蝕』などを表した。墓は九品仏 浄眞寺に。
安岡章太郎	代田や尾山台に居住。『朝の散歩』などで等々力など散歩中の情景を表す。
山本一力	都立世田谷工業高校出身で、自伝的小説『ワシントンハイツの旋風』がある。
沢木耕太郎	実在の下北沢・金子ボクシングジムを舞台とし、ノンフィクション『一瞬の夏』を執筆。
村上春樹	『ねじまき鳥クロニクル』など、場所特定はないが世田谷舞台の作品が数々ある。
矢作俊彦	世田谷線沿線を舞台として取り入れた、『ららら科學の子』で三島由紀夫賞受賞。
よしもとばなな	代沢に事務所を持ち、『もしもし下北沢』や『下北沢について』を刊行。
阿部和重	芥川賞候補になった『トライアングルズ』に三軒茶屋駅などの場面が登場。

Info 上記※1の「下北沢文士町文化地図」は「北沢川文化遺産保存の会」作成の地図で、下記サイトでも閲覧可能。
URL www.city.setagaya.lg.jp/kitazawa/001/001/005/d00037757_d/fil/shimokitazawabunkachizu-8.pdf

世田谷の伝統芸能と祭り

世田谷の伝統芸能と、都指定・無形民俗文化財(民俗芸能)に
指定されている催事はこちら。

伝統芸能

世田谷の囃子について

毎年3月に世田谷区民文化祭の一環として開催される郷土芸能大会。江戸時代後期の文化年間(1804〜18)に、世田谷八幡宮の宮司であった大場増五郎が、当時はやっていた神田囃子を世田谷村に広めたのがひとつの流れで、もうひとつは大井に伝わる大井囃子が多摩川流域から伝わり、等々力、瀬田、岡本、喜多見などに広まっていった。

祭り

■二十五菩薩来迎会おめんかぶり

九品仏浄眞寺→ P.183

江戸時代から続いており、2024年からは4年に一度奉修される。念仏行者の臨終に、阿弥陀如来が二十五の菩薩をしたがえて西方極楽浄土よりご来迎になるという、浄土の教えを具現化した行事で、当日は三仏堂(上品堂)から龍護殿(本堂)へ懸橋が架けられ、その橋を信者が菩薩のお面をかぶって行道する厳粛な儀式。次回は2024年5月5日に開催予定。

■奥沢神社の大蛇お練り行事

江戸時代の中頃、奥沢の地に疫病が流行し多くの村人が病に倒れた。ある夜、この村の名主の夢枕に八幡大神が現れ「藁で作った大蛇を村人が担ぎ村内を巡行させるとよい」とのお告げがあり、さっそくそのとおりに実行するとたちまち流行疫病が治まったのが始まり。9月の第2土曜に開催している。

■世田谷のボロ市

→ P.129

毎年12月15日〜16日、1月15日〜16日に開催される。700店以上の露店が並び、1日に約20万人もが訪れる。

■喜多見氷川神社の節分祭行事と神前神楽

喜多見氷川神社では社殿で祝詞が上奏されたのち、神官と赤・青・白・黒の鬼の間で「鬼問答」が行われる。この問答のすえ、鬼たちは神官にスルメを与えられ「鬼は外」との掛け声とともに豆を投げつけられ退散する。毎年2月3日。

■喜多見のまむしよけ

喜多見周辺の村々では、春、青大将やマムシが出てくる頃になると、蛇除けの神符をもらう風習があった。この神符は畑に出るとき懐中に入れたり、蛇の出てきそうな所に貼ったりした。また、藪や草むらを歩くときには「伊右衛門、伊右衛門」と唱えた。

■須賀神社の湯花神事

須賀神社は承応年間(1652〜54)に喜多見久大夫重勝が喜多見館内の庭園に勧請したのが始まりといわれ、このあたりでは「天王様」と呼ばれ親しまれている。湯花神事は8月2日の夜8時から行われる。大釜で沸かした湯がかかれば、無病息災という。

■喜多見慶元寺の双盤念仏行事

慶元寺では、十夜法要(11月24日)と仏名会(12月31日)において双盤念仏が演奏される。地元の人々で構成される講が行う双盤念仏は、区内では慶元寺のみで、極めて貴重な民俗行事となっている。

■森巌寺の針供養

開山した清誉上人は持病の腰痛に悩んでいたが、淡島明神に祈願すると夢の中で霊示があり、灸を施したところ腰痛が完治した。代々住職はこの灸治の法を毎月3と8の日に人々に施すようになったと伝わる。12月8日には淡島堂で針供養が行われる。

■代田餅搗き

旧代田村では農繁期を前に、寒餅を作る風習があった。寒餅は農家が共同で7俵(約420kg)もつき、これを短時間でつきあげるために、6〜8人が共同してつく。代田八幡神社で1月の第3日曜に開催。

Info かつて世田谷では年中行事のことを「モノビ」と呼び、変わりものを食べ、仕事を休む日とされていた。江戸後期の世田谷の年中行事を記したものに、彦根藩世田谷領代官・大場弥十郎の著作で、「家例年中行事」がある。

第四章 グルメガイド

昼から夜まで飲める♪
三角地帯に行ったなら、
寄ってほしい3軒を
ピックアップ！

三角地帯とは？
三軒茶屋駅周辺の国道246号線と、世田谷通りに囲まれた一帯のこと。戦後まもなくヤミ市が作られ、1950年には「エコー仲見世商店街」が誕生。今も昭和レトロな面影を残す。

砂肝のコンフィ（お通し）

梅の宿 紅梅 990円

鮮度を大事にしています！

芸能界にもファンが多い名店

チキンジョージ

●ちきんじょーじ　　MAP 別冊 P.19－C3

何よりも鮮度にこだわり、毎日届けられる食材を使用している。焼き物は、「セセリ」270円、「ハツ」270円、「モモ（伊達鶏）」400円など25種類。素材のおいしさを生かしたシンプルな味付けの「伊達モモ塩唐揚げ」1280円も絶品！地酒や焼酎も豊富に揃う。

住 世田谷区三軒茶屋2-16-5 古本ビル2階　TEL 03-3418-1195
営 17:30～翌2:00（L.O.翌1:00）、土～23:00（L.O.22:00）
休 日・祝　CC ADJMV
交 東急田園都市線・世田谷線三軒茶屋駅三茶パティオ口A出口から徒歩4分

Info 三角地帯の名物でもある銭湯「千代の湯」は、昔ながらのお風呂が楽しめる地元で人気のスポット。2024年1月現在、臨時休業中。

昼飲みならここへ直行！

てんぷら横丁わばる

●てんぷらよこちょうわばる

MAP 別冊 P.19 - C4

「串てんぷら盛り合わせ5本盛り」は、エビ、キス、季節の食材を使う。かまぼこをバターで焼いた「バターで焼いた板わさ」690円や、スモークチーズやいぶりがっこを入れた「元祖スモーキーポテサラ」590円もぜひ！

住 世田谷区太子堂4-22-13 鳥居ビル1階　TEL 03-6805-5535
営 11:30～翌3:00（L.O.翌2:00）　休 無休　CC ADJMV
交 東急田園都市線・世田谷線三軒茶屋駅三茶パティオ口C出口から徒歩2分

生レモンサワー
590円

名物の天ぷらは軽い食感です！

串てんぷら
盛り合わせ
5本盛り
700円

生ビール
（中ジョッキ）
500円

塩もつ
煮込み
500円

ネギレバ焼き
500円

ホルモン
MIX刺し
750円

地域密着型の大衆居酒屋

エビス参 エコー仲見世店

●えびすさん えこーなかみせてん

MAP 別冊 P.19 - C4

　エコー仲見世商店街にある昭和レトロな店内で、串焼きや多彩な一品料理を楽しめる。名物は、毎日仕入れる新鮮なホルモン。おすすめの「ホルモンMIX刺し」は、ハチノス、センマイなどを秘伝の味噌と卵黄と一緒にいただく。

住 世田谷区三軒茶屋2-13-17　TEL 03-3487-4629
営 17:00～24:00（L.O.フード23:00、ドリンク23:30）
休 無休　CC 不可
交 東急田園都市線・世田谷線三軒茶屋駅世田谷通沿出口から徒歩約1分

Voice おしゃれなイメージが強い三軒茶屋ですが、ディープな三角地帯にもぜひ足を運んでもらいたい。元気なスタッフが迎えてくれるお店ばかりで楽しいです。（杉並区・F）

カレーの新聖地・

2012年に「下北沢カレーフェスティバル」が始まった世

カレー3種1500円。薄紫色のライスを囲む副菜も美味

〖下北沢駅〗

Curry Spice Gelateria KALPASI

●かりー すぱいす じぇらてりあ かるぱし

スパイスマニアから一目置かれる完全予約制（LINE限定）の予約困難店、千歳船橋「Kalpasi」の姉妹店。こちらのカレーは、本店と同じくすべてオーナーシェフの黒澤さんが開発。下北沢という土地柄に合わせた少しだけ食べやすいテイストになっている。ジェラートは花山椒ショコラーデ、ブルーチーズ ローストクミンシードなどカレーに使うスパイスを使い、濃厚かつさっぱり食べられる。全8種。

MAP 別冊 P.17-C4

住 世田谷区北沢2-12-2 サウスウェーブ下北沢1階 TEL なし 営 11:00～21:00（L.O.20:00） 休 木 CC 不可 交 京王井の頭線・小田急線下北沢駅東口から徒歩2分

超人気店がカレー＆ジェラートのW主役！

おもにジェラート作りを担当、店長の内田さん。スタイリッシュなたたずまいの店内

ジェラート600円（2種）。単品を楽しんだら混ぜてパクリ

Info 「Curry Spice Gelateria KALPASI」のジェラートはスパイスとハーブをテーマに作られている。ジェラートのみやげ用テイクアウトは不可だが、カレーはテイクアウト可能な弁当を提供している。

世田谷でシビレたい

田谷区。都内では聖地・神田に次ぐエリアとして注目されている！

〚三軒茶屋駅〛

shiva curry wara

●しば かりー わら

連日行列のできる超人気店。トマトの酸味を生かした濃厚なバターチキンカレーのほか、伝統的なスパイスを駆使して作られる本場仕込みのカレーは、インドの各地域に根付く特徴を生かしつつ日本人がおいしいと思えるようにアレンジして仕上げた、ここでしか食べられない味。夜メニューでは、飲みながら楽しめるスパイス料理も充実。オーナーの山登さんは、知識と経験を蓄えるために毎年約1ヵ月の休暇をとってインドに出かける、無類のインド好き。

MAP 別冊 P.19-B4

住 世田谷区太子堂4-28-6 2階　TEL 080-9432-8200　営 11:00～15:00（L.O.14:30）、18:00～21:00（L.O.20:00）　休 月、その他不定休　CC 不可　交 東急田園都市線・東急世田谷線三軒茶屋駅から徒歩3分

黄色い壁が目印。スパイスの香りが漂い、インド雑貨が飾られた店内は、現地の食堂のような雰囲気

インドの魅力を体感できるカレー激戦区の一軒

ナマステランチ3種盛り1550円（チーズクルチャ＆ミニライスは＋100円）

タンドールの窯焼き料理もおすすめです

チキンティッカ420円。遠赤効果でふっくらジューシー。ミントチャトニのディップも◎

Info 「shiva curry wara」のカレーは、テイクアウトのほか、デリバリーも可能。またスパイスと炒めて調合された玉ねぎミックス、仕上げのガラムマサラなどが用意され、30分程度で調理できるミールキットの販売もあり。

ミールスはすべておかわり自由。マハリンガムシェフが盛りつけに来てくれる

［祖師ヶ谷大蔵駅］

スリマンガラム 祖師ヶ谷大蔵

チャイの名物パフォーマンスは必見

●すりまんがらむ そしがやおおくら

インド各地で腕を磨いた名物シェフ・マハさんの出身地、南インド・チェティナードゥの地方料理が楽しめる店。定食「ミールス」のほか、軽食として食べられている「ティファン」など、バナナの葉の上に盛り付けてくれる料理も。ミールスのカレーは、10種類以上のひきたてのスパイスをふんだんに使った、香りの高さと奥深い味わいが特徴。右手でつまんでライスとよく混ぜながら食べると、味わいもひとしお。現地スタイルで楽しもう。

バナナリーフの皿で食す 本格南インド料理

MAP 別冊 P.16-B1

住 世田谷区祖師谷3-33-2 三興ビルB1階 TEL 03-6676-2812 営 11:30〜15:00（L.O.14:30）、18:00〜21:30（L.O.21:00） 休 不定休 CC 不可 交 小田急線祖師ヶ谷大蔵駅北口から徒歩1分

ディナーミールス2700円。カレー3種とライス、副菜やデザート付きの肉と野菜のミールス

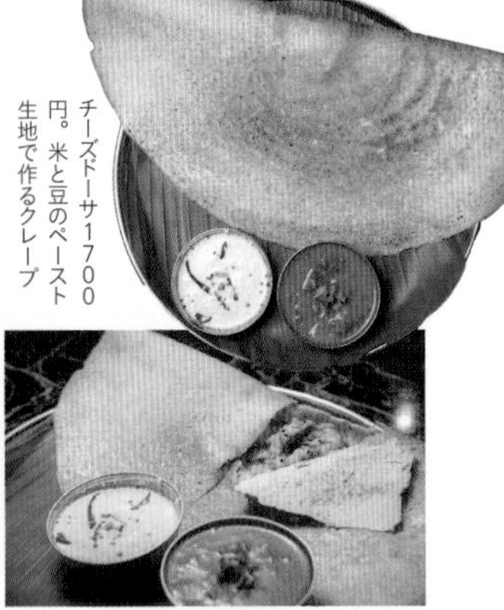

チーズドーサ1700円。米と豆のペースト生地で作るクレープ

南インドスタイルの食べ方、教えます

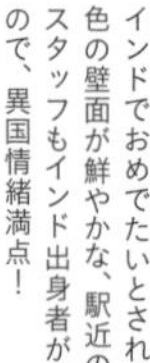

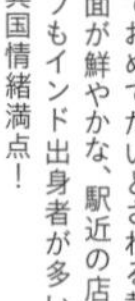

インドでおめでたいとされる黄色の壁面が鮮やかな、駅近の店。スタッフもインド出身者が多いので、異国情緒満点！

Info 経堂で人気を博していた「スリマンガラム」は2022年に閉店したが、常連は祖師ヶ谷大蔵に通っている。テイクアウトも可で、スペシャルイベントやモーニングを行うこともあるので、SNSを要チェック！

［二子玉川駅］

Achchha Khana

読あっちゃ かーな

王道のうまさを求め 長年通う地元ファンも多数

小麦粉、うま味調味料、保存料は使わず野菜とスパイスを約2日間煮込んで作るカレー。スパイスが利いたほどよい刺激のあるインド風、かつなめらかな後味のよさがあとをひくソースが美味。フォークでほぐせる軟らかさの骨付きチキンやアクセントになる素揚げ野菜など、そのまま食べてもおいしいトッピングを合わせて完成。

MAP 別冊 P.18-B1

住 世田谷区玉川3-17-1 玉川高島屋S・C本館1階 TEL 03-3708-5038
営 10:00～21:00（L.O.20:00）
休 玉川高島屋S・Cの休みに準ずる
CC ADJMV 交 東急田園都市線・大井町線二子玉川駅西口より徒歩4分

チキンカレー1630円。ゆで卵100円をトッピング

開放感あふれるテラス席は、隣接するカフェと共有

麦ごはんと白米が選べます

［下北沢駅］

茄子おやじcurry

読なすおやじかれー

30年を超えて下北で 愛される老舗のカレー屋

下北沢のカレーブーム前の1990年にオープン。2代目オーナーの西村さんによって、じっくり煮込み、しっかり寝かせて2日がかりでていねいに作られるカレーは、玉ねぎの甘さとスパイスのバランスが絶妙。レコードから流れる音楽を聴きながら、カレーとコーヒーを味わい、心地よい時間を過ごせるのが魅力。行列店のため、売り切れ次第カレーは終了。

MAP 別冊 P.17-C4

住 世田谷区代沢5-36-8
TEL 03-3411-7035
営 12:00～22:00（L.O.21:30）
休 無休
CC 不可
交 京王井の頭線・小田急線下北沢駅南西口から徒歩3分

スペシャルカレー1500円。3種の具材とゆで卵を全のせ！

スタッフは音楽活動もやってます

明るく親しみやすいスタッフ

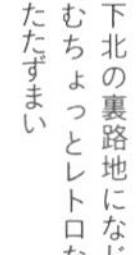
下北の裏路地になじむちょっとレトロなたたずまい

「茄子おやじcurry」店内のBGMは、ターンテーブルに載せたアナログレコードから。レトロな雰囲気にもぴったりの選曲でそんな雰囲気を気に入り訪れる常連客も多い。食後の本格派コーヒーも美味。

3種がけ1600円。定番のMANOSチキンカレーは必食！

一期一会の味わいが楽しい個性派創作カレー

〚三軒茶屋駅〛

創作カレーMANOS

●そうさくかれーまのす

大阪スパイスカレーの先駆け「旧ヤム邸」の流れを汲む店主が、旬の食材を使ったオリジナルメニューを考案。鶏だしが染みた大根を具材にしたチキンカレーのほか、スパイス感とうま味をしっかり堪能できる月替わりキーマ、週替わりカレーの3種類が並ぶ。基本的に同じメニューの再登場はないため、気になったらすぐGO。出西窯の器に映える盛りつけも◎。

オリエンタルな雰囲気のオシャレな店内。出番を待つスパイスがキッチンの壁面にずらり。期待が高まる

MAP 別冊 P.11-C3

住 世田谷区太子堂3-18-2 三茶ビル1階
TEL 03-6805-3376
営 11:30～15:00（L.O.14:30）、18:30～21:30（L.O.21:00）
休 月夜・金（詳しくはSNSを要確認） CC 不可
交 東急田園都市線・世田谷線三軒茶屋駅から徒歩7分

幅広い年齢層から推される「つぼ焼きかれー」が名物

ハンバーグかれー1540円、目玉焼きトッピング165円

〚池尻大橋駅〛

ビストロ喜楽亭

●びすとろきらくてい

美濃焼の特注の皿で提供されるアツアツの「つぼ焼きかれー」を、自分でご飯（ナンに変更可）にかけるスタイル。約30年前、ビストロのメニューとして人気を博したことからカレー専門店になっただけあり、ブイヨン取りから始めるルーはもちろん、ジューシーな手ごねハンバーグなど豊富なトッピングまですべてにこだわりが。テイクアウトのカレーパンも人気！

三宿という場所柄、ランチタイム後も深夜まで、「つぼ焼きカレー」を求めるお客さんでにぎわう人気店

MAP 別冊 P.11-C3

住 世田谷区池尻3-30-5
TEL 03-3410-5289
営 11:00～23:00（L.O.22:30）
休 不定休
CC ADJMV
交 東急田園都市線池尻大橋駅西口から徒歩9分

「ビストロ喜楽亭」でテイクアウトが可能な「自家製おいしいかれーパン」は、メディアで紹介されることも多い人気商品。普通と辛口の2種があり、12個セット4500円でウェブサイトからの注文も可能となっている。

［下北沢駅］

ADDA

あっだ

インド×スリランカをひと皿に

色鮮やかなADDAプレート1300円。ラッシー430円

大阪の人気2店、インドカレーの「ボタ」とスリランカカレーの「デッカオ」がコラボしたメニューが話題。「ADDAプレート」は定番のチキンカレー、2種から選ぶ日替りカレー、副菜5種がセット。まずは一品ずつ味わってみて。ラストの全部混ぜでおいしさはMAXに！

MAP 別冊 P.17-C3

住 世田谷区代田2-36-14 BONUS TRACK SOHO4　TEL 070-3155-7178
営 11:30〜15:30（L.O.15:00）、17:30〜20:30（L.O.20:00）、土・日・祝11:30〜20:30（L.O.20:00）
休 水（祝日の場合は別日に振替）　CC ADJMV
交 京王井の頭線・小田急線下北沢駅南西口から徒歩5分、小田急線世田谷代田駅東口から徒歩5分

インド、スリランカ、ベトナムなどアジア各地のビールも用意。カレーとの相性は抜群

［下北沢駅］

SANZOU TOKYO

さんぞう とうきょう

スパイスを駆使した逸品を立食で

イートインの場合ほうじ茶を用いた自家製アイスチャイをサービス

メニュープロデュースは柏の「ボンベイ」の磯野晃一シェフ。名店の味を踏襲しつつ進化を遂げた「カシミールカレー」などスパイスの香りと刺激、素材のうま味豊かなカレーはどれもこの店のためのスペシャル仕様。洗練されたひと皿をスタンディングスタイルでどうぞ。

MAP 別冊 P.17-B4

住 世田谷区北沢3−19-20 reload 1-7　TEL 03-5738-7744
営 11:00〜20:00（L.O.19:30）　休 不定休　CC ADJMV
交 京王井の頭線・小田急線下北沢駅東口から徒歩4分、小田急線東北沢駅西口から徒歩4分

極辛口のカシミールカレー1000円。サンゾウにちなみ鶏肉は3つ。ニンニクも美味

シモキタを熱くする！

下北沢カレーフェスティバル

今や、世田谷の町の風物詩となった食の祭典。下北沢の町全体がカレーの町へと変貌する！

100店舗以上が参加！　毎年10月に開催するカレーの祭典。ミニサイズでの提供もあり、さまざまなカレーを食べ比べできる。かつて下北沢にあったベーカリー「アンゼリカ」の限定出店する年も。有名店から普段はカレーを提供していない店の一皿まで、多くのカレーを楽しみたい。

Info　2023年で12回目を迎えた「下北沢カレーフェスティバル」。毎年10月に開催予定で、カレ〜な賞品がもらえるスタンプラリーなども実施されることもあり。カレーフェス恒例、限定Tシャツなどのグッズもゲットしたい！

ココが こだわり！

レア感が絶妙な極薄チャーシュー

透き通ったスープに整った麺線が美しい、塩そば800円。軟らかなチャーシューとオニオンフライの異食感が楽しい、肉丼380円

老舗から新店まで 進化を続ける

地元で愛される老舗からニューオープンまで、世田谷を代表する6軒。食材や麺、味はもちろん、空間造りにもこだわるラーメン店を紹介！

ビブグルマン獲得の実力店

芦花公園駅

1 成城青果

●せいじょうせいか

店主の譽田さんが、祖父母が営んでいた八百屋の屋号を受け継いだ店名を掲げ、2020年に地元芦花公園で開店。ジャズの流れる心地のよい店内で、ぜひ食べたいのは塩そば。複数の節類、羅臼昆布、煮干しをブレンドしてとる香りの高い和風のアツアツスープは、中細のストレート麺によくなじむ。上品ながら存在感のある味わいと、端正なビジュアルが印象的。

店前の提灯が目印。待機スペースと並び位置を確認しよう。(出入口に並ぶのはNG) スタイリッシュなカウンターに全6席

花椒でピリッと味変もおすすめ

MAP 別冊 P.9－A3

住 世田谷区南烏山3-1-11 蘆花パークヒル1-101
TEL 非公開 営 平日11:00～15:00、17:00～翌1:00 (L.O.翌0:45)、土・日・祝11:00～翌1:00 (L.O.翌0:45) 休 不定休 CC 不可 交 京王線芦花公園駅北口から徒歩1分

Info 「せたが屋 ひるがお 駒沢店」の自家製麺は、希少小麦「絹あかり」や「ゆきちから」をブレンドした国産小麦100%のプライベートブレンドです。

昼夜で看板が変わる二毛作店

駒沢大学駅

2 せたが屋 ひるがお 駒沢店

●せたがや ひるがお こまざわてん

コンセプトの異なる6ブランドを展開する「せたが屋」の本店。「ひるがお」を掲げる昼はモチモチとした細麺に魚介の風味が食欲をそそる深みのあるスープがよく絡む、塩ラーメンを提供。「せたが屋」となる夜は、パンチの効いた「魚郎（ぎょろう）らーめん」をぜひ。力強さと荒々しいうまさが共存したスープが絶品の看板メニュー、煮干し醤油ラーメンも人気！

カウンター席とテーブル席があり、ひとりでも仲間とでも訪れやすい。スタッフが着用する店名入りTシャツも、昼夜で異なる

MAP 別冊 P.15 - A3

住 世田谷区野沢2-1-2
TEL 03-3418-6938 営 ひるがお11:00～15:00、せたが屋17:00～22:30
休 無休 CC 不可
交 東急田園都市線駒沢大学駅東口から徒歩13分

気分に合わせてご来店ください

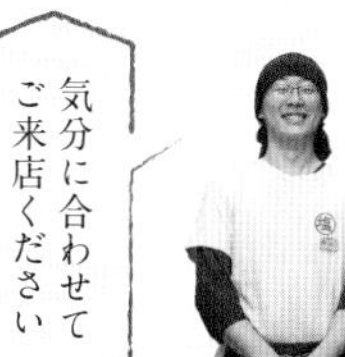

昼

ココがこだわり！
昼夜で別モノの自家製麺を使用する

塩玉らーめん1000円。香り高い魚介スープはホタテと貝柱が主役

夜

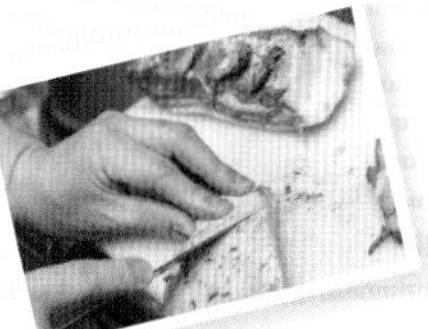

1枚ずつ炭火で炙るチャーシュー。香ばしさがたまらない

魚郎らーめん1100円。魚介スープに背脂とニンニクをプラス

Voice 「せたが屋 ひるがお 駒沢店」は、「麦富士」など時期で異なる銘柄豚を仕入れていて、煮干しスープで仕込むチャーシューは、ひと味違います！（世田谷区・ノブユキ）

質の高い具材のアシストも◎

上北沢駅

3 らぁめん小池

●らぁめんこいけ

人気アニメに登場する「小池さん」に由来する店名がユニーク。ビブグルマンに連続選出されたことのある実力派人気店だ。煮干しからとった雑味のないスープに、ツルっとした喉越しのよい麺、こんもりと盛られたレアチャーシュー、ショウガの効いた鶏団子がマッチ。

ココが こだわり！
コンセプトが真逆のメニューが共存

煮干しラーメン960円。マヨチャーシューご飯250円。繊細な味を追求した看板メニューとジャンキーなご飯ものの組み合わせにもファン多し。

MAP 別冊 P.9－A4

住 世田谷区上北沢4-19-18 上北沢ハイネスコーポ1階 TEL 非公開 営 平日11:00～14:30、18:00～21:00、土・日・祝11:00～15:00、18:00～21:00 休 無休 CC 不可 交 京王線上北沢駅北口から徒歩4分

甲州街道沿いのわかりやすいロケーション。食べることに集中できそうなカウンター席のみの行列店

豚骨の本場、博多の人気店

二子玉川駅

4 博多濃麻呂 二子玉川店

●はかたこくまろ ふたこたまがわてん

メの一杯にもぴったりです

徹底した下処理と灰汁取りで臭味や雑味を抑え、自家製の元だしを加えた豚骨スープは、しっかりとした旨味やコクを堪能できる。コシのある細麺も自家製で、ネギは福岡から直送したものを使用。辛子高菜や紅しょうが、ニンニクなど無料のトッピングを楽しめるのも博多流。

ラーメン700円。シンプルな基本メニューの人気も健在！

MAP 別冊 P.18－B1

住 世田谷区玉川3-14-6 TEL 03-3708-2790 営 月・木・金・土11:00～14:00、18:00～翌2:00、火・水・日・祝11:00～翌2:00 休 元旦 CC 不可 交 東急田園都市線・大井町線二子玉川駅西口から徒歩4分

キリッとしたたたずまいの藍色の大判のれんが目印。2023年6月、隣に二子玉川2号店がオープン

ココが こだわり！
最後まで飲みきりたい至極のスープ

ネギラーメン850円。約60ｇの山盛りがネギ好きにはたまらない

Info 「博多濃麻呂 二子玉川店」の自家製麺は、保存料を一切使用していないので、小麦の風味まで味わえる。

激戦区下北を代表する名店

下北沢駅

5 中華そば こてつ

●ちゅうかそば こてつ

親しみやすい店名は、店主大島徹也氏の愛称。幅広い層のファンを持つ「中華そば」は、その名のとおり深い味わいの中に昔懐かしさを感じる上品な淡麗系醤油ラーメン。鶏ガラの動物系と、煮干しや節、昆布などの魚介系にシイタケだしを合わせたトリプルスープが口に広がる。

MAP 別冊 P.17 - B4

住 世田谷区北沢2-39-13 田丸ビル1階 TEL 03-5465-0044 営 月11:30～15:00(L.O.14:50)、水～日11:30～15:00(L.O.14:50)、17:00～21:00(L.O.20:50) 休 火 CC 不可 交 京王井の頭線・小田急線下北沢駅中央口から徒歩5分

ビブグルマン獲得の行列のできる調理の手元が見える低めのカウンターを備えた清潔感のある店内。

ココがこだわり！ 特注の大判皮を使った絶品ワンタン

一番人気の、特製中華そば950円。ワンタン麺980円。刻みタマネギと背脂をトッピングして(100円)こってりバージョンに変更することも

ココがこだわり！ レンコン入りの麺はもっちり食感

奥久慈軍鶏の白湯スープ

三軒茶屋駅

6 臥龍

●がりゅう

クリーミーなのにキレのあるスープが特徴。チャーシューなどトッピングの異なる4種類は、いずれも3種類を調合したオリジナル味噌で味噌スープに変更可。ほどよい食感の穂先メンマが名脇役。発酵した南蛮醤油も味のポイントだ。夏期限定の冷やしラーメンも人気。

MAP 別冊 P.19 - C4

住 世田谷区三軒茶屋1-35-3 TEL 080-4918-0023 営 水18:00～22:00、木～月12:00～14:00、18:00～22:00、休 火 CC 不可 交 東急田園都市線・世田谷線三軒茶屋駅南口から徒歩4分

2006年オープン以来のなじみ客も多いという、三茶の行列店。店主のソロオペで、カウンター席のみ

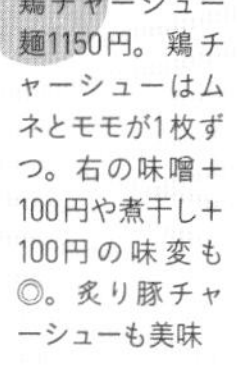

鶏チャーシュー麺1150円。鶏チャーシューはムネとモモが1枚ずつ。右の味噌＋100円や煮干し＋100円の味変も◎。炙り豚チャーシューも美味

Voice 三軒茶屋に来たら必ず寄る「臥龍」。ラーメンの味はもちろんですが、焼酎や日本酒を飲めるのもうれしいポイント。(目黒区・アキ)

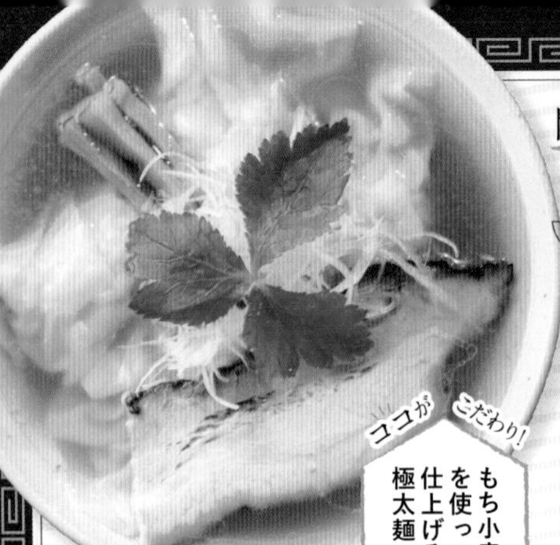

海老塩雲呑1300円。海老のうまさが堪能できるハイクオリティなワンタン

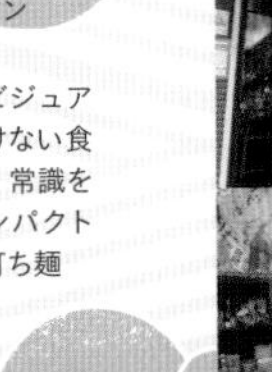

極太のビジュアルに負けない食感や味。常識を覆すインパクト大の手打ち麺

悶絶級のフワモチ極太麺

下北沢駅

7 純手打ち 麺と未来

●じゅんてうち めんとみらい

「古きよきものに、新しいカルチャーを織り交ぜた、下北らしいラーメン」と店主が話す超人気店。特徴は、麺を味わうのにふさわしいハイブリッド小麦「もち小麦」を使って店内で打つ、独自の太麺。鰹節や煮干のうま味とコクが詰まった、麺に負けない味わいのスープも美味。

MAP 別冊 P.17－B4

住 世田谷区北沢3-25-1 TEL 非公開 営 平日11:30～14:30、17:30～21:00、土・日・祝11:30～17:00頃（売り切れ次第終了） 休 不定休 CC 不可 交 京王井の頭線・小田急線下北沢駅東口から徒歩6分

酒のラベルがぎっしり貼られた内装が活気ある店の雰囲気にぴったり。麺を打つ様子を見られることも

ワンタン中華そば950円、焼豚中華そば1200円。煮干しの旨みを堪能できる魚介系スープに醤油を合わせた、コクのある味わいのスープ

名店柴崎亭の新ブランド

梅ヶ丘駅

8 世田谷製麺所

●せたがやせいめんじょ

淡麗系の先駆者として名を馳せる調布・柴崎亭が2023年9月にリニューアルした、昔懐かしい醤油中華そばの専門店。八王子中華そばを起源にした刻んだネギと玉ネギの入ったハイブリッドラーメンは、全4種類。12時間以上低温調理を施し、お肉を特製ダレで漬け込んだ食べ応えのある焼豚も美味。

MAP 別冊 P.10－B2

住 世田谷区梅丘1-23-5 ファミールマツイ1階 TEL 非公開
営 11:00～22:00（L.O.21:45） 休 無休 CC 不可
交 小田急線梅ヶ丘駅南口から徒歩1分

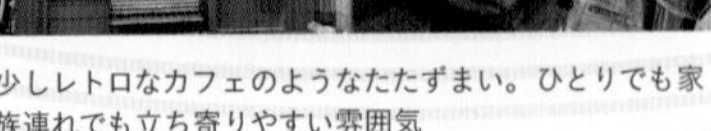

少しレトロなカフェのようなたたずまい。ひとりでも家族連れでも立ち寄りやすい雰囲気

Info 「鶏そば そると」では、真空低加水細麺、多加水中太麺、多加水平打ち細麺から麺を選べる。もちろんすべて自家製麺。

店主の個性光る鶏塩専門店

下北沢駅

9 鶏そば そると

●とりそば そると

鶏清湯スープと濃厚な鶏白湯スープの2本立てメニューで、あっさりもこってりも、その日の気分に合った「鶏そば」が楽しめる一軒。つけ麺の残り汁を「コーン茶」で割ってコーンスープ風味にできるなど、イタリアン出身のシェフの下北っぽいアイデアがおもしろい人気店。

MAP 別冊 P.17 - C4

住 世田谷区代沢5-36-13 北村ビル1階　TEL 03-5432-9270
営 11:30～翌1:30 (L.O.1:00)　休 不定休　CC 不可
交 京王井の頭線・小田急線下北沢駅南西口から徒歩4分

一見蕎麦屋にも見える、女性ひとりでも気軽に入れそうな店構え。ロゴマークの鶏がキュート

鶏そぼろと鶏チャーシュー、素揚げした野菜が彩を添える、そると白湯そば1170円。透き通る清湯スープが美しい、鶏そば850円

コチラもおすすめ！

肉類を一切使わないラーメンと、レストランの〆で食べられるスペシャルなラーメン！

ヴィーガンラーメン!?

下北沢駅

薬膳食堂ちゃぶ膳

●やくぜんしょくどうちゃぶぜん

オーガニックなど無農薬野菜のみを使った「ドラゴンラーメン」は濃厚な豚骨ラーメンを再現。体のことを考えた無化調ヴィーガンメニュー。

MAP 別冊 P.17 - B3

住 世田谷区代田6-16-20　TEL 080-6603-8587
営 17:00～22:00　休 月　CC 不可
交 京王井の頭線・小田急線下北沢駅西口から徒歩8分

〆の徳島ラーメン

三軒茶屋駅

SANCHA FUKAMI

●さんちゃ ふかみ

徳島出身の店主が作る徳島の郷土料理と地酒が楽しめる居酒屋。3日間かけて阿波尾鶏でとるスープが◎。徳島名物フィッシュカツも人気。

MAP 別冊 P.19 - B4

住 世田谷区太子堂3-14-8 COMPLEX D号室　TEL 03-5787-8376　営18:00～24:00 (食事L.O.22:30)　休 日　CC ADJMV
交 東急田園都市線・世田谷線三軒茶屋駅北口から徒歩4分

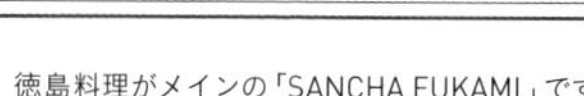

Voice 徳島料理がメインの「SANCHA FUKAMI」ですが、徳島ラーメンが絶品です！ 甘辛い肉と生卵が特徴です！(世田谷区・モモ)

特別な日に
極上の記念日

区内の数あるレストランのなかで
上級の料理と空間でグルマンを

たった1日で花がしぼんでしまうカンゾウの花のフリットを添えたオードブル、気仙沼大島の春牡蠣　めかぶのソース

もとは茶室として使われていた、漆黒の間

シストロン産仔羊のロースト なすとトマトのグラティネ　マッシュルームとミントのソース。手の込んだ付け合せも芸術的

なめらかかつ濃厚な、紅茶のブリュレ いちごのコンポート

五感を生かしジャンルを超えた料理を作り出す中嶋シェフ

1日1組限定の芸術フレンチ

御室

用賀駅

●おむろ

多くの著名人の舌をうならせた名店ロアラブッシュのグランシェフなど輝かしい経歴をもつ中嶋寿幸氏が、自身の集大成として2021年にオープン。床から壁面、天井までがすべて漆塗りの贅沢空間は圧巻で、ひとりひとりの好みに合わせた料理を堪能することができる。住所は非公開でオーダーメイドフルコースのみ（2万5300円、3名以下の場合、室料5000円）という、究極の隠れ家レストランだ。相席で参加可能な季節イベントも開催している。

住 非公開（場所は予約後案内）
TEL 03-5491-2032
営 12:00～15:00、18:00～21:00
休 不定休
CC ADJMV
予約 要予約
交 東急田園都市線用賀駅から徒歩4分

予約して レストラン

もとっておきの日に利用したい
満足させる4軒をピックアップ！

ライブ感あふれるキッチンを眺めながら料理を堪能

料理はコースでディナーは1万1000円。神津島の一本釣りのイサキのタルタル仕立て。淡泊なイサキをスモークで香り付け

究極の一本釣り鮮魚を味わいに

Arcon FUTAKOTAMAGAWA

二子玉川駅

●あるこん ふたこたまがわ

2022年8月オープン。入口が表通りに面しておらず、秘密の空間へ誘われるような導入部。シェフの最上翔氏は毎週のように一本釣りに出かけて魚を調達、活け締めをし、メディアで魚の解説も担当する、職業・釣人といっても過言ではない人物。魚を知り尽くしたシェフによる料理は、下処理がていねいに施され、骨や肝なども生かしきり、驚くような食感、味わったことのない鮮烈な味となっている。他にはない料理が楽しめる、唯一無二のレストラン。

MAP 別冊 P.18-B1

住 世田谷区玉川3-22-10 ALDEBARAN1階
TEL 03-6431-0722
営 ランチ11:30〜15:00（L.O.13:00、土・日・祝11:00〜）、ディナー18:00〜23:00（L.O.20:00）
休 水、年末年始、夏期 CC ADJMV 予約 要予約
交 東急田園都市線・大井町線二子玉川駅から徒歩7分

千葉 大原の一本づりのメヌケのロースト。毎日手当てし20日間熟成庫で仕上げ、熟成魚のうま味がたっぷり味わえる

イタリア＆フランスを融合したイノベーティブな手打ちパスタ

「リヴァ・デリ・エトゥルスキ」などで腕を磨いた最上シェフ

「Arcon FUTAKOTAMAGAWA」では、手間暇をかけ魚で作られるサルミソースを使った、肉に負けない風味の魚料理が味わえる。数店舗もつオーナーシェフの最上氏は金・土曜のディナーにこの店の厨房に立っている。

牡蠣・森の香り。旬の三陸カキに発酵させたリンゴとダイコンのピューレと牡蠣殻の中にある苔のジュレを添えた、美しい一品

開店以来の看板料理、仔羊の藁包みロースト。干し草の香りを纏った仔羊も灰の中でじっくり加熱されたジャガイモも滋味深い

色彩も美しい。息吹サーモンのマリネと菜の花のピューレ

ローストした肉とジャガイモを取り出すライブ感が楽しい

イタリアの風景をヨーロッパの資材でつくった空間

森と海をつなぐ上質イタリアン

Fiocchi

祖師谷大蔵駅

●ふぃおっき

シェフが学んだ北イタリアピエモンテ州を中心とする郷土料理ベースのイタリアンと厳選ワインを楽しめるリストランテ。全国各地の生産者のもとにシェフ自ら足を運んで選んだこだわりの野菜や季節の食材を使うメニューは、おまかせコースのみ(1万5730円)。アーティスティックな盛り付けが美しく、前菜からデザートまで五感で楽しむことのできる皿が続く。低温管理セラーで熟成させた200種類以上のワインのなかから、料理に合わせて提案してくれるペアリングも楽しみのひとつ。

MAP 別冊 P.16-B1

住 世田谷区祖師谷3-4-9
TEL 03-3789-3355
営 平日18:30または19:00、土・日・祝12:00、18:30
(いずれも一斉スタート)
休 火・水
CC ADJMV
予約 予約可能時間帯10:00～22:00またはHPから
交 小田急線祖師ヶ谷大蔵駅北口から徒歩3分

祖師谷大蔵は、シェフの地元。3軒隣にワインと総菜のテイクアウト店がある

1階がカウンター席、2階がテーブル席の一軒家

鹿児島・のざき牛イチボ　春ピーマン。食べるスピードに合わせて、オーダー分のみ焼き上げるできたてローストビーフ

店主のセンスが光る創作和食

セキハナレ

世田谷駅

●せきはなれ

斬新な組み合わせや調理法によって、誰もが知っている身近な食材の魅力を新たに発見することができる。お品書きは、目にも舌にもおいしい料理が続く、セキハナレおまかせコース7100円のみ。シンプルながら華のある料理を引き立てる、器の選び方も秀逸だ。店主は日本酒やワインに精通しており、お目当ての銘柄や作り手の酒も楽しみに足を運ぶ客も。色彩や盛り付けのセンスにも定評がある、ビブグルマン獲得店の料理がお値打ちで楽しめる、秘密にしておきたい一軒。

青森・平目　千葉・金目鯛。千葉に産地がないワサビはあえてはずして生七味で。色彩が美しく、鷹の爪を漬けた醤油も絶妙

MAP 別冊 P.19-A3

住 世田谷区世田谷3-1-3
TEL 03-5450-5870
営 18:00～23:00（L.O.22:00）
休 日・月
CC ADJMV
予 望ましい
交 東急世田谷線世田谷駅西口から徒歩2分

特別な日にもふさわしい、きちんと感のあるたたずまいに、料理への期待が高まる

台湾パイナップル・白和え。水切り木綿豆腐がクリーミー

気さくな人柄もすてきな店主・川久保賢志氏との会話も楽しい

「セキハナレ」は日本食ベースでありながら、さまざまな食材や調理法を組み合わせ、うかがうたびに驚きのある料理が登場。店主の川久保氏の自由な発想力に感嘆させられる。次は何が出てくるか楽しみな食事処。

おまかせコース
1万6500円
つまみ、鮨11貫

住宅街で味わう正統派江戸前鮨

鮨いち伍 千歳烏山駅

●すしいちご　MAP 別冊 P.16 - C1

真鴨農法で栽培した山形県産のコシヒカリのなかから大将が厳選した「いち伍」用の米を南部鉄の羽釜で5合ずつ炊くのがこだわり。大将自ら豊洲市場に足を運んで見極めた新鮮な素材を赤酢のシャリになじむようていねいに仕込む。正面に4つの丸窓がある店は、あたたかみがありながら洗練された雰囲気。あたたかく迎えてくれる仲睦まじい大将夫妻もすてき。

住 世田谷区粕谷4-18-7
TEL 03-3307-5591　営 17:00～22:00
休 月　CC ADJMV
交 京王線千歳烏山駅
北口・南口から徒歩7分

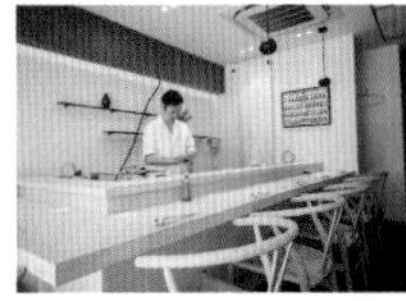

赤シャリで握るのも江戸前流!

上はふっくらとした身にうまさが凝縮の江戸前浅蜊、小鯛の昆布〆、美形な小鰭。左は鯛の白子、えぼ鯛の幽庵焼き、ごぼう

カウンターで堪能する グルマン大満足

夜コース
1万5000円
握り12貫など
全22品

つまみのクオリティも秀逸

鮨 一喜 千歳船橋駅

●すし いっき　MAP 別冊 P.9 - C4

理想形とするシャリに合うよう、ネタはていねいに手間をかけて仕込み最大限にうま味を引き出す。大将は、寿司の世界に入る以前に、和食料理店で10年以上の経験があり、旬の野菜など魚以外の素材も多用したつまみが充実しているのも特徴。コースは、寿司とつまみが交互に出てくる珍しい流れ。料理を品よく引き立てる器の美しさも楽しみたい。

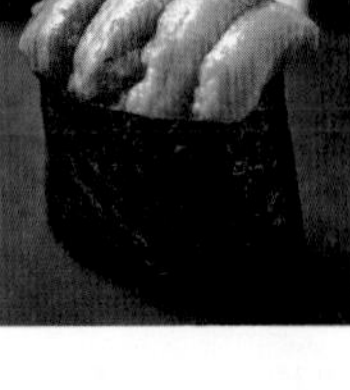

鮪、鰯、雲丹の握り。左奥はクルミと胡麻のソースで味わう焼き胡麻豆腐。うすい豆のすり流し。とらふぐ白子のあんかけ

日本酒の品揃えも充実してます

住 世田谷区桜丘2-29-21 第一稲荷森ビル1階
TEL 03-6413-6168　営 平日12:30～15:00、18:00～20:30、20:30～23:00、日・祝12:30～15:00、17:00～19:30、20:00～23:00　休 不定休
CC ADJMV　交 小田急線千歳船橋駅南口から徒歩2分

Info 本格鮨の握りは夜営業でのみ食べられる店が多いが、「鮨一喜」では、ランチタイムに8000円で握りのコースが楽しめる♪　アンダー1万円で握り10貫を含む全18品が楽しめるお値打ちランチは超おすすめ。

右はふっくらした食感の穴子。左や下の写真は赤貝、赤身の握りに鯵の造り。カウンター越しの大将との会話も楽しみ

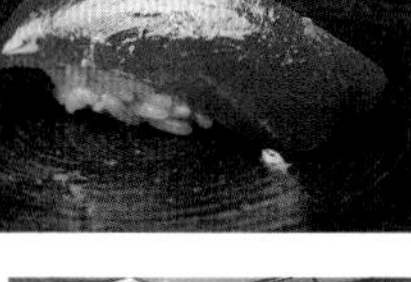

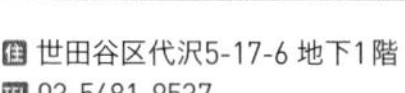

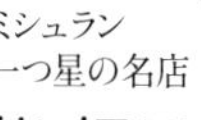

おまかせコース
鮨13貫、お味噌汁
1万9000円

ミシュラン
一つ星の名店

鮨 福元　下北沢駅

●すし ふくもと

MAP 別冊 P.17－C4

目利きの大将が20年にわたりこだわりのネタを握る、下北の実力派。ネタの種類が限られているのは、旬の魚以外使わないから。なかでもクオリティの高いところだけを厳選して使っている。「気取らず寿司を楽しんで」と大将。白木のカウンターは全10席だが、掘りごたつのある完全個室を予約すれば子連れＯＫ。

新生姜で作るガリもうまいよ

住 世田谷区代沢5-17-6 地下1階
TEL 03-5481-9537
営 17:00～21:00（最終入店20:00）
休 水　CC ADJMV
交 小田急線下北沢駅
南西口から徒歩6分

の地元寿司

舌の肥えた人々の支持を集め続ける大将の店へ。大満足間違いなし！

大将のおまかせ
つまみ5品、握り12貫など
2万円

住宅街で営む隠れ家的寿司店

鮨 光　奥沢駅

●すし ひかり

MAP 別冊 P.15－C3

奥沢駅からすぐの住宅街。肩肘を張らずおいしい寿司が楽しめる、心地よい距離感の店が2020年に開店。羽釜で炊き上げて2種類の酢で仕上げた赤酢のシャリと厳選したネタを使った江戸前鮨は、地元客からも愛される。美しく磨かれた黒大理石の上でていねいに握った寿司は、長さ6mの檜の一枚板を使った大将自慢のカウンターに直置きで提供してくれる。

かためのに炊き上げたシャリが主役のネタを引き立てる。上から鯵、春子鯛、大トロ。下は毛蟹

住 世田谷区奥沢2-10-3
Gracea自由が丘 1階-B
TEL 03-5726-8825
営 11:30～14:15（2部制）、18:00～23:00
休 火・水　CC ADJMV
交 東急目黒線奥沢駅
出入口1から徒歩2分

奇をてらわず正統派の寿司で勝負！

Info　インバウンドの回復で海外からの観光客が急増。「都心よりも良心的な価格でおいしい鮨が食べられる世田谷区」は日本人にも外国人にも人気。近頃、「鮨 福元」では、お客さんの約半数が外国人だそう！

気分を変えて

ディープに異国グルメを堪能

各国料理店のなかで特にカルチャーまで伝わるこだわりレストランを厳選！

バター茶をベースにした藍色スープで美しい湖を表現

隅々までこだわりを感じるシンプルながら美しいしつらえの空間も料理を引き立てている

エシカル素材のチベタンフラッグをアクセントに

旅するように料理を体感

豪徳寺駅 MAP 別冊 P.16-A2

OLD NAPAL TOKYO

●おーるど ねぱーる とうきょう

ネパール料理

　ネパールに魅了され、年2回ネパールを訪れるシェフ、本田さん。コース仕立てのメニューは、あくまで現地の料理がベース。シンプルにスパイスを使った芸術的な美しさの皿が続く。皿に込められたストーリーで現地に思いを馳せつつ、世界観を堪能したい。

住 世田谷区豪徳寺1-42-11　TEL 03-6413-6618　営 11:30〜15:00、18:00〜22:30（予約制でコースのみ）　休 月・火　CC ADJMV　予約 要予約

交 小田急線豪徳寺駅から徒歩2分

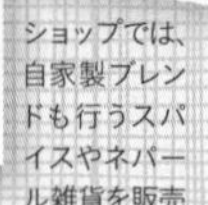

ショップでは、自家製ブレンドも行うスパイスやネパール雑貨を販売

店名ロゴを掲げたシンプルな外観。2階のショップは店舗脇の階段で

Info 「OLD NEPAL TOKYO」は、2027年に現地ネパールに出店することを目指して徐々に始動しているとか。本田夫妻のかねてから念願だった、本田イズムがあふれるネパール料理を現地の人々に楽しんでもらえる日も近そう。

魯肉飯セット(並)1100円(煮卵、スープ付き)

台湾要素がいろいろ。カウンター席もありひとりでも利用しやすい

手の込んだ魯肉飯を専門店で

三軒茶屋駅

帆帆魯肉飯

台湾料理 ◇◇◇◇◇

●ふぁんふぁんるーろうふぁん

台湾愛あふれる店主が2020年に一念発起してオープンした魯肉飯の専門店。食感にこだわって肉を手切りし、豚皮を使用しただしの中に三温糖とザラメ、干しエビや豚肉の脂身など複数の甘味が加わったバランスのよい魯肉飯が人気。

MAP 別冊 P.11-C3

台湾の古い窓枠を台湾で作って、エクステリアに使用している

住 世田谷区三軒茶屋1-5-17 TEL 03-6805-2807 営 12:00～15:00(L.O.14:30)、17:00～20:00(L.O.19:30)、土・日12:00～19:00(L.O.18:30) ※売り切れ次第終了 休 月・水 CC MV 交 東急田園都市線三軒茶屋駅から徒歩7分

テーブル席がひとつとメキシコ産タイルがかわいいカウンター席

上は季節限定、メキシコのソウルフード「ポソレベルデ」1320円。右はカカオでまろやかな「鶏胸肉のモレ」1650円

メキシコの伝統料理が食べられる

世田谷代田駅

Peltre y Barro

メキシコ料理 ◇◇◇◇◇◇

●ぺるとぅれ い ばーろ

フレンチ出身のシェフがメキシコ料理に魅了されオープン。シェフは食材の仕入れも兼ね毎年メキシコへ料理の研究に出かけるというだけあり、本場の味が堪能できる。日本にはない食材の組み合わせが新鮮。毎月最終日曜日のランチはメキシコ屋台料理も。

MAP 別冊 P.10-B2

住 世田谷区代田1-40-1 TEL 03-5787-6863 営 土・日・祝12:00～14:30(L.O.14:00)、17:30～23:00(L.O.22:00) 休 水 CC ADJMV 予約 望ましい 交 小田急線世田谷代田駅から徒歩7分

画家フリーダ・カーロの生家「青い家」をイメージ

マレーシア料理のテイクアウト専門店

祖師ヶ谷大蔵駅

馬来西亜マレー

●まれーしあまれい

創業から20年以上、住宅街の中にたたずむマレーシアが大好きなご夫婦が作る、創作アジアスパイス料理の名店。10種類以上のスパイスを配合し時間をかけて作られる料理の数々は一度食べるとはまること間違いなし。

「ゴロゴロ野菜のイスパハーニ」1300円

MAP 別冊 P.18-A1

住 世田谷区祖師谷4-21-1 TEL 03-3484-0858 営 土・日、月11:30～14:00、17:30～20:00) 休 火～金 CC ADJMV 予約 要予約 交 小田急線祖師ヶ谷大蔵駅から徒歩9分 URL malaysiamalay.sun.bindcloud.jp

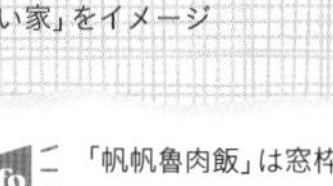

Info 「帆帆魯肉飯」は窓枠「鐵窗花」ほか、台湾の住居表示版や郵便箱を使用、内装デザインを台湾・花蓮出身者が担当しているなど、台湾にいるかのように台湾の雰囲気をさまざまな所で感じることができる。

洗練された空間でワイン×絶品焼き鳥

おしゃれな雰囲気で駅近の焼き鳥店

焼鳥 せきや

●やきとり せきや

MAP 別冊 P.14－A2

梅ヶ丘の名店「やきとりShira」が展開する新店舗。弾力があり、ジューシーな天城軍鶏、くどくなく甘い脂が特徴の滋賀県の淡海地鶏の牝鶏など、使用される食材の味や食感も計算されている。希少部位が20種前後あり、「おまかせ」スタイルで、いろいろな味を体験できる。焼きおにぎり600円やそぼろ丼800円、鳥そば800円などの〆も充実。

おまかせコース（6串）3500円。追加1本400円。全粒粉の中華麺を使った鳥そば800円。予約困難の2号店。本店で修業した関屋氏が腕を振るう

住 世田谷区駒沢1-4-10 佐伯ビル 西 北1階 TEL 03-6450-8898 営 平日17:00～23:30 休 火・不定休 交 東急田園都市線駒沢大学駅駒沢公園口から徒歩1分

仕事が美しい！ シンプルだけど

にいがた地鶏のうま味を堪能

やきとり 児玉

●やきとり こだま

MAP 別冊 P.11－C3

鶏料理店や焼き鳥屋で腕を磨き、「やき鳥 まさ吉」を手がけた児玉氏が、新たに地元新潟産にこだわった店を開店。飼育115日のにいがた地鶏を、余すことなく使用。客の塩梅を見ながら、備長炭小丸で焼き上げる。だし巻き卵やおひたし、サラダ、レバーパテの最中、焼き鳥へと移るコース仕立てだ。新潟の銘酒とともにじっくり味わいたい。

店主児玉氏の経験に裏打ちされた確かな品質。〆のラーメンやそぼろごはん、新潟の卵を使ったプリンなども好評。おまかせのコース5串7000円

店主の地元・新潟産にとことんこだわる

住 世田谷区池尻1-11-12 パレ・ド・ジュネス 2階 TEL 03-5787-8606 営 平日18:00～23:00（L.O.22:00）、土18:00～、18:30～（2時間制） 休 日、第1･3･5月 予 要予約（予約可能時間帯土18:00～、18:30～） 交 東急田園都市線池尻大橋駅南口から徒歩12分、東急田園都市線三軒茶屋駅南口から徒歩13分

Info 2008年に惜しまれながらも閉店した池尻大橋の「山正」が2021年に店名は「おかもち」で復活！ ニューヨークのミシュラン焼き鳥店で経験を積んだシェフが味を再現している。

好みに合わせて味を調整してくれる

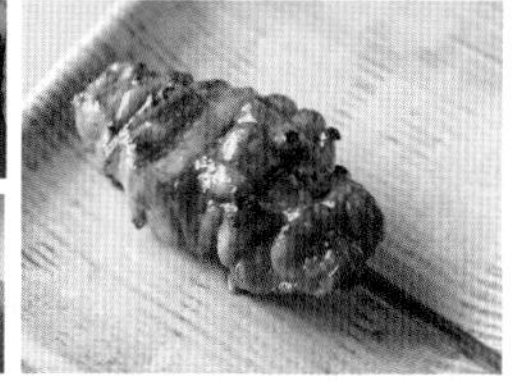

鶏を知り尽くした店主の焼き鳥

鳥とみ

●とりとみ

MAP 別冊 P.11 - C3

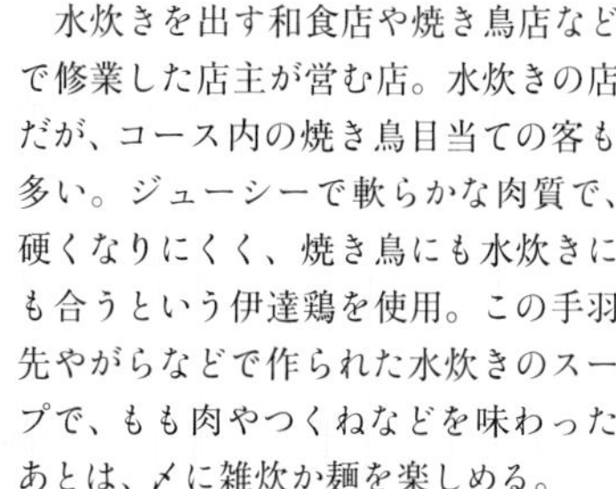

水炊きを出す和食店や焼き鳥店などで修業した店主が営む店。水炊きの店だが、コース内の焼き鳥目当ての客も多い。ジューシーで軟らかな肉質で、硬くなりにくく、焼き鳥にも水炊きにも合うという伊達鶏を使用。この手羽先やがらなどで作られた水炊きのスープで、もも肉やつくねなどを味わったあとは、〆に雑炊か麺を楽しめる。

9000円コースは、前菜、焼き鳥、水炊き。経験を積んだ3軒の焼き鳥屋の味をブレンドしたたれで焼いたモモ、塩風味のセセリ、ハツ、手羽先、ポテサラなど

住 世田谷区池尻1-11-8 ワコーハイム1階 TEL 03-6805-5283 営 18:00～23:00（L.O.21:30） 休 日、不定休 交 東急田園都市線池尻大橋駅南口から徒歩12分、東急田園都市線三軒茶屋駅南口から徒歩13分

奥深い焼鳥処

モダンで上品だけれど
肩肘張らずに行けて
店主の焼き鳥愛を
ビシビシ感じる4店舗。

奥沢駅

手間暇を惜しまず、素材も吟味

焼鳥 うの

●やきとり　うの

MAP 別冊 P.15 - C3

もと会社員の店主は、焼き鳥好きが高じて、目黒の名店「焼鳥 笹や」にて修行、奥沢に店を構えた。おいしいものを共有したいという思いから、福島の伊達鶏を丸ごと自分でさばき、約20の部位に分類、食感や味に合わせた調理をする。つくねは部位にならない残りともも肉を合わせて作る。備長炭で焼かれる手間暇かけた焼き鳥は絶品。

多くの常連を魅了する究極の焼き加減

住 世田谷区奥沢3-30-11 TEL 03-3726-4220 営 17:30～22:00 休 火・不定休 交 東急目黒線奥沢駅から徒歩3分、東急東横線・東急大井町線自由が丘駅から徒歩15分

醤油が香るヤングコーン330円、バルサミコと赤ワイン、醤油で味わうトマト330円、自家製だれで食べるレバー330円、手羽先330円ほか、そぼろ丼も美味

Voice 「鳥とみ」は8席のみの落ち着く空間です。ひとり鍋もあるので、店主との会話を楽しみながらひとりでも利用しています。（渋谷区・コーイチ）

ふわふわだし巻き玉子と鮮度が自慢の二八蕎麦

松陰神社前駅

あらゆる年代に愛される名店

蕎麦 石はら

●そば いしはら

MAP 別冊 P.19－A4

手打ち蕎麦の全国食べ歩きをしてそのおいしさに感動した店主が修行に励み、世田谷区に1号店をオープン。今や都内に5軒を構える。状態のいい国産玄そばを各地から取り寄せてブレンドし、毎日石臼で挽いて打つ蕎麦は新鮮で風味豊か。蕎麦前メニューも豊富に揃い、何度でも通いたくなる。新メニューの開発に積極的なのも高ポイント。

健康を維持するために食は大切と力説する店主の石原氏。バイタリティ溢れるお人柄。右は鴨ロースがおいしい「鴨葱まぜそば」1650円

住 世田区世田谷1-11-16
TEL 03-3429-6227
営 11:30～15:30(L.O.15:00)、17:00～22:30(L.O.22:00)、土日・祝11:30～22:30(L.O.22:00)
休 1/1 CC ADJMV 予 望ましい
交 東急世田谷線松陰神社前駅から徒歩5分

酒肴も美味な 世田谷の

産地、配合、打ち方、ゆで加減……
店主こだわりの蕎麦とそば前
自分好みを見つける楽しさは格別!

経堂駅

文化的香り漂う居心地の良さが魅力

お蕎麦の しらかめ

●おそばの しらかめ

MAP 別冊 P.16－C2

一見蕎麦屋に見えないモダンなたたずまい。店内には店主が旅先で出会った小物や本が並べられ、心地よい音楽が流れる。蕎麦は鮮度にこだわり、十割蕎麦の香りを味わってもらいたいと、その日に提供する分だけを石臼で挽いて、手打ちする。日本酒を飲みながらゆっくり過ごしたくなる空間である。軟らかい鴨ロースも絶品。

栃木・益子のそば粉使用 香り引き立つ十割蕎麦

幅広い年齢層のお客さんとのコミュニケーションを大切にしていると語る店主の広沢氏。店名は日本酒の銘柄「白亀」から

住 世田谷区経堂1-27-13 TEL 03-3420-1988 営 11:30～20:30(L.O.19:30)売り切れ次第終了 休 火・不定休 CC ADJMV 予 望ましい、土・日・祝11:30のみ予約可能、5名以上要予約 交 小田急線経堂駅南口から徒歩6分

Info 「蕎麦 石はら」は上記で紹介した本店のほか、都内に数店舗支店がある。本店近くではすぐ近くに「石はら天ぷらHANARE」があり、混んでいるときはこちらの店舗も確認したい。予約も可能。

名蕎麦店はココだ！

季節の創作懐石料理ともり蕎麦、スイーツも

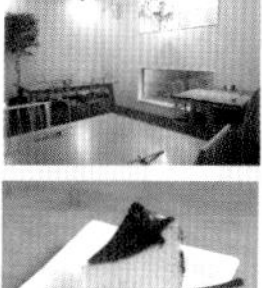

毎朝蕎麦打ちの様子が外から見られる

しんとみ

●しんとみ　MAP 別冊 P.14 – A1

隠れ家的なたたずまいでありながら、近所の常連さんが足繁く通うようなあたたかみを感じる店。カウンター席からオープンキッチンで店主が調理する様子を楽しむもよし、シャンデリアが素敵なテーブル席でゆっくりするもよし。茨城や北海道産の蕎粉を外一（九割）で打つ蕎麦は香り豊かで歯応えしっかり。8～9品のコース8000円も人気。

左はバスク風クリームチーズケーキ500円、クリーミーで甘味のあるカレー蕎麦1200円。右は食材をセンスよく組み合わせる店主の原口氏

住 世田谷区用賀3-5-11　TEL 03-3700-8282　営 11:30～14:00（L.O.13:45）、17:30～21:00（L.O.20:30）　休 水・木　CC ADJMV　予 昼は予約不可、夜は予約が望ましい　交 東急田園都市線用賀駅東口または桜新町駅西口から徒歩10分

千歳烏山駅

落ち着いた雰囲気のなかで最高峰の蕎麦を

東白庵 かりべ

●とうはくあん かりべ　MAP 別冊 P.16 – C1

ミシュランガイドのビブグルマンに選出された神楽坂の店を千歳烏山に移転。長野県黒姫産と新潟県塩沢産の玄蕎麦をブレンドした蕎麦は甘味があり、細打ち麺はしなやかでのど越しがいい。店主のお酒好きもあり、季節を感じるオリジナルの蕎麦前メニューが豊富。コースメニューもオススメ。

蕎麦に繋がる蕎麦前と喉越し抜群の十割蕎麦

住 世田谷区粕谷4-23-19
TEL 03-6879-8998
営 11:30～15:00（L.O.14:30）、17:30～21:30（L.O.21:00）、日・祝11:30～21:30（L.O.21:00）、売り切れ次第終了
休 水　CC ADJMV　予 望ましい
交 京王線千歳烏山駅南口から徒歩6分

左上「野菜の天ぷら」880円。左下「季節の磯部揚げ」660円　右下「静かでゆっくりしたペースの千歳烏山は自分に合っている」と店主の苅部氏

Info 「しんとみ」はシャンデリアもかかるインテリアで、そば店のイメージを覆す店。おしゃれな雰囲気で、そばに合うワインやスイーツなども評判が高く、世田谷のグルメな人々からの支持も厚い。

食肉卸・奥吉の直営店で厳選された牝牛肉を

肉のプロが営む究極の黒毛和牛

La Bouef 用賀本店

用賀駅・上野毛駅

●らぼうふ ようがほんてん

MAP 別冊 P.14－B1

130年以上の歴史をもつ食肉卸業者が営む。本当のおいしさを味わってほしいと、黒毛和種の「牝牛肉」を提供。肉のプロが自信を持って出す肉は、どれも絶品と評判。肉の部位に合わせた醤油や塩など、肉のうま味を引き立たせる味わい方を楽しめる。厚く切られた肉を、本ワサビと醤油でいただくサーロインの「特上牛冊焼」は究極。週末は予約不可。

特上牛冊焼2530円は分厚く切られた肉だが、噛むと口の中で簡単にほぐれる。醤油と本ワサビで。上あかみ1958円は日替わりでランプ肉などを提供

住 世田谷区中町5-21-8 TEL 03-5707-0291 営 17:00～23:00（L.O.22:30） 休 夏期・年末年始 交 東急田園都市線用賀駅東口から徒歩20分、東急大井町線上野毛駅北口から徒歩20分

まずは肉＆肉 絶対的エース級

空間も心地よい一軒家レストラン

韓てら

池ノ上駅・下北沢駅

●かんてら

MAP 別冊 P.11－B3

心地よいオープンテラス席も人気の焼肉店。和牛や牧草牛などの牛肉をはじめ、大山地鶏や野菜など、厳選した素材を使用。焼肉は塩やたれを好みに合わせて楽しめる。海鮮焼きやしゃぶしゃぶなどのメニューもある。この店の味と雰囲気を気に入り、常連となる客が多い。自家製白菜キムチやナムルも評判。土日予約は17時まで可。店内は座敷もありくつろげる。

和豚のバラ肉を、サンチュやエゴマで包んで食べるサムギョプサル1650円。和牛サガリ厚切り1880円。辛めのたれを揉みこんだ和牛上ヒレ2500円

2000年に登場以来、絶大な人気を誇る店

住 世田谷区代沢3-12-26 TEL 03-3421-1788 営 17:00～23:00、土・日・祝13:00～23:00 休 不定休 交 京王井の頭線池ノ上駅南口から徒歩8分、京王井の頭線・小田急線下北沢駅から徒歩15分

「大阪タレ焼肉 まる29」は、京都の米屋8代目儀兵衛が秘伝のたれのために特別にブレンドした米を食べられる。

焼肉が食べたい

食肉卸の直営店から
スパイスが効いた店まで
店主のこだわりが光る
個性豊かな4店舗！

三軒茶屋駅

大阪の門外不出の秘伝のたれ

あか牛 タレ焼肉 まるふく

●あかうし たれやきにく まるふく

MAP 別冊 P.19－B4

大阪鶴橋の名店「まるはん」の秘伝のたれを使った焼肉を、この店で特別に味わうことができる。この甘めのたれを肉に揉みこんで、炭火で焼き、酸味の利いたつけだれでいただくことで、ふたつのたれが絶妙に絡み合いうま味が増す。熊本の阿蘇の牧草で育ったあか牛をはじめ、脂のうま味を楽しめる黒毛和牛など、肉の種類も上質揃い。

秘伝の味噌たれでいただく極上肉

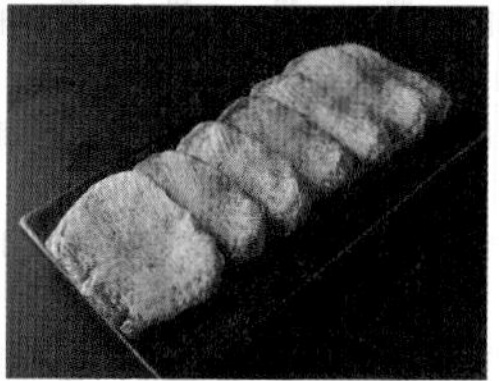

熊本が誇る和牛あか牛の赤身ロース1188円。あか牛を使ったカルビ1628円。一番人気を誇る特上タン2728円は、食べやすいように切り方にもこだわる

住 世田谷区太子堂2-30-2 TEL 03-6805-4529 営 17:00～23:00（L.O.22:00） 休 不定休 予 要予約（土・日17:00～22:00） 交 東急田園都市線・東急世田谷線三軒茶屋駅北口から徒歩5分

池尻大橋駅

独自スタイルのスパイス焼肉

焼肉ケニヤ

●やきにくけにや

MAP 別冊 P.11－C3

焼肉業界のなかでも、異色のメニューが並ぶ店。A5ランクの上質な牛肉がメインではあるが、羊や鴨などのほか、入荷があれば、クマやシカなどのジビエも味わえる。いわゆるたれを使わず、クミンやコリアンダーなどをミックスした「チュニジアスパイス」で味わうのも特徴。南インドカレーやペペロンチーノなどの食事系も評判。

チュニジアスパイスで味わう仔羊肉

住 世田谷区三宿1-4-18 TEL 03-6413-8838 営 16:00～23:00（L.O.22:15） 休 水 交 東急田園都市線池尻大橋駅西口から徒歩10分

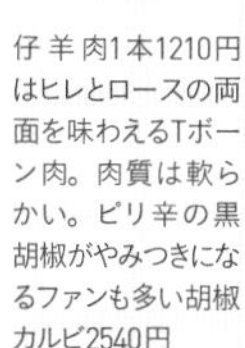

仔羊肉1本1210円はヒレとロースの両面を味わえるTボーン肉。肉質は軟らかい。ピリ辛の黒胡椒がやみつきになるファンも多い胡椒カルビ2540円

「焼肉ケニヤ」はスパイスが効いたメニューが多いので、お酒も白飯も進みます！活力をつけたいときにぜひ！（目黒区・マキ）

1973年創業
初代の味を忠実に継承

町に根付いた優しい味

中華料理 丸昭

●ちゅうかりょうり まるしょう

MAP 別冊 P.9－A3

油淋鶏や回鍋肉、麻婆豆腐、ラーメン、チャーハン、餃子などのほか、カレーやオムライスまで味わえる。鶏がらや野菜、香辛料を使った澄んだスープは、初代からの味が守られ、この店の味を支えている。チャーハンは醤油で煮込んだ自家製チャーシューが噛むほどに深い味わいと人気。大振りのエビを使ったエビマヨも外せない。

住 世田谷区八幡山3-35-26
TEL 03-3304-8416 営 11:00～22:00 休 水 交 京王線八幡山駅南口から徒歩1分

チャーシューのうま味が染み出す「チャーハン」700円。キャベツたっぷり餃子6個450円。隠し味にドライジンを入れたあと味さわやかな「エビマヨ」700円

いつもおなじみ 常連になりたい

夫婦で営む安心感のある町中華

中華 万来

●ちゅうか ばんらい

MAP 別冊 P.9－C4

渋谷の中華店で修業した店主が1971年に経堂に店を構えた。優しい味付けだが深みのある味わいの餃子とチャーハンが特に人気で、親から子へ引き継がれ愛され続けている。ていねいに作られた料理の数々には、それぞれファンがいて、どれもおいしいと評判だ。新たなお気に入りに出会えるのも、客足が絶えない理由のひとつ。

薄めの味付けが小さな子供にも好評の「チャーハン」580円、ジューシーな「餃子」6個380円、キクラゲ、チャーシュー、エビなど具だくさんの「五目硬焼ソバ」860円

50年以上愛され続ける
住宅街にある町中華

住 世田谷区桜丘1-8-5 TEL 03-3420-3503
営 11:30～15:00、18:00～20:00 休 日、年末年始、GW、夏期
交 小田急線経堂駅南口から徒歩10分

Info 「珉亭」は有名俳優やミュージシャンが若手時代にバイトしていた店。明るく店を盛り立てるのは2代目店主の鮎澤陽子さん。会社勤めをしておられましたが、ご主人が店に入り継いだ。

常連客に愛され2代目が受け継ぐ町中華

なじみ客8割の地元密着型店

品香園

●ひんこうえん

MAP 別冊 P.16－C1

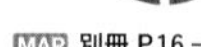

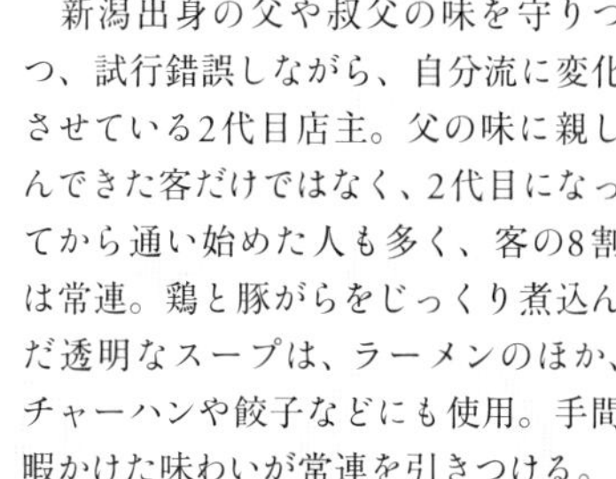

新潟出身の父や叔父の味を守りつつ、試行錯誤しながら、自分流に変化させている2代目店主。父の味に親しんできた客だけではなく、2代目になってから通い始めた人も多く、客の8割は常連。鶏と豚がらをじっくり煮込んだ透明なスープは、ラーメンのほか、チャーハンや餃子などにも使用。手間暇かけた味わいが常連を引きつける。

「レバニラ炒め」900円。たっぷり野菜をオイスターソースなどで味付けた「焼餃子」3個200円、6個400円。細麺がピリ辛の汁に合う「酸辣湯麺」750円

住 世田谷区南烏山5-18-1 TEL 03-3307-4156
営 11:30～15:00、17:00～22:00
休 火 交 京王線千歳烏山駅南口から徒歩2分

和みの町中華

第2の実家のような
ほっこり優しい味わいで
いつ行っても温かく
迎えてくれる町中華。

赤いチャーハンが有名な下北の顔

珉亭

●みんてい

MAP 別冊 P.17－B4

2代目店主が守る昔ながらの味と雰囲気の店。赤いチャーハンが有名。1964年創業で、初代が約20年修業した中華料理店のチャーシューの表面が赤く、その端っこを使ってチャーハンを作ったことから、赤いチャーハンが誕生。鶏と豚などを4～5時間煮込んだスープを使ったラーメンとチャーハンのセット「ラーチャン」が人気。

住 世田谷区北沢2-8-8
TEL 03-3466-7355
営 11:30～22:00（L.O.21:30）
休 月（祝日の場合は翌日）
交 京王井の頭線・小田急線下北沢駅東口から徒歩4分

珉亭名物赤いチャーハン！

一番人気の「ラーチャン（半ラーメン、半チャーハン）」990円。「赤いチャーハン」935円。豚ひき肉、キャベツ、白菜、ニラなど入りの「餃子」6個605円

Voice 品香園の初代から引き継がれている味はどれも人気ですが、2代目店主の作るエビチリは初代の頃よりさらにおいしいと評判です。（世田谷区・タカコ）

ワインも自慢 上質ビストロ

ビストロ

異素材のマリアージュが秀逸

bistro endroll

●びすとろ えんどろーる

MAP 別冊 P.9-C4

本場のビストロを彷彿とさせる趣ある店。料理は初鰹のグリルにキウイやブルーチーズをあしらったり、馬肉のタルタルに新生姜のコンフィを合わせたりと、趣向に富んだ素材使いや季節感たっぷりのアレンジを楽しめる。約300種類揃うナチュラルワインも魅力。

自然派ワインと素材力を生かした料理

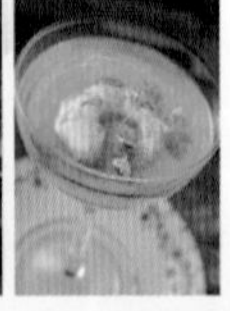

「奈良漬けと無花果 ラムレーズンバター」550円、「自家製酵母のカンパーニュ」270円。「人参のムース 甘海老添え コンソメのジュレ」825円

住 世田谷区桜丘2-26-16 TEL 03-6432-6908
営 17:30～23:00（L.O.22:00） 休 火・水 CC ADJMV
交 小田急線千歳船橋駅南口から徒歩2分

Info 「bistro endroll」では毎日3～4種類の自家製パンを提供。約1年の試行錯誤の末にたどり着いた自慢の味で、店内で季節のフルーツから育てた酵母を使用して作っている。実はテイクアウト可能で、近隣住民には評判の味。

テリーヌやハムなどシャルキュトリーも美味

ビストロ

滋味深いジビエの魅力を堪能

尾山台駅

ビストロ レ・シュヴルイユ

●びすとろ れ しゅゔるいゆ

MAP 別冊 P.18-C1

「鹿」を意味する店名のとおり、良質な鹿肉やシェフ自ら捕る鴨などを使ったジビエ料理がスペシャリテ。シェフとマダムがアットホームにもてなしてくれる、居心地のよいビストロで、ワインとフランスの家庭料理を堪能することができる。メニューはプリフィクスコース5000円～、アラカルトもあり。

「夏野菜のテリーヌ」。左中「ニシンのマリネにビーツのサラダを乗せて」。「うさぎとパセリのテリーヌ」。「たけのこを添えた猪のロースト」

住 世田谷区等々力4-1-9 宮坂ビル 101　TEL 03-6432-1816
営 18:00～23:00（L.O.21:00）　休 月・火（月が祝の場合は営業）　CC ADJMV　交 東急大井町線尾山台駅から徒歩2分

&トラットリア

オリジナル料理に加え
ワインにこだわりあり。
住宅街にある穴場で
すてきなディナーを。

ビストロ

具だくさんのグラタンは必食！

西太子堂駅

Raramuri

●ららむり

MAP 別冊 P.19-B3

ヨーロッパのカフェを思わせるちょっとレトロな雰囲気がオシャレな、全14席のこぢんまりとしたビストロ。夜は不定期で変わるアラカルトを手書きのメニューのなかから選ぶ。生ガキや白レバーのパテ、トリッパの煮込みなど、ワインが進む本格的な味わいの料理もたまらないおいしさ。リピーター客も多い。

ビストロメニューが充実のワイン食堂

住 世田谷区太子堂5-15-2 メゾンサカエ 1階
TEL 03-6770-7485
営 18:00～24:00（フードL.O. 23:00）
休 月　CC ADJMV
交 東急世田谷線西太子堂駅から徒歩6分

「白子のグラタン」1600円。「白ワインに合う「サーモンのマリネ」。「カキトマトとディルのオイルパスタ」1600円　左「アンガス牛のフリット」など

Info 『ビストロ レ・シュヴルイユ』の週末限定のテイクアウトメニュー、『ごはんセット』をリピート中。肉か魚のメインと前菜がセットになって2人前で7000円前後。おうちレストランを楽しめます。(夏季除く要予約)

ビストロ

予約必須！　自然派ワインの名店

三軒茶屋駅

MAP 別冊 P.11-C3

Uguisu

●うぐいす

ワイン好きにたまらない、都内トップクラスのナチュラルワインを揃える人気ビストロ。素材のおいしさを生かしてていねいに作られた料理は、アラカルトまたはおまかせのコース8800円で楽しむことができる。ワインバーとして立ち飲みでの利用も可。初心者にもわかりやすくワインの説明をしてくれる。

深夜まで楽しめるワインバーとしての魅力も

軟らかな肉質とクセのない味わいが人気の「蝦夷鹿のロティ」や花山椒を使った「パイナップルのソルベ」など、目にも楽しい料理ばかり

住 世田谷区下馬2-19-6　TEL 050-8013-0708
営 17:00～23:00（L.O.フード21:00、ドリンク22:30）
休 月・第4火・第4水　CC 不可
交 東急田園都市線三軒茶屋駅南口Aから徒歩8分

Info 明大前の「SPORCACCIONE」はユニークな店舗もツボ。古民家の扉に手書きのダンボール表札を掲げ、もとリビングにテーブルを配置、台所を厨房スペースに改装。まるでシェフ宅に遊びにきたような感覚に。

多彩な10種以上から選べるグラスワイン

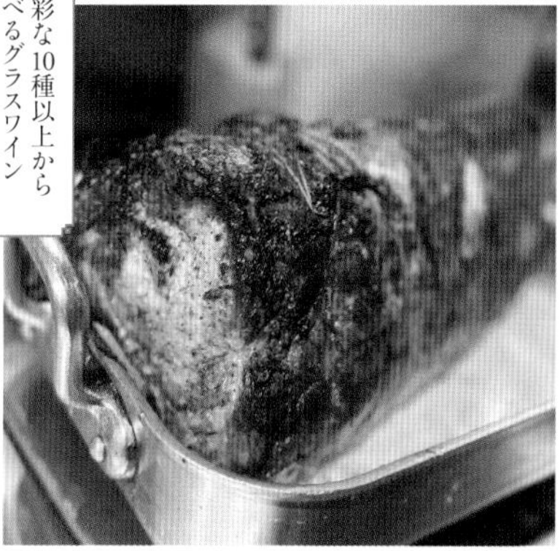

トラットリア

存在感のある骨太イタリアン

下北沢駅

cuore forte

●くおーれ ふぉるて

MAP 別冊 P.17-B4

黒板には、その時一番おいしい素材を使いシェフが渡伊時に出合った"マンマの味"を再現した熱気あふれる料理がずらり。作り手の思いがつまったイタリアの自然派ワインと一緒に楽しもう。グラスワインは10種類以上と充実。ソフトドリンクはないので注意。

シンプルかつ豪快な肉メニューが人気。モン・サン・ミッシェルのムール貝や生シラスを使ったパスタが登場することも

住 世田谷区北沢3-20-2 大成ビル1階 TEL 03-6796-3241
営 17:00～24:00(L.O.23:00) 休 火 CC ADJMV
※入店はお酒を飲める方のみ
交 京王井の頭線・小田急線下北沢駅東口から徒歩7分

トラットリア

住宅街に溶け込む隠れ家

明大前駅

SPORCACCIONE

●すぽるかちょーね

MAP 別冊 P.10-B2

2022年明大前へ移転オープンした人気店。普段イタリアで食べられているような料理を存分に堪能できる。ちょっとレトロなくつろぎ空間で楽しめるのは、鮮度と素材感を大切にした料理とナチュラルワイン。アペリティーボは500円～、グラスワインは800円～。良心的な価格もうれしい。

穏やかなレトロ空間でナチュラルワインを

住 世田谷区松原1-20-18
TEL 03-6379-2869
営 17:00～22:00(LO:21:00)
休 水・木・日 CC 不可
交 京王線・京王井の頭線明大前駅から徒歩8分

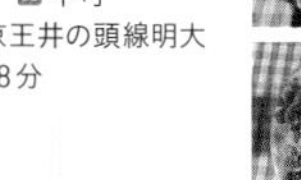
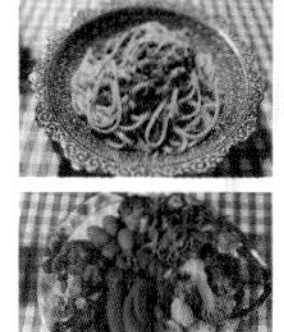

皿いっぱいに盛り付ける前菜盛り合わせ、注文を受けてからソースを作るすり立てジェノヴェーゼなど、井上シェフのこだわりがいっぱい

モダン派も
レトロ派も

居心地のいい

三軒
茶屋駅

料理も雰囲気もセンス抜群

三茶呑場マルコ

●さんちゃのみばまるこ

MAP 別冊 P.19-B4

旬の食材を使った創作和食が好評。6品を味わえる前菜盛り合わせや、オリジナリティあふれる一品料理など趣向に富んだ品々が揃う。〆にぴったりなのが釜飯で、新潟県村上市の名産・塩引鮭にたっぷりイクラをのせたものなど3種類。ぜひ全国各地から選りすぐった地酒や自然派ワインと楽しんで。

大人が集うおしゃれ酒場
気さくなスタッフも魅力

右上は「前菜盛り合わせ」(2人前)1800円。内容は日替わり。右下は店の名物「金のポテサラ」650円。「本日の釜」から定番の「塩引鮭とイクラ」(1合)1800円

住 世田谷区太子堂2-22-9 中野ビル1階　TEL 03-6413-8208　営 平日17:00～24:00(L.O.23:00)、土15:00～、日・祝15:00～23:00(L.O.22:00)　休 不定休　CC ADJMV　交 東急田園都市線三軒茶屋駅北口出口A・北口出口B・東急世田谷線三軒茶屋駅から徒歩5分

Info 「三茶呑場マルコ」のオーナーは新潟県村上市出身で、料理には新潟県産の食材を積極的に取り入れている。日本酒の〆張鶴 花(宮尾酒造)もそのひとつだが、実は県外では滅多に出合えない貴重な酒なので要チェック。

角打ちスタイルで楽しむ酒と音楽

新代田駅・世田谷代田駅

飲み屋 えるえふる

●のみや えるえふる　MAP 別冊 P.17-C3

立ち飲み屋とレコード屋が合体したユニークな店。店内は壁一面にポップアートが描かれ、ドラム缶を利用したテーブルが配されたキッチュな空間。1品200円台からのつまみ、赤星の瓶ビールやホッピー、オリジナルの酎ハイなどの酒が揃い、ひとりでもサクッと飲めるのがいい。レコードは試聴も可能。

左奥「鶏肉と夏野菜のスパイス炒め380円、「熊本県産ブリの刺身」350円。左手前「豚バラ軟骨と大根煮」500円、右「アールグレイ酎」400円は豆乳入りも◎。

住 世田谷区代田5-28-3 1階　TEL 03-6883-7180　営 平日19:00～24:00、土・日・祝16:00～　※開店が早い日はTwitterで告知あり　休 無休　CC ADJMV　予 不可　交 京王井の頭線新代田駅から徒歩2分、小田急線世田谷代田駅西口から徒歩5分

愛され居酒屋

予約殺到の人気店から知る人ぞ知る噂の店まで居心地がいいと評判の店をフィーチャーします。

食事もしっかり楽しめる洋風酒場

下北沢駅

お酒と洋風ごはん おむかい

●おさけとようふうごはん おむかい　MAP 別冊 P.17-B4

明太子と豆腐のアヒージョのように、和の食材を洋風にアレンジして提供する洋風居酒屋。料理は食事としての満足感も高いと評判で、ボリューム満点のタンドリーチキンステーキは特におすすめだ。このほか、トロトロの半熟卵をのせたポテトサラダはSNSをにぎわせた人気の逸品。各種サワーも充実。

アレンジメニューや多彩なサワーにも注目

住 世田谷区北沢2-9-22 EIKO下北ビル1階　TEL 03-4285-7018　営 平日16:00～24:00（フードL.O.23:00、ドリンクL.O.23:30）　休 不定休（月に1日程度）　CC ADJMV　予 要予約　交 京王井の頭線下北沢駅中央口・小田急線下北沢駅東口から徒歩2分

上は「タンドリーチキンステーキ」880円。右「ポテトサラダ」550円。手前から「自家製果実のサワー（イチゴ）」650円、「コーラハイボール」700円

Info 「飲み屋 えるえふる」はバンドcore of bellsの會田洋平さんとcinema staffの辻友貴さんが営む。辻さんは併設するレコード店LIKE A FOOL RECORDSのオーナーも務め、ハードコア、インディーロックなどのLPやCDを販売。

こだわりのモツ料理と厳選焼酎を

もつ焼・本格焼酎 はがくれ

祐天寺駅

●もつやき・ほんかくしょうちゅう はがくれ MAP 別冊 P.11-C3

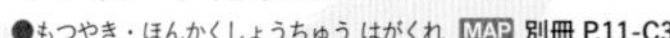

創業50年になる昭和の風情漂う居酒屋。名物はモツ焼きをはじめ、新鮮な素材を使ったモツ料理と、芋焼酎を中心に約60種を揃える焼酎。特にモツは各部位のもち味を生かした調理法が秀逸だ。肉厚でうま味に富んだてっぽう（豚の直腸）刺しはパンチのあるニンニク風味の醤油だれがぴったり。軟らかなレバーはサクサクの衣に包み、レバカツで提供する。〆の麺類も充実。

祐天寺の住宅街で半世紀
愛され続ける隠れた名店

右上の芋焼酎3種、右から妻、月の中、くらら。右手前「レバカツ」550円、「がつ刺し」550円と「てっぽう刺し」550円。右奥「昔懐かしのナポリタン」980円

住 世田谷区下馬1-17-8 TEL 03-3424-9195 営 18:00～23:00（入店21:30、フードL.O.22:30） 休 日・祝 CC 不可 交 東急東横線祐天寺駅西口1出口から徒歩11分

Info 「もつ焼・本格焼酎 はがくれ」は1973年創業。現在調理を担当する2代目の志賀英夫さんと、ホールを仕切る母のアサコさんで切り盛りする。アサコさんは2024年で御年92歳。営業時間中は立ちっぱなしという健脚ぶり！

気の置けない晩酌の店
店主はミュージシャン

おばんざいと焼酎でしっぽり

下北沢の晩酌屋 まぼねん

下北沢駅

●しもきたざわのばんしゃくや まぼねん　MAP 別冊 P.17-B4

店先に提灯を下げたレトロな雰囲気のなか、まったりと晩酌を楽しめる。京風のおばんざいを中心にしたリーズナブルな和食を揃え、酒肴から揚げ物、ご飯物までひと手間加えた独創的な料理でもてなしてくれる。酒は焼酎がおすすめで、裏ストックの品も豊富。各種サワー、紅茶や緑茶などを使ったお茶割りなども提供する。オーナーは、ドラマーとしても活躍する中川圭司さん。

左上は日替わりの「おばんざい盛り合わせ3種盛」780円。左奥「まぼねん厚焼きたまご」550円。左手前「明太子と舞茸の天ぷら」780円。右はオーナーの中川氏

住 世田谷区北沢2-9-3 三久ビル1-C　TEL 03-6407-8232　営 17:00～翌1:00（フードL.O.24:00）　休 不定休（月に1日程度）　CC ADJMV　交 京王井の頭線下北沢駅中央口・小田急線下北沢駅東口から徒歩2分

日本酒好き垂涎の銘酒が勢揃い

銘酒居酒屋 赤鬼

三軒茶屋駅

●めいしゅいざかや あかおに　MAP 別冊 P.19-C3

全国津々浦々の地酒を堪能できる日本酒専門居酒屋。生酒を中心に100種以上をラインアップしており、蔵元とタッグを組んだオリジナル品などここでしか味わえない酒も揃う。なかでも山形県の銘酒・十四代（高木酒造）は、タンクごと買い取って寝かせた古酒や蔵元直送の限定品など品揃えが充実。信州そばをはじめ、日本酒に合うこだわりの季節料理も秀逸。予約がベター。

酒蔵とのコラボ酒や
十四代の古酒も待つ

住 世田谷区三軒茶屋2-15-3　TEL 03-3410-9918　営 平日17:30～L.O.23:00、土・日・祝17:00～　休 無休　CC 不可　交 東急田園都市線三軒茶屋駅世田谷通り口から徒歩4分、東急世田谷線三軒茶屋駅西側出口から徒歩3分

右「こんにゃくの刺身」570円。右奥「ぬか漬け入りポテトサラダ」660円は、石川県の郷土料理であるサバの糠漬け「へしこ」を使ったソースで味わう

Info　「銘酒居酒屋 赤鬼」は予約必至の人気店。予約は随時受け付けているが、15～翌1時頃に電話をかけるのがベスト。予約時にお刺身の盛合せを注文しておくと、刺身の種類を通常より1品増やしてくれるサービスもある。

自家焙煎にこだわる

いま行きたい

自家焙煎の様子を見ることができるロースタリーカフェが増加中の世田谷。新コーヒータウンでロースターとバリスタの個性あふれる1杯を見つけよう！

小坂田祐哉さん

バリスタとして都内の有名店で経験を積み、現在はヘッドロースターとしてギーセンの焙煎機で1日150kgをローストする。

「生産者たちの味作りを表現する」ことがモットー

ヴィンテージの家具がおしゃれ

天井が高く余裕のある空間。コーヒーの香りのなか、いい時が過ごせる

経堂駅

すてきな空間で特別なコーヒーを

Raw Sugar Roast

●ろー しゅがー ろーすと　MAP 別冊 P.16-C2

　2022年4月にオープン以来、落ち着ける居心地のよさとクオリティの高いコーヒーで、あっという間に人気店に。エスプレッソ系と、浅煎りしたシングルオリジンのブラックコーヒー9種類ほどを常備。

住 世田区宮坂3-9-4　TEL 03-6413-5057　営 8:00～18:00　休 不定休　CC ADJMV　交 小田急線経堂駅北口から徒歩2分

ブラックコーヒーは注文を受けてから一杯づつドリップ。華やかな香りがたつ

表には小さな表札のみ。一見カフェっぽくないが、店内にはおしゃれな空間が広がる

エル・パライソ農園のゲイシャレティ。モモやライチのフルーティな風味が魅力

Info　シングルオリジンとは、生産国ではなく、農園や生産者、品種、精製方法などの単位で一銘柄とするコーヒーのこと。最近は、生産者と積極的にコミュニケーションを取っているロースタリーもある。

ロースタリーカフェ

祖師ヶ谷大蔵駅

「Seed to Cup」を意識した1杯

PASSAGE COFFEE ROASTERY

●ぱっせーじ こーひー ろーすたーりー

MAP 別冊 P.16-A1

お店の中央にギーセン社の焙煎機が置かれ、データ化されたプロファイルを基にローストされていく様子が見られる。エスプレッソ系各種と5種類ほどのスペシャリティコーヒーがメニューに並ぶ。ドリップとエアロプレスと選べるので違いを試してみては。

住 世田谷区祖師谷4-25-22　TEL 03-6411-9316
営 10:00～19:00、土・日・祝9:00～　休 無休
CC ADJMV　交 小田急線祖師ヶ谷大蔵駅北口から徒歩9分

果実味を感じる1杯がいただける

空気圧で抽出するエアロプレスと、すっきり飲みやすいハンドドリップ

佐々木修一さん
バリスタ世界チャンピオンの店「Paul Bassett」を経て独立開業。2014年エアロプレス世界大会優勝。

生豆のもつ本来の味を引き出すことを心がける

カウンター前にベンチシート、奥にはテーブル席。アットホーム感がありながらもスタイリッシュ

祖師ヶ谷大蔵ウルトラマン商店街をまっすぐ進んだ先、気軽に入れる雰囲気のある明るいお店

Info　エアロプレスとは2000年代にAEROBIE社が開発した、空気圧によって一気にコーヒーを抽出する器具。エアロプレスを使うと短時間で安定した抽出が可能。コーヒーの成分をしっかりと出すため豆の個性が際立つ。

セレクトされた
家具がおしゃれ

注文を受けてからていねいにハンドドリップ。経験値がものをいう

「甘さを感じかつ心地よい酸味とボディ感のある」コーヒーを目指す。カフェラテはラ・マルゾッコ社のエスプレッソマシンで

磯野雄貴さん

朝食で有名な「ビルズ」でバリスタの経験を積んだ後、豪徳寺にコーヒースタンドをオープン。コスタリカへ農園視察も。

千歳船橋駅

**気軽にテイクアウト
ロコに愛される店**

IRON COFFEE ROASTERY

●あいあん こーひー ろーすたりー

MAP 別冊 P.9-C4

シェアローストとして他店の焙煎機を借りて自家焙煎をスタート。現在はギーセンの焙煎機で、思い描く理想の味を追求する日々だ。4～5種類の浅煎りから中煎りしたシングルオリジンのスペシャルティコーヒーとエスプレッソ系をラインアップ。毎日飲んでも飲み飽きない味を提案する。

住 世田区船橋1-38-10　TEL 非公開　営 8:00～18:00、土・日・祝9:00～　休 水　CC ADJMV　交 小田急線千歳船橋駅北口から徒歩5分

アメリカンなイラストとロゴがかわいい。コーヒーグラノーラ、ラテベースなども揃える

店内にテーブル席がひとつ、外にはベンチも。ちょっと立ち寄りテイクアウトするのも◎

国内で流通するコーヒー豆全体のトップ5%に満たないスペシャルティコーヒー。品質が高くトレーサビリティが取れることが条件。日本では日本スペシャルティコーヒー協会（SCAJ）によって評価が決められる。

経堂駅

店主の探求心が生み出す至福の味

FINETIME COFFEE ROASTERS

●ふぁいんたいむ こーひー ろーすたーず

MAP 別冊 P.16-C2

アメリカ・ディードリッヒ社の焙煎機で焙煎するシングルオリジンのスペシャルティコーヒーは、浅煎りでフルーティ。甘さときれいな酸味を感じる味に仕上げている。博識な近藤さんと会話をしながらコーヒーを選ぶのも楽しい。定期的にカッピングイベントを開催していて、誰でも参加できる。

住 世田区経堂1-12-15 TEL 03-5799-4130 営 12:00～19:00 休 無休 CC ADJMV 交 小田急線経堂駅南口から徒歩2分

ジャスミンのアロマを感じる一杯

おもに南米、中米、アフリカ各国から、精製方法が違う20種類ほどの豆を常時揃える

近藤剛さん

外資系金融から転身。コーヒーマイスター、コーヒー鑑定士の資格所有。台湾の国際焙煎大会優勝、国内アエロプレスの大会3位入賞。

エアロプレスで煎れる。流れるような所作は芸術的

蓄熱性が高く遠赤外線加熱により芯まで焙煎、甘くてクリーンな味が出る。カウンターと客席が近く会話も弾む

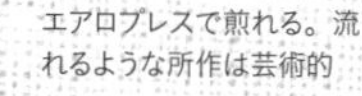

路地を入った先にたたずむ。緑を配したナチュラルな外観からもう引き寄せられる。外にはベンチも

Info コーヒーの生豆に個性が生まれるファクターとして、生産地の環境のほか、精製方法(例:ウォッシュド、ナチュラル等)も重要。また、焙煎の過程により甘味や酸味の強弱をコントロールできる。

希少な台湾コーヒーを茶杯でじっくり味わう

ナチュラル空間でまったり

美麗

●めいりー

MAP 別冊 P.17-A4

自然農法で栽培されたまろやかな味わいの台湾コーヒー。店主自ら足を運んで厳選した台南東山産、南投白葉山産、嘉義梅山産、嘉義阿里山産のコーヒー豆を扱っている。ドリップコーヒーは700円～。豆の購入も可能。「邱氏農園 台湾産カカオの贅沢ガトーショコラ」550円は、台湾カカオ特有のフルーティで、ブランデーやウイスキーに似た大人の味わい。

上は邱氏農園 台湾産カカオの贅沢ガトーショコラ550円、ドリップコーヒー700円。ルーロー飯880円や水餃子880円など食事メニューも人気

住 世田谷区赤堤4-45-17
TEL 03-6304-3106
営 11:00～19:00（L.O.18:30）
休 不定休 CC ADJMV
交 京王線下高井戸駅東口から徒歩18分

上はかき氷990円～。季節のフルーツや台湾茶、台湾スパイスなどメニューは変動する

雰囲気も抜群！ 癒やし カフェ＆

ノルウェーで愛される最高品質のコーヒー

梅ヶ丘駅

素材にとことんこだわる

FUGLEN HANEGI KOEN

●ふぐれん はねぎ こーえん

MAP 別冊 P.10-B2

ノルウェーで1963年に創業したコーヒーショップ。国内4号店となるこちらは、羽根木公園から近い立地にある。季節ごとに新鮮なコーヒー豆を世界中の農家から仕入れて自家焙煎。豆はブレンドせずに、シングルオリジンにこだわる。「カフェ・ラテ」シングル580円、ダブル690円。店の前には広いテラス席があり、人気が高い。

アメリカーノやラテで使っているエスプレッソは、リンゴのような果実味、チョコレートのような余韻のある豆など、季節ごとで変わる

住 世田谷区代田4-36-14 水巻ビル1階 TEL 03-6379-0909
営 8:00～20:00、金～日～22:00 休 無休 CC ADJMV
交 小田急線梅ヶ丘駅北口から徒歩3分

Info 「FUGLEN HANEGI KOEN」のFUGLENはノルウェー語で"鳥"を意味する。ロゴに描かれた鳥は、世界最長距離を飛ぶアジサシという渡り鳥。店内では、オリジナルグッズも販売している。

ふらりと立ち寄りたい町のコーヒースタンド

古民家をリノベーション

KANNON COFFEE shoinjinja

松陰神社前駅

●かんのんこーひー しょういんじんじゃ MAP 別冊 P.19-A4

テイクアウトがメインのコーヒーショップ。好みや気分で選べるドリップコーヒーは6種類。人気の「自家製キャラメルラテ」630円には、たっぷりの生クリームとバターを加えた自家製キャラメルを使用している。陶器のマグカップは、愛知県瀬戸市で100年続く窯元「まるけい」によるオリジナル。毎月変わる限定メニューはSNSで確認しよう。

左は週末限定の自家製シュガードーナツ1個350円。自家製シロップを使ったパイナップルとラズベリーのアイスティー570円は店舗限定！

住 世田谷区若林3-17-4 TEL 03-6805-2083 営 9:00～19:00 休 無休 CC ADJMV 交 東急世田谷線松陰神社前駅三軒茶屋方面1から徒歩2分

ティーサロン

洗練された空間で入れ方にもこだわった厳選のコーヒーや紅茶を味わうひととき。

くつろぎの紅茶専門店

TEA MAISON KoKoTTe

松原駅

●てぃー めぞん ここっと MAP 別冊 P.10-B1

紅茶ブランド「amsu tea」によるティーサロン&ショップ。上質なセイロンティーを中心に、日本の水質に合わせた約40種類の茶葉を扱っている。写真下は、好みの茶葉を選べる「アイスティー」785円と、北海道小麦とフランス産の発酵バターを使った「クレープ」880円～。カレーやベーグルなどフードメニューもおすすめ。

窓際にとても広く使いやすいひとり席もあり

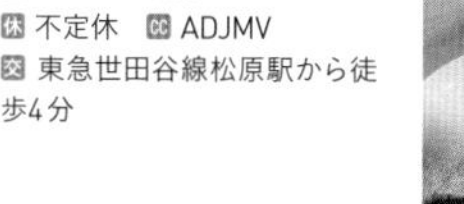

住 世田谷区赤堤3-8-15
TEL 03-5376-2310
営 11:00～19:00
休 不定休 CC ADJMV
交 東急世田谷線松原駅から徒歩4分

店内では自宅で楽しめる大容量の茶葉はもちろん、ちょっとした手みやげから箱入りのギフト商品も取り扱っている

Info 「TEA MAISON KoKoTTe」でさまざまな紅茶を試してみたい人は、「TOP UP TEA」480円～がおすすめ。スタッフがセレクトした紅茶を少量ずつ注いでくれる。

自家製のパンとこだわり食材たっぷり

散歩途中に寄りたい

テラス&

世田谷公園を望むテラス

池尻大橋駅

FUNGO三宿本店

●ふぁんごーみしゅくほんてん

MAP 別冊 P.11-C3

1995年に創業したサンドイッチ&ハンバーガー専門店。サンドイッチのパンは、2種類から選べる。ハンバーガーは天然酵母のバンズ、130gの100%ビーフのパティを使用。メニューは30種類以上で、お好みのフィリングを選んでカスタマイズできる。「アボカドチーズバーガー」1700円は、マイルドなアボカドと濃厚チーズが絶品の人気No.1メニュー。

左はサニーサイドアップエッグマン(ハム)1350円。グリルしたハムとチーズの上にケチャップをのせたホットサンドイッチ。フレンチフライ付き

住 世田谷区下馬1-40-10 TEL 03-3795-1144 営 10:00〜21:00(L.O.20:00) 休 無休 CC ADJMV 交 東急田園都市線池尻大橋駅南口から徒歩18分、JRほか渋谷駅西口バスターミナルから渋31系統「下馬一丁目循環」もしくは渋32 系統「野沢龍雲寺循環」で15分「駒繋小学校前」下車徒歩すぐ

Info 「FUNGO三宿本店」はテレビドラマ『silent(サイレント)』、「Café+8101」は『ブラッシュアップライフ』『silent』『美しい彼(シーズン 2)』などで登場したロケ地としても話題である。

馬事公苑のすぐ近く地元密着型のカフェへ

開放的なテラスでくつろぐ

用賀駅

Café+8101

●かふぇぷらすえいとわんおーわん　MAP 別冊 P.13-A4

明るく開放的なカフェ・レストラン。おすすめは、希少部位である牛サガリをリーズナブルに味わえる「牛サガリステーキ」150g1800円、200g2000円。良質な赤身はヘルシーに食べられる。季節や天気に合わせて毎朝バリスタがブレンド、抽出するエスプレッソから作られる「カフェラテ」600円。コーヒー豆は用賀「WOODBERRY COFFEE」のもの。

左はフルーツいっぱいのレアチーズケーキ680円。リゾートのようなテラス席と広々とした店内は約70席、Wi-Fi完備。さまざまな用途で使える

住 世田谷区上用賀4-15-12 ラ・ストーリア馬事公苑
TEL 03-6804-4834 営 11:00～21:30(L.O.20:00)、土・日、祝9:00～
休 水、不定休 CC ADJMV
交 東急田園都市線用賀駅北口から徒歩16分

ドッグOK カフェ

心地よい風を感じながら
愛犬とのんびり過ごせる
こだわりのカフェで
和みのひとときを。

体の中から美しく健康に

駒沢大学駅

Mr.Farmer 駒沢オリンピック公園店

●みすたーふぁーまー こまざわおりんぴっくこうえんてん　MAP 別冊 P.14-A2

「美と健康は食事から」をコンセプトに、厳選した旬の食材を使った野菜カフェ。アメリカ西海岸のカフェにインスパイアされたヴィーガン、グルテンフリー、パワープロテインメニューを展開する。ピッツァやパスタメニューも豊富。不定期で、ファーマーズマーケットや防災イベント、ミュージックイベントなども開催されている。

季節の野菜をおいしくたっぷり味わうならここ

住 世田谷区駒沢公園1-1-2
TEL 03-5432-7062
営 7:00～21:00
休 無休
CC ADJMV
交 東急田園都市線駒沢大学駅駒沢公園口から徒歩15分

右はFarmer's コブ1859円。パンと野菜スープが付くプレート2189円。左はフリーのウオーターバー。ベジフルスムージー880円もおすすめ

「Mr.Farmer 駒沢オリンピック公園店」は公益財団法人東京都公園協会との共同事業として、大規模災害時には徒歩帰宅者対応や地域住民の支援を行う防災レストランとして利用される。

美しすぎるスイーツ

ビジュアル・パフェ探訪

Beautiful Parfaits

進化し続けるパフェのなかから
作品のようなグラスアートが大集合！

ピュイダムール オ フレーズ
3100円

金柑と苺のアンサンブル ピスタチオのアイス3200円

パフェ好き絶賛の見目麗しいグラス

〚上野毛駅〛 MAP 別冊 P.18－B2

L’atelier à ma façon

らとりえ あ ま ふぁそん

かつて芸術的なパフェを生み出しスイーツ好きの間で伝説となった町田の「カフェ中野屋」から独立し、森シェフが立ち上げた専門店。「グラスの中に文化を詰めている」と語るシェフによる、より進化した独創的なパフェが供されている。フルーツや食用花、スモークなどもふんだんに！

住 世田谷区上野毛1-26-14 TEL 非公開 営 10:15～15:00 休 インスタグラムで告知 CC 不可（現金のみ） 交 東急大井町線上野毛駅正面口から徒歩1分

インテリアもおしゃれ。フィナンシェなどの焼き菓子もあり。予約不可。※パフェは過去の一例

L’atelier à ma façon
森シェフが監修した
パフェはここでも！

〚二子玉川駅〛

TRIANGLE CAFE

とらいあんぐる かふぇ MAP 別冊 P.18－B1

まるでキャンバスに絵を描くようにアーティスティックに仕上げられたパフェに、Latelier a ma façonの森シェフのテイストが感じられ、百貨店の中で気軽に食べられるのもありがたい。こちらは予約も可能。

住 世田谷区玉川3-17-1 玉川高島屋S･C 南館3階 TEL 03-6805-6718 営 10:00～20:00（L.O.19:30)、金～日・祝10:00～21:00（デザート・ドリンク20:30） 休 玉川高島屋S･Cの休業日に準ずる CC ADJMV 交 東急田園都市線・大井町線二子玉川駅西口から徒歩2分

「L’atelier à ma façon」の煙が出ているパフェは、凍らせたフルーツなどで冷気を出している。味わいだけでなく、彩りや目にも楽しめる仕掛けでパフェの可能性をどんどん広げている。

フルーツクリームが添えられたホットケーキ1300円

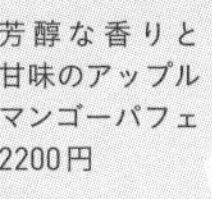

芳醇な香りと甘味のアップルマンゴーパフェ2200円

旬を存分に味わえるフルーツパフェ2000円

〚梅ヶ丘駅〛 MAP 別冊 P.10－B2

ホットケーキパーラー Fru-Full 梅ヶ丘店

●ほっとけーきぱーらー ふるふる うめがおかてん

継承された老舗の味 贅沢フルーツを満喫

　厳選したフルーツを使ったパフェが評判。現地で6～7割まで完熟させたアップルマンゴーやオレゴン産ジャイアントプルーンなど、パフェを彩る素材も格別。万惣フルーツパーラーの味を継承したホットケーキは、銅板で焼き上げ、バターと自家製シロップで味わう。

住 世田谷区松原6-1-11　TEL 03-6379-2628　営 平日11:00～18:30（L.O.18:00）、土・日・祝10:30～18:30（L.O.18:00）　休 水　CC ADJMV　交 小田急線梅ヶ丘駅北口から徒歩2分

たっぷりとフルーツを使用したフルーツサンドやパンナコッタなどのスイーツも充実

〚成城学園前〛 MAP 別冊 P.8－C2

成城Le・Fruitier

●せいじょう る・ふるてぃえ

旬の味覚を堪能して大満足！

　欧州の名店で研鑽を積んだ、シェフ・パティシエの鈴木氏が率いる「オテル・ドゥ・スズキ」の姉妹店。鮮度抜群で、おいしい状態のフルーツを贅沢に使ったケーキのほか、パフェや果実ソースのかき氷、生しぼりジュースはイートインで提供。

住 世田谷区成城6-8-5 カサド成城2　TEL 03-3483-1222　営 9:30～19:00　休 水　CC ADJMV　交 小田急線成城学園前駅北口から徒歩3分

惜しみなくフルーツが入った旬のパフェ1700円

実家が和菓子店の鈴木氏が世界を旅して紡ぎ出した味と美意識を感じられるスイーツに出合える

2種のメロンを使った春から夏頃のパフェ1500円

「成城Le・Fruitier」の姉妹店「オテル・ドゥ・スズキ」の系列店は、祖師ヶ谷大蔵エリアに2店舗あり、世田谷区民にもなじみの深い人気パティスリー。プチガトー以外にも、記念日などにホールで注文する人も多い。

日本が誇る希少なビワを使ったパルフェビジュー®ジャポネビワ5280円

日本の果物の美に感銘を受け、四季、伝統、旬を取り入れた季節を感じるパフェを創出

多彩な味変が魅力のパルフェビジュー®メロン5940円

〖等々力駅〗 MAP 別冊 P.18－C1

PÂTISSERIE ASAKO IWAYANAGI

●ぱてぃすりぃ あさこ いわやなぎ

シェフ・パティシエール岩柳氏が率いるお店。ビジュアルの美しさ、多様な素材を使って、訪れる人を魅了させる要素が詰まっている。季節変わりで提供のパルフェビジュー®は、季節の厳選食材を巧みに操り、香り、食感、嗅覚、見た目など、隙なく組立てられ、飽きることなく最後まで、驚きと感動を与えてくれる。

住 世田谷区等々力4-4-5 TEL 03-6432-3878 営 11:00～18:00（イートインは完全予約制） 休 月・火 CC ADJMV 交 東急大井町線等々力駅北口から徒歩3分、尾山台駅から徒歩4分

パルフェ ア アンポルテをテイクアウト

「パルフェビジュー®」をお手軽に味わえる「パルフェ ア アンポルテ」シリーズを、こちらで販売。蓋をつけて持ち帰りやギフトにすることもできる。ジェラートトッピングを追加して、その場で食べることも可能。

Info 彩り美しいフルーツを使用している「PÂTISSERIE ASAKO IWAYANAGI」の パルフェビジュー®はその美しさから思わず写真に収めたくなるが、それらが引き立つトーンを抑えたスタイリッシュな空間が絶妙です。

花束をイメージしたマンゴーブーケパフェ2800円（時期により価格変動あり）

美的なビジュアルに期待値も上がる！

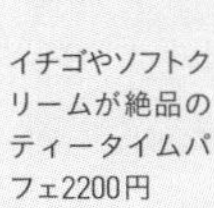

イチゴやソフトクリームが絶品のティータイムパフェ2200円

〚経堂駅〛 MAP 別冊 P.16－C2

ICHIMAN

●いちまん

イチゴやマンゴーを栽培している埼玉県加須市にある農園直営のお店。こちらの代名詞ともいえる「フルッタロール」は、見た目の美しさだけではなく、味も絶品と地元の人々も絶賛。自社農園のイチゴやマンゴーや牧場直送のソフトクリームなどを使ったパフェを店内で提供。

経堂駅近くにある店舗。テイクアウトできるケーキやフルーツサンド、焼菓子類も人気

住 世田谷区宮坂3-18-2 TEL 03-6413-1587 営 11:00～20:00（L.O. 19:30） 休 月 CC ADJMV 交 小田急線経堂駅北口から徒歩2分

インパクト大のボリュームパフェ

〚下北沢駅〛 MAP 別冊 P.17－B4

下北果実

●しもきたかじつ

農家直送の新鮮なフルーツを使ったパフェやフルーツサンド、かき氷、フルーツジュースなどを提供。イチゴ尽くしのタワーのようなパフェやハーフカットのメロンにフルーツを詰め込んだフルーツミックスパフェは、ビジュアルのインパクトが大きいと話題。

住 世田谷区北沢2-7-7 TEL 080-5922-7202 営 12:00～17:30（L.O.17:00） 休 不定休 CC ADJMV 交 京王井の頭線・小田急線下北沢駅から徒歩2分

フルーツぎっしりのフルーツミックスパフェ2800円

約2パック分のイチゴを使ったイチゴパフェ1980円

夜はビストロで夕方まではフルーツを使ったカフェ営業

「ICHIMAN」は自社農園を持っているため、パフェやスイーツに使用しているイチゴやマンゴーなどのフルーツも収穫したその日に店舗に届けられ、一つひとつていねいに切り分けられている。

個性派ズラリ勢揃い ごちそうかき氷

48時間かけた純氷×自家製シロップ

予約必須のかき氷と和食の店

三軒茶屋駅

和kitchen かんな

●わきっちん かんな

MAP 別冊 P.11 - C3

懐石出身の料理人が手がけた和食とかき氷が評判。経営が変わっても、自家製発酵調味料を使った体に優しい和定食をはじめ、旬の野菜やフルーツを和の調理法で手間暇かけて作るシロップを使ったかき氷を提供。しるこ、抹茶、きなこなどの和食材もふんだん。ふんわり食感や口溶けなどを考え、純氷を削る前に常温に置く工夫も。

上はBC1350円。イチゴシロップと練乳入りヨーグルトシロップ。左は贅沢濃厚紫いも牛乳1300円。沖縄産の紫いもペースト。予約はネットにて

住 世田谷区下馬2-43-11 COMS SHIMOUMA 2階 TEL 03-6453-2737 営 11:00～19:00（L.O.かき氷18:30／食事18:00） 休 水 CC ADJMV 予 望ましい 交 東急田園都市線・世田谷線三軒茶屋駅から徒歩13分

斬新な料理系にチャレンジ

成城学園前駅

DÉGUSTATION

●デギスタシオン

MAP 別冊 P.9 - C3

昼はかき氷、夜はフレンチを提供しているレストラン。奥深いかき氷の技術は、フランス料理で培った食材を選ぶ眼や調理の技術を活かしたもの。高度な技術を伝えるため、プロ向けのかき氷教室も開催している。メニューは月変わりで、エスプーマや液体窒素なども取り入れ、スイーツ系のほか、料理系メニューもあり。完全予約制。

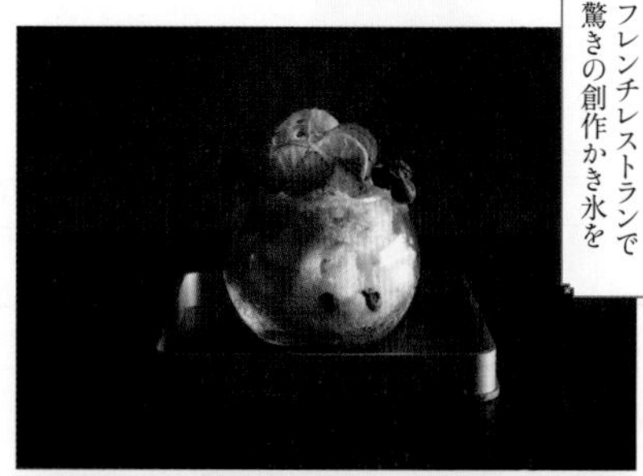
フレンチレストランで驚きの創作かき氷を

上は自家製ドライフルーツを載せた「サングリア」2000円。右はホワイトチョコエスプーマやスパイスも効く「白雪」。左は「抹茶庭園風」各2300円

住 世田谷区成城2-37-11 TEL 03-3417-6280 ※Table Checkにて予約受付 営 11:30～14:30（L.O.14:00）（ディナーは18:00～21:00、L.O.20:00） 休 火・水 CC かき氷は不可 予 要予約 交 小田急線成城学園前駅南口から徒歩3分

Info 「DÉGUSTATION」では、天然氷の蔵元「八義」の氷から届く、気泡なく純度の高い天然氷を使用。料理系かき氷メニューでは、チーズを使ったものやカレー風味のスパイスが効いたかき氷も人気が高い。

季節の食材を楽しむかき氷が約10種類

八幡山駅

変わり種のかき氷が話題

nice & warm

●ないす あんど うぉーむ

MAP 別冊 P.9－A3

かき氷とマフィンのお店。オーナー出身地の石川県の鳥居醤油店の「こいくちしょうゆ」やクセのあるブルーチーズなどを取り入れるなど、意外性のあるかき氷が評判だ。特に鳥居醤油&クリームチーズは、味わえば納得。醤油とミルク、クリームチーズ、黒蜜、キャラメリゼされたナッツ類と、甘くてしょっぱい味わいがやみつきに。

左上は鳥居醤油&クリームチーズ1100円。右はブルーチーズタルト&グリオットチェリー1650円。ハーフサイズもある。マフィンも人気！

住 世田谷区八幡山3-32-16 TEL 03-5374-8058
営 11:30～19:00、日12:00～17:00 休 水 CC J
交 京王線八幡山駅南口から徒歩2分

が食べたい

進化が止まらないかき氷の世界。
フォトジェニックなのはもちろん
ユニークなかけ合わせや
素材へのこだわりも徹底的に！

桜新町駅

デザート系の極上かき氷

雪うさぎ

●ゆきうさぎ

MAP 別冊 P.14－A2

蕎麦屋のデザートだったかき氷が話題を呼び、かき氷専門店を開店。表面はシャリっと、スプーンを入れると中はふわふわという純氷を使用。旬を取り入れたメニューも豊富だが、ずんだクリームチーズや塩キャラメルグラノーラ、かぼちゃキャラメルなどの定番メニューも支持率が高い。かき氷の中まで楽しめるのも魅力。オープンスペース席もある。

住 世田谷区駒沢3-18-2
TEL 03- 3410-7007
営 11:30～20:00（L.O.19:30）
休 月（祝の場合は翌日）、火（不定休） CC 不可
交 東急田園都市線桜新町駅北口から徒歩11分

オーナーが厳選したとっておき食材を堪能

上はずんだクリームチーズ1100円。塩をかけて味変を楽しめる。左は塩キャラメルグラノーラ1045円。練乳と牛乳を合せたミルクソースが美味

Info 「nice & warm」は銀座のジンジャーで研鑽を積み、独立したオーナーが営んでいる。2022年4月にオープンした「ライスアンドカリー！」は姉妹店。

＼ここにも行かなきゃ／

エリア別必食店を大調査

エリアで愛される店や、
グルメな人々が通う店などまだまだある
おすすめレストランを
エリア別にご紹介！

下北沢エリア

〚若者に人気のエリアで気軽に楽しむ名店の味〛

厳選素材を使った牛タン料理とワインがうまい個性派ビストロ

〚下北沢駅〛

牛タンBISTRO 夏火鉢

㊥ぎゅうたんびすとろ なつひばち

上質な牛タンを使った料理とワインのマリアージュを楽しめる。約20品揃う牛タン料理のなかでも、人気No.1はトロットロに煮込んだタンシチュー。数量限定の丸トロ炭火焼1600円もおすすめで、1本のタンから1人前しか取れないタン元を厚切りで提供。うま味十分で満足度大！

MAP 別冊 P.17-C4

住 世田谷区代沢5-36-13　TEL 03-3414-5206
営 平日17:00～23:30（フードL.O.22:30、ドリンクL.O.23:00）、土・祝13:00～、日13:00～23:00（フードL.O.22:00、ドリンクL.O.22:30）　休 無休
CC ADJMV　交 小田急線下北沢駅南西口から徒歩3分・京王井の頭線下北沢駅中央口から徒歩4分

牛タンならではの歯切れのいい食感が独特で、ハマること必至。ユズ塩ポン酢でさっぱりと。上タントロしゃぶ鍋1人前2300円、2人前～

左はタンシチュー1800円。フォン・ド・ヴォーと赤ワインで3日間じっくりと煮込んだ逸品。左奥の正統派ボルドーと相性抜群

Info 「牛タンBISTRO 夏火鉢」ではタンを丸ごと1本仕入れ、各部位に最適な調理法で提供。タン元は筋繊維を除いて1週間熟成し、軟らかくジューシーな肉質に。タコやカキの料理も好評。ワインは仏産・伊産が中心。

〔池ノ上駅〕

台湾料理 光春

●たいわんりょうり こうしゅん

日本では珍らしいメニューも何度も訪れたくなる人気店

台湾生まれの先代から受け継いだ味をベースに2代目店主が現地で教わったり開発してきた、多彩な台南料理がいただける。運がよければ出会える店主自ら釣り上げた魚を使う特別料理や、契約農家で栽培された台湾野菜など、食材と手作りにこだわったエネルギッシュな味が魅力。

MAP 別冊 P.11-B3

住 世田谷区代沢2-45-9 飛田ビル1階 TEL 03-3465-0749 営 平日17:00〜23:00(L.O.22:30)、土・日・祝11:30〜14:30(L.O14:00)、17:00〜23:00(L.O.22:30) 休 火・月1回連休あり CC 不可 交 京王井の頭線池ノ上駅北口から徒歩1分

麺線をオムレツ仕立てにした裏メニュー「麻油麵線煎餅」1080円と「金沙豆腐」1430円

駅からすぐの線路沿い。親しみやすい雰囲気の人気店

干しエビが味のアクセントの「大根餅」900円

〔梅ヶ丘駅〕

梅丘 寿司の美登利総本店

●うめがおか すしのみどり そうほんてん

素材にこだわった高級寿司がお手頃価格で食べられる

本格的な寿司を気軽に食べられる名店「寿司の美登利」の1号店。豊洲から毎日直送される新鮮な旬のネタや特Aランクの米に秘伝のすし酢を合わせたシャリなど、厳選素材を使って握る寿司に、連日行列ができる。オリジナリティあふれる名物メニューの豊富さも人気の秘密。

MAP 別冊 P.10-B2

住 世田谷区梅丘1-20-7 TEL 03-3429-0066
営 平日11:00〜15:00(L.O.14:30)、17:00〜21:00(L.O.20:30)、土・日・祝11:00〜21:00(L.O.20:30)
休 無休 交 小田急線梅丘駅南口から徒歩1分

超特選にぎり(茶碗蒸し・ミニかにみそサラダ付き)3630円

オープン時からの名物。元祖穴子(一本付)880円

カウンター席もある1階からテーブル席の2・3階まで全128席の大箱店だから大人数でも予約OK

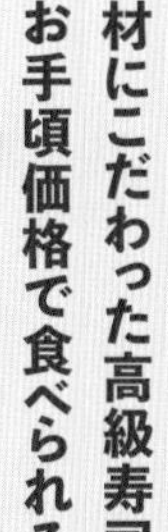

Info 「寿司の美登利」は並ぶことなく予約できる公式アプリやサイトが便利！ 行列必至の人気店ですが、予約や混雑の状況をリアルタイムで確認することができるのでおすすめ。(梅丘の総本店ほか一部店舗のみ)

千歳烏山エリア

閑静な住宅街に現れる キラリと光るおしゃれ店

フルーツやレンコン、野沢菜などを使った多彩なピザが評判。ピザとサラダのセットは1900円～

仙川駅

poca enboca

●ぽか えんぼか

エンボカ東京で親しまれてきた味を受け継いだお店。4種の国産小麦を使って、低温で48時間発酵、ピザ窯にて短時間で焼いたピザは、ふっくらもっちり生地。代名詞のレンコンや野沢菜など、お好みのピザをハーフで味わえる。夜は肉や魚などアラカルトも登場。ゴルゴンゾーラチーズケーキなどデザートも充実。

MAP 別冊 P.8-B2

住 世田谷区上祖師谷7-5-4　TEL 03-4363-1144
営 11:30～15:00 (L.O.14:00)、金～日・祝11:30～15:00 (L.O.14:00)、18:00～21:00 (L.O.20:00)
休 火・水　CC ADJMV　交 京王線仙川駅から徒歩14分

軽井沢と代々木上原 あの名店の ピザの味と雰囲気を継承

エンボカ東京から譲り受けたピザ窯や家具。店主の木下正子さんは、フレンチなどの経験を積み、エンボカ東京でピザ作りを担当した

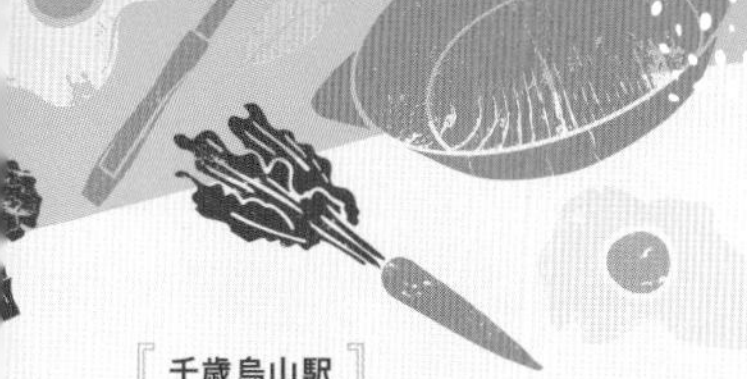

〔千歳烏山駅〕

さんぱち食堂

●さんぱちしょくどう

心地よい空間でカジュアルフレンチと自然派ワインを

静岡県富士宮から取り寄せる無農薬野菜や世田谷産の新鮮な野菜、メインの肉にはジビエやラムを積極的に使う、環境にも体にも優しい料理が自慢。ナチュラルワインなど約9種類をグラスでも楽しめる。料理もワインも店主におまかせする「日本ワインを楽しむコース」も好評。

MAP 別冊 P.16-C1

住 世田谷区南烏山6-27-1 宿谷ビル101号 TEL 03-6909-1738 営 月・木・土・日12:00～15:00（L.O.14:30）、18:00～23:00（L.O.フード21:30、ドリンク22:00）、金18:00～23:00（L.O. フード21:30、ドリンク22:00） 休 火・水・金の昼 予 夜は「シェフのおまかせコース」注文の方優先の営業 CC ADJMV 交 京王線千歳烏山駅北口から徒歩4分

毎月コース内容が変わる、シェフのおまかせコース6600円。前菜～デザートまで全5皿

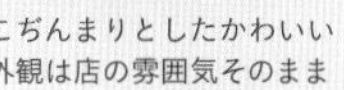

こぢんまりとしたかわいい外観は店の雰囲気そのまま

上／季節のグラタン2100円。下／ラム肉のハンバーグ2200円（ランチセットより）

〔千歳烏山駅〕

チーズ料理専門店 さくらダイニング

●ちーずりょうりせんもんてん さくらだいにんぐ

お通しにラクレットチーズがお目見えしチーズ好き悶絶！

ラクレットチーズ495円（写真は3名分）は名物

チーズソムリエが厳選してチーズを仕入れている専門店。定番から珍らしいものまで年間100種類以上のチーズを扱う。ワインやカクテルも200種類以上と豊富で選ぶのも楽しい。パスタやピザだけでなく、毎月変わる季節チーズが主役のメニューもおすすめ。

MAP 別冊 P.16-C1

住 世田谷区南烏山4-13-3 スターホームズ千歳烏山 220 TEL 03-5969-9988 営 平日・祝前日17:00～翌2:00（L.O.フード翌1:00、ドリンク翌1:30）、土16:00～翌2:00（L.O.フード翌1:00、ドリンク 翌01:30）、日・祝16:00～24:00（L.O.フード23:00、ドリンク 23:30） 休 無休 CC ADJMV 交 京王線千歳烏山駅南口から徒歩4分

内装でもアクセントに使われている赤色の扉が目印。ソムリエ、チーズプロフェッショナルも在籍

Voice ナチュラルワインが充実している店として知られる「さんぱち食堂」ですが、実はクラフトビールも充実しています。全国のブリュワリーから集めたおすすめの銘柄が揃っているので、ビール派の私も大満足です♪（板橋区・N）

経堂・上町・世田谷エリア

世田谷区の真ん中に
居心地抜群のグルメ店が点在

上／「アヒージョ 牡蠣とアスパラ」700円
下／大盛りも可能な「pastaベーコンとアゲナス」1300円

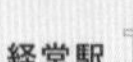

〚経堂駅〛

ニューハナイ

●にゅーはない

日替わりのメニューに並ぶのは、旬の素材を贅沢に使ったパスタとタパス。イカスミのパエリアや肉詰めマッシュルームなど、ワインとの相性も抜群な料理や約15種類もあっていろいろシェアして食べたくなるパスタは、どれも骨太でダイナミックな味わい。2022年上北沢に2号店「ハナイその2」をオープン。

MAP 別冊 P.16-C2

住 世田谷区経堂1-6-10 木原ビル2階　TEL 080-9713-4157　営 17:00～24:00（L.O.22:30）　休 火　CC ADJMV　交 小田急線経堂駅南口から徒歩3分

グルマン達も絶賛！種類豊富なパスタを目当てに訪れたいイタリアンバル

右上は「葡萄とマスカルポーネ」。2020年の移転リニューアル後、席数が増えた。落ち着いた居心地のよい雰囲気も人気

Info　シズル感があふれる料理写真が連日投稿されている「ニューハナイ」のSNSのフォロワーは、なんと5万超え！遠方から足を運ぶ来訪客も多く平日でも満席なことがあるため、予約してから訪れよう。

〚宮の坂駅〛

バレアリック飲食店

●ばれありっくいんしょくてん

ここは世田谷アイランド?! 心地よいリゾート気分を堪能

どこか南の島の郊外にありそうな大衆食堂をイメージした飲食店。南国っぽいBGMを聞きながら、メキシカン、ハワイアン、エスニック、オリエンタルなどボーダレスな南国の雰囲気が漂う料理を楽しもう。ランチはアヒポキ丼やカオソーイなど全6種類。ペットの同伴もOK！

MAP 別冊 P.10-C1

住 世田谷区宮坂1-38-19 TEL 050-1475-5624 営 11:30〜14:30（L.O.14:00）、18:00〜23:00（L.O.22:00） 休 月・木（祝の場合は営業し翌日休） CC ADJMV 交 東急世田谷線宮の坂駅から徒歩3分

野菜がたっぷりでボリューミーでもヘルシー。「メキシカンブリトー」1200円、右は「多幸ライス」1000円

右／ゆったりした時間が過ごせる。左／南国テイストの植物とネオンサインが目印

〚上町駅〛

バーボン

●ばーぼん

ボリューム満点の洋食店 オリジナル料理が大人気

下町風情が残る世田谷エリアによくなじむこちら。カレーやハンバーグのような定番の洋食メニューはもちろん、ここでしか食べられない「オリジナルメニュー」も人気だ。オーナーが独学で開発した秘伝のソースを味の要にした食べごたえのあるひと皿で、心もお腹も大満足！

MAP 別冊 P.19-A3

住 世田谷区世田谷1-29-14 コーポイコマ TEL 03-3427-1300 営 11:00〜15:00、17:30〜21:30、土11:00〜21:30、日12:00〜21:30 休 月・火 CC 不可 交 東急世田谷線上町駅から徒歩5分

看板メニューのひとつ、「オリジナルライス」1250円

醤油風味が食欲をそそる。「バーボンライス」1250円

ふと立ち寄りたくなる心地よさ。店主ご夫妻が温かく迎えてくれる

かつてはコーヒー専門店だったという「バーボン」は、昔から近隣大学の体育会系学生にファンも多い。ほかにはない味とボリュームを求めて、腹ペコアスリートたちも足繁く通う。

成城学園エリア

安心の町で「ただいま」と
言いたくなるあたたかな店へ

上／「トンポーローのピラミッド仕立て」。皮付き豚バラを赤米で煮込んだ、特別な時のメニュー　下／「麻辣牛肉麺」

〚祖師ヶ谷大蔵駅〛

中国料理 胡同三㐂

●ちゅうごくりょうり ふーとんさんき

水餃子や焼き餃子など「おじいちゃんの」、「パパの」などの冠がつく料理は、自身が幼少期に作ってもらっていた大城家の味をベースにした、シンプルかつ優しい味わい。山の幸や海鮮など、旬の高級素材を使ったシェフの技が光るメニューも季節限定で登場。紹興酒やお酒も充実のラインアップ。

MAP 別冊 P.16-B1

住 世田谷区祖師谷1-8-17　TEL 03-6882-5530
営 11:30～14:30（L.O.14:00）18:00～23:00（L.O.21:30）　休 月・火　CC ADJMV（1万円以上で使用可）　交 小田急線祖師ヶ谷大蔵駅北口から徒歩3分

ビブグルマンを獲得！活気があふれる味わい豊かな本格中華

「おじいちゃんの肉団子」1630円は不定期に登場。「おまかせ前菜盛り合わせ」（2～3名用）2580円～

Info　「中国料理 胡同三㐂」を営む大城シェフは、その道で名の知られた中国料理人の父と祖父を持ち、自身も名店「JASMINE」出身。本格中華はもちろん、大城家に伝わる家庭的な優しさも大切にした気軽に楽しめるメニューも豊富。

［祖師ヶ谷大蔵駅］

キッチンマカベ

きっちんまかべ

世代を超えて愛される洋食は ほっとするおいしさ

1961年の創業以来、地元の祖師ヶ谷大蔵商店街で愛されてきた洋食店。稀少なリブロースを使った人気の「ポークジンジャー」や目玉焼きの乗った「ハンバーグ」、冬季限定の牡蠣フライなど定番メニューがずらり。ソースやタレまでていねいに手作りしているこだわりもおいしさの秘訣。

オムライスにチキンクリームコロッケを添えた、「オム・コロ」1705円と「ポークジンジャー」1936円

MAP 別冊 P.16-B1

住 世田谷区祖師谷3-1-15 TEL 03-3482-3748
営 11:15～L.O.14:30、17:00～L.O.19:30 休 木・隔週水 CC 不可 交 小田急線祖師ヶ谷大蔵駅北口から徒歩3分

懐かしいレトロで落ち着いた雰囲気がいい。2階はゆったり過ごせるテーブル席

［成城学園前駅］

成城 ポレール

せいじょう ぽれーる

素材に自信！ 松阪牛専門店で楽しめる極上の肉料理

ステーキやハンバーグなど、上質な松阪牛を使った料理は、上品でクセのない脂が口の中で溶ける。人気メニューがお値打ちセットでいただけるランチタイムの訪問もおすすめ。クラシカルなたたずまいの店構えや、40年以上変わらないあたたかなおもてなしにも成城らしさを感じる。

「松阪牛ステーキ（サーロイン）」120g6200円と「松阪牛すき焼きコース（極上ロース）」1万1000円

MAP 別冊 P.8-C2

住 世田谷区成城6-6-10 TEL 03-3483-0151
営 11:00～15:00（L.O.14:30）、17:00～22:00（L.O.21:30、アルコール20:00） 休 火（祝の場合翌日） CC ADJMV 交 小田急線成城学園前駅北口から徒歩2分

「松阪牛ハンバーグ 温野菜添え」200g 2350円。クラシカルで落ち着いた雰囲気

Info 「成城 ポレール」は隣に精肉店「すずまさ」を併設。厳選した松阪牛を一頭買いしており、ポレールクオリティの肉を良心的な価格で購入することができる。注文を受けてから、好きな部位・量をカットしてくれる。

三軒茶屋エリア

カルチャータウンで昼も夜も楽しめる本格の味

「香港芥蘭菜」980円、「什錦撈麵」(全部具入りつゆなし麺、チャーシュー、牛バラ、ワンタン、野菜入り)1050円(香港麺も選べる)

〖池尻大橋駅〗

香港麺 新記 三宿本店

●ほんこんめん しんき みしゅくほんてん

香港留学時にオーナーが魅了された「潮州味」と呼ばれる香港麺が、1994年に開店した日本初の香港麺専門店のルーツ。「香港麺」はこしのある極細麺。ゆでた麺にタレと具を加えたつゆなしの撈麵と、うま味を凝縮した濃厚なスープと麺の相性がよい湯麺(スープ麺)ほか、点心や季節の野菜炒めなど一品料理も豊富。

MAP 別冊 P.11-C3

住 世田谷区池尻3-30-10 三旺ビル2階
TEL 03-3419-4123 営 平日・土(祝含む)11:30〜24:00(L.O.23:00)、日11:30〜23:00(L.O.22:00)
休 無休 CC 不可 交 東急田園都市線池尻大橋駅西口から徒歩10分

奥深いコクがあるのにあっさりとした潮州の味わいが魅力

「雲呑麺」950円(香港麺)。えび入りワンタン麺はプリプリの海老が絶品! 麺類はほかに細めの玉子麺、日本麺も選ぶことができる

ソムリエでもあるオーナーが厳選した銘柄が豊富に揃うフレンチ「du Barry」。特に日本産の自然派ワインが充実しており、料理とのペアリングも提案してくれる。お気に入りワインの持ち込みも可(持ち込み料2500円)

［三軒茶屋駅］

Trattoria e Pizzeria L'ARTE

●とらっとりあ え ぴっつぇりあ らるて

南イタリア、カンパーニャ州を中心とした料理も豊富

ナポリピッツァ職人のコンテストで優勝経験のある井上氏がオーナーの人気店「トラットリア ピッツェリア　イル・ルポーネ」の2号店。店名のプレートが入った薪窯で焼き上げるピッツァは、表面はカリッと、中はモチモチとした本物のおいしさ。ソーセージやパンなど自家製にこだわった料理も、リーズナブルで美味。

MAP 別冊 P.19-C4

住 世田谷区三軒茶屋1-35-17 1階　TEL 03-3424-3003　営 月・木・金11:30～L.O.14:00、土・日・祝12:00～L.O.14:30、平日・土・日・祝18:00～L.O.22:00　休 隔週火・木（隔週連休の場合は木夜のみ営業）　CC ADJMV　交 東急田園都市線・東急世田谷線三軒茶屋駅南口Aから徒歩2分

「タコとセロリのマリネ1500円」と生地を楽しめるシンプルなピッツァ。「マルゲリータ」1500円

南欧風の白壁が目印。ナポリで購入したインテリアを飾った居心地のよい店

［池尻大橋駅］

du Barry

●でゅ ばりー

地元の常連客に愛されるすべてがちょうどよいフレンチ

13年目を迎えた2023年から新シェフを迎えた「du Barry」。立体感のある盛り付けが美しく、旬の素材の味を生かしたあたたかみのある料理やデザートは健在だ。見た目だけでなく、しっかりと満足感の得られるコスパのよさも魅力。ディナーコースはメイン1皿の全5皿6060円～。

MAP 別冊 P.11-C3

住 世田谷区池尻2-37-7 スカイビュー246 1階
TEL 03-6450-8177　営 11:30～14:00、18:00～22:00　休 月・火　CC ADJMV
i 通常コース利用の小学生以上　交 東急田園都市線池尻大橋駅南口から徒歩8分

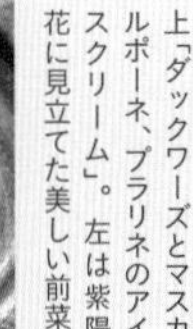

上「ダックワーズとマスカルポーネ、プラリネのアイスクリーム」。左は紫陽花に見立てた美しい前菜

数々のグランメゾンでサービス経験のあるオーナーが隅々にまでこだわった空間

「Trattoria e Pizzeria L'ARTE」では、ピッツェリアでは珍しい「ハーフ＆ハーフ」でのオーダーが可能。ひとりや少人数で訪れる際にも、いろいろな味やメニューが楽しめてうれしいです。

二子玉川エリア

舌の肥えたグルマンたちも満足！
わざわざ行きたいとっておきの店

上は生ハムとタマネギのキッシュの上に、削りたての薄いハムをのせた前菜のスペシャリテ。下は大間の本マグロを使った冷前菜の一例

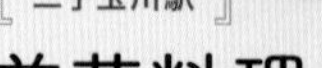

［二子玉川駅］

前芝料理店

まえしばりょうりてん

2021年に大阪から移転オープンした注目のフレンチ。厳選した和牛塊肉の希少な部位を炭火焼きにしたシェフのスペシャリテをはじめ、仔羊のローストや牛頬肉の赤ワイン煮込みなど、素材を生かした力強い肉料理が評判。フランス産を中心にワインの品揃えが豊富。自家製酵母で千葉県産のイタリア品種小麦を使うパンも美味！

MAP 別冊 P.18-A1

住 世田谷区玉川4-7-5 ルミナス二子玉川 B1階
TEL 03-5797-9830 営 月・火・土・日・祝12:00～15:00（L.O.13:30）、平日・土・日・祝18:00～23:00（L.O.20:30） 休 水 CC ADJMV 交 東急田園都市線・東急大井町線二子玉川駅から徒歩8分

大阪発！　肉料理が自慢の実力派フレンチ

「厳選和牛のクリ炭火ロースト」と「リードヴォー」。この日はキノコのソースで

木を生かしたぬくもりのある空間。店の中央には一枚板の大きなテーブルが。皆でぐるりと囲む珍しいレイアウトの席

Voice 2023年から「Grill&DINING用賀倶楽部」に肉屋を併設。プロの目利きで芝市場から仕入れた後、ていねいに下ごしらえした厳選の和牛を購入できるのが便利。レストランを利用した帰りに立ち寄ります。（渋谷区・M）

[二子玉川駅]

naturam Kazuya Sugiura

●なちゅらむ かずや すぎうら

日本の四季や自然を表現したアートな料理に心酔

ラテン語で「自然な、ありのままに」を意味する店名のとおり、シンプルな調理法で旬の素材の魅力を最大限に引き出した、ヘルシーで華やかなモダンフレンチ。大切にエスプーマやソースを巧みに使うなど、杉浦シェフのセンスと技の詰まった美しい料理を、五感を使って楽しみたい。ディナーは全7皿8800円。

アートのように美しい色彩と盛り付け。左下は秋の味覚を美しく仕立てた「鰹／トロ茄子／春菊／柚子」

蔦で覆われた、一軒家レストラン。あたたかみのある居心地のいい空間

MAP 別冊 P.18-B2

住 世田谷区玉川1-17-16 TEL 03-3708-7723
営 12:00～15:00（L.O.13:30）、18:00～22:00（L.O.20:00） 休 火・水 CC ADJMV 交 東急田園都市線・東急大井町線二子玉川駅から徒歩7分

[用賀駅]

GRILL＆DINING 用賀倶楽部

●ぐりるあんどだいにんぐ ようがくらぶ

住宅街にたたずむ西海岸風のアメリカンダイナー

ハンバーガーやステーキなど、肉料理を中心としたボリューム満点のグリル料理が充実。ワインやクラフトビール、ウイスキーは約120種類の豊富なラインアップ。夏祭りやワインの試飲会など季節に合わせたイベントも開催されており、活気あふれる地域の拠点にもなっている

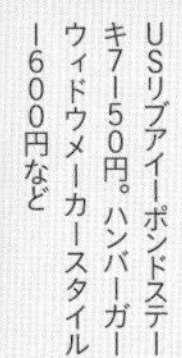

USリブアイーポンドステーキ7150円。ハンバーガーウィドウメーカースタイル1600円など

70席以上ある大箱のダイニング。テラス席のほか店内にもペット連れOKな席あり

MAP 別冊 P.18-A2

住 世田谷区玉川台2-17-16 TEL 03-3708-8301
営 11:00～15:30（L.O.14:30）、17:00～22:00（L.O.21:00） 休 無休 CC ADJMV 交 東急田園都市線用賀駅南口から徒歩6分

Info 「GRILL&DINING 用賀倶楽部」では、毎週土・日曜11:00～「用賀倶楽部マーケット」を開催。天然酵母の焼きたてパンや、世田谷ほか都内産の新鮮な野菜などを販売。カリフォルニアワインの試飲会も人気。

等々力エリア

五感を使って楽しみたい
コスパもうれしい絶品料理

「完全放牧牛ジビーフ 牛すねのよだれ牛」とフカヒレそのものを楽しむためのシンプルな「フカヒレの冷製 山椒ソース」

〚等々力駅〛

大人の中華 東京夜市

●おとなのちゅうか とうきょうよいち

メニューは、前菜からデザートまで、全14品の「フカヒレ入りお任せコース」1万2980円と季節ごとに変わる特別コースの2種類。高級フカヒレ専門店でも修業経験のあるシェフが厳選した材料ですべて手作りする、多彩な料理を少しずつ楽しむことができる。鶏白湯スープの奥深い味わいとプリプリ食感のフカヒレは絶品！

MAP 別冊 P.14-B2

住 世田谷区深沢5-6-16 グリーンハイツ深沢1階
TEL 03-6411-6873 営 18:00～22:00
休 月・火（不定休あり） CC ADJMV i 完全予約制 交 東急大井町線等々力駅南口から徒歩19分

完全予約制のワンオペだからできるお値打ちコース

皮蛋豆腐、ビーフンと自家製からすみ、ホタルイカの紹興酒漬、ほうき鶏の塩漬け卵など、多彩な前菜5品。フカヒレラーメン

Info 高級食材のフカヒレと中華を楽しめる「東京夜市」。大きなフカヒレの姿煮を食べたい人は、一週間前までに予約しよう。予約ごとに必要な量を仕入れて無駄なく準備をするので、リーズナブルに食べられる（時価）。

［九品仏］

Restaurant francais cafe Patisserie KOST

●れすとらん ふらんせ かふぇ ぱてぃすりー こすと

アットホームな雰囲気が心地よい季節感あふれるフレンチ

無農薬で栽培された野菜や新鮮な鮮魚など、旬の素材を生かした本格的なフランス料理を気軽に味わうことができる。プリフィクスコースは、ランチコース2900円～3種類、ディナーコース7700円。シェフの主人とパティシエ担当のマダムのあたたかくていねいな接客も心地よい。

MAP 別冊 P.14-C2

住 世田谷区奥沢6-28-10 TEL 03-3704-4417
営 ランチは11:00～、13:15～の2部制、18:00～22:00（L.O.21:00） 休 月・火 CC ADJMV（ランチは現金のみ） i 小学生以下はカウンター席のみ
交 東急大井町線九品仏駅から徒歩4分

上はコンポートにした桃を丸ごと使ったデザート。下は左から「豚肉のソテー」、「鮮魚のポワレ」

店は大井町線路沿いに建つ一軒家。毎年9月頃にお目見えするKOSTの一番人気「渋川栗のマロンパイ」

［等々力駅］

OTTO

●おっと

自然豊かな等々力渓谷の緑と川のせせらぎに癒やされる

駅にほど近いロケーションながら、窓の外に広がる等々力渓谷の眺めに開放感を感じられる、絶景のカジュアルイタリアン。300度のピザ窯で一気に焼き上げる、外はパリッと中はモチッとした食感がおいしいピザは、アラカルト以外にランチコースでも味わうことができる。

MAP 別冊 P.18-C1

住 世田谷区野毛1-17-11 等々力渓谷スカイマンション B1階 TEL 03-3704-3778 営 11:00～15:00（L.O.14:00）、17:30～21:00（L.O.20:00）、土・日・祝11:00～15:30（L.O.14:30）、17:30～21:30（L.O.20:30） 休 月、火の夜 CC ADJMV
交 東急大井町線等々力駅南口から徒歩8分

Cコースランチの前菜の盛り合わせのプレート。パスタまたはピザ、カフェ付2150円

1998年にオープン。四季折々の自然を楽しみに訪れるリピーター客も多い

「OTTO」は開けたガラス窓から等々力渓谷の緑を眺めつつ食事ができる、イタリアンレストラン。入口が等々力渓谷側にもあり、渓谷散策の途中に訪れることもできる便利なロケーション。

伝統大蔵ダイコン

江戸時代に豊多摩郡在住の源内という農民が生産した「源内つまり大根」が原種。明治初期に世田谷区大蔵の石井泰治郎氏が改良した。姿を消した時期もあるが、「伝統大蔵ダイコン」として2002年に復活。**栽培場所**：大蔵など　**販売場所**：ファーマーズマーケット 千歳烏山、二子玉川など

世田谷発祥野菜！

下山千歳白菜

世田谷区北烏山に住んでいた下山義雄が育成した「下山千歳白菜」。昭和20年代に流行したウイルス病にも負けることなく残った白菜で、市民緑地「北烏山九丁目屋敷林」として一般に開放されている下山家の庭には「下山千歳白菜発祥之地」の碑も築かれている。現在「下山千歳白菜」自体は自宅消費用などに限定され、一般販売はほぼ行われていない。

のらぼう菜

アブラナ科の野菜で江戸時代初期には西多摩や埼玉周辺で栽培され、近年おいしさから知名度が高まっている。
栽培場所：喜多見など
販売場所：ファーマーズマーケット千歳烏山、二子玉川など

アシタバ

日本原産。伊豆諸島など太平洋沿岸に自生し、江戸時代の貝原益軒著「大和本草」には薬草として紹介。
栽培場所：宇奈根など　**販売場所**：ファーマーズマーケット千歳烏山、二子玉川など

世田谷野菜&フルーツ図鑑

伝統野菜から南国フルーツまで

江戸東京野菜から珍しい外来種まで世田谷産を大調査。

江戸東京野菜の定義　江戸東京野菜は、江戸期から始まる東京の野菜文化を継承するとともに、種苗の大半が自給または近隣の種苗商により確保されていた昭和中期までのいわゆる在来種、または在来の栽培法等に由来する野菜のこと。世田谷区では上記の4種が、江戸東京野菜として登録されている。（JA東京中央会HPより引用、加筆）

珍しい野菜見つかるよ

★★ こんな野菜&果物まであるんです！ ★★

ルバーブ

ロシア原産、ジャムも◎。
栽培場所：成城など
販売場所：ファーマーズマーケット 二子玉川など

ケール

サラダや青汁利用も多い。
栽培場所：砧など
販売場所：ファーマーズマーケット 二子玉川など

パクチー

香味野菜、強い香りが特徴。
栽培場所：岡本など
販売場所：ファーマーズマーケット 二子玉川など

イチゴ

世田谷の栽培農家は少ないが、多種の味覚狩りが可能。
栽培場所：中町など
販売：味覚狩りなど

ブドウ

8～9月に区内で10軒前後の農園で味覚狩りが可能。
栽培場所：野毛、岡本など
販売：味覚狩りなど

青パパイヤ

区内で栽培、9月入荷。
栽培場所：南烏山
販売場所：ファーマーズマーケット 千歳烏山

パッションフルーツ

区内で栽培、8月入荷。
栽培場所：南烏山
販売場所：ファーマーズマーケット 千歳烏山

Info　世田谷区では、多品種や珍しい品種の栽培を行っている農家もある。数軒が、沖縄関連の青パパイヤやパッションフルーツを栽培。直売所を設けている農家も多く、区では「世田谷農産物直売所マップ」も発行している。

第五章

ショップガイド

老舗から最新人気店まで

下北古着屋巡りマップ

流行に敏感で感度が高い人が集まる下北沢。古着初心者から上級者までを満足させるセンスのよい7店舗を厳選！

フラミンゴ下北沢店 2nd
スタッフ
ハラケンさん

京王井の頭線
下北沢
小田急線
京王井の頭線

下北沢古着屋の変遷は？

ライブハウスや劇場が点在し、1970年頃には「サブカルの聖地」と言われていた下北沢に古着屋ができたのは、1985年頃。世間的には1990年代になって古着ブームがくるのですが、この街には2010年頃から一気に増えました。お金をかけなくてもファッションを楽しめる古着と、昔から下北に集う流行に敏感な人々の層がマッチしたのだと思います。現在は、全国展開している大規模店系から個性際立つ店まで、さまざまなジャンルや価格帯の店が約150軒密集しています。

ここ数年のトレンドは？

近年のスポーツブランドのアイテムを取り入れた「スポーツミックス」のコーディネートの流行もあって、トラックジャケットやゲームシャツ、スエットなど、スポーティなアイテムを探されている方が多くなってきた印象があります。限られた予算のなかでも最近の新作にはみられない、レトロな配色やロゴやデザインなどを楽しめますし、実用性の高さも魅力！ 1960年代までに作られた「ビンテージ古着」から2000年代の「レギュラー古着」まで幅広いジャンルを扱う店が多い下北なら、自分好みの一着を見つけられると思います。

USA古着ならここ！

1 フラミンゴ 下北沢店 2nd

ふらみんごしもきたざわてんせかんど

「100年着られた古着をもう100年着る、フラミンゴで」がコンセプト。さまざまな時代を過ごした古着をバイヤーが厳選し、時代のニーズとトレンドに合ったアイテムを提案、展開をしている。ラグや食器類が充実しているのも特徴。

MAP 別冊 P.17－B4

住 世田谷区北沢2-37-2　パラッツィーナビル1・2階
TEL なし　営 12:00〜21:00、土・日・祝11:00〜21:00
休 無休　CC ADJMV
交 京王井の頭線・小田急線下北沢駅中央口から徒歩3分

Check!
2023年に店舗拡張して2フロアに。幅広いラインアップや充実の雑貨など、下北にある「フラミンゴ」の中で特に見応えあり

ネオンカラーのフラミンゴが目印

雑貨と古着をミックスして飾ったおしゃれな店内

Info 毎年4〜5月に「古着マーケット＋(プラス) GW ver. -Shimokitazawa FURUGI Market-」を開催。下北沢駅東口前に下北沢の古着屋、雑貨屋が一堂に集まる大人気のイベントは、11回目の開催になる2023年も大盛況でした！

Check!
毎月最終土・日に「青空市」というイベントを開催する。店内に並ぶすべての商品が、なんと50%オフになる太っ腹イベントです！

コスパ◎で小物類も充実！

2 FLORIDA 下北沢店

ふろりだ しもきたざわてん

流行りのデザインものからブランドものまで海外で買い付けたレギュラー古着が中心。ファッションのアクセントになるリーズナブルな小物も充実。店内外に多数飾られたまるごと真似したくなるディスプレイも必見！古着デビューを考えている人にもおすすめの一軒。

MAP 別冊 P.17 - B4
住 世田谷区北沢2-29-2フェニキアビルB1階
TEL なし 営 12:00～21:00、土・日・祝11:00～21:00
休 無休 CC ADJMV
交 京王井の頭線・小田急線下北沢駅中央口から徒歩3分

幅広いバリエーション！

3 原宿シカゴ 下北沢店

はらじゅくしかごしもきたざわてん

Check!
なんと毎日新しい商品が追加される。訪れるたびに新たな発見を楽しめる、おもちゃ箱のようなショップ

スポーツ系やアウトドア系ブランドをはじめ、着物や民族衣装、ワッペンなど珍らしいジャンルも充実。リーズナブルな価格帯がうれしい。アメリカを中心にバイヤーが仕入れた約1万5000点のアイテムのなかから掘り出し物を探そう。

MAP 別冊 P.17 - C4
住 世田谷区北沢5-32-5 シェルボ下北沢1階
TEL 03-3419-2890 営 11:00～20:00 休 無休 CC ADJMV
交 京王井の頭線・小田急線下北沢駅中央口から徒歩4分

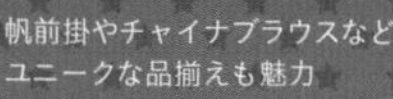
帆前掛やチャイナブラウスなど
ユニークな品揃えも魅力

Info 下北沢の古着情報発信を行っている「#シモフル」。旬のイベント情報や古着屋マップ、着こなしのヒントなどが詰まったオフィシャルサイトほかインスタグラムも運営。定期発行するフリーペーパーは下北沢駅前でも配布。

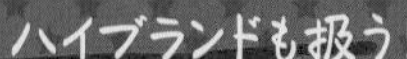

4 NEW YORK JOE EXCHANGE 下北沢店

にゅーよーくじょー えくすちぇんじ しもきたざわてん

衣類や鞄、靴、アクセサリーなど、どんなアイテムの買い取りも査定もＯＫ。「衣類の処分をきっかけに、新たなジャンルのファッションを楽しんでほしい」と独自システム「トレード」で店頭商品と交換を行う。全商品税抜き1万円以下！

Check!
入口の番台や床のタイルなど、ところどころにもと銭湯の名残がある内装がユニーク。もと男湯にメンズ、女湯にレディースを陳列

毎月第1日曜日は全商品半額！

MAP 別冊 P.17－B4
住 世田谷区北沢3-26-4
TEL 03-5738-2077　営 12:00～20:00
休 無休　CC ADJMV
交 京王井の頭線・小田急線下北沢駅中央口から徒歩5分

色味やデザインが珍しい

ストリート＆アメカジ！

5 fuv 下北沢

ふぁぶ しもきたざわ

70～90年代のナイキやアディダスのジャージなど、流行のストリート系に特化したラインアップが充実の人気店。シンプルな内装に、約300～400着の古着を手に取りやすくすっきり陳列した店内にもオーナーのセンスを感じる。

Check!
専属のバイヤーが一点一点セレクトしたトレンド感満載のアイテムが揃う。希少なビンテージものも、1万円以下で手に入りやすい

羽織物として使い勝手のよいデニムシャツ

MAP 別冊 P.17－B4
住 世田谷区北沢2-30-7 2階
TEL 03-6206-0172　営 12:00～19:00、土・日・祝 11:00～
休 無休　CC ADJMV
交 京王井の頭線・小田急線 下北沢駅中央口から徒歩3分

Info おもしろい屋号の古着屋を発見！　もと銭湯を改装した「NEW YORK JOE EXCAHGE」は、「入浴場」をもじって。英単語「floccinaucinihilipilification」をカタカナ表記した「フロクシノーシナイヒリピリフィケーション」もインパクト大。

人と差がつく個性をプラス

6 MUD

まっど

海外のビンテージフリークも注目の1軒。オーナー自身がセレクトする古着は、素材や着心地のよさにもこだわった思いの込もった1着ばかり。流行のアイテムに偏らず、着用のしやすさを備えた品揃えが人気。

MAP 別冊 P.17－B4

住 世田谷区北沢2-33-2 環境ビル1階
TEL 03-5738-8877　営 12:00～21:00　休 無休　CC ADJMV
交 京王井の頭線・小田急線下北沢駅中央口から徒歩3分

ゆったりした居心地のよさも◎

着用の組み合わせをイメージしやすいディスプレイ

日本最大級のインポートブランド！

7 古着屋JAM 下北沢店

ふるぎやじゃむ しもきたざわてん

「アメリカの架空の街『JAMTOWN』をコンセプトに、関西を中心に全国展開する古着屋が、2023年、原宿店に続く東京2店目をオープン。ビンテージマニアはもちろん、古着初心者も気負わず手に取って満足できる充実の品揃え。

Check!
Tシャツやスタジャン、デニムアイテムなど、専属バイヤーが厳選して仕入れた商品がずらり

MAP 別冊 P.17－B4

住 世田谷区北沢2-31-7 アビティ下北沢2階
TEL 03-6804-7728　営 11:00～20:00
休 無休　CC ADJMV
交 京王井の頭線・小田急線 下北沢駅中央口から徒歩2分

コンパクトで見て回りやすい店舗。たくさんの古着がぎっしり！

Info　すべて一点物の古着は、気になったら迷わず買うべし！　店頭に並んでから買い手がつくまでの時間が短いのが特徴。足を運ぶたびに新しいアイテムと出合えるけれど、一期一会の出合いは逃さず大切にしたい。

口福必至の注目店へ

世田谷ベーカリー

きびミルクフランス ¥303
ミルククリームは練乳×キビ砂糖の優しい甘さ

パンに加え、スイーツと生花も販売するライフスタイルショップ

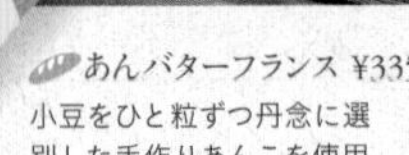

あんバターフランス ¥335
小豆をひと粒ずつ丹念に選別した手作りあんこを使用

ショコラフランス ¥335
自家製ガナッシュクリームとパールショコラをサンド

〖三軒茶屋駅〗 \1日100個以上売れる風船パン/

JUNIBUN BAKERY 三軒茶屋本店

じゅうにぶん べーかりー さんげんぢゃやほんてん

「いつもよりちょっといい気分、いい暮らし」をテーマに、食材にこだわった自然派のパンを販売。一番人気はコロンと丸い風船パン。水分含有量が120%もあり、もっちりした食感が特徴。クロッカン カシスも店のスペシャリテ。軽い歯触りと甘酸っぱさにハマる！

クロッカン カシス ¥314
クロワッサン生地をカシスジャムでコート

風船パン ¥368
軽く焼くと、バターの風味がアップして絶品

MAP 別冊 P.19－C4

住 世田谷区三軒茶屋1-30-9 三軒茶屋ターミナルビル1階
TEL 03-6450-9660 営 9:00～19:00 休 1/1 CC ADJMV
交 東急田園都市線三軒茶屋駅南口B出口から徒歩3分、東急世田谷線三軒茶屋駅から徒歩5分

人気ベーカリー「365日」を手がけた杉窪章匡シェフによる店。厳選素材を使った品々が並ぶ

Info 「JUNIBUN BAKERY 三軒茶屋本店」の2階には系列のカフェ、「二足歩行coffee roasters」があり、店内で焙煎から手がけたスペシャリティコーヒーを楽しめる。平日なら、飲み物を注文すれば1階のパンのイートインも可能。

食べ比べ

都内屈指のベーカリー激戦区、世田谷。行列店も多いこのエリアで評判のお店を名物パンとともにご紹介！

〚九品仏駅〛 国際大会2連覇の快挙

Comme'N TOKYO

●こむ・ん とうきょう

パンの国際大会「モンディアル・デュ・パン」で日本人初の総合優勝＆史上初の2連覇を果たした大澤秀一さんの店。店にはハード系のパンを中心に常時約100種類のパンが並ぶ。なかでもおすすめは同大会で初優勝した際のレシピで作るクロワッサンとバゲット。

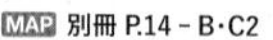

MAP 別冊 P.14－B・C2

住 世田谷区奥沢7-18-5 1階 TEL 非公開 営 7:00〜18:00 休 無休 CC ADJMV 交 東急大井町線九品仏駅から徒歩1分

食事パンをはじめ、総菜パンや菓子パンまで多彩な品揃え。日替わりの品も多い

MUST BUY!

クロワッサンA.O.P. ¥324
仏産のA.O.P.発酵バターを使用。風味豊か！

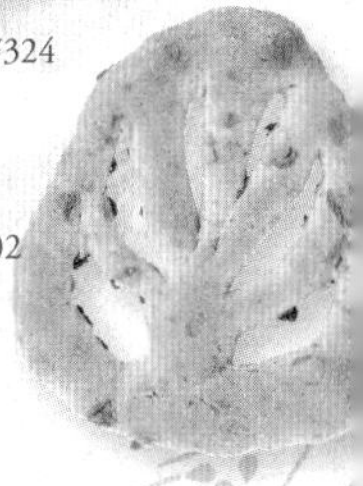

プロヴァンサル ¥302
ミックスハーブやチーズが入ったライ麦パン

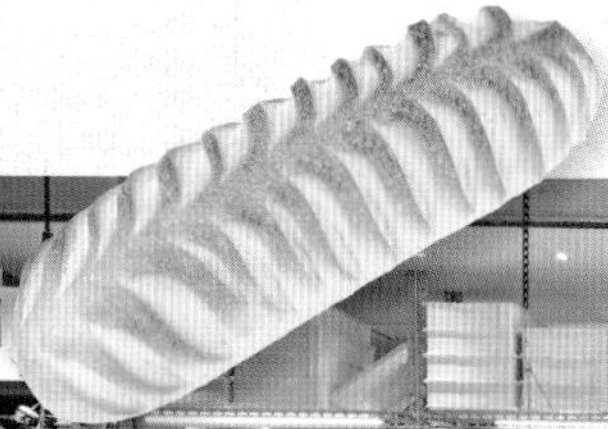

ケーク・ブリオッシュ ¥378
ふんわり生地にキャラメリゼしたナッツをオン

フランスのように早朝から営業。客足の絶えない店だが早朝〜10時頃は狙いめ

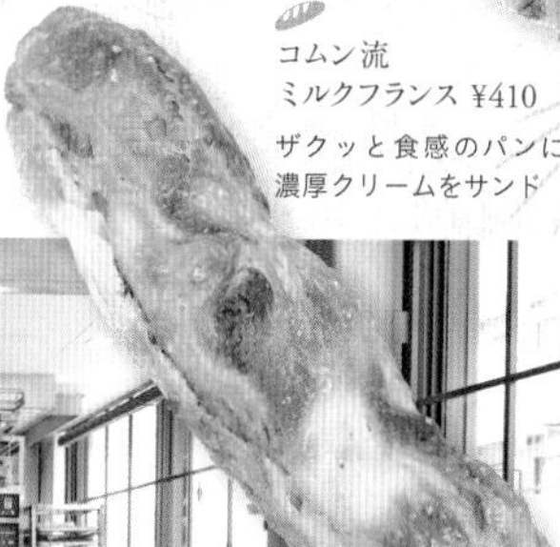

コムン流
ミルクフランス ¥410
ザクッと食感のパンに濃厚クリームをサンド

パン・ドゥ ¥346
もっちりとしてミルク感のあるブリオッシュ

「Comme'N TOKYO」は2023年7月に店内の一角にメレンゲ専門店「Comme'N MERINGUE」をオープン。道を挟んだ向かいには、食材からソースまですべてグルテンフリーで作ったパンを販売する「Comme'N GLUTEN FREE」もある。

左から

ショコラフランボワーズ ¥734

坂農苑の摘みたてブルーベリーのデニッシュ ¥939 ※6月

キウイのデニッシュ ¥594

ゴールデンキウイのデニッシュ ¥594

マンゴーとパイナップルのデニッシュ ¥856 ※7～8月

完熟パイナップルのデニッシュ ¥756 ※7～8月

左から

アプリコット ¥594

キャラメルチョコバナナのデニッシュ ¥486

マカロンショコラフランボワーズ ¥734

季節の苺デニッシュ ¥864

パイナップルとココナッツジュレのデニッシュ ¥702

大粒苺の大福デニッシュ ¥702 ※1～3月

目に鮮やかなデニッシュの数々。生地を厚めに焼き、パリッとした食感に

宮崎県産「きんかんたまたま」のデニッシュ ¥648

大粒で甘味が強い高級キンカンをのせ、ハチミツのジュレでコート

岩手県の佐藤ぶどう園さんのシャインマスカットのデニッシュ ¥972

ひと枝ひと房で育てた、高糖度の肉厚マスカットを贅沢にトッピング

MUST BUY!

世田谷食パン 1本¥928(上段)

名物の角食パン。高加水で、シルキーな口あたり。下段は世田山食パン928円

〖松陰神社前駅〗 週末や祝日は行列覚悟

Boulangerie Sudo

●ぶーらんじぇりー すどう

数々の名店で研鑽を積んだ須藤夫妻が営む店。パンは自家製天然酵母を使った食パンから総菜パン、菓子パンまで約60種類をラインアップ。なかでも季節のフルーツを使ったデニッシュは、味も見ためも華やかで人気が高い。パティシエ出身のご主人の技とセンスを感じさせる。

店内にはオリジナルの手作りジャムも並ぶ。972円～

MAP 別冊 P.19－A4

住 世田谷区世田谷4-3-14 TEL 03-5426-0175
営 10:00～19:00 休 日・月、火不定休 CC 不可
交 東急世田谷線松陰神社前駅下高井戸方面2出口から徒歩1分

パンに加えて焼き菓子も販売している。開店前から行列。左はオーナーシェフの須藤秀男さん＆妻の枝里子さん

Info 「Boulangerie Sudo」の世田谷食パンと世田山食パンは知る人ぞ知る幻のパン。毎朝、開店時間前の9時に店頭で当日受取分の予約を受け付けており、ひとり1本(2斤)まで注文できるが3～5名程度で完売してしまう。

カンパーニュ(ハーフ) ¥340
ライ麦粉などを使用。素朴ながら風味豊か

ラズベリーとチョコチップのメロンパン ¥270※秋から翌春限定
チョコレート仕立てのパンをラズベリー風味の生地でコーティング

クリームパン ¥200
ラム酒風味のクリームを詰めたブリオッシュ

ミルクスティック ¥230
北海道バターで作る練乳クリームをサンド

〖下北沢駅 池ノ上駅〗 ＼粉類15種類を使い分け／

boulangerie l'anis

●ぶーらんじゅりー らにす

ご主人は自他ともに認める小麦マニア。国産の小麦粉やフランス産の全粒粉、ドイツ産のライ麦粉など15種類の粉を揃え、パンの種類に合わせてブレンド。パティシエの経験もあり、フィリングにこだわったおやつパンも販売。

MAP 別冊 P.11 - B3

住 世田谷区代沢3-4-8 RAIROA1階 TEL 03-6450-8868 営 11:00〜19:00 休 木・金 CC ADJMV 交 小田急線下北沢駅南西口、京王井の頭線池ノ上駅南口から徒歩11分、京王井の頭線下北沢駅中央口から徒歩13分

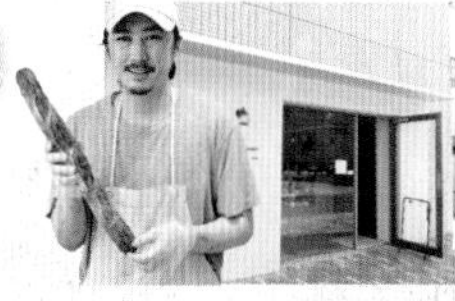
住宅街の一角にある隠れた名店で品揃えは約40種。左奥は、渡仏してパティシエとしての修業も積んだご主人

〖三軒茶屋駅〗 ＼バゲットの焼き上がりは9時〜／

ブーランジュリー・ボネダンヌ

●ぶーらんじゅりー・ぼねだんぬ

店主がフランスでの修業時代に食べていた"パリの日常の味"を再現。看板はフランス産の小麦粉100%で作るバゲットトラディション367円。このバゲットを使い、注文を受けてから作るタルティーヌやバゲットサンドも好評。

MAP 別冊 P.11 - C3

住 世田谷区三宿1-28-1 TEL 03-6805-5848 営 9:00〜18:00 休 月〜水 CC 不可 交 東急田園都市線三軒茶屋駅北口出口Bから徒歩11分、東急世田谷線三軒茶屋駅から徒歩12分

フランスの伝統的な製法にのっとり、小麦や酵母の香りにこだわった石窯焼きのパンを提供する

ショコラフランボワーズ ¥356
ブリオッシュ生地と、ビターチョコ、木イチゴのジャムのコンビ

タルティーヌフランボワーズ ¥420
バゲットに、自家製木イチゴジャムとバターを

ブリオッシュナンテール ¥743
食パン形のブリオッシュ。ふわっとした軽い食感

ピスターシュ ¥432
クロワッサン生地の間にピスタチオクリーム

Info 「ブーランジュリー・ボネダンヌ」のご主人は、もともとパティシエ修業のために渡仏。そのため、この店では焼き菓子もおいしいので要チェック。おすすめは「パン屋のマドレーヌ」160円で、香り高いバターの風味が格別。

ラムレーズンバターの
塩パン ¥248 ※三軒茶屋店限定

もちもちの角食パンの生地に
自家製ラムレーズンバターを

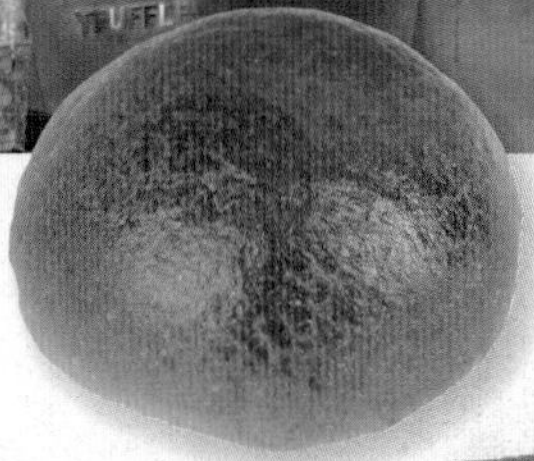

賞味期限5時間／
生搾りクリームパン ¥322

ブリオッシュを焼成後、
新鮮なクリームを注入

黒トリュフの
タマゴサンド ¥680

ヨーロッパでは卵とトリュフは鉄板のコンビ

MUST BUY!

白トリュフの塩パン ¥248

もっちりパンに3タイプ
のトリュフを使用

〚三軒茶屋駅〛 ＼賞味期限が5時間のパンも／

TruffleBAKERY
三軒茶屋店

●とりゅふべーかりー さんげんぢゃやてん

欧州食材の輸入販売会社が世界3大珍味のひとつ、トリュフを気軽に味わってほしいとオープン。看板の白トリュフの塩パンは、自家製のトリュフバター、トリュフ塩、トリュフオイルを使った風味豊かな逸品。トリュフを使った品以外もこだわりのパンばかり。

三軒茶屋店をはじめ、都内を中心に15店舗以上を展開。
店内奥のキッチンから焼きたてのパンが続々と店頭へ

MAP 別冊 P.19－B4

住 世田谷区太子堂2-24-5 1階　TEL 03-6805-3223
営 9:00～19:00　休 木　CC ADJMV
交 東急田園都市線三軒茶屋駅北口A出口・東急世田谷線三軒茶屋駅から徒歩4分

Info 2023年8月、「TruffleBAKERY」の塩パンシリーズに5年ぶりの新作「ブルターニュ産オーガニックのダルス（海藻）バターの塩パン」が登場。口どけのよい海藻入りバターに合わせ、パンも口当たりの軽さを重視して開発。

［若林駅］＼ミルクフランスは年間販売1万本超／

ラ・ブランジェ・ナイーフ

●ら・ぶらんじぇ・ないーふ

1996年に中目黒で開業。国産小麦と自家製天然酵母で作ったパンを中心に提供。名物の若林ブレッドはフランスパンの生地を低温で長時間発酵させ、じっくり粉のうま味を引き出した山型食パン。フランスパンに練乳クリームを挟んだミルクフランスも人気。昼頃に品物が充実。

MAP 別冊 P.10－C2

住 世田谷区若林3-33-16 1階　TEL 03-6320-9870
営 10:00～16:00　休 月～水、臨時休業あり　CC ADJMV　交 東急世田谷線若林駅下高井戸方面1出口から徒歩2分

ミルクフランス ¥270
コクうまクリームがたっぷり。焼いても美味

パン・ド・ナイーフ ¥380
アーモンドとチェリーを加えハチミツバターがけに

シリアルブレッド ¥1080（ハーフサイズ¥540）
押し麦、キヌアなど雑穀入り。ほのかな酸味が◎

若林ブレッド ¥540（ハーフサイズ¥270）
外はパリッとしてバゲット風。中はもっちり

ホワイトチョコとマカダミアナッツのルバン ¥480
高級チョコレートとナッツが入る。ルヴァン種で発酵

［三軒茶屋駅］＼ミルクフランスは夕方前に完売／

三軒茶屋の明るいパン屋ミカヅキ堂

●さんげんぢゃやのあかるいぱんやみかづきどう

向かいにあるレストラン「ヨーロッパ食堂」がプロデュース。極力無添加の食材を使い、毎日安心して食べられる手作りパンを販売。ミルクフランスが有名なほか、ふわふわの生地に季節の食材を練り込んだミカヅキブリオッシュも好評。週末限定の商品もある。

MAP 別冊 P.19－B4

住 世田谷区太子堂4-26-7　TEL 03-6453-4447
営 10:00～19:00　休 水　CC ADJMV
交 東急田園都市線三軒茶屋駅三茶パティオ口B出口・東急世田谷線三軒茶屋駅から徒歩2分

ミルクフランス ¥280
クリームにはカルピスバターと和三盆を使用

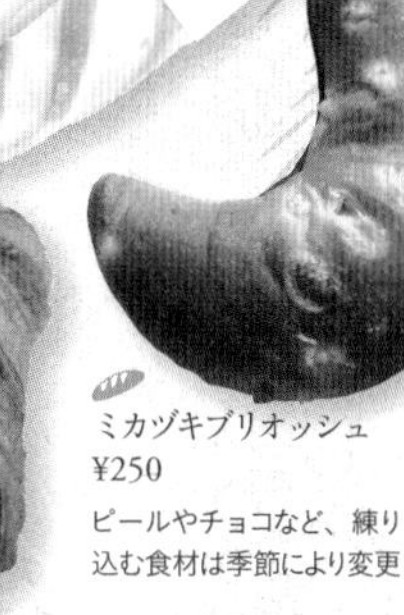

ミカヅキブリオッシュ ¥250
ピールやチョコなど、練り込む食材は季節により変更

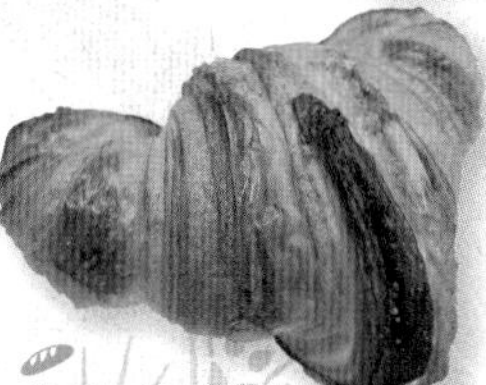

クロワッサン ¥260
国産発酵バターを贅沢に使用。軽やかな食感

クロックムッシュ ¥580
ロースハムやベシャメルソースがのり豪華！

Info 「ラ・ブランジェ・ナイーフ」や「三軒茶屋の明るいパン屋ミカヅキ堂」は、一部のパンを通信販売している。内容の決まっているセット商品が中心だが、現地まで足を運びづらい人でも人気店の味を体験できる。

MUST BUY!

クロワッサン ¥380
ナッツの香ばしい風味を加えた大豆油を使用

Veganフレンチトースト ¥990※イートイン限定
ココナッツミルク使用。リピート必須のふわとろ食感

ベビーリーフサンド ¥600
チャバタに、タルタルソースと有機ベビーリーフをサンド

メロンパン ¥380
クッキー生地はバターをヤシ油や米油で代用

世田谷代田駅 新代田駅 ＼ 午前中早めの来店がベスト ／

UNIVERSAL BAKES AND CAFE

●ゆにばーさる べいくす あんど かふぇ

動物性食材を使わずに作るヴィーガンパンの専門店。パンは食パンから総菜パン、菓子パンまで、どれもヴィーガンとは思えないほど味わいも彩りも豊か。おすすめはココナッツサブレのようにサクッとしたクッキー生地が特徴のメロンパン。クロワッサンもぜひ。

MAP 別冊 P.17－C3

住 世田谷区代田5-9-15
TEL 03-6335-4972 営 8:30～18:00 休 月・火（祝日の場合は要問い合わせ） CC ADJMV
交 小田急線世田谷代田駅西口から徒歩1分、京王井の頭線新代田駅から徒歩6分
※価格・見ためなどは随時変わる場合があります。

品揃えは常時約30種。午前中早めに来店すると商品が豊富

西太子堂駅 三軒茶屋駅 ＼ 豆ぱんは系列店計で1日1000個販売 ／

小麦と酵母 濱田家

●こむぎとこうぼ　はまだや

和をテーマにしたパンを揃える地域密着型の店。名物はヒジキ、きんぴら、角煮など昔ながらの和総菜を具にした品々。なかでも大粒の赤エンドウ豆をたっぷり混ぜ込んだ豆ぱんは店の代名詞。しっとりして軟らかなパンと、ふっくらして甘じょっぱい豆が相性抜群。

角食（半斤） ¥200
小麦を感じる味。耳まで軟らかく人気が高い

きんぴら ¥238
具のきんぴらゴボウは、ベーコンが隠し味

MAP 別冊 P.19－C3

住 世田谷区三軒茶屋2-17-11 グレイス三軒茶屋102 TEL 03-5779-3884 営 平日8:30～19:30、土・日・祝8:00～20:00
休 火 CC MV 交 東急世田谷線西太子堂駅下高井戸方面出口から徒歩3分、東急田園都市線三軒茶屋駅世田谷通り口から徒歩5分

「ご飯に合うものはパンに合う」と、独創的なパンを提供

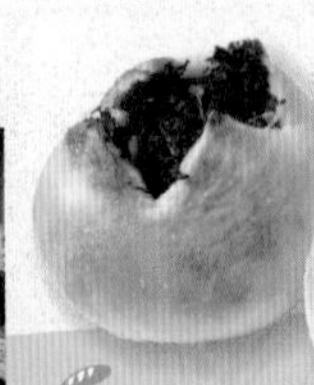

MUST BUY!

ひじき ¥238
ヒジキにプラスしたコーンが食感のアクセント

豆ぱん ¥240
豆大福を彷彿させる。お茶請けにもピッタリ

Info 「UNIVERSAL BAKES AND CAFE」はカフェも併設。テイクアウト用商品のイートインができるほか、フレンチトーストなどのカフェ限定のパンメニューも味わえる。スペイン人スタッフが作る日替わりスープも野菜たっぷりで好評。

バニラアイスパン ¥248
自家製アイスを忍ばせた白パン。バニラ味とチョコ味の2種類

じゃがマヨベーコン ¥410
カリカリベーコン入りのポテトサラダがたっぷり

〖三軒茶屋駅〗

カレーパン大会でグランプリ!

Boulangerie Shima

●ぶーらんじゅり しま

店主は出張料理ユニット「東京カリ～番長」のパン主任。販売するチキンスパイスカレーパンは日本カレーパン協会主催のカレーパングランプリで最高金賞に輝いた秀作で、独自配合した12種類のスパイスを加えている。注文後に揚げ、できたてのアツアツを提供。

MUST BUY!

チキンスパイスカレーパン ¥380
こっくりと濃厚な味わいでチキンの存在感もしっかり。マイルドな辛さ

MAP 別冊 P.10－C2

住 世田谷区三軒茶屋2-45-7 グリーンキャピタル三軒茶屋103 TEL 03-3422-4040 営 9:00～19:00 休 月～水 CC 不可 交 東急田園都市線三軒茶屋駅世田谷通り口から徒歩12分、東急田園都市線・東急世田谷線三軒茶屋駅から東急バス鶴巻営業所行きで5分・東急田園都市線ほか渋谷駅から同バスで18分、「駒留」下車すぐ

チーズ揚げパン ¥380
モッツァレラ、チェダー、ゴーダなど数種類のチーズをブレンドしている

地域に愛される店を目指し、パンマニアを唸らせるハード系からおやつ系まで幅広い品を揃える

COLUMN

幻のアンゼリカ カレーパンをゲットせよ!

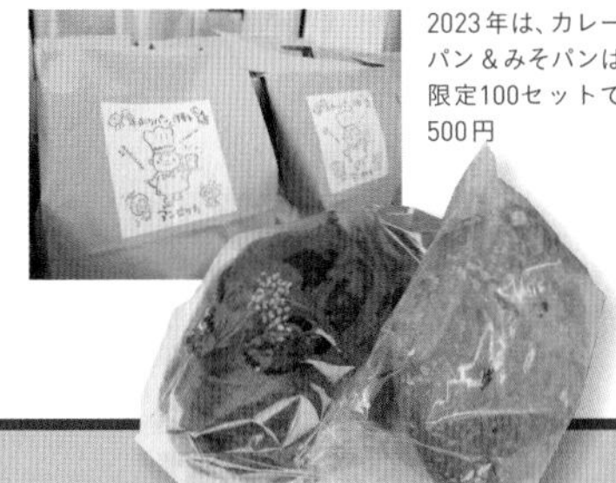

2023年は、カレーパン＆みそパンは限定100セットで500円

下北沢カレーフェスティバル

●しもきたざわ かれーふぇすてぃばる

かつて下北沢の名物ベーカリーだった「アンゼリカ」。特にカレーパンが人気商品だったが、惜しまれながら2017年に閉店した。そんな世田谷を代表するカレーパンが毎年秋に開催されている「下北沢カレーフェスティバル」で、手に入る可能性があるという情報が!
暖簾分けをした長野・松本の店が限定出張することも。

下北沢カレーフェスティバル URL curryfes.com

Info 「Boulangerie Shima」では、毎週土・日曜限定で週替わりのスペシャルメニューを販売。毎月最初の週末は特別アレンジのカレーパン、2週目以降は総菜パンや菓子パンなどが登場。詳細はFacebookや店頭のチラシに掲載。

スイーツタウンで輝く 世田谷のスター・パティスリー

住宅街の中にクオリティの高いパティスリーが根付いている世田谷区。
スイーツの町の数ある店のなかでも特に評判の高いパティスリーへ！

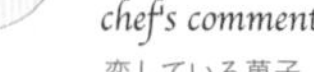

恋している菓子、
すねている菓子、哲学している菓子。
フランス菓子ほど表情豊かな
食べ物はありません。
フランスでの9年間の職人生活は
私を"菓子の狂宴"に
酔わせてしまいました。
それが、私のオーボンヴュータン
（＝古きよき時代）でした。
妍（けん）を競うフランス菓子の
魅力をご堪能ください。

アイーダ　1180円
グラス・ヴァニーユとピスタチオのアイスケーキ

カルディナル　1180円
パッションのムースグラッセとフランボワーズのアイスケーキ

河田勝彦（かわたかつひこ）　オーナーシェフ

1967年渡仏。パリを中心に洋菓子店やレストランで9年間修業、1974年パリ・ヒルトンのシェフを務める。当時、製菓の修業での渡航は珍しい時代だった。帰国後、1981年に「AU BON VIEUX TEMPS」開店。フランス菓子分野を日本で開拓。後に活躍するパティシエたちが巣立っていった。現在にいたるまでフランス菓子の第一人者。シェフと長男が菓子を担当、次男がシャルキュトリーを担当。

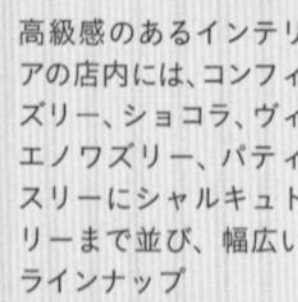

高級感のあるインテリアの店内には、コンフィズリー、ショコラ、ヴィエノワズリー、パティスリーにシャルキュトリーまで並び、幅広いラインナップ

日本におけるフランス菓子の原点

AU BON VIEUX TEMPS

●おー ぼん びゅー たん　　尾山台駅

河田勝彦シェフパティシエは製菓修業のため、現地に渡航した日本のフランス菓子界の先駆け的存在。日本にフランス菓子の技術をもたらし、この店を巣立ったスター・パティシエも多い。店はフランスの高級菓子店のような雰囲気で、長年にわたり味への信頼が揺るがず、客足が途絶えることがない。

MAP 別冊 P.16-C1

住 世田谷区等々力2-1-3　TEL 03-3703-8428　営 10:00〜17:00
休 火・水　CC ADJMV　交 東急大井町線尾山台駅から徒歩7分

Info　赤堤や成城にあったパティスリー「マルメゾン」の大山栄蔵シェフや、上記の「AU BON VIEUX TEMPS」の河田勝彦シェフが日本フランス菓子界の第1世代。この世代が多くの弟子を育て、日本のフランス菓子の発展につながった。

フランスにある店のようなクラシカルな雰囲気。アイテムもさまざま

シシリア　734円
ピスタチオとショコラの口どけムースが美味

ノリエット　691円
チョコ生地に無糖生クリームのスペシャリテ

菓子店とレストランで仏を体感

Pâtisserie Noliette

●ぱてぃすりー・のりえっと　下高井戸駅

1993年から続くフランス菓子店。おいしいうえに、心まで豊かにしてくれる生菓子や焼き菓子、ショコラ、コンフィズリー、コンフィチュールなどの本格的伝統菓子に、トレトゥールまで揃え種類も豊富。加えて3階の「Putit Lutin」ではガレットなど気軽なフランス料理も味わえる。

MAP P.19-A3

住 世田谷区赤堤5-43-1　TEL 03-3321-7784
営 10:00〜19:00　休 火・水　CC ADJMV　交 京王線・東急世田谷線下高井戸駅西口から徒歩3分

chef's comment
フランスのように
暮らしに溶け込んでいる
「お菓子を食べる幸せ」。
人生を豊かにしてくれる
豊かな食文化を、
できるだけ本場に近い
かたちで伝えたい。

永井紀之（ながいのりゆき）　オーナーシェフ

辻調理師学校フランス卒。「AU BON VIEUX TEMPS」にオープニングスタッフとして入社、2年後渡仏。南仏「ダニエル・ジロー」、グルノーブル「ドゥ・ヴェルバル」、パリ2つ星「ミッシェル・ロスタン」、「ミッシェル・シャブラン」、「ホテルインターコンチネンタル」などヨーロッパで6年を過ごした後帰国。1993年「Pâtisserie Noliette」開店。製菓専門学校特別講師として後進も育成。

虜になる可憐なプティ・ガトー

Patisserie Yu Sasage

●ぱてぃすりー ゆう ささげ　千歳烏山駅

「記憶に残るお菓子作り」がコンセプト。ピスタチオとチェリーの風味が絶妙なシシリエンヌをはじめ、サントノーレやフレジエなど、見た目も美しいプティ・ガトーが並ぶ。京都の女峰イチゴ、山梨のシャインマスカット、岩城島の無農薬栽培レモンなど、厳選素材を使用。

MAP 別冊 P.18-C1

住 世田谷区南烏山6-28-13　TEL 03-5315-9090
営 10:00〜18:00　休 火・水　CC ADJMV　交 京王線千歳烏山駅北口から徒歩4分

約1ヵ月で内容が変わるサントノーレ648円やシシリエンヌ604円は常連人気も高い

プティ・ガトー約20種のほか、ジュレや焼き菓子なども取り揃える。期間限定のレモンケーキも評判

chef's comment
見た目だけでなく、
香り・食感・味わいなど
細部までこだわり、
記憶に残る、五感に響く
フランス菓子を届けたい
と思っています。

捧雄介（ささげゆうすけ）　シェフパティシエ

エコール辻東京卒。「ルコント」、「オテル・ドゥ・ミクニ」、「アロマフレスカ」といったフランス菓子店やフレンチ、イタリアンレストランなど数々の名店で研鑽を積み、「ロワゾードリヨン」、「パティスリー エ カフェ プレジール」でシェフを務めた後、2013年「Patisserie Yu Sasage」を千歳烏山にオープン。2021年小田急百貨店新宿店に2店舗目をオープン。

Info　「AU BON VIEUX TEMPS」の河田勝彦シェフの直弟子にあたる「Pâtisserie Noriette」の永井紀之シェフなどの世代が海外修業し、国際的なコンクールで入賞する活躍をして、1990年代日本にパティシエ・ブームが巻き起こった。

フレジエ650円とミルク、ホワイト、ビターの3種のチョコが楽しめるトロワショコラ650円

パリを感じる洗練されたスイーツ

LA VIEILLE FRANCE

●ら ゔぃえいゆ ふらんす　千歳烏山駅

繊細で計算された奥深い味わいのケーキや焼き菓子、マカロン、コンフィチュールなど、本格的なフランス菓子が並ぶ。アーモンドパウダー入りのスポンジ生地の間にクレーム・ムースリーヌとイチゴが入ったフレジエは支持率の高い一品。クロワッサンなどのヴィエノワズリーも。

chef's comment

"ラ・ヴィエイユ・フランス"＝古き懐かしきフランス 1843年パリ創業の店で学んだ本物のフランス菓子をぜひ。

木村成克（きむらしげかつ）　シェフパティシエ

神戸の「ポートピア・ホテル」などに勤務後、渡仏。フランスのストラスブールの「パティスリー・ネゲル」などを経て、パリの名門「パティスリー・ラ・ヴィエイユ・フランス」で日本人初のシェフパティシエに就任。帰国後、数店を経て、2007年千歳烏山に「LA VIEILLE FRANCE」開店。2012年仙川店オープン。現在、日本洋菓子協会連合会公認技術指導委員なども務める。

MAP 別冊 P.18-C1

住 世田谷区粕谷4-15-6　TEL 03-5314-3531
営 10:30～19:00、月11:00～16:00（焼き菓子中心の販売）　休 火　CC ADJMV　交 京王線千歳烏山駅南口から徒歩8分

パリの名店から、唯一「暖簾分け」を許されたパティスリーには、ギフト利用で訪れる人も多い

週2日営業のパティスリー

Patisserie et cafe Plaisir

●ぱてぃすりー え かふぇ ぷれじーる　三軒茶屋駅

世田谷出身のオーナーが手がけるお店。良心的な価格で、プチ贅沢を味わえると、地元客にも愛される。シェフパティシエはおらず、食材やテーマにより、ケーキ作りのトップが変わる。愛媛の栗や和三盆などのクリームとメレンゲの食感が絶妙なしぼりたてモンブランが一番人気。

MAP 別冊 P.10-C2

住 世田谷区代沢4-7-3　TEL 03-6431-0350
営 12:00～17:00　休 月～金、不定休あり（要事前確認）　CC ADJMV　交 東急田園都市線・東急世田谷線三軒茶屋駅三茶パティオ口C・北口B出口から徒歩15分

イートインコーナーは現在閉鎖中のため、テイクアウトのみ

「しぼりたてモンブラン」650円

大振りサイズの「季節のマカロン」400円

comment

自ら足を運び、生産者を手伝うため、食材への愛着や扱いもより深く、特徴を生かしたケーキ作りに励んでいる

清水良祐（しみずりょうすけ）　パティシエ

「ジャパンケーキショー」コンフィズリー部門で賞を獲得、「クープ・デュ・モンド・ドゥ・ラ・パティスリー」の日本代表予選で8位になるなどの経歴をもつ。チョコレート好きでカカオの特性を生かした菓子作りを目指しているという。勤務先の同店系列として、渋谷スクランブルスクエアecute editon内に新業態の「FRUCTUS」があり、2021年には更に売り場面積が拡張。

Info 「Patisserie Plaisir」の看板スイーツが「しぼりたてモンブラン」。注文が入ってからマロンクリームを絞り、おすすめの賞味期限はわずか1時間という。

左は「レヴリー」600円。右は「スワイユ」650円

毎月新しい味が登場するエクレール各680円

繊細で個性的な味わいが魅力
Ryoura
●りょうら
用賀駅

旬の食材を取り入れた、華やかなビジュアルと繊細で個性的な味わいのスイーツが魅力。常時2種類販売するエクレールは、食感や味、香りの異なるさまざまなフィリングが、贅沢なハーモニーを生む。毎週来ても飽きないように、菅又パティシエが常に、新しい味を作り出している。

MAP 別冊 P.13-A4

住 世田谷区用賀4-29-5 グリーンヒル用賀ST 1階 TEL 03-6447-9406 営 12:00～17:00 休 火・水、年始 CC MV 交 東急田園都市線用賀駅北口から徒歩4分

ブルー系の明るい色合いの外観が印象的なパティスリー

chef's comment
自分自身のフィルターを通すことで自身のオーラをまとった個性的なお菓子を生み出し続けたい。

菅又亮輔（すがまたりょうすけ） シェフパティシエ

高校卒業後製菓菓子の世界に入り、26歳で渡仏。ノルマンディ、ローヌアルプ、アルザス、パリとフランスで3年にわたって修業。帰国後、「ピエール・エルメ サロン・ド・テ」にてスー・シェフを務め、「ドゥーパティスリーカフェ」のシェフパティシエを経て、「ドゥーパティスリーアトウキョウ」を人気店に。2015年「Ryoura」を開店。

幸せ時間を届ける仏菓子店
ARPAJON
●あるぱじょん
梅ヶ丘駅

旬を取り入れた美しいプティ・ガトーをはじめ、誕生日や祝いの席などを彩るホールケーキも20種以上。おすすめはケーキ生地にチョコとイチゴムースを重ね、バルサミコ入りシロップをアクセントにしたバルサミコ626円。世田谷の自然や歴史を題材にした焼き菓子も人気。

MAP 別冊 P.010-B2

住 世田谷区梅丘1-22-7 TEL 03-3439-6226 営 9:00～19:00 休 無休 CC AJMV 交 小田急線梅ヶ丘駅南口から徒歩1分

羽根木バウムやフィナンシェ、マドレーヌ（福まねこ）などの焼き菓子は、世田谷みやげにおすすめ

「フランボラ」552円や「バルサミコ」626円など、目移り必至の多彩な仏菓子

chef's comment
アミューズメントパークを訪れたときのようにパティスリーでお菓子を買うことを楽しんでもらいたい。

岡野翔太（おかのしょうた） パティシエ

小学生の頃からパティシエになることが夢だったといい、東京製菓学校を卒業後、製菓菓子の世界へ。姉妹店「ヴォアラ」などを経て、「ARPAJON」の店長となる。多くの先輩パティシエたちがここARPAJONから巣立っていき、自分の店舗を持っているため、さらなる夢は自分のお店を持つことという。繊細な味わいのなかに、少しのアクセントを加えるプティ・ガトーを作るのが得意。

「Ryoura」の「レヴリー」は、バラが香る甘酸っぱいムース。「スワイユ」は、ピスタチオのバタークリームで包んだショコラクリーム＆チェリーのジュレ。全10種類あるマカロンも人気商品のひとつ。

区を代表する逸品揃い

秀逸セレクトの

世田谷の名を冠した自慢の品々は世田谷の魅力が詰まっている。

世田谷みやげ®って知ってる？

魅力的な個店が多いこのエリアで、世田谷にゆかりのある店舗自慢の1品を募集し、審査員が試食などを経て厳正に審査したうえ、毎年更新されている「世田谷みやげ」。品質などへこだわりがあり、オリジナリティがあるか、世田谷との関わりをアピールした商品か、受け取った人が世田谷を感じられるかなど、いくつかの審査基準が設けられており、2006年の誕生以降、「世田谷みやげなら間違いなし」と世田谷の定番みやげとして定着している。

世田谷みやげに触れるワークショップ

「世田谷みやげ」の商品を自分で作ってみたり、ワークショップに参加して学んでみたり。そのなかから今回は2コースを紹介します！

体験1 シモキタハニーテイスティング

開催日時●不定期（SNSで要確認）　所要時間●約30分
参加費用●1名1000円（ハチミツ35g瓶1本付き）

最新のシモキタスポットで、珍しい世田谷産のハチミツが待っている！

©Ueta Erina

下北線路街にある施設で、シモキタ園藝部の養蜂チームの解説付きで、ミツバチの世話の風景から遠心分離器にかけて瓶詰めにするまでの映像を観賞したり、採蜜時期が異なっているハチミツ数種をテイスティングしたりするイベント。

下北沢駅

シモキタ園藝部ちゃや

●しもきたえんげいぶちゃや　MAP 別冊 P.17-C4

住 世田谷区北沢2-21-12 NANSEI PLUS南棟
TEL 問い合わせ 03-6805-5887
営 13:00～18:00、土・日・祝～19:00　※SNSで要確認
休 月・火　CC 不可
交 小田急線下北沢駅南西口から徒歩2分、京王井の頭線下北沢駅東口から徒歩3分

ワイルドティーと天然ハチミツの専門店「シモキタ園藝部ちゃや」で、世田谷みやげの体験以外でも人気が高いのが「ハーブ摘み取り体験付きフレッシュハーブティー」1000円（所要約30分）。

世田谷みやげ

体験2 茶師十段に学ぶ お茶の楽しみ方

開催日時●要予約（定休日（水）または営業時間外、電話で応相談）
所要時間●約45分
参加費用●1名2160円（教材費込み、未使用分は持ち帰り）

煎茶の場合

沸騰した湯を人数分の湯呑に注ぐ。茶葉を急須に入れて平らにならす（2〜3人分なら大さじ山盛り1杯・7gほど）。

湯呑の湯を茶葉がヒタヒタになる程度に入れる。茶葉が明るい緑色になったら残りの湯を入れ、各湯呑に回し注ぐ。

簡単でおいしい入れ方を伝授！詳しくは体験で

最後の1滴まで注いだお茶はうま味豊かで、まさに口福。2、3煎目で湯温や湯量を調整すると香りや味が変化！

ほうじ茶の場合

人数や好みで茶葉を5〜8gほど急須に入れる（使用茶→P.285）。

熱めの湯を注ぎ、フタをして10秒ほど（1煎目のみ）待つ。

各湯呑の量や濃さが均等になるよう注ぐ。香ばしく甘味も。

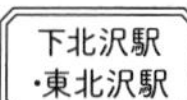

しもきた茶苑大山

下北沢駅・東北沢駅

●しもきたちゃえんおおやま MAP 別冊 P.17-B4

住 世田谷区北沢3-19-20 reload 1-11
TEL 03-3466-5588
営 日本茶ショップ9:00〜19:00、日本茶スタンド14:00〜18:00
休 水（毎月27・28日の特売日は営業）、日本茶スタンドはSNSで要確認 CC ADJMV
交 京王井の頭線・小田急線下北沢駅東口から徒歩4分、小田急線東北沢駅西口から徒歩4分

「茶師十段」の大山さんご兄弟が営む日本茶専門店。体験では弟の拓朗さんがお茶の種類やおいしい入れ方などを手ほどきしてくれる。店の日本茶スタンドでは兄の泰成さんによる、お茶の多彩な魅力に出合えるメニューが人気（→P.107）。

茶師十段とは

日本茶の鑑識眼を競う「全国茶審査技術競技大会」で認定される段位で、十段は最高位。「しもきた茶苑大山」では泰成さん、拓朗さんがともに十段という、日本茶のスペシャリスト！

「しもきた茶苑大山」では体験で味わえる煎茶「沢の輝」、ほうじ茶「極上 沢の響」のほか、厳選したお茶を各種販売。なかでも泰成さん、拓朗さんがそれぞれ特別に調製した「茶師十段之茶」はギフトにおすすめ。

3層仕立て
とろける食感

CHILK
●1個570円〜

ニューヨーク風とヨーグルト入りのベイクドチーズケーキに、生クリームチーズケーキを重ねた、とろける食感の瓶詰めチーズケーキ。

三軒茶屋駅 MAP 別冊 P.19-C4

cafe The SUN LIVES HERE
●かふぇ ざ さん りぶず ひあ

住 世田谷区三軒茶屋1-27-33
TEL 03-6875-1730　営 10:00〜20:00
休 無休　CC ADJMV
交 東急田園都市線・世田谷線三軒茶屋駅南口から徒歩6分

世田谷みやげの

洋菓子

ショコラ・ド・ISONOKE
●1パック702円
桜新町の人気洋菓子店によるサザエさんパッケージのチョコレート。左からストロベリー、ペカンナッツショコラ和三盆、アマンドショコラ。

プラチノ桜新町店 DATA → P.165

ニューヨーク
カップケーキセット
●6個入り2750円
伝統的なアメリカンスタイルを踏襲し、一つひとつていねいに焼き上げられている。甘さ控えめで、色付けには果物などの自然素材を使用。

N.Y.Cupcakes
●にゅーよーくかっぷけーき
住 世田谷区北沢3-27-1
TEL 03-3465-4262
営 12:00〜18:00
休 月・火・水　CC ADJMV
交 京王井の頭線京王中央口・小田急線下北沢駅小田急中央口から徒歩4分
MAP 別冊 P.17-B4

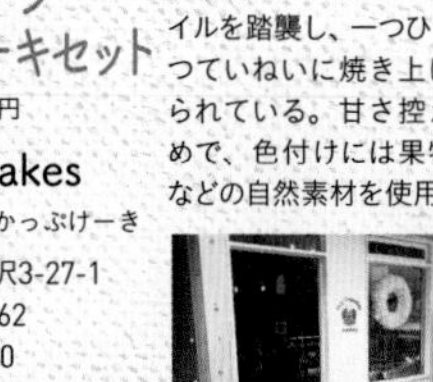

※2023年指定商品　瀬戸内レモンケーキ
●1個250円/10個入り2650円
自家製レモンピールはシェフが現地に赴き、味見した旬のレモンを使用。さわやかなレモンの風味がしっとりスポンジによく合う。

コンディトライ・ニシキヤ
DATA → P.307

食品

バウムクーヘン
(0号プレーン)
●1790円
ドイツ菓子の伝統を守り一つひとつ手作りされた密なバームクーヘンは、水なしバームクーヘンと呼ばれる。隠し味にスパイスも香る。

ヴィヨン
桜新町本店
DATA → P.165

天然ハチミツ
だから安心

©Ueta Erina

シモキタハニー
●35g500円/125g1700円
230g/3000円
下北エリアの花々から蜂が集めた蜜を製品化。非加熱の百花蜜はハチミツが持つ栄養素や酵素が失われておらず、採蜜日で風味も異なる。

シモキタ
園藝部
ちゃや
DATA → P.282

Info 「シモキタ園藝部ちゃや」の「シモキタハニー」は、ほぼ農薬と無縁の下北沢周辺に咲く花々から採蜜されたもので、まさに下北沢の自然の恵みを享受することができる。また環境にも配慮しており、125g瓶にはリターナブル瓶を使用している。

一筆かりんとう “塩みつブラウン”

●30g300円

酒のつまみに合うかりんとうを酒屋が開発。上品な甘味の沖縄・伊江島の黒糖と沖縄の貴重な塩「ぬちまーす」の塩味が絶妙なバランス。

東京 世田谷 升本屋

DATA → P.75

はみ出した生地まで美味

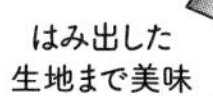

たいやき

●1個170円

パリパリサクサクの外側生地の中に、北海道十勝産の上質な小豆でていねいに作られたあんこが、頭からしっぽまでぎっしり詰まっている。

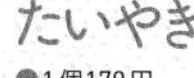

下高井戸駅

たつみや ●たつみや

住 世田谷区赤堤5-31-1
TEL 03-3324-9175
営 10:00〜18:30
休 火 CC 不可
交 京王線・東急世田谷線下高井戸駅西口から徒歩3分

MAP 別冊 P.17-A3

おすすめはコレ！

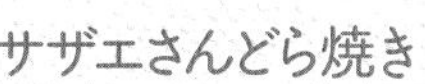

和菓子

サザエさんどら焼き

●5個入り1600円

長谷川町子美術館の許可を得て、サザエさんの焼印が押されたどら焼き。桜新町の老舗で愛される和菓子で、ふわふわしっとりの皮が特徴。

桜の杜 伊勢屋

DATA → P.165

多摩川清流 茶沢のあゆ

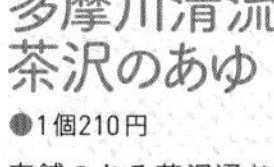

●1個210円

店舗のある茶沢通りを多摩川に見立て、ブランド卵使用の生地の中に、黒ゴマを練り込んだもちもちの求肥が包まれている名物和菓子。

御菓子司 竹翁堂

DATA → P.306

茶

極上 沢の響

●100g756円

茶師十段の大山拓朗さんが約半世紀の経験で培った技で、丹精込めて焙煎したほうじ茶。香ばしく甘味も広がり、喉も心も潤う逸品。

しもきた茶苑大山

DATA → P.283

開封した時の香りが別格！

世田谷エールおかき

●3個セット1656円

地元エールビールの醸造家と開発。ハーブソルト＆ブラックペッパー、アンチョビ＆ガーリック、世田谷ブルワリーのトマトソースの3種あり。

三軒茶屋 おかきあられの大黒屋

DATA → P.308

Info 「御菓子司 竹翁堂」の「多摩川清流 茶沢のあゆ」は若鮎などの名で作られるオーソドックスな和菓子だが、この店では普通は水あめ使用のところを蜜に変えてみたり、求肥にゴマを加えてみたり、さまざまな素材を試して、ベストな組み合わせにしている。

プロの味を テイクアウトグルメ

ラザニア780円●ベシャメルソースとミートソースがたっぷり。ワインにも合う1品

1 生産者の顔が見える食材にこだわる フレンチ総菜店

人参ムース（コンソメジュレ）560円●口当たりがなめらか

紫キャベツのマリネ475円●酸味のバランスが絶妙

房総産オリヴィアポークのロースト1300円●やわらかく、しつこさのない甘い脂身が美味！

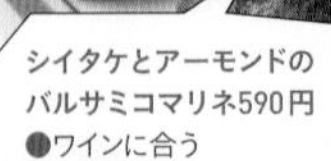

シイタケとアーモンドのバルサミコマリネ590円●ワインに合う

※写真は全てテイクアウト

C'est mon cœur

●せもんくーる

店内に掲げられた黒板では、素材の魅力を紹介。生産者にまで向き合うことで素材本来のうま味や魅力を熟知し生かした、惣菜メニューが豊富に並ぶ。有名フランス料理店での経験もあるシェフが、人参ムースに添えるコンソメジュレなどまで、一つひとつていねいに手作りしている。ガトーショコラやバスクチーズケーキなどのデザートも評判。

スタイリッシュな店内。カウンターは限定5席なので、ランチタイムは予約がおすすめ

MAP 別冊 P.16－A1

住 世田谷区祖師谷1-35-6　TEL 03-6693-9316
営 ランチ火・土11:30～14:30（L.O.13:30）、ちょい飲み&カフェ16:00～20:00（L.O.19:30）※営業時間は変動する。Instagramで告知　休 月・日　CC ADJMV
交 小田急小田原線祖師ヶ谷大蔵駅北口から徒歩5分

Info 本格的なフレンチメニューをカジュアルに楽しめる「C'est mon Cœur」は、イートインもおすすめ。自家製パテドカンパーニュをメインにしたプレートが登場するのは16時以降。ランチ1870円、どちらもワインが進みます！

おうちで! 7選

本場の味にこだわるレストランの持ち帰りや総菜店、テイクアウト専門店などえりすぐりをピックアップ!

大量購入していく客も珍しくない行列店

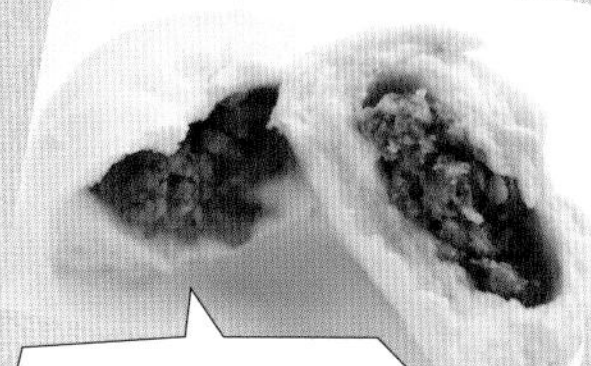
カレー肉まん240円●レンズ豆が入った肉まんの具をカレー味にしたオリジナル

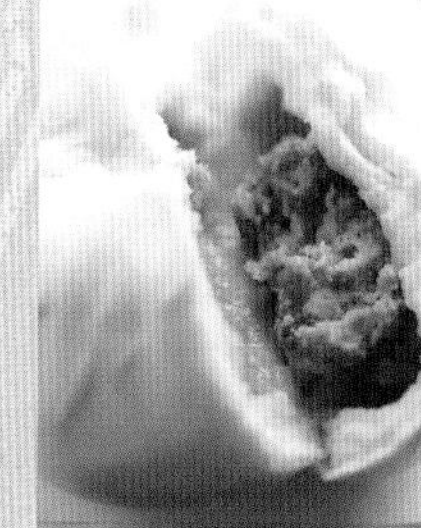

肉まん(肉包)230円●豚肉本来のうま味を楽しめる鹿港の定番

2 本場の味を伝承する 手作りの台湾肉包 鹿港

●るーがん

東京を代表する、手作りの肉まん専門店。饅頭(マントウ)と呼ばれるふっくらとした生地は、ほんのり甘くてコシがあり、それだけで食べても美味。肉の食感を楽しめる粗挽きの国産豚肉、台湾油ネギなどこだわりの材料を使う。厚みのあるきめ細かな生地を割ると、素材のうま味がぎゅっと凝縮されたジューシーな具材が顔を出す。黒糖饅頭や辛口肉まんなど変わり種も。

約2時間発酵させたデリケートな生地を、熟練の職人がひとつずつ手包み。もくもくと湯気が立ち上る店先の大きな蒸籠で蒸し上げている

MAP 別冊 P.19－A3

住 世田谷区世田谷3-1-12 TEL 03-5799-3031 営 9:00～ ※売り切れ次第閉店
休 木、第2・第4水 ※7～8月は水・木
CC 不可 交 東急世田谷線世田谷駅西口(下高井戸方面)から徒歩3分

「鹿港」のオーナー小林さんは、台湾の老舗「阿振肉包 振味珍」の肉まんに惚れ込み、念願かなって修業する。1個で満足できるボリュームの肉まんは、門外不出の製法で作られたほかでは食べられない味。

生ハムのパニーニ650円●自家製パンのシンプルな定番サンド

フィオッキの特製ラザーニャ1080円●ジャージー牛のラグーで作ったスペシャリテ

アンティパスト・ピッコロ〜前菜8種類程の盛り合わせ〜1940円

3 イタリア郷土料理の名店「フィオッキ」によるガストロノミア

La Porta di Fiocchi

●ら・ぽるた・でぃ・ふぃおっき

北イタリアの郷土料理の名店「Fiocchi」が手がける、テイクアウト専門店。リストランテ内から独立する形で2022年3軒隣にオープン。チャバッタやフォカッチャなど滋味深いイタリアパン、こだわり素材で一つひとつ手作りした奥深い味わいのお総菜、パニーニ、デザートが豊富に揃う。

料理とあわせて楽しめるシンプルなパンや総菜、デザートが並ぶ

MAP 別冊 P.18 – B1

住 世田谷区祖師谷3-3-5　TEL 03-5787-7667
営 11:00〜19:00　休 水　CC ADJMV
交 小田急小田原線祖師ケ谷大蔵駅南口から徒歩4分

4 本場ドイツ仕込みのハム・ソーセージ

FeinSchmecker Saito

●ふぁいんしゅめっかー さいとう

本場ドイツで製法を学んだ店主が伝統的なレシピで手作りするソーセージ。新鮮な肉やドイツから輸入した最高級スパイスを使用。材料につなぎを一切使わず、天然の羊腸に詰めたパリッとした食感のソーセージや、肉の食感が楽しめるジューシーなハムの深い味わいを実現。

ガラス張りのイートインスペースでちょい飲みも♪

MAP 別冊 P.14 – A1

住 世田谷区新町2-10-13
TEL 03-5450-0505
営 11:00〜19:00
休 火・水
CC ADJMV
交 東急田園都市線桜新町駅南口から徒歩7分

25〜30種類のソーセージを販売する「FeinSchmecker Saito」。ポークステーキやソーセージ盛り合わせのワンプレートランチ1100円〜や、よりみちビールセット1100円には、季節に合わせたドイツビールがぴったり。

ワインセラーのような店内に数百点が並ぶ

5 オリーブオイルテイスターの店主 ワインと厳選したオリーブオイル・食材

カーサ・アンジェリーナ

●かーさ・あんじぇりーな

イタリア、フランス、スペインを中心とした食材を、もと客室乗務員のオーナーがセレクト。調理方法やレシピなどもあわせて提案している。オリーブオイルは常時約20種類が揃う充実ぶり。バルサミコ酢ほか調味料、パスタ類や、チーズ、ワインなどもあり見るだけでも楽しい。

MAP 別冊 P.18－C2

住 世田谷区桜新町1-13-6地下1階 TEL 03-6413-0404 営 11:00～20:00 休 火 CC ADJMV 交 東急田園都市線桜新町駅南口から徒歩1分

6 イタリア最北端の地 南チロルに伝わる郷土料理

三輪亭

●みわてい

手間暇かけて手作りし、セラーで数ヵ月～数年単位熟成させるものもある、こだわりのシャルキュトリー。三輪亭名物・自家製の生ハムやサラミのほか、スープやミートボール、大麦のリゾット、郷土パスタなど、味が変わらないよう急速冷凍を施した料理をテイクアウトすることも可。

MAP 別冊 P.10－B1

住 世田谷区豪徳寺1-13-15 TEL 03-3428-0522 営 11:30～15:00(L.O.14:00)、ディナー18:00～20:15(L.O.20:00) 休 火・水 CC ADJMV 交 小田急小田原線豪徳寺駅から徒歩4分

日本で唯一南チロル料理が楽しめる。鷹が目印

7 備長炭でじっくり焼き上げる こだわりの焼き魚弁当

炭火焼魚弁当 すみさわ

●すみびやきざかなべんとう すみさわ

日本料理賛否両論出身の店主が作るこだわりの炭火焼き魚弁当。営業時間内は備長炭に火を入れ、金沢から取り寄せた鮮魚を店内での備長炭でじっくり、ふっくらと焼き上げる。弁当は鯖と鮭、日替わりなど全4種類。だし巻き卵や金平など、ていねいに作られた副菜もおいしい。

店内にはイートインスペースもある

MAP 別冊 P.19－A4

住 世田谷区世田谷4-5-1 TEL 03-5799-4223 営 11:00～14:00 休 月 CC 不可 交 東急世田谷線松陰神社前駅徒歩3分

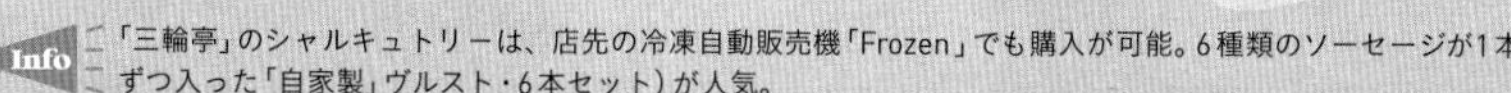
Info 「三輪亭」のシャルキュトリーは、店先の冷凍自動販売機「Frozen」でも購入が可能。6種類のソーセージが1本ずつ入った「自家製」ヴルスト・6本セット）が人気。

手みやげセレクション

気のきいたアイテムでハッピーを届ける

スイーツからおつまみまで、人と差がつく手みやげを厳選。

01 DE CARNERO CASTE Tokyo

スパイスカステラ
●1188円

手作りでていねいに焼き上げた7種類のカステラ。スパイスカステラは、チャイに似た味わいで、ほんのりラム酒の香り

02 MAGIE DU CHOCOLAT

マジドカカオ●各520円

サクッとしたクッキーと、口どけのよいチョコのふたつの食感が楽しめる進化系チョコレートサンド。全8種類

03 Patisserie et cafe Plaisir

焼き菓子各種●1個180円～

ラム酒とドライフルーツが入った「ケーク オ フリュイ」、バターの風味が広がる「フィナンシェ」など常時約8種類

毎月内容が変わるエクレール

04 Ryoura

エクレール
●1個680円

季節の食材をたっぷり使った期間限定のエクレール。サクッと軽い生地と、目にも美しいトッピングとのバランスが絶妙

04 Ryoura

マカロン●1個330円

看板商品。フランス各地やピエール・エルメで経験を積んだシェフによる独創的なマカロン。季節により新作も登場する

05 LIFE IS PÂTISSIER

リーフキャラメル
●2160円

サクサク食感に焼き上げたキャラメルをチョコレートでコーティングした人気商品。甘さとほろ苦さのバランスが絶妙

05 LIFE IS PÂTISSIER

レモングラスのマドレーヌ詰め合わせ●3024円

国産レモンとイタリアレモンを使い、すっきりしつつ深みのある酸味。冷やすとシャリっとした表面の食感が楽しめる

03 Patisserie et cafe Plaisir

季節のマカロン●1個400円

大ぶりサイズのマカロン。甘さ控えめの季節を感じる月替わりのフレーバーを楽しめるマカロンもおすすめ

スイーツ&プリン・チョコ

06 ICHIBIKO 太子堂店

いちごのプリン

●1個496円

生クリームやバニラ入りのカスタードプリンと、フレッシュな自家製いちごジャムの濃厚で甘酸っぱい味わい

07 焼き菓子店 Ashiato

レモンケーキ

●2800円

期間限定。甘い香りが特徴の瀬戸内レモンを使用。皮と果汁を生地に混ぜ、アイシングは、果汁と甜菜糖だけで仕上げている

08 la porta di Fiocchi

トルティーノ・アル・リモーネン

●1個324円

山口県周防大島の山本柑橘園で育ったレモンを使って作った自家製マーマレードを生地に混ぜて焼き上げている

09 Pâtisserie Yu Sasage

レモンケーキ

●360円

瀬戸内海の岩城島で無農薬栽培されたレモンを使う。果皮と自家製コンフィを生地に混ぜ込み焼き上げている

月1回限定で販売するチョコもあり。全6種類

10 HOLIC Food Lab

世田谷じんじゃーぷりん

●左から、極み抹茶のパンナコッタ480円、ラム味460円、コーヒー味460円

北海道産の生クリームと新鮮な卵だけで作っており超濃厚な風味。味変用のジンジャーコンフィチュール付きで2度おいしい

Info 「ICHIBIKO 太子堂店」では、宮城県山元町の「いちご農園ミガキイチゴファーム」直送の完熟もぎの濃くて甘いミガキイチゴを使っている。

クッキー&和菓子

11 MERCI BAKE
COOKIES BOX ●4200円

毎年1月と8月のみ販売するクッキーの詰め合わせ。6種類のクッキーが入っており、毎回内容は変わる

11
MERCI BAKE
おつまみクッキー
●1100円

オーガニックのコーンミール、ゴマ、全粒粉などが入ったザクザク食感の塩味クッキー。ローストしたアーモンドが入る

本店と
通販でしか
買えないよ

12
JUNIBUN BAKERY
三軒茶屋本店
ラングドシャ
●12枚入り2592円

福岡産の小麦粉と愛知県デイリーファームの卵で作ったクッキーに、カカオ社のホワイトチョコを使ったクリームをサンド

10
HOLIC Food Lab
招いてにゃんこクッキー缶●1300円

招き猫形のキビ糖クッキー、黒ゴマ味やきな粉味のクッキー、黒糖ラスクなど和テイストの焼き菓子をアソートに。店内で手作りする

09
Patisserie
Yu Sasage
プティフールセック
アソルティモン
●2700円

ディアマンバニーユ、ディアマンオテ、ヴィエノワなど7種類のクッキーが入った人気No.1のクッキー缶

07 焼き菓子店Ashiato
Ashiatoのクッキー缶
●2800円

期間限定。ロゴ型のクッキーや、塩キャラメルピーカンナッツのクッキー、有機バニラビーンズのサブレなど7種類

Info 「焼き菓子店Ashiato」では季節のフルーツを使ったミルクプリンやパイも人気。WEBショップもあるので要チェック。

13 まほろ堂 蒼月

まねきねこどら ●216円

バター風味のふんわりとした生地に、優しい甘さの小豆あんをサンド。電子レンジで温めて食べるのがおすすめ

13 まほろ堂 蒼月

青豆大福 ●205円
柏餅 つぶあん ●216円
抹茶の道明寺 ●183円

左の「青豆大福」は、こしあんと青豆の塩味が絶妙。右の「柏餅 つぶあん」、上の「抹茶の道明寺」は春限定

1日3〜4セットのみ作られる

06 ICHIBIKO 太子堂店

とっておき いちごバターサンド
●8個入り2224円

イタリアンメレンゲを使ったストロベリークリームとイチゴの果実を、国産バターを使って焼き上げたサブレでサンド

14 タケノとおはぎ

オーダーメイドおはぎ
●9個6480円

デザインイメージを画像で送って注文するおはぎ。9個入りと16個入りが選べ、均一、不均一により料金は異なる

14 タケノとおはぎ

日替わり7種セット
●2000円前後

定番のこしあんをはじめ、芸術作品のような美しいおはぎが入ったセット。1日50セット限定。ひとり5セットまで

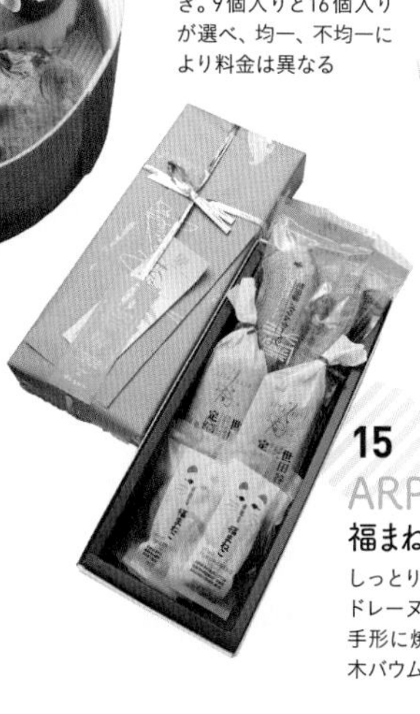

15 ARPAJON

福まねこ ●1706円

しっとりコクのある味わいのマドレーヌの福まねこは、ネコの手形に焼き上げている。羽根木バウムやフィナンシェも！

15 ARPAJON

バターミルククッキー
●1523円

人気スイーツ店「ヴォアラ」の姉妹店。焼き菓子も定評あり。クッキーは10枚入り。

Voice 誕生日プレゼントで「タケノとおはぎ」のおはぎをいただきました。オーダーメイドで作っていただいたとのことで、世界にひとつだけ、スペシャルなプレゼントでうれしかったです。（渋谷区・はる）

17
Boulangerie Sudo
フランボワーズジャム
●972円
フランボワーズをじっくり煮詰めてキルシュと合わせたジャム。イチゴや和栗などを使った季節のジャムもおすすめ

16
LA VIEILLE FRANCE
クレーム・ピスタージュ●850円
フランボワーズ●800円
煮詰めたミルクに香ばしいピスタチオペーストを練り込んだ逸品。木イチゴのジャムはバタートーストにおすすめ

11
MERCI BAKE
CHEZ RONA MIX NUTS
●750円
姉妹店「CHEZ RONA」でおつまみとして出されているミックスナッツ。瓶入りで賞味期限も長いので、保存もOK

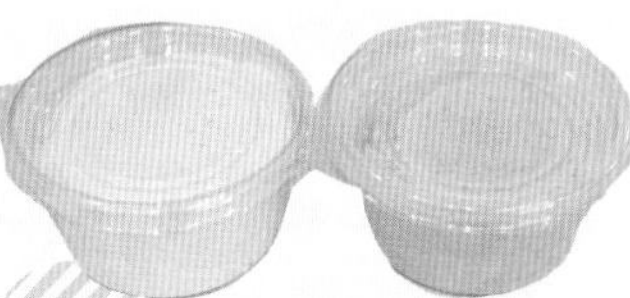

18
Boulangerie Shima
ブルーチーズバター●626円(左)
特製リエット●1166円(右)
ブルーチーズの塩味がクセになる「ブルーチーズバター」と、豚肉の脂でゆっくり煮込んだ「特製リエット」

トマトのうま味が凝縮されたドライトマト

19
おつな
おつな えごま味噌●1436円
おつな 実山椒●1436円
おつな トマト&バジル●1436円
ふわふわでうま味たっぷり、新食感の高級ツナ。えごま味噌・実山椒・ドライトマト&バジルなど全13種類

パン・ご飯のおとも&おつまみ・食後に

20
IRON COFFEE ROASTERY
ラテベース(コーヒーシロップ)
●1本1400円
自家焙煎をしているお店オリジナルの濃縮コーヒー。牛乳で割ってラテに、アイスクリームにかけてアフォガードに

21
Raw Sugar Roast
Colombia El Paraiso -Geisha Letty-
●100g3680円
El Paraiso農園最高峰のコーヒー豆。ゲイシャ種の華やかさと奥行きのあるアロマ、優雅なフレーバーが特徴

20
IRON COFFEE ROASTERY
TYPE3 オリジナルコーヒーグラノーラ
●1250円
自家焙煎のエスプレッソを使用した自家製グラノーラ。週1、2回製造している。ヨーグルトや牛乳に混ぜて

「Boulangerie Shima」ではYouTubeチャンネル「パン主任の遊び しまぱん君」も運営。パンやドライカレーのレシピを公開している。

22
UNIVERSAL BAKES AND CAFE
畑で採れたピーナッツペースト(Bocchi)
●100g1300円
千葉県産の落花生を100%使用。滑らかな舌触りと粗挽きのローストピーナッツの歯触りが相性抜群。甘さ控えめの加糖タイプ

18
Boulangerie Shima
ガーリックハーブオイル
●2246円
お店のガーリックフランスに使われているオイル。肉料理や魚料理、ドレッシングの隠し味などさまざまな料理に使える

犬を飼っているおうちへ

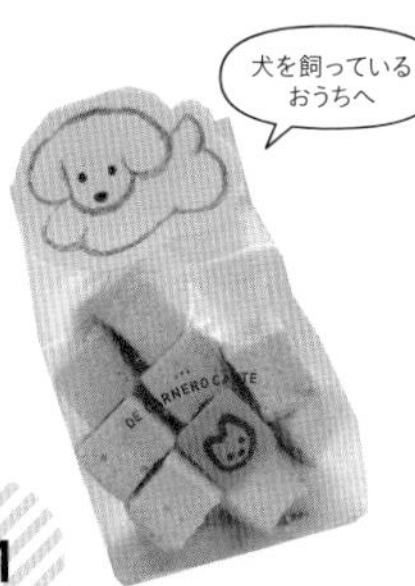

01
DE CARNERO CASTE Tokyo
わんこのカステラ
●540円
人気のカステラを小さくアレンジ。安心安全の材料を使用し、食べやすく歯応えある硬さに焼き上げている

01 松陰神社前駅
DE CARNERO CASTE Tokyo
●で かるねろ かすて とうきょう
MAP 別冊 P.19 - A4
住 世田谷区若林3-17-10
TEL 03-6450-9290 営 11:00〜18:00
休 水 CC ADMV 交 東急世田谷線松陰神社前から徒歩1分

02 自由が丘駅
MAGIE DU CHOCOLAT
●まじ どぅ しょこら
MAP 別冊 P.14 - B2
住 世田谷区奥沢6-33-14 1階
TEL 03-6809-8366
営 10:00〜19:00(カフェL.O.17:30)
休 火 CC ADJMV
交 東急東横線・大井町線自由が丘駅南口から徒歩3分

03 **Patisserie et cafe Plaisir**
●ぱてぃすりー え かふぇ ぷれじーる
DATA → P.280

04 **Ryoura**
●りょうら DATA → P.281

05 自由が丘駅
LIFE IS PÂTISSIER
●らいふ いず ぱてぃしえ
MAP 別冊 P.14 - B2
住 世田谷区奥沢6-33-14 第一大塚ビル1階 TEL 080-4770-8309
営 金・土・日11:00〜17:00
休 月〜木 CC ADJMV
交 東急東横線・大井町線自由が丘駅南口から徒歩3分

06 西太子堂駅
ICHIBIKO 太子堂店
●いちびこ たいしどうてん
MAP 別冊 P.19 - B3
住 世田谷区太子堂5-8-3
TEL 03-6450-8750
営 月〜金11:00〜19:00、土日祝〜18:00
休 無休 CC ADJMV
交 東急世田谷線西太子堂駅から徒歩1分

07 松陰神社前駅
焼き菓子店 Ashiato
●やきがしてん あしあと
MAP 別冊 P.19 - A4
住 世田谷区若林4-30-10 岡元ビル1C
TEL 非公開
営 土14:00〜売り切れ次第終了
休 月〜金・日 CC ADJMV
交 東急世田谷線松陰神社前駅から徒歩4分

08 松陰神社前駅
La Porta di Fiocchi
●ら ぽるた でぃ ふぃおっき DATA → P.288

09 **Patisserie Yu Sasage**
●ぱてぃすりー ゆう ささげ DATA → P.279

10 豪徳寺駅・山下駅
HOLIC Food Lab
●ほりっく ふーど らぼ
MAP 別冊 P.16 - B2
住 世田谷区豪徳寺1-22-5 豪徳寺市場5号室 TEL 03-6804-4695(HOLIC color drinks) 営 11:30〜16:00 休 水・木 CC ADJMV 交 小田急線豪徳寺駅から徒歩1分、東急世田谷線山下駅三軒茶屋方面1出口から徒歩2分

11 松陰神社前駅
MERCI BAKE ●めるしー べいく
MAP 別冊 P.19 - A4
住 世田谷区若林3-17-10
TEL 03-6453-2389 営 11:00〜17:00
休 水・木 CC ADJMV
交 東急世田谷線松陰神社前駅から徒歩1分

12 **JUNIBUN BAKERY 三軒茶屋本店**
●じゅうにぶん べーかりー さんげんぢゃやほんてん
DATA → P.270

13 宮の坂駅
まほろ堂 蒼月 ●まほろどう そうげつ
MAP 別冊 P.10 - C1
住 世田谷区宮坂1-38-19 TEL 03-6320-4898 営 10:00〜18:00 休 月(祝の場合翌日)、不定休 CC 不可 交 東急世田谷線宮の坂駅から徒歩3分

14 桜新町駅
タケノとおはぎ ●たけのとおはぎ
MAP 別冊 P.14 - A1
住 世田谷区用賀3-5-6 アーニ出版ビル1階
TEL 03-6805-6075 営 12:00〜18:00
休 月・火 CC ADJMV
交 東急田園都市線桜新町駅から徒歩8分

15 **ARPAJON** ●あるぱじょん DATA → P.281

16 **LA VIEILLE FRANCE**
●ら ゔぃえいゆ ふらんす DATA → P.280

17 **Boulangerie Sudo**
●ぶーらんじぇりー すどう DATA → P.272

18 **Boulangerie Shima**
●ぶーらんじゅり しま DATA → P.277

19 池尻大橋駅
おつな
MAP 別冊 P.11 - C3
住 世田谷区池尻3-5-22 TEL 03-6426-8178
営 金11:00〜16:00、土〜15:00
※金・土が祝日の場合は要確認
休 日〜木 CC ADJMV
交 東急田園都市線池尻大橋駅西口から徒歩5分

20 **IRON COFFEE ROASTERY**
●あいあん こーひー ろーすたりー DATA → P.238

21 **Raw Sugar Roast**
●ろう しゅがー ろーすと
DATA → P.236

22 **UNIVERSAL BAKES AND CAFE**
●ゆにばーさる べいくす あんど かふぇ DATA → P.276

Voice 「MERCI BAKE」のおつまみクッキーは、ワインやビールに合うのでお酒好きな人への手みやげに持っていくことが多いです。(目黒区・佐藤)

せたがや野菜を手に入れたい!

JA東京中央ファーマーズマーケットへGO!

都市型農業の世田谷野菜は少量多品目。農園から直送される新鮮野菜をゲット!

まずは野菜をチェック!

ファーマーズマーケット二子玉川

MAP 別冊 P.18－A1

● ふぁーまーずまーけっと ふたこたまがわ

2023年3月にリニューアルオープン。地元の農家が丹精込めて育てた野菜「せたがやそだち」を中心に、全国各地から出荷された農作物が並ぶ。日替わりのスムージーや世田谷サンド、フルーツジャムなどこだわりの加工品も人気。高品質なのにリーズナブルとあって、遠方から足を運ぶ人も多い。コールラビや丸いズッキーニなど、珍しい品種も扱う。品数が少ないものは午前中に売り切れてしまうことがあるので、早めの訪問がおすすめ。

住 世田谷区鎌田3-18-8 TEL 03-3708-1187 営 9:00～16:30 休 月、夏季、年末年始 CC ADJMV 交 東急田園都市線二子玉川駅から徒歩15分、東急田園都市線二子玉川駅から小田急バス成城学園前駅行きで「世田谷総合高校」下車徒歩2分

のらぼう菜。江戸東京野菜のひとつで、クセがなく食べやすい

甘夏みかん1袋3個入り230円。甘酸っぱくさわやかな香り

パクチー（香菜）。世田谷砧地区育ち。さわやかな香りで人気が高い

ルバーブ。酸味を生かしたソースやジャムにする人が多い

大根（三太郎）。辛味が少なく、煮物やサラダにしてもおいしい

Info 「ファーマーズマーケット 二子玉川」の最新情報やお得なフェア情報は、公式インスタグラムをチェック! @fmnikotama

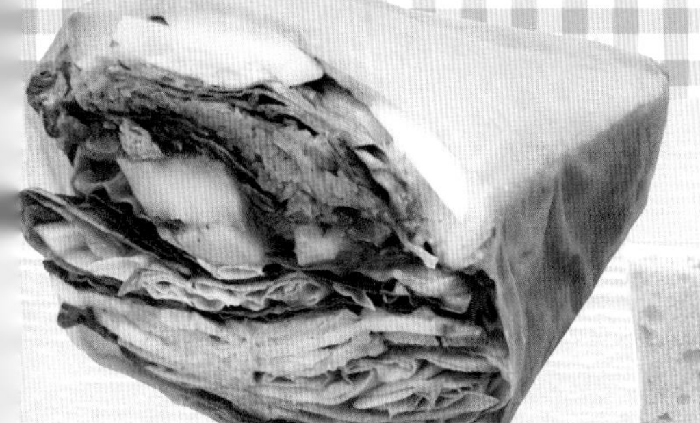
世田谷サンド380円。10種類以上の世田谷野菜が入る。日替わり

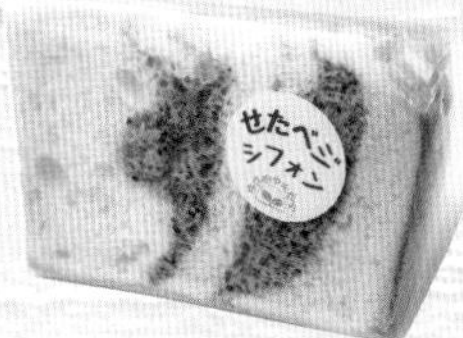

せたベジシフォン各340円。シフォンケーキ店「Lon and Mary」のもの

お次は加工品へ

世田谷HONEY。千歳台付近の花から作られた生ハチミツ

せたがやそだちのスムージー380円。季節の野菜やフルーツを使い栄養満点!

せたがや生柚子七味864円。世田谷産の本ユズを使用。ドライタイプも

あしたば150円。別名「八丈草」と呼ばれ、独特な苦味をもつ

完熟トマト1袋5個入り。有機栽培なので安心安全!

ファーマーズマーケット千歳烏山

● ふぁーまーずまーけっと ちとせからすやま

味にこだわる料理人が多い千歳烏山エリア。鮮度を大事にする農家が多く、ほとんどの野菜は朝摘みで畑から直接運ばれてくる。世田谷野菜を中心に、時期によっては青パパイヤやパッションフルーツなどの珍しいものも並ぶ。

住 世田谷区南烏山6-28-1
TEL 03-5313-7711
営 10:00～18:00
休 木、年末年始、夏期休業あり
CC ADJMV
交 京王線千歳烏山駅から徒歩4分
MAP 別冊 P.16 - C1

Voice 「ファーマーズマーケット 二子玉川」は、地元野菜が買えるし、加工品のクオリティが高いので日常使いしています。手みやげにちょうどいい商品も多いですよ。(世田谷区・F)

良品がこんなにリーズナブル！

福祉ショップでお買い物

世田谷区内にある福祉事業所で作られている
さまざまなアイテムは、デザインもおしゃれ！
購入できるショップがあるので立ち寄ってみよう♡

世田谷区立玉川福祉作業所等々力分場

880円

Irodori ヘアゴム
ていねいに刺繍したくるみボタンをアレンジ

さわやかはーとあーすせたがや

ヘアゴム
通所者のメンバーが作る刺繍作品をゴムに

100円

ポチ袋
3枚セットでイラスト入り。絵柄はいろいろ

100円

世田谷区立 奥沢福祉園

おりぞう
ストッキングを色染めした糸埃の付かない布巾

100円

ヘアゴム
Tシャツやハンカチの端切れがおしゃれに変身

150円

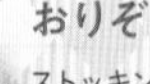

千歳台福祉園

ポーチ
好みの色を選んだ織物布をポーチに仕上げた

1000円〜

白梅福祉作業所

ふきん
綿100%、ドビー織りで値段も安く人気が高い

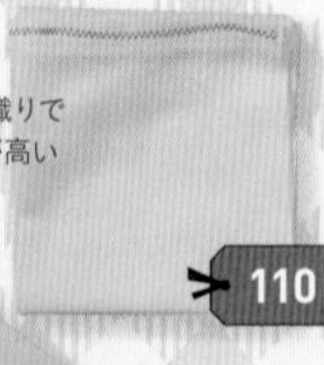

110円

ハンカチ
利用者の描いたイラストのワンポイント入り

1枚 550円〜

特定非営利活動法人STORY

メッセージカード
牛乳パックを再生し一枚漉きし作ったカード

2枚 110円

Info 世田谷区内の障害者施設で自主生産しているものを紹介するカタログ「はっぴぃハンドメイドBOOK」には、今回紹介したもの以外にもたくさんの施設や生産物の情報が掲載されている。区のHPなどで閲覧可能。

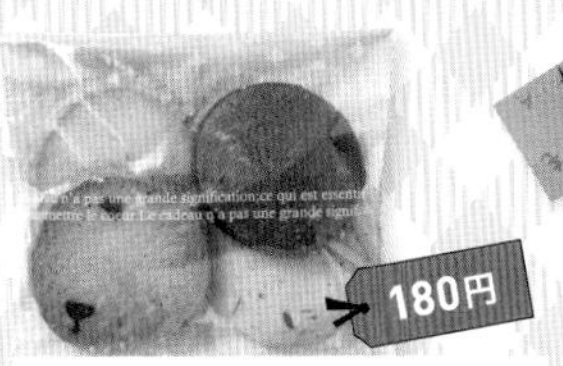

せたがや樫の木会 喜多見夢工房

180円

ミックスクッキー

焼き菓子作りで地域とつながることを目指す

社会福祉法人はる パイ焼き窯

380円

川場村 ブルーベリーのプランタン

姉妹都市川場村産のブルーベリーひと粒と世田谷産夏みかんのジャム入り

250円

黒ごまサブレ

黒ごまたっぷりにもかかわらず、軽い食感！

社会福祉法人泉会 泉の家

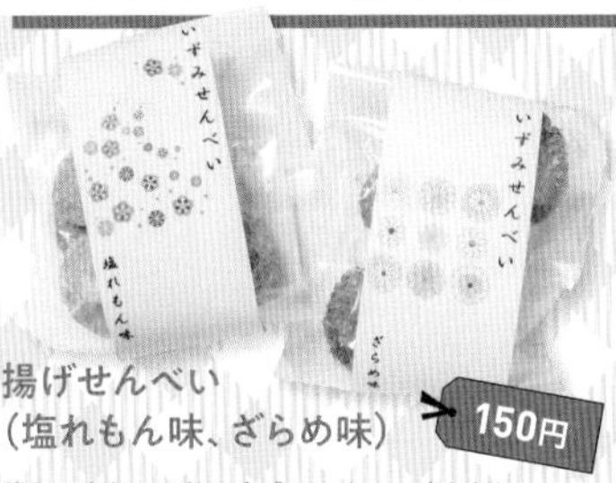

150円

揚げせんべい（塩れもん味、ざらめ味）

開発に半年かけ軽い食感に。カレー味もあり

世田谷区立下馬福祉工房

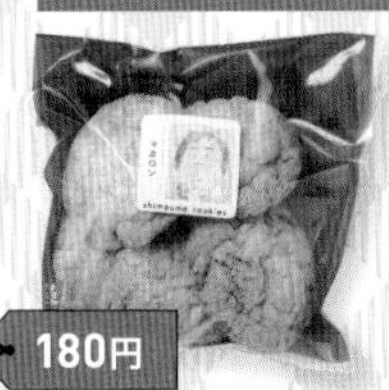

180円

マカロン

180円

ラズベリーピラミッド

障害のある方が焼き菓子作りに取り組む。数種あるなかで人気のマカロンとピラミッド

キタミ・クリーンファーム

サラダ菜　喜多見で水耕栽培。葉物の種類は他にもあり

100円

せたがや樫の木会 まもりやま工房

100円

焼菓子 お花ちゃん

ドライラズベリーがアクセントのクッキー

自家焙煎 下北沢 かしの木珈琲 粉コーヒー

良質な豆を仕入れ焙煎。ドリップパックも

100g 500円～

ココでも買える！

- ■フェリーチェ 世田谷区役所店 MAP 別冊P.17-A4
- ■喫茶ぴあ 粕谷店 MAP 別冊P.9-B3
- ■喫茶ぴあ 鎌田店 MAP 別冊P.13-A3
- ■世田谷区立図書館 MAP 別冊P.17-A4
- ■経堂図書館 MAP 別冊P.18-C2
- ■図書館カウンター 三軒茶屋 MAP 別冊P.17-C3
- ■図書館カウンター 二子玉川 MAP 別冊P.16-B2
- ■図書館カウンター 下北沢 MAP 別冊P.19-C4

販売ショップへ立ち寄ろう♪

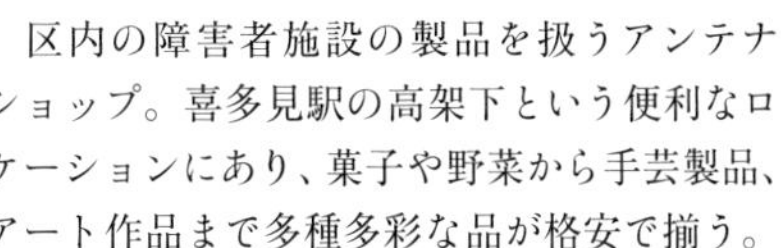

喜多見駅 **フェリーチェ 本店**

ふぇりーちぇ ほんてん

区内の障害者施設の製品を扱うアンテナショップ。喜多見駅の高架下という便利なロケーションにあり、菓子や野菜から手芸製品、アート作品まで多種多彩な品が格安で揃う。

MAP 別冊 P.8-C2

住 世田谷区喜多見9-2-33（小田急線喜多見駅高架下）
TEL 03-5761-9175　営 10:00～19:00　休 日・祝　CC 不可
交 小田急線喜多見駅北口から徒歩1分

Info 「社会福祉法人はる パイ焼き窯」では、お気に入りのイラストや写真をクッキーにプリントできる。30枚からの受付で、6cm丸型で1枚90円、5cm×5cm角型で1枚80円。注文から納品まで3週間～1ヵ月程度。MAP P.16-C1

旅する気分でいいもの見つかる！

器&雑貨&ライフスタイル

海外や国内の空気を感じさせる雑貨や器を扱うショップを厳選。
買い付けをした魅力あふれる店主の方々とも話をしてみたい！

「ウズベキスタン シルク クッション」7480円〜

壁面を彩るネパールの「ヴィンテージペイントミラー」4950円〜

「ウズベキスタン シルク クラッチ」各1万3200円。艶のある質感

「ハンド ブロック プリント ハンカチ」1320円〜

Info 「Rungta」の「ハンド ブロック プリント」の品々は、インドの小さな工房で職人により作られており、工程が多いため、現在インド以外ではほとんど作られていない手仕事の貴重なアイテム。

ショップ

使い勝手がいいサイズの「ラトビア バスケット」1万4080円

大きめサイズで絵になる蓋付きの「ラトビア バスケット」1万7600円

フルーツを入れてもよさそうな「ラトビア バスケット」1万6500円

「ハンド ブロック プリント ポーチ」3300円〜

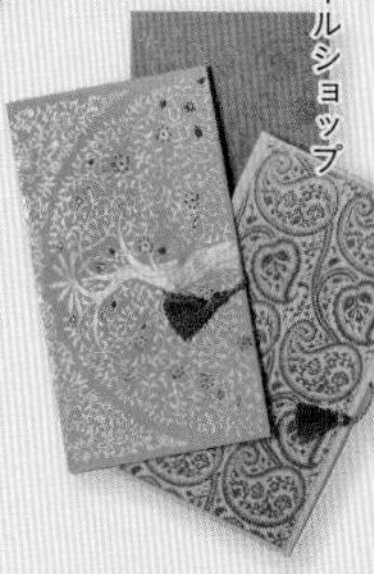

種類が豊富に揃っている「ハンドプリントのカード」各275円

ホーローの「アンティーク ポット」上8580円、右5280円

チェコ産ホーローの「アンティーク カップ」1650円〜

店主 波賀真由美さん

人の手で作られたものは、一つひとつにそれぞれの背景があります。それがどこから生まれたのが、何とつながっているのか、どこへ向かおうとしているのかに興味があります。そのためには直接足を運び、じかに作り手と関わりたいといつも思っています。小さな店ですが、束の間、旅をするような気持ちで楽しんでもらえたらうれしいです。

「ハンド ブロック プリント ポーチ」が並ぶ棚。大きさいろいろ

各国の手仕事に出合える

Rungta

るんた

メソポタミアの発掘土器から再生ガラスのチャイグラスまで、ネパールやインドを中心に、さまざまな国から集められたものが揃う。海外のヴィンテージはできるだけ直接店主が現地に行って探し、現代の手仕事のものは各々の国の職人と一緒にものづくりを進めている。センスのよさはリピーターの多さでも折り紙つき。

MAP 別冊 P.16 - C3

住 世田谷区経堂 5-31-6　TEL 03-6413-7421
営 11:00〜17:00
休 水・木、年末年始、1・8月不定
CC JMV
交 小田急線経堂駅南口から徒歩6分

「Rungta」では店舗隣の1階にスタジオを併設し、「ラトビアの陶器」や「ラトビアのバスケット」などの企画展も行っている。また不定期で「Rungtaの小窓」でお弁当やお菓子も販売。

ナチュラルな空間に、DJユニットでも活動する店主がセレクトした北欧の心地よい音楽が流れる。不定期で音楽のライブやDJイベントも開催される

左からノルウェー「Figgjo」のTOR VIKINGシリーズ。ヴィンテージのデザートプレート2900円、コーヒーカップ＆ソーサー3600円。ラトビアの伝統的な手編みのソックス3950円とミトン5500円、デンマークのスーパーマーケット「Irma」のキッチンクロス2750円

日々の暮らしを彩る雑貨探し

北欧雑貨とカフェ LITEN BUTIKEN

● ほくおうざっかとかふぇ りーてん ぶてぃけーん

白を基調としたかわいい空間。店主自ら北欧や東欧で買い付けたビンテージ雑貨や食器、古書、音楽メディアのほか、日本のスタンダードな道具や文房具も並ぶ。ハンドメイドや1点物も多い。カフェでは、ケーキセットやスウェーデンで親しまれているミートボールセットで1200円など食事メニューも楽しめる。

期間限定のキャロットケーキとコーヒーのセット1000円

店主 岡里美さん

北欧の音楽が好きで、ライブを観に北欧を初めて訪れました。北欧ではすべてが鮮やかに輝いて見え、その時の感動は今でも忘れられません。家での時間を大切にしたり、古い物を受け継いでいく北欧のライフスタイルに感銘を受け、お店を始めました。北欧の物や食そして音楽に囲まれ、女性ひとりでもゆっくりできる場所を目指し日々歩んでおります。

MAP 別冊 P.10－B1

住 世田谷区赤堤5-34-2 TEL 03-6379-3768
営 12:00～16:00（土13:00～17:00）
休 月・水・日、祝不定
CC ADJMV
交 京王線・東急世田谷線下高井戸駅東口から徒歩9分

「北欧雑貨とカフェLITEN BUTIKEN」では、スウェーデンブランド「KOBBS」の紅茶、フィンランドのビールも楽しめる。女性ひとりでも気軽に入れる空間。

三宅吹き硝子工房の手吹きガラス2750円〜、五十嵐元次氏の白磁1650円〜

三宅吹き硝子工房の三宅義一氏によるリキュール瓶7700円〜

左から／デキャンタ1万6500円、ピッチャー2万2000円

左から／瀬戸本業窯の湯呑み3300円と水差し7700円

素朴さを感じる白磁は五十嵐元次氏作、倉敷ガラスは小谷栄次氏作

日々の暮らしに民藝を添える

工芸喜頓

● こうげいきいとん

自然光が注ぐ店内。毎日の料理や生活に優しい彩りをくれる、陶器やガラスで作られた民藝が並ぶ。直接買い付けた作品は、北は岩手から南は沖縄までの国内のものを中心に、フランスから持ち帰ったものも。オンラインショップ「日々の暮らし」からスタートし、2013年に実店舗をオープン。

MAP 別冊 P.19－A3

住 世田谷区世田谷1-48-10
TEL 03-6805-3737
営 13:00〜18:00
休 月・火・日・祝
CC ADJMV
交 東急世田谷線上町駅から徒歩6分

店主 石原文子さん

昔から土ものや木のものなど、プリミティブなものが好きですが、民藝や日本のものなどジャンルには縛られず、日常、食卓で使う人を楽しくさせる美しい器にこだわって、買い付けをしています。日常の器なので、店舗も人が住んでいる住宅街にあります。

「工芸喜頓」は、作家さんへのリスペクトや作品への愛情を感じるすてきなお店です。いつもHPの作家紹介を読み、狙いを定めてから訪問しています。(渋谷区・N)

掘り出し物に出合えるかも!?

アンティークショップでとっておきの宝物探し

時を重ねた美しさに魅了されるアンティークの世界。
お気に入りが見つかる、とっておきの3店舗はこちら。

テーブルにもなるモンクシート15万4000円

右上／ウィリアム・モリスの生地を使ったゴールドペイントと曲線美が美しいルイ16世様式のサロンチェア8万5800円

ダブルボウバックのウインザーチェア14万3000円

左／「Val Saint Lambert」ボトル＆ベース24万2000円　上／「Miriam Haskell」2連ネックレス＆ホワイトイヤリング15万4000円

アンティークの老舗で宝探し
THE GLOBE ANTIQUES

● ざ ぐろーぶ あんてぃーくす

イギリス、ベルギーを中心に世界各国から買い付けた家具やディスプレイ用品が揃うアンティークショップ。1階にはベルギー王室御用達のヴァセリンガラスや、1点物のアンティーク雑貨やテーブルウェアなど、そして2階と地下1階には家具や建材、照明もところ狭しと並ぶ。期間限定でイベントも開催するので、公式SNSを要チェック！

MAP 別冊 P.11-C3
住 世田谷区池尻2-7-8　TEL 03-5430-3662
営 11:30〜19:00　休 水　CC ADJMV
交 東急田園都市線三軒茶屋駅南口A出口、池尻大橋駅南口から徒歩15分

国道246号線三宿交差点の近く。3フロアでアンティークを販売。持ち込み家具の修理も相談できる

Info 「THE GLOBE ANTIQUES」では、店頭には並ばない貴重なアンティーク家具を茨城にある倉庫で直接見学できる！　予約は3日前まで。詳細は右記参照。 URL reserva.be/antiquewarehouse

オールドバカラ。シャンパングラスなど

三軒茶屋駅・祐天寺駅

クリスタルグラスが豊富！

アンティークギャラリー・マジョレル

● あんてぃーくぎゃらりー・まじょれる

19世紀後半から20世紀前半までのアールヌーボー、アールデコ期の質のよい欧州アンティークを扱う。アンティーク家具や照明、テーブルウエア、ジュエリー、古版画など上質な商品を幅広く販売している。特にオールドバカラなどのグラスアイテムは種類豊富。ランチやスイーツを楽しめるカフェも併設する。

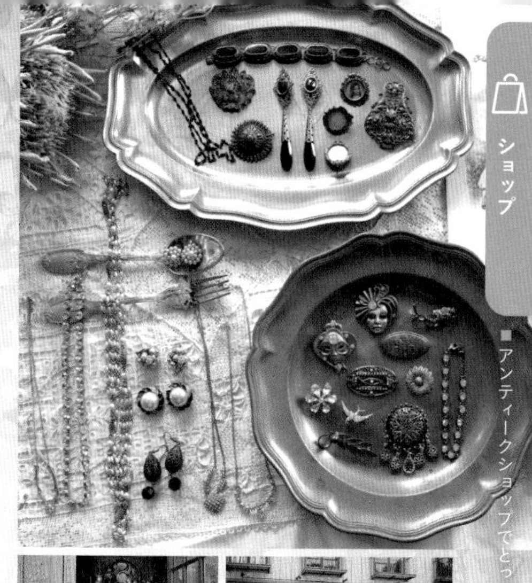

上／1950年代から80年代のヴィンテージジュエリー。イヤリング4950円～、ブローチ3850円～　下左／フランス雑貨も多数

MAP 別冊 P.11-C3

住 世田谷区下馬2-6-14　TEL 03-5787-6777　営 11:30～18:00
休 火・水　CC ADJMV　交 東急田園都市線三軒茶屋駅南口B出口から徒歩13分、東急東横線祐天寺駅西口1出口から徒歩14分

ビンテージのチャイグラス、スプーン＆ソーサー付き1980円

仏ナポレオン様式のディスプレイ台に日本の白磁薬瓶6050円～

明治～大正時代の古伊万里の小皿3850円、5280円

八幡山駅

小さな隠れ家ショップ

西藤

● さいとう

2019年オープン。アンティーク好きの店主が営む、ビル2階の小さなショップ。大切に使い込まれたもの、懐かしいものなど日々の生活を彩る日本の古道具とフランスを中心としたヨーロッパの品を扱う。2024年春から同ビル1階に移転し、アンティークショップのなかでワインが楽しめる店にリニューアル。

MAP 別冊 P.9-A3

住 世田谷区八幡山3-35-24 エチカ八幡山2階
TEL 非公開　営 13:00～17:00
休 Instagramにて告知　CC MV
交 京王線八幡山駅から徒歩1分

Voice 「アンティークギャラリー・マジョレル」ではアンティークに囲まれ季節の食材を使った絶品スイーツがいただけます。毎年楽しみにしているモンブランには、希少な倉方甘栗の自家製マロンペーストがたっぷり！（世田谷区・H）

歴史と伝統に思いをはせて

町を見守る老舗のお菓子屋さんへ

地元で何代にもわたって愛され続ける名店。
伝統を守りつつ、時代に合わせた菓子作りに挑戦するお店を厳選。

「多摩川清流 茶沢のあゆ」1個210円。上品な生地にすりゴマと求肥の相性が抜群

上は「どら焼き」230円、しっとりした生地に粒あんがぎっしり。下は「生麩まんじゅう」210円

さまざまな菓子がショーケースに並ぶ。添加物は一切加えず、本来の製法でシンプルに作られている

食材と伝統製法にこだわる和菓子店

〘三軒茶屋駅〙

御菓子司 竹翁堂

おかしつかさ ちくおうどう

北海道産の特選小豆・雅や本葛粉など上質な食材を用い、粟國の塩や焼塩など味の決め手となる塩を使い分け、品質への妥協を許さぬ伝統菓子が並ぶ。世田谷みやげ®(→P.285)の「多摩川清流 茶沢のあゆ」は、店前の茶沢通りを多摩川に見立て「川を上るあゆ」をイメージ。ブランド卵を使い焼き上げた生地に黒すりゴマ入り求肥を包んでいる。

お店の歴史

1927年創業。初代からさまざまな賞の受賞歴を誇り、2代目の内田仁士さんとともに現在は3代目の巨峰さんが店を切り盛りしている。食材にこだわり、伝統的な製法を守り、地元の人に愛される世田谷ブランド。地域イベントにも積極的に参加。

駅近で便利。店頭には団子や最中、季節限定菓子などがずらり

MAP 別冊 P.19-B4

住 世田谷区太子堂4-30-29 TEL 03-3421-4024
営 10:00～19:00 休 火
CC 不可 交 東急田園都市線三軒茶屋駅北口から徒歩4分

Info 「御菓子司 竹翁堂」は老舗だけあって、店内にはこれまで表彰を受けたさまざまな賞状なども飾られており、代々家族で受け継がれてきた歴史を感じさせる。

クラシカルで落ち着く内装。イートインでゆっくり過ごせる。芸能人も足しげく通う人気店

「バターレーズンサンド」1個250円、「くず粉を使ったショコラクッキー」6個入り920円

「瀬戸内レモンケーキ」250円。自家製レモンピール入り

伝統と新しさを大切にする洋菓子店

〚祖師ヶ谷大蔵駅〛

コンディトライ・ニシキヤ

こんでぃとらい にしきや

材料に妥協せず、長年幅広い世代に愛されてきた洋菓子店。スペシャリテの「くず粉を使ったショコラクッキー」は、ほろりとした食感が特徴で、抹茶やホワイトチョコなどの種類がある。世田谷みやげ®「瀬戸内レモンケーキ」はシェフが現地で味を見て選んだレモンを使用。「祖師谷生ロール」は、季節によって宇治抹茶や和栗も登場する。

MAP 別冊 P.16-B1

住 世田谷区祖師谷3-32-3 TEL 03-3482-0482 営 8:30〜19:00 休 木、月3回水 CC ADJMV 交 小田急線祖師ヶ谷大蔵駅から徒歩1分

お店の歴史

1929年創業。創業当時はパンや食材も販売していた。3代目店主の西田喜孝さんは、神戸「HEIDI」やヨーロッパで修業後、家業を継いだ。先代が残したレシピを現代に合わせて改良し、新商品も次々に開発。コンテストで数々の受賞歴があるほか、専門学校講師を務め、お菓子教室も主宰する。

創業当時から人気のショートケーキや季節菓子が並ぶショーケース

「祖師谷生ロール」1000円。しっとり生地で上品な甘さ

Info 「コンディトライ・ニシキヤ」のコンディトライとはパティスリーとカフェを併設した店舗のこと。1972年に放送された児童向けの人気テレビドラマ『ケーキ屋ケンちゃん』のモデルになった店とされる。

伝統とモダンが融合!

〖三軒茶屋駅〗

三軒茶屋 おかきあられの大黒屋

●さんげんぢゃや おかきあられのだいこくや

大正10(1921)年に八丈島で煎餅作りを修業後、三軒茶屋を拠点とするあられ煎餅専門店。人気の「三軒茶屋あられりぼん」は、20種以上のバリエーションがあり、食べ切りサイズがうれしい。パリッとした食感のおかきに、チーズや黒豆きな粉、カボチャなど7種類のクリームをサンドした「おかきマカロン」もおすすめ。

上は「三軒茶屋あられりぼん」1307円。左下は「おかきマカロン」7種類2本入り3024円。右下は「浅沼煎餅 4種セット」2916円

「世田谷エールおかき アンチョビ&ガーリック」454円

キャロットタワーに入る店舗。ネット注文もできる

MAP 別冊 P.19-C4

住 世田谷区太子堂4-1-1 キャロットタワーB1階東急ストア内 TEL 03-3421-5008 営 10:00～20:00 休 無休 CC ADJMV 交 東急田園都市線三軒茶屋駅三茶パティオ口から徒歩1分

地元密着型の和菓子店

〖桜新町駅〗

桜の杜 伊勢屋

●さくらのもり いせや

DATA → P.165

1934年創業。現在は3代目が切り盛りし、先代から受け継ぐやきだんごや豆大福などの和菓子をはじめ、モダンな菓子も並ぶ。純生クリームを使った「生どら焼」237円は、小倉味やカフェオレ味などのクリームをモチモチの生地でサンド。「サザエさんどら焼き」(→P.165)もおすすめ。

上は「やきだんご」130円。うるち米を使用し食べ応え抜群。左下「栗蒸しようかん」300円、右下「豆大福」194円

和菓子のほか、丹波亀山焼1620円や山菜おこわ(小)486円などさまざまなラインアップ

Info 「桜の杜 伊勢屋」では、夏限定でかき氷が登場する。フレーバーはあまおうの果肉がたっぷり入ったソースや、さっぱり食べられるはちみつレモン、京挽ききな粉の濃厚ソースと和三盆糖の黒蜜ソースなど。

掘り出し物が続々見つかる！

駅チカ

農大アンテナショップ

専門性の高い大学発ショップでさまざまなプロジェクトのオリジナルアイテムに注目！

大学で開発されたオリジナルアイテムも

世田谷代田駅からほど近い場所にあり、東京農業大学ゆかりのおいしいものを全国から集めて販売している。東京農業大学のオリジナル食品などのほか、珍しい醸造科学科を持つ大学だけに全国にいる卒業生の有名蔵元の酒なども並び、日本酒の試飲会も開催される。

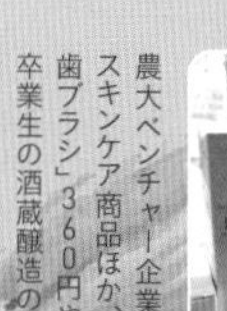

農大ジャガイモカレー
550円
農大関連の圃場（畑）で採れたジャガイモを活用したレトルトカレー

東京農大クッキー
1080円
北海道の和種のハッカを練り込んだ生地など、2種のクッキーが入る

農大アンテナショップ「農」の蔵

●のうだいあんてなしょっぷ「のう」のくら

MAP 別冊 P.17－C3

住 世田谷区代田3-58-7 TEL 03-6450-9156 営 10:00～19:00 休 火・水 CC ADJMV 交 小田急線世田谷代田駅西口から徒歩1分

農大マーマレード
450円
学生実習で生産されるマーマレード

カムカムドリンク
1缶 180円
レモン60倍のビタミンC、カムカムのジュース

★★ コレにも注目！ ★★

農大ベンチャー企業開発、エミューのオイル使用スキンケア商品ほか、卒業生の味噌・醤油や「竹製歯ブラシ」360円や学生が輸入した草ストロー、卒業生の酒蔵醸造の日本酒も多数あり！

コスメ

味噌 醤油

竹製品

日本酒

「農大アンテナショップ『農』の蔵」では、毎月第2・4土曜の7時からショップ前の広場で世田谷代田朝市が開催される。季節の野菜をはじめ、その時期に合わせた限定品もあり。詳しくはインスタグラムなどを要チェック！

二子玉川が誇る2大デパート

二子玉川ライズ・ショッピングセンター＆玉川髙島屋S・Cおすすめ店舗一覧

世田谷を代表する複合施設で数あるなかから立ち寄りたい店を集めました！

©Futakotamagawa Rise

二子玉川ライズ・ショッピングセンター

●ふたこたまがわらいず しょっぴんぐせんたー

二子玉川駅直結の約170店舗で構成される複合商業施設。

MAP 別冊 P.18－B1

住 世田谷区玉川 2-21-1　TEL 03-3709-9109
営 ショッピング・サービス、東急フードショー10:00～20:00、東急ストア10:00～24:00、レストラン・カフェ11:00～最長23:00　※店舗により異なる、HP要確認
休 1/1
CC ADJMV
交 東急田園都市線・大井町線二子玉川駅直結

玉川髙島屋S・C

●たまがわたかしまや しょっぴんぐせんたー

「タマタカ」の略称で愛される複合施設。2019年リニューアル、飲食店を含め約340店舗が揃う。

MAP 別冊 P.18－B1

住 世田谷区玉川3-17-1　TEL 03-3709-2222
営 S・C専門店ショッピング10:00～20:00、レストラン11:00～22:00/百貨店（玉川タカシマヤ）10:00～18:00　※店舗により異なる、HP要確認
休 1/1（全館）
CC ADJMV
交 東急田園都市線・大井町線二子玉川駅西口から徒歩2分

二子玉川 蔦屋家電（ふたこたまがわ つたやかでん）
テラスマーケット 1階、2階　家電や本、雑貨も充実

GOOD GREEN THINGS（ぐっど ぐりーん しんぐす）
二子玉川 蔦屋家電 2階　プラントベース＆ブックカフェ

IN SPiRAL（いんすぱいらる）
二子玉川 蔦屋家電 2階　メガネのセレクトショップ

Mallorca（まよるか）
テラスマーケット 2階　スペイン王室御用達グルメストア

アクタス（あくたす）
テラスマーケット 2階　家具販売でキッズ部分は関東最大

85（はちごう）
テラスマーケット 2階　発酵をキーに優しい暮らし提案

Bubby's（ばびーず）
テラスマーケット 2階　NYで人気のカフェ＆レストラン

100本のスプーン（ひゃっぽんのすぷーん）
テラスマーケット 2階　Soup Stock Tokyo初のレストラン

GODIVA café（ごでぃばかふぇ）
テラスマーケット 2階　有名店のカフェ。限定アイテムも

ザラホーム（ざらほーむ）
テラスマーケット 2階　2022年8月にリニューアル！

ARC'TERYX（あーくてりくす）
テラスマーケット 1階　ブランドの首都圏最大級の売り場

シナボン/シアトルズベストコーヒー（しなぼん しあとるずべすとこーひー）
テラスマーケット 2階　シナモンロール専門店＆カフェ

カリス成城（かりすせいじょう）
タウンフロント 5階　1983年創業ハーブアロマショップ

サーモス スタイリングストア（さーもす すたいりんぐすとあ）
タウンフロント 5階　サーモス初の直営店で圧倒的な商品数

ニコアンド/ニコアンド コーヒー（にこあんど/にこあんど こーひー）
タウンフロント 4階　人気アパレル＆雑貨、家具に飲食も

恵那川上屋（えなかわかみや）
B1階 東急フードショー　ニコタマ栗サブレは二子玉店限定

ル・コフレ・ドゥ・クーフゥ（る・こふれ・どぅ・くーふぅ）
B1階 東急フードショー　アールグレイと桃のバトンは店限定

蜂の家（はちのや）
B1階 東急フードショー　限定スマイルマークどら焼きも

CAFE OHZAN（かふぇ おうざん）
B1階 東急フードショー　クロワッサンラスクが人気

chano-ma（ちゃのま）
タウンフロント 7階　玄米や選べるデリ、デザートも充実

カフェカルディーノ（かふぇかるでぃーの）
南館 B1階　こだわりのコーヒーと奥沢クピドのパンも並ぶ

HAMADA-YA（はまだや）
本館 B1階　三軒茶屋・濱田家のベーカリーカフェ

365日とCOFFEE（365にちとこーひー）
本館 2階　奥渋の人気ベーカリーのパンがここでも買える

Parc.1 color（ぱるくあん からー）
南館 3階　リラックスモードなセレクトショップ

Madu（までぃ）
南館 4階　ヨーロッパ、アジアなどから集めた食器を扱う

銀座・伊東屋（ぎんざ・いとうや）
南館 3階・4階　「銀座・伊東屋」支店唯一の2フロアの店

ユーハイム（ゆーはいむ）
本館 B1階　日本初、バウムクーヘンを焼いた人気洋菓子店

TODAY'S SPECIAL（とぅでぃずすぺしゃる）
本館 2階　食と暮らしの店。コーヒースタンドも楽しめる

プロトリーフ（ぷろとりーふ）
ガーデンアイランド 1～2階　都内最大級の園芸店

スノーピーク（すのーぴーく）
ガーデンアイランド B1階　関東最大級の面積を誇る直営店

好日山荘（こうじつさんそう）
ガーデンアイランド 1階　ハイカーに人気の登山用品専門店

無印良品（むじるしりょうひん）
マロニエコート 1～3階　3フロアを使った大型店舗

Achchha Khana（あっちゃ かーな）
本館1階　長年通う地元ファンも多いカレーレストラン

明治屋（めいじや）
本館 B1階　毎週金曜「ワインデー」開催。ワインが5%オフに

髙島屋ファーム（たかしまやふぁーむ）
本館 B1階　髙島屋が集める有機野菜や国産小麦のパンなど

味百選（あじひゃくせん）
本館 B1階　日本を代表する老舗・名店の味を一同に

茅乃舎（かやのや）
本館 B1階　福岡発のだしや調味料の人気店。麹専門店併設

紫野和久傳（むらさきのわくでん）
本館 B1階　京の老舗料亭が手がける上品な手みやげが人気

BABBI（ばび）
本館 B1階　イタリア発、高級感漂うウエハースなど

リーフル ダージリンハウス（りーふる だーじりんはうす）
南館 B1階　ダージリンティーの専門店。二子玉限定商品も

第六章 宿泊

駅チカ温泉が待つ

世田谷モダン旅館へようこそ

区内にある特徴的な宿泊施設を集めてご紹介。
旅館やコンセプトホテルなど、宿泊だけでなく
温泉やレストランやカフェにバーもあり、
シチュエーションに合わせて利用してみよう！

ヒバの湯船に満たされた温泉から坪庭を眺めて。脱衣所にはDysonのドライヤーやamadanaのウオーターサーバー、湯上り処に無料のアイスなどが用意されている

風情ある外観

都心から10分という立地にも関わらず、宿の前に立つと一瞬にして景色が変わり、別世界に引き込まれていく

すっきりと落ち着いた宿のロビー。「都心に、山里のくつろぎを」というコンセプトで、香の炊かれた静寂の空間

露天風呂付きも

全35室のなかで、2室のみ客室露天風呂が付いている
Photo by Nacasa & Partners

世田谷代田駅

温泉も備えたリトリート旅館

由縁別邸 代田

●ゆえんべってい だいた

MAP 別冊 P.17 - C3

「MUJI HOTEL GINZA」などを手がけるUDSが運営する世田谷代田の温泉旅館。2020年に開業し、下北沢から続く「BONUS TRACK」も目の前に広がっている。宿の特徴となっている大浴場の露天風呂は、箱根「小田急 山のホテル」の自家源泉・芦ノ湖温泉から運んできたpH8.9の湯で満たされ、高級感たっぷり。温泉＋茶寮のセットプランで、日帰り入浴も可能。割烹では利き酒師セレクトの日本酒や幻の米を使用した朝食も評判が高く、茶師十段監修の日本茶がいただける茶寮も。離れには、51㎡のレジデンシャルスイートもあり。

住世田谷区代田2-31-26　TEL03-5431-3101　料7万2400円～(税・サ込み、入湯税別、2食付き)、ほか素泊まり・朝食付きプランあり　IN15:00　OUT11:00　CCADJMV　室35室　Pなし(近隣駐車場利用)　交小田急線世田谷代田駅東口(IC専用)から徒歩すぐ、西口から1分、小田急線・京王井の頭線下北沢駅南西口から徒歩8分

○　○　○　○　×　×

芦ノ湖温泉を愉しみたい

浴槽を満たしている湯は、箱根にある人気宿泊施設「小田急 山のホテル」の自家源泉である芦ノ湖温泉を運んできたもの。2005年に約1年かけて掘削し掘り当てた温泉で湯量も豊富、箱根十七湯のひとつにも数えられている。8.9とpH高めで“美肌の湯”といわれているアルカリ性単純温泉で、疲労回復などに効果があるという。

サウナもあり

男湯にドライサウナや水風呂、女湯にミストサウナも。外気浴可

食事は「割烹 月かげ」で。夕食は季節の会席プランや記念日プランもあり

館内には坪庭の設えがあり、すがすがしい緑の気配を感じることができる

「由縁別邸 代田」は、温泉＋茶寮の日帰りプランで利用も可能。P.38の特集を参照のこと。また離れの「SOJYU Spa」では、オリジナルアロマオイルを用いたトリートメントや全身マッサージも行っている。

町のスパイスとなる

下北沢最新ホテル

2021年9月、下北沢の商業施設「reload」の東北沢側に開業。
下北沢駅から徒歩5分のホテルをベースに、シモキタを遊びつくそう！

一部の客室はバルコニー付き。ウッドデッキの広々としたバルコニーは開放感たっぷりで、時を忘れてくつろげる

シンプルな客室

客室は多彩な7タイプ。バルコニーを備えた「デラックスハリウッドツイン」は2万5000円～(税・サ込み)

「SIDEWALK COFFEE ROASTERS」では、厳選したコーヒーの生豆をアメリカのローリング社製スマートロースターで焙煎。至福の1杯は天然酵母を使い毎朝工房で焼くベーグルと相性抜群(7:00～19:00、無休)。

東北沢駅

人と町をつなぐシモキタ的ステイ

MUSTARD™ HOTEL SHIMOKITAZAWA

●ますたーどほてる しもきたざわ

MAP 別冊 P.17 - B4

ウッドデッキの階段が迎えるホテルのコンセプトは「町のかくし味」。2段ベッドやバルコニー付きなど趣の異なるダブル、ツインの客室があり、シングル利用もOKだ。注目は全室に備えられたレコードプレーヤー。レンタル用として人気レコードショップ「JAZZY SPORT」セレクトの各種レコードも用意。客室という空間を自分好みの音で満たせるのは、音楽の町・下北沢らしい贅沢な試みだ。1階のロビー前には緑を配したテラスが広がり、カフェとバーも併設。宿泊はもちろんのこと、個性豊かなシモキタを存分に楽しむスポットとしても地域になじんでいる。

住世田谷区北沢3-9-19 TEL03-6407-9077 料D1万2000円～、T1万5000円～（税・サ込み）、ほか朝食付きプランあり IN14:00 OUT10:00 CCADJMV 室60室 Pなし 交小田急線東北沢駅西口から徒歩1分、京王井の頭線・小田急線下北沢駅東口から徒歩5分 ○ ○ △ ○ ○ ○

ホテルのゲストも地元の人も楽しめる町の交流スポット

飲食施設も充実

「SIDEWALK COFFEE ROASTERS」は朝食や休憩に便利なコーヒーショップ。自家焙煎のコーヒーと自家製ベーグルが評判

「BAR くらげ」に並ぶのは焼酎や泡盛などの蒸留酒をはじめとするえりすぐりの美酒。1日の終わりに憩いのひととき

客室がクールな音楽空間に！

滞在中活用したいのが客室のレコードプレーヤー。フロント前にレコードがあり、無料でレンタルできる。ジャンルも幅広く、ソウル、ヒップホップ、シティポップ、ジャズなど約300枚を用意。レンタルは一度に3枚までだが、返却すればほかのレコードを利用できる。

「BAR くらげ」は焼酎や泡盛のほか、クラフトビール、ナチュールワイン、メキシコの蒸留酒メスカルなど品揃え豊富。マスターとの楽しい会話も魅力のひとつで、地元の人々、国内外からの観光客でにぎわう。

二子玉川駅

関東平野を見下ろす圧巻の眺め

二子玉川 エクセルホテル東急

MAP 別冊 P.16 - B2

●ふたこたまがわえくせるほてるとうきゅう

28階から30階までの高層階がホテルフロアになっており、都会の喧騒から離れた開放的な空間に思わず時間が経つのを忘れてしまう。こだわりの中庭に面したシーズンルームで四季の移り変わりを楽しむのも魅力的だ。

住 世田谷区玉川1-14-1 二子玉川ライズ30F TEL 03-3700-1093 料 HP参照 IN 14:00 OUT 11:00 CC ADJMV 室 106室 P あり 交 東急田園都市線・大井町線二子玉川駅東口から徒歩5分 URL www.tokyuhotels.co.jp/futako-e ○ ○ ○ ○ ○ ×

角部屋ならではの広い眺望とビューバスを誇るコーナーツイン。大型複合施設二子玉川ライズが隣接する

三軒茶屋駅

出張や都市レジャーの拠点に◎

the b 三軒茶屋

MAP 別冊 P.17 - B4

●ざ びー さんげんぢゃや

最寄り駅から2分、渋谷まで急行でひと駅の好立地。無料のコーヒー、軽食サービスがあるのも人気の理由。建物が面した茶沢通りには、おしゃれで個性的なグルメ店が建ち並ぶ。周辺でおいしい散歩を楽しんでみては？

住 世田谷区太子堂2-17-9 TEL 03-3795-0505 料 D1万4000円～、T1万6000円～（税・サ込み） IN 15:00 OUT 11:00 CC ADJMV 室 118室 P あり 交 東急田園都市線三軒茶屋駅北口A出口から徒歩2分 ○ ○ ○ ○ ○

モダンでシンプルな客室が心地よい。三軒茶屋の親しみやすい町並みを存分に味わうことができる環境に立つ

用賀駅

長期滞在も自宅のような安心感で

東急ステイ用賀

MAP 別冊 P.16 - A2

●とうきゅうすていようが

全室電子レンジを完備、洗濯乾燥機やキッチンなどの生活機能設備が充実した客室も多く、アメニティも充実しているため、必要最低限の荷物で滞在が可能。1泊でも連泊でもストレスフリーな宿泊体験をかなえてくれる。

住 世田谷区用賀4-4-1 TEL 03-5716-1090 料 S2万1800円～、T2万7600円～（税・サ込み） IN 15:00 OUT 11:00 CC ADJMV 室 78室 P なし 交 東急田園都市線用賀駅北口から徒歩1分 ○ ○ ○ ○（洗濯乾燥機付きの客室あり） ×

客室には日が差し込む大きめの窓があり、シンプルで落ち着いた雰囲気。用賀駅の真上に位置している

三軒茶屋駅

人目を気にせず大人数で楽しめる

コンドミニアムホテル・渋谷GOTEN

MAP 別冊 P.17 - B4

●こんどみにあむほてる・しぶやごてん

87㎡の1フロア貸切制のプライベート空間。非日常的な空間ながら、高い生活機能を兼ね揃えている。金色をベースとした高級感が漂う和モダンの客室。

住 世田谷区太子堂4-24-12 TEL 050-3615-7129 料 5万7000円～8万7000円（税・サ込み） IN 16:00 OUT 11:00 CC AMV 室 2室 P なし 交 東急田園都市線三軒茶屋駅三茶パティオ口から徒歩2分 ○ ○ × ○ ○ ×

8人がけのテーブルがあり、調理器具や食器類を完備。寝室は3つに区切ることができ、最大9名まで宿泊可能

桜新町駅

歴史・文化・自然をすべて満喫

COZY INN Tokyo Sakura Town

●こーじーいんとうきょう さくらしんまち

MAP 別冊 P.16 - C2

3階建てで8部屋を持つホステルタイプの宿泊施設。2階・3階の客室は、完全個室。近くには長谷川町子美術館や世田谷区立郷土資料館も。春には豪快な桜並木が迎えてくれるのだとか。京都にて系列の宿あり。

住 世田谷区桜新町2-11-14 TEL 050-5318-4700 料 S・T7500円～（税・サ込み） IN 15:00 OUT 12:00 CC AMV 室 8室 P なし 交 東急田園都市線桜新町駅西口から徒歩3分 ○ ○ ○ ○ ○ ×

ツインルームは限定ひと部屋。1階のリビングルームは共用で、電化製品やキッチンは自由に使用することができる

Info 「二子玉川 エクセルホテル東急」は高層階の30階に、眺望抜群のレストラン「The 30th Restaurant」やダイニングバー「The 30th Dining Bar」があり、朝食ビュッフェや、ランチやディナーの利用もおすすめ。

第七章 旅の準備と技術

©円谷プロ

旅のプランニング

世田谷観光ボランティアガイドツアーで
訪れる豪徳寺（P.41）

基本的に世田谷での観光方法や観光ルートのデザインは自分で行うことになるが、世田谷区産業振興公社が主催するボランティアガイドツアーに参加すれば、松陰神社や豪徳寺、世田谷八幡宮などを無料でガイドしてもらうこともできる。世田谷ステイで失敗しないためにいくつかの注意点と、より旅をおもしろくするためのヒントを挙げておこう。

しっかり情報収集

訪れたい観光スポット、レストランやカフェなどの営業時間や休業日は事前に調べてメモしておこう。臨時休業していることもあるので、訪問前にウェブサイトやSNSを確認すると安心。パッキングや旅立ちの前には、気象情報をこまめにチェックして季節に合った服装を用意しよう。

緊急用備忘録を作ろう

個人旅行であれ、フリープランパッケージであれ、トラブル対処は自分でしなくてはいけない。いざというときに慌てないように、旅に出る前に簡単な備忘録を作っておこう。あらゆる情報はスマホで管理という人も多いが、肝心のスマホを紛失することも考えられるからだ。クレジットカードとキャッシュカードの紛失時連絡先やホテルの電話番号、服用中の薬剤名などをメモして、観光時の持ち歩きバッグではなく、スーツケースなどの奥の目立たないところにしのばせておくこと。

スケジューリングは余裕をもって

せっかくだから、あれもしたい、これもしたい、とスケジュールをぎゅうぎゅう詰めにするのは避けたい。余裕のあるスケジュールにすることで、1日の行程をフレキシブルに変更しやすくなる。散歩途中に偶然見つけたカフェやショップに立ち寄るなど、ガイドブックに載っていない自分だけのお気に入りスポットを発見できることも多い。

体調に合わせて臨機応変に

体調がすぐれないときや疲れがたまっているときに、無理に観光しようとするのは逆効果。スケジュールを変更してホテルでゆっくり休むのが一番だ。移動時にも、公共交通機関にこだわらず、タクシーを利用するなど柔軟に。

迷ったら地元の人に頼ろう！

道に迷ってしまったり、レストランや食堂でオーダーしたりするときは、ガイドブックやスマホのアプリ、SNSの情報にこだわらず、地元やお店の人に尋ねてみよう。迷っているとき以外でも、バス停で隣り合わせた人から思ってもみない地元のオモシロ話が聞けることもある。こうした地元の人との触れ合いは、本当に旅のよい思い出になる。

東京への道

東京へのアクセスは、航空機、列車、高速バスなど時間と予算に合わせて選べる。所要時間で比べるなら、乗っている時間ではなく、家を出発する時間と、観光スポット、ホテルへの到着時間で比べるのがポイント。飛行機の場合、移動時間は短いが、飛行機を降りてから空港を出るまでの時間がかかる。バスの場合は交通渋滞も考慮したい。

飛行機で東京へ

全国49の空港から直行便が就航している。羽田空港だけでも札幌や福岡、大阪から1日約50便、那覇から約30便など合わせて約500便が就航。航空券は、購入日が早いほど割引率が大きく、最大83%割引も！季節、曜日のほか発着時間帯、キャンセルはいつまで可能か、日程の変更はできるか、マイルが加算されるかなどの規定にも気をつけよう。割引運賃を上手に利用すれば、新幹線を利用するよりお得。

新幹線で東京へ

北は北海道から、南は鹿児島からわずか1～3回の乗り換えで東京へ来ることができる。青森からわずか3時間、博多から5時間。割引プランは会員限定や早期予約割引など各社で異なり、料金は日によって変動する。

高速バスで東京へ

新幹線と比べて所要時間はかかるが、料金は半額以下。特に大阪、仙台などと東京を結ぶ路線は人気で激安。夜行バスを使えば、宿泊費を1泊浮かせることもできる。料金は時期や曜日で変動し、早期割引もある。なお最近の夜行バスは3列シートも当たり前で、各座席がカーテンで仕切れるようになっている。さらに女性専用夜行バスや、リクライニング角度が大きいハイクラスな高速バス、コンセントやWi-Fi付きのバスもあり、快適なバスが増加中！

航空会社のチョイスも豊富

▼日本航空（JAL）・全日空（ANA）：路線も便数も圧倒的に多い。早めの予約がお得で、マイルをためる楽しみも。
▼スカイマーク：定時運航率が高い。神戸便が充実。
▼日本トランスオーシャン航空：沖縄と羽田空港を結ぶ。
▼エア・ドゥ（北海道便）、ソラシドエア（九州便）、スターフライヤー（大阪、福岡ほか）、アイベックスエアラインズ（仙台ほか）はANAと業務提携している。
▼LCCはJAL系列のジェットスター・ジャパンとスプリング・ジャパン、ANA系のピーチ。いずれも成田空港を使用。

新幹線のお得なチケット

▼えきねっとトクだ値（JR東日本＆JR北海道）：指定券予約サイト「えきねっと」の列車、席数、区間限定の割引きっぷ。割引率は5～35%。
▼EX早特（JR東海）：インターネット予約サービス「スマートEX」会員向け割引チケット。割引率は約20%。
▼新幹線回数券（JR各社）：誰でも使えるので、例えば家族4人で4枚回数券を使用、帰りは飛行機といった使い方も可能。割引率は2～10%。
▼ホテルパック（JR各社、旅行会社）：新幹線の往復チケットとホテル宿泊がセットになったフリーパッケージ。全列車から選べるプランも。

東京の2大バスターミナル

バスタ新宿

JR新宿駅新南改札直結のバスターミナル。新宿と39都府県300都市の間を高速バスが結んでいる。
URL shinjuku-busterminal.co.jp

バスターミナル東京八重洲

2022年9月に第一期がオープン。すべて完成する2028年には、バスタ新宿を超える日本最大のバスターミナルになる予定。
URL bt-tokyoyaesu.com

四国や九州から東京を訪れるなら、船便を利用するのもあり。北九州を夜出発して翌朝徳島に寄港、3日目の早朝に東京湾フェリーターミナル（りんかい線国際展示場駅より送迎あり）に着く。

全国から東京へのアクセス

全国の主要都市から東京へのおもな交通手段には飛行機、新幹線、高速バスなどがある。時間を優先するのか、予算を優先するのか、夜の間に移動しておきたいかなど、自分のスタイルに合わせて旅のプランニングをしよう。

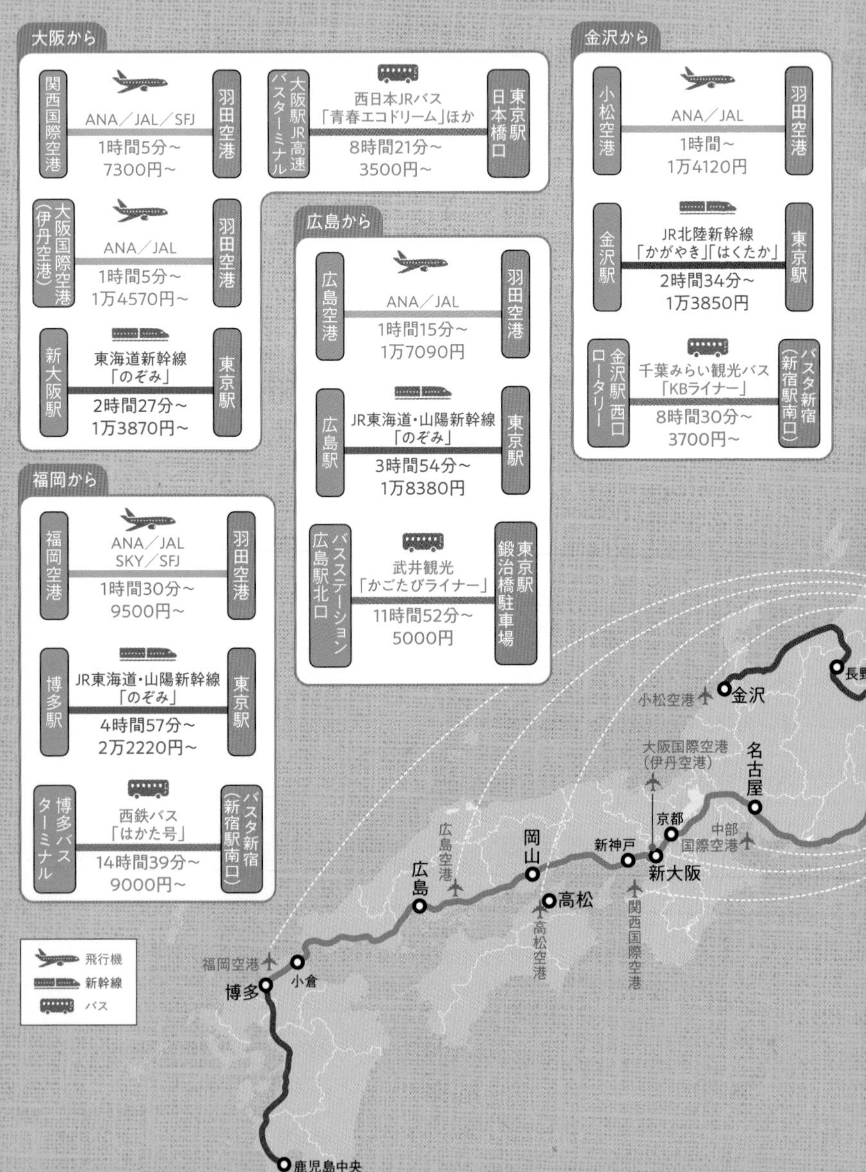

※ANA＝全日空、JAL＝日本航空、ADO＝エア・ドゥ、SFJ＝スターフライヤー、SKY＝スカイマーク、SNJ＝ソラシドエア

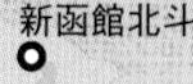

札幌から

- 新千歳空港 → 羽田空港　ANA／JAL ADO／SKY　1時間45分～　1万3240円～
- 新函館北斗駅 → 東京駅　北海道新幹線「はやぶさ」　4時間10分～　2万3430円～

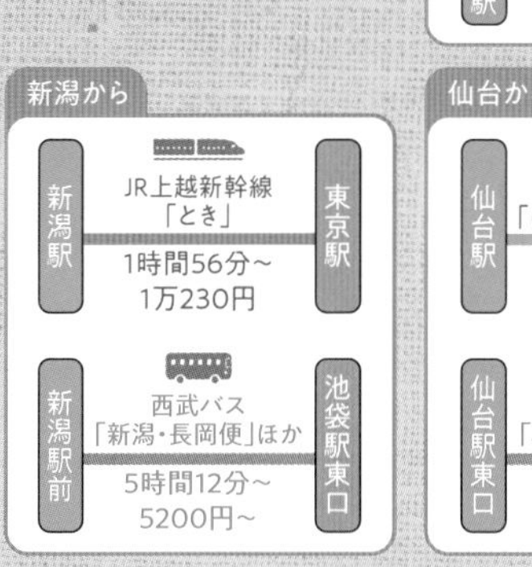

新潟から

- 新潟駅 → 東京駅　JR上越新幹線「とき」　1時間56分～　1万230円
- 新潟駅前 → 池袋駅東口　西武バス「新潟・長岡便」ほか　5時間12分～　5200円～

仙台から

- 仙台駅 → 東京駅　JR東北新幹線「はやぶさ」「やまびこ」　1時間30分～　1万560円～
- 仙台駅東口 → 東京駅八重洲中央口　東北急行バス「ニュースター号」ほか　5時間30分～　3800円～

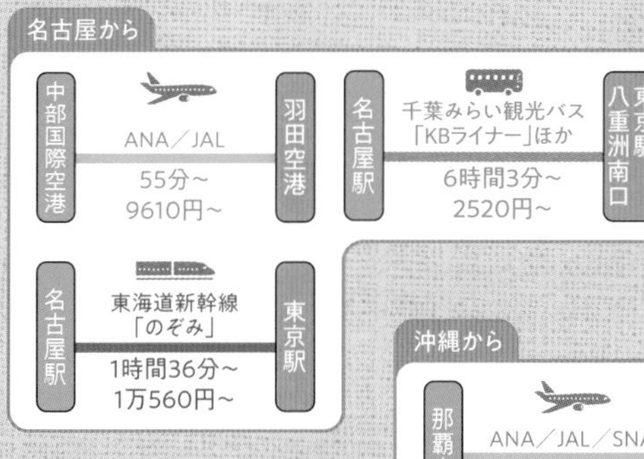

名古屋から

- 中部国際空港 → 羽田空港　ANA／JAL　55分～　9610円～
- 名古屋駅 → 東京駅八重洲南口　千葉みらい観光バス「KBライナー」ほか　6時間3分～　2520円～
- 名古屋駅 → 東京駅　東海道新幹線「のぞみ」　1時間36分～　1万560円～

沖縄から

- 那覇空港 → 羽田空港　ANA／JAL／SNA　2時間10分～　1万510円～

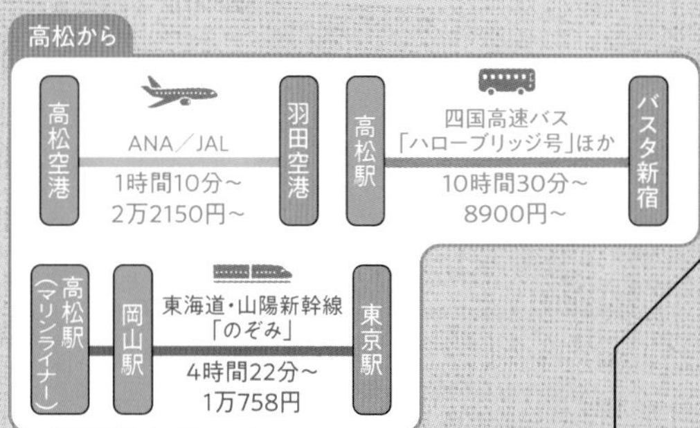

高松から

- 高松空港 → 羽田空港　ANA／JAL　1時間10分～　2万2150円～
- 高松駅 → バスタ新宿　四国高速バス「ハローブリッジ号」ほか　10時間30分～　8900円～
- 高松駅（マリンライナー） → 岡山駅 → 東京駅　東海道・山陽新幹線「のぞみ」　4時間22分～　1万758円

※所要時間、料金は目安として参考にしてください。

世田谷区エリアへの行き方

世田谷区へのアクセスは、選択肢が豊富で、早朝から深夜まで運行本数も多くて便利。荷物が多ければ目的地までの乗り換え回数で、荷物が少なければ所要時間で選ぶといい。

❶羽田空港から 世田谷エリアへのアクセス

旅客ターミナルは3つ。第1ターミナル(T1)は日本航空、日本トランスオーシャン航空、スカイマーク、第2ターミナル(T2)は全日空、エア・ドゥ、ソラシドエアと国際線。第3ターミナル(T3)は国際線が発着する。スターフライヤーは、路線によってT1かT2を使用する。羽田空港と成田空港を複数線経由で結ぶ京急(京浜急行電鉄)は、品川駅で東京方面行きと横浜方面行きの列車に分かれるので、乗る際には注意。京急、モノレールともに混んでいて、座れないこともある。バスやタクシーなら確実に座れるし乗り継ぎもないが、渋滞しやすい時間は避けたほうがよい。

空港バス利用時の注意

リムジンバスは東京空港交通のバスの呼称で、車両は一般的な高速バスと同じ。羽田、成田ともに空港行きのバスはネット予約がおすすめだが、空港発は予約不要。最初のターミナルを出発したあと、ほかのターミナルを回って乗客を乗せるのに15分ほどかかる。新宿、浅草、豊洲、ディズニーリゾート行きなどが出ている。深夜早朝便は料金倍額となるので注意。

問い合わせ先

羽田空港

TEL 03-5757-8111
営 国内線5:00～24:00
休 年中無休
URL tokyo-haneda.com

羽田空港

TO 下北沢方面 → 下北沢駅

タクシー：約35分、約1万1900円
バス＆電車：約1時間、1570円

羽田空港からリムジンバスで約45分(1400円)、新宿駅で小田急線に乗り換え約7分(170円)、下北沢駅下車

TO 二子玉川方面 → 二子玉川駅

タクシー：約34分、約1万2800円
直行バス：約1時間、1200円
電車：約47分、740円

羽田空港から空港線・京急本線で約18分(330円)、品川駅でJR線に乗り換え約14分(180円)、渋谷駅で東急田園都市線に乗り換え約15分(230円)、二子玉川駅下車

TO 上町方面 → 上町駅

タクシー：約33分、約1万900円
バス＆電車：約1時間5分、1440円

羽田空港から京浜急行バスほかで約52分(1100円)、渋谷駅で東急田園都市線に乗り換え約5分(180円)、三軒茶屋駅で東急世田谷線に乗り換え約8分(160円)、上町駅下車

TO 等々力方面 → 等々力駅

タクシー：約35分、約1万8800円
電車：約1時間、880円

羽田空港から京急バスほかで約40分(650円)、大井町駅で東急大井町線に乗り換え約20分(230円)、等々力駅下車

羽田空港には、「鎌倉五郎本店」の鎌倉きゃらめるサンドだよ、「三本珈琲×ラ・メゾン白金」のカフェショコラウィッチ、「まめや金澤萬久」の金かすてら(飛行機)などもらってうれしい空港限定商品がたくさん！

❷成田空港から 乗り継ぎに便利な主要駅へのアクセス

成田空港も3つのターミナルをもつ。全日空とピーチは第1ターミナル南ウイング(T1南)、日本航空は第2ターミナル(T2)、LCC(格安航空会社)3社は第3ターミナルで発着している。鉄道はJRと京成電鉄。どちらも全席指定の快適な特急を用意していて、スーツケース置き場もある。バスは空港リムジンバスのほかに格安の「エアポートバス東京・成田」があり、どちらも複数のバス会社が共同で運行している。

成田空港

TO 新宿駅 → 新宿駅

電車：成田空港から京成スカイライナーで約40分(1270円)、日暮里駅でJRに乗り換え約22分(210円)
バス：成田空港からバスタ新宿まで約2時間(3600円)

TO 品川駅 → 品川駅

電車：成田空港からJR成田エクスプレスで約1時間10分(3050円)
バス：成田空港から品川駅まで約1時間30分(3600円)

問い合わせ先

成田空港
TEL 0476-34-8000
営 24時間
休 年中無休
URL www.narita-airport.jp

JR成田エクスプレス
TEL 050-2016-1600
営 6:00〜24:00
休 年中無休

京成電鉄 スカイライナー
TEL 0570-081-160
営 9:00〜18:00
休 年中無休

エアポートバス 東京・成田
JRバス関東高速バス案内センター
TEL 0570-048905
ビィー・トランセグループお客さまセンター
TEL 0120-600-366
京成バス千葉営業所
TEL 043-433-3800

❸東京駅から 世田谷エリアへのアクセス

新幹線が発着する東京駅から下北沢駅へは約25分(380円)。JR中央線で新宿駅まで行き、小田急線に乗り換える。東京駅から二子玉川駅へは約35分(440円)。東京メトロ丸の内線で大手町駅まで、東京メトロ半蔵門線に乗り換える。大手町駅から二子玉川駅まで直通運転あり。東京駅から上町駅へは約45分(560円)。JR中央線で新宿まで行き、京王線に乗り換え下高井戸駅で下車、東急世田谷線に乗り換える。東京駅から等々力駅へは約40分(410円)。JR京浜東北線で大井町駅まで乗り、東急大井町線に乗り換える。

便利なアプリ

目的の駅までの最短ルートや最安ルートをリサーチしたり、事故などで運休しているときは迂回するルートを調べたり……とGoogleマップ以外にも、便利な機能が数多くある乗り換え系アプリをひとつはインストールしておきたい。

●Yahoo!乗換案内 URL transit.yahoo.co.jp
乗り換え案内に特化しており、運休や遅延にもリアルタイムで対応。例えば、ホテルから東京スカイツリー®までの経路を「電車の乗換案内とスカイツリーへの徒歩ルート地図」で案内してくれる。また、都営バスのリアルタイム位置情報の表示も可能。

●乗換NAVITIME URL www.navitime.co.jp/transfer
東京初心者におすすめ。運休や遅延にもリアルタイムで対応しており、乗車位置なども調べられる。また、検索したルートを画像保存でき、撮影した画像をLINEで共有もできる。

●ジョルダン乗換案内 URL www.jorudan.co.jp/norikae
電車の乗り換え検索以外の機能も充実している。出発、到着時刻だけでなく、経由地も4ヵ所まで設定できる。

成田空港には、成田空港限定「カタヌキヤ」の空飛ぶパンダバウム、東京みやげの人気商品「PRESS BUTTER SAND」のバターサンドの季節限定フレーバーなど、おすすめのおみやげがいろいろある。

旅に役立つ情報源

インターネットや雑誌などの膨大な情報を参考に自分に合った旅をプランニングする。ここでは役に立つ情報収集先を紹介。町歩きに欠かせないモバイルバッテリー情報も必見！

世田谷に到着後

三軒茶屋観光案内所SANCHA[3]

観光スポットやイベントなど世田谷の魅力を発信する観光案内所。ボランティアガイドの申し込みや、多言語対応のサイネージやコールセンターサービスの利用もできる。せたがやガイドブックなどパンフレット配布中。

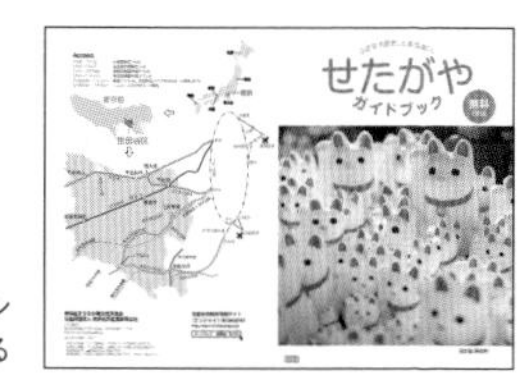

役に立つ情報がコンパクトにまとまっている

ガイドブックなど

世田谷まちなか観光情報コーナー

世田谷区内の見どころや観光情報を紹介するパンフレット類を取り揃える。施設内にある「喫茶JOY」は、茶沢通りから店内まで段差がなく、授乳室も完備。

区政情報センター

区が発行する刊行物をはじめとする世田谷区に関する行政資料のほか、都や国などの資料の一部を閲覧できる。区の刊行物の一部については貸出、販売も行う。

地域密着系のライフスタイル雑誌

世田谷ライフ

2002（平成14）年創刊。地元密着型のライフスタイル雑誌。グルメを中心に、歴史やカルチャー、お出かけスポットなど幅広いテーマの情報を発信している。世田谷区内や近隣の書店・コンビニ、Amazonなどのオンライン書店で購入できる。

URL setagayalife.editorsinc.jp

施設情報

三軒茶屋観光案内所SANCHA[3]

住 世田谷区太子堂4-1-1
営 10:00〜18:00
休 年中無休（12／29〜1／3は除く）
交 東急世田谷線三軒茶屋駅改札口前
URL www.kanko-setagaya.jp/?p=we-page-entry&spot=265539&type=news&nav=none

世田谷線三軒茶屋駅からすぐの場所にある観光案内所

世田谷まちなか観光情報コーナー

住 世田谷区太子堂2-16-7世田谷産業プラザ1階
TEL 03-3411-6715
営 9:00〜20:00、第4水〜17:00
休 日・祝・年末年始
交 東急世田谷線・田園都市線三軒茶屋駅北口A出口から徒歩1分
URL www.kanko-setagaya.jp/?p=we-page-single-entry&spot=209686

ドリンクや料理メニューも楽しめる

区政情報センター

住 世田谷区世田谷4-21-27世田谷区役所内
TEL 03-5432-2099
営 8:30〜17:00
休 土・日・祝・年末年始
交 東急世田谷線世田谷駅西口から徒歩5分。東急世田谷線松陰神社前駅三軒茶屋方面2出口から徒歩5分

Info 全国のコミュニティラジオが無料で視聴できるアプリ「リスラジ」。1998（平成10）年から続く「エフエム世田谷」は、全国ニュースなどでは伝えきれない地域に密着したディープな情報を24時間365日体制で発信している。

手荷物を預ける

通常、ホテルは宿泊客であればチェックインまで、そしてチェックアウト後にも当日中は荷物を無料で預かってくれる。宿泊施設以外の場合、コインロッカーの利用が一般的。コインロッカーは、ほとんどの駅に設けられているが、オンシーズンには空きがないこともある。そんなときに便利なのが、荷物を預けたい人と荷物を預かるスペースのある店舗をつなぐ「エクボクロークecbo cloak」。スマホアプリを利用することで、2ヵ月前～当日まで予約が可能。アプリに登録したクレジットカードで支払いを済ませておけば、預けるときは二次元コードを見せるだけで利用できる。

サービス情報

エクボクローク ecbo cloak

料 1日500円（荷物のサイズ：最大辺が45cm未満）、スーツケースは1日800円（最大辺が45cm以上の大きさの荷物） URL cloak.ecbo.io/ja
※預ける地域によって価格は異なる

モバイルバッテリーシェアサービス「ChargeSPOT」

料 30分未満165円、3時間未満360円、6時間未満450円、24時間未満540円、その後最大5日間（120時間）まで1日（24時間）360円。※レンタル開始後120時間（5日間）を超えた場合、合計3980円（利用料、違約金2000円を含む）の支払い義務が発生。※貸し出しバッテリーにはUSB-C、iOS Lightning、Micro USBの3タイプのケーブルが付属している。 URL chargespot.jp

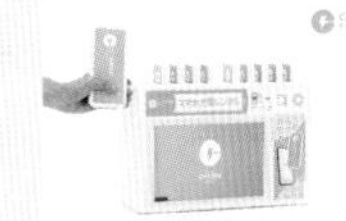

「ChargeSPOT」は、専用アプリをダウンロードし、アカウントを登録して利用。QRコードを読み取ることでレンタルできる

スマホの充電

Google マップなど現在地を特定するGPSを使用するとバッテリーの減りが早い。モバイルバッテリーを持ち歩くと安心。近くの充電スポットを検索できるスマホアプリ「電源Wi-Fiマップ」や、モバイルバッテリーシェアサービスのアプリ「ChargeSPOT」も便利。なお、主要駅周辺にあるドコモ、au、ソフトバンクなどのショップでも充電できる（他社ユーザーでも利用可能）。また、最近では、ファストフード店やファミリーレストラン、一部コンビニなどにもコンセントが設置されており、充電できるようになってきているので活用したい。省電力モードにしたり、バックグラウンドで動作する不要アプリを削除したりするなどして、できるだけバッテリーが減らない工夫もしておこう。

世田谷情報を発信するウェブメディア

公式観光情報サイト「エンジョイ！SETAGAYA」

世田谷の観光スポット、町歩きのモデルルート、グルメ、世田谷みやげ、イベントなどの情報を発信している。公益財団法人世田谷区産業振興公社が運営している。

公益財団法人 世田谷区産業振興公社
URL www.kanko-setagaya.jp

せたがやンソン

世田谷の楽しみ方や地元に暮らす人々のインタビューを発信するウェブメディア。オンラインストアでは、ローカルなガイドブック「MY 世田谷100」を販売している。

URL setagayansson.com
運営会社:株式会社松陰会館

トイレ探しに役立つアプリ

町歩き中にトイレに行きたくなったときは、駅やコンビニ、デパートなどへ。近くになさそうな場合、役立つのがトイレ探しをできるアプリとサイトだ。

●トイレ情報共有マップくん
近くのトイレをGoogle マップ上で示してくれる。洗浄機能、車椅子対応などの条件検索も可能。

●Check A Toilet
ウェブ上のトイレ検索サービスなのでアプリ不要。高齢者や障がい者向けトイレの検索も可能。

モバイルバッテリーは大手コンビニでも購入することができる。種類にもより、1000～4000円前後で買えるが、充電容量が少ないものも。緊急時以外はレンタルするか宿に戻って充電するのがベター。

索引 INDEX

索引 INDEX

地球の歩き方 シリーズ一覧 2024年2月現在

＊地球の歩き方ガイドブックは、改訂時に価格が変わることがあります。＊表示価格は定価（税込）です。＊最新情報は、ホームページをご覧ください。www.arukikata.co.jp/guidebook/

地球の歩き方 ガイドブック

A ヨーロッパ

A01	ヨーロッパ	¥1870
A02	イギリス	¥2530
A03	ロンドン	¥1980
A04	湖水地方&スコットランド	¥1870
A05	アイルランド	¥1980
A06	フランス	¥2420
A07	パリ&近郊の町	¥1980
A08	南仏プロヴァンス コート・ダジュール&モナコ	¥1760
A09	イタリア	¥1870
A10	ローマ	¥1760
A11	ミラノ ヴェネツィアと湖水地方	¥1870
A12	フィレンツェとトスカーナ	¥1870
A13	南イタリアとシチリア	¥1870
A14	ドイツ	¥1980
A15	南ドイツ フランクフルト ミュンヘン ロマンチック街道 古城街道	¥2090
A16	ベルリンと北ドイツ ハンブルク ドレスデン ライプツィヒ	¥1870
A17	ウィーンとオーストリア	¥2090
A18	スイス	¥2200
A19	オランダ ベルギー ルクセンブルク	¥2420
A20	スペイン	¥2420
A21	マドリードとアンダルシア	¥1760
A22	バルセロナ&近郊の町 イビサ島／マヨルカ島	¥1760
A23	ポルトガル	¥2200
A24	ギリシアとエーゲ海の島々&キプロス	¥1870
A25	中欧	¥1980
A26	チェコ ポーランド スロヴァキア	¥1870
A27	ハンガリー	¥1870
A28	ブルガリア ルーマニア	¥1980
A29	北欧 デンマーク ノルウェー スウェーデン フィンランド	¥1870
A30	バルトの国々 エストニア ラトヴィア リトアニア	¥1870
A31	ロシア ベラルーシ ウクライナ モルドヴァ コーカサスの国々	¥2090
A32	極東ロシア シベリア サハリン	¥1980
A34	クロアチア スロヴェニア	¥2200

B 南北アメリカ

B01	アメリカ	¥2090
B02	アメリカ西海岸	¥1870
B03	ロスアンゼルス	¥2090
B04	サンフランシスコとシリコンバレー	¥1870
B05	シアトル ポートランド	¥2420
B06	ニューヨーク マンハッタン&ブルックリン	¥2200
B07	ボストン	¥1980
B08	ワシントンDC	¥2420
B09	ラスベガス セドナ&グランドキャニオンと大西部	¥2090
B10	フロリダ	¥2310
B11	シカゴ	¥1870
B12	アメリカ南部	¥1980
B13	アメリカの国立公園	¥2640
B14	ダラス ヒューストン デンバー グランドサークル フェニックス サンタフェ	¥1980
B15	アラスカ	¥1980
B16	カナダ	¥2420
B17	カナダ西部 カナディアン・ロッキーとバンクーバー	¥2090
B18	カナダ東部 ナイアガラ・フォールズ メープル街道 プリンス・エドワード島 トロント オタワ モントリオール ケベック・シティ	¥2090
B19	メキシコ	¥1980
B20	中米	¥2090
B21	ブラジル ベネズエラ	¥2200
B22	アルゼンチン チリ パラグアイ ウルグアイ	¥2200
B23	ペルー ボリビア エクアドル コロンビア	¥2200
B24	キューバ バハマ ジャマイカ カリブの島々	¥2035
B25	アメリカ・ドライブ	¥1980

C 太平洋／インド洋島々

C01	ハワイ オアフ島&ホノルル	¥2200
C02	ハワイ島	¥2200
C03	サイパン ロタ&テニアン	¥1540
C04	グアム	¥1980
C05	タヒチ イースター島	¥1870
C06	フィジー	¥1650
C07	ニューカレドニア	¥1650
C08	モルディブ	¥1870
C10	ニュージーランド	¥2200
C11	オーストラリア	¥2200
C12	ゴールドコースト&ケアンズ	¥2420
C13	シドニー&メルボルン	¥1760

D アジア

D01	中国	¥2090
D02	上海 杭州 蘇州	¥1870
D03	北京	¥1760
D04	大連 瀋陽 ハルビン 中国東北部の自然と文化	¥1980
D05	広州 アモイ 桂林 珠江デルタと華南地方	¥1980
D06	成都 重慶 九寨溝 麗江 四川 雲南	¥1980
D07	西安 敦煌 ウルムチ シルクロードと中国北西部	¥1980
D08	チベット	¥2090
D09	香港 マカオ 深圳	¥2420
D10	台湾	¥2090
D11	台北	¥1980
D13	台南 高雄 屏東&南台湾の町	¥1650
D14	モンゴル	¥2090
D15	中央アジア サマルカンドとシルクロードの国々	¥2
D16	東南アジア	¥18
D17	タイ	¥22
D18	バンコク	¥18
D19	マレーシア ブルネイ	¥20
D20	シンガポール	¥19
D21	ベトナム	¥20
D22	アンコール・ワットとカンボジア	¥22
D23	ラオス	¥24
D24	ミャンマー（ビルマ）	¥20
D25	インドネシア	¥18
D26	バリ島	¥22
D27	フィリピン マニラ セブ ボラカイ ボホール エルニド	¥22
D28	インド	¥26
D29	ネパールとヒマラヤトレッキング	¥22
D30	スリランカ	¥18
D31	ブータン	¥19
D33	マカオ	¥17
D34	釜山 慶州	¥15
D35	バングラデシュ	¥20
D37	韓国	¥20
D38	ソウル	¥18

E 中近東 アフリカ

E01	ドバイとアラビア半島の国々	¥20
E02	エジプト	¥19
E03	イスタンブールとトルコの大地	¥20
E04	ペトラ遺跡とヨルダン レバノン	¥20
E05	イスラエル	¥20
E06	イラン ペルシアの旅	¥22
E07	モロッコ	¥19
E08	チュニジア	¥20
E09	東アフリカ ウガンダ エチオピア ケニア タンザニア ルワンダ	¥20
E10	南アフリカ	¥22
E11	リビア	¥22
E12	マダガスカル	¥19

J 国内版

J00	日本	¥33
J01	東京 23区	¥22
J02	東京 多摩地域	¥20
J03	京都	¥22
J04	沖縄	¥22
J05	北海道	¥22
J07	埼玉	¥22
J08	千葉	¥22
J09	札幌・小樽	¥22
J10	愛知	¥22
J11	世田谷区	¥22
J12	四国	¥24
J13	北九州市	¥22

地球の歩き方 aruco

●海外

1	パリ	¥1650
2	ソウル	¥1650
3	台北	¥1650
4	トルコ	¥1430
5	インド	¥1540
6	ロンドン	¥1650
7	香港	¥1320
9	ニューヨーク	¥1320
10	ホーチミン ダナン ホイアン	¥1650
11	ホノルル	¥1650
12	バリ島	¥1320
13	上海	¥1320
14	モロッコ	¥1540
15	チェコ	¥1320
16	ベルギー	¥1430
17	ウィーン ブダペスト	¥1320
18	イタリア	¥1760
19	スリランカ	¥1540
20	クロアチア スロヴェニア	¥1430
21	スペイン	¥1320
22	シンガポール	¥1650
23	バンコク	¥1650
24	グアム	¥1320
25	オーストラリア	¥1760
26	フィンランド エストニア	¥1430
27	アンコール・ワット	¥1430
28	ドイツ	¥1430
29	ハノイ	¥1650
30	台湾	¥1650
31	カナダ	¥1320
33	サイパン テニアン ロタ	¥1320
34	セブ ボホール エルニド	¥1320
35	ロスアンゼルス	¥1320
36	フランス	¥1430
37	ポルトガル	¥1650
38	ダナン ホイアン フエ	¥1430

●国内

東京	¥1540
東京で楽しむフランス	¥1430
東京で楽しむ韓国	¥1430
東京で楽しむ台湾	¥1430
東京の手みやげ	¥1430
東京おやつさんぽ	¥1430
東京のパン屋さん	¥1430
東京で楽しむ北欧	¥1430
東京のカフェめぐり	¥1480
東京で楽しむハワイ	¥1480
nyaruco 東京ねこさんぽ	¥1480
東京で楽しむイタリア&スペイン	¥1480
東京で楽しむアジアの国々	¥1480
東京ひとりさんぽ	¥1480
東京パワースポットさんぽ	¥1599
東京で楽しむ英国	¥1599

地球の歩き方 Plat

1	パリ	¥1320
2	ニューヨーク	¥1320
3	台北	¥1100
4	ロンドン	¥1320
6	ドイツ	¥1320
7	ホーチミン／ハノイ／ダナン／ホイアン	¥1320
8	スペイン	¥1320
10	シンガポール	¥1100
11	アイスランド	¥1540
14	マルタ	¥1540
15	フィンランド	¥1320
16	クアラルンプール マラッカ	¥1650
17	ウラジオストク／ハバロフスク	¥1430
18	サンクトペテルブルク／モスクワ	¥1540
19	エジプト	¥1320
20	香港	¥1100
22	ブルネイ	¥1430
23	ウズベキスタン サマルカンド ブハラ ヒヴァ タシケント	¥165
24	ドバイ	¥132
25	サンフランシスコ	¥132
26	パース／西オーストラリア	¥132
27	ジョージア	¥154
28	台南	¥143

地球の歩き方 リゾートスタイル

R02	ハワイ島	¥165
R03	マウイ島	¥165
R04	カウアイ島	¥187
R05	こどもと行くハワイ	¥154
R06	ハワイ ドライブ・マップ	¥198
R07	ハワイ バスの旅	¥132
R08	グアム	¥143
R09	こどもと行くグアム	¥165
R10	パラオ	¥165
R12	プーケット サムイ島 ピピ島	¥165
R13	ペナン ランカウイ クアラルンプール	¥165
R14	バリ島	¥143
R15	セブ&ボラカイ ボホール シキホール	¥165
R16	テーマパークinオーランド	¥187
R17	カンクン コスメル イスラ・ムヘーレス	¥165
R20	ダナン ホイアン ホーチミン ハノイ	¥165

地球の歩き方 御朱印

1	御朱印でめぐる鎌倉のお寺 三十三観音完全掲載 三訂版	¥1650
2	御朱印でめぐる京都のお寺 改訂版	¥1650
3	御朱印でめぐる奈良の古寺 改訂版	¥1650
4	御朱印でめぐる東京のお寺	¥1650
5	日本全国この御朱印が凄い！ 第壱集 増補改訂版	¥1650
6	日本全国この御朱印が凄い！ 第弐集 都道府県網羅版	¥1650
7	御朱印でめぐる全国の神社 開運さんぽ	¥1430
8	御朱印でめぐる高野山 改訂版	¥1650
9	御朱印でめぐる関東の神社 週末開運さんぽ	¥1430
10	御朱印でめぐる秩父の寺社 三十四観音完全掲載 改訂版	¥1650
11	御朱印でめぐる関東の百寺 坂東三十三観音と古寺	¥1650
12	御朱印でめぐる関西の神社 週末開運さんぽ	¥1430
13	御朱印でめぐる関西の百寺 西国三十三所と古寺	¥1650
14	御朱印でめぐる東京の神社 週末開運さんぽ 改訂版	¥1540
15	御朱印でめぐる神奈川の神社 週末開運さんぽ 改訂版	¥1540
16	御朱印でめぐる埼玉の神社 週末開運さんぽ 改訂版	¥1540
17	御朱印でめぐる北海道の神社 週末開運さんぽ	¥1430
18	御朱印でめぐる九州の神社 週末開運さんぽ 改訂版	¥1540
19	御朱印でめぐる千葉の神社 週末開運さんぽ 改訂版	¥1540
20	御朱印でめぐる東海の神社 週末開運さんぽ	¥1430
21	御朱印でめぐる京都の神社 週末開運さんぽ 改訂版	¥1540
22	御朱印でめぐる神奈川のお寺	¥1650
23	御朱印でめぐる大阪 兵庫の神社 週末開運さんぽ	¥1430
24	御朱印でめぐる愛知の神社 週末開運さんぽ 改訂版	¥1540
25	御朱印でめぐる栃木 日光の神社 週末開運さんぽ	¥1430
26	御朱印でめぐる福岡の神社 週末開運さんぽ 改訂版	¥1540
27	御朱印でめぐる広島 岡山の神社 週末開運さんぽ	¥1430
28	御朱印でめぐる山陰 山陽の神社 週末開運さんぽ	¥1430
29	御朱印でめぐる埼玉のお寺	¥1650
30	御朱印でめぐる千葉のお寺	¥1650
31	御朱印でめぐる東京の七福神	¥1540
32	御朱印でめぐる東北の神社 週末開運さんぽ 改訂版	¥1540
33	御朱印でめぐる全国の稲荷神社 週末開運さんぽ	¥1430
34	御朱印でめぐる新潟 佐渡の神社 週末開運さんぽ	¥1430
35	御朱印でめぐる静岡 富士 伊豆の神社 週末開運さんぽ 改訂版	¥1540
36	御朱印でめぐる四国の神社 週末開運さんぽ	¥1430
37	御朱印でめぐる中央線沿線の寺社 週末開運さんぽ	¥1540
38	御朱印でめぐる東急線沿線の寺社 週末開運さんぽ	¥1540
39	御朱印でめぐる茨城の神社 週末開運さんぽ	¥1430
40	御朱印でめぐる関東の聖地 週末開運さんぽ	¥1430
41	御朱印でめぐる東海のお寺	¥1650
42	日本全国ねこの御朱印&お守りめぐり 週末開運にゃんさんぽ	¥1760
43	御朱印でめぐる信州 甲州の神社 週末開運さんぽ	¥1430
44	御朱印でめぐる全国の聖地 週末開運さんぽ	¥1430
45	御船印でめぐる全国の魅力的な船旅	¥1650
46	御朱印でめぐる茨城のお寺	¥1650
47	御朱印でめぐる全国のお寺 週末開運さんぽ	¥1540
48	日本全国 日本酒でめぐる 酒蔵&ちょこっと御朱印〈東日本編〉	¥1760
49	日本全国 日本酒でめぐる 酒蔵&ちょこっと御朱印〈西日本編〉	¥1760
50	関東版ねこの御朱印&お守りめぐり 週末開運にゃんさんぽ	¥1760
52	一生に一度は参りたい！ 御朱印でめぐる全国の絶景寺社図鑑	¥2479
53	御朱印でめぐる東北のお寺 週末開運さんぽ	¥1650
54	御朱印でめぐる関西のお寺 週末開運さんぽ	¥1760
D51	鉄印帳でめぐる全国の魅力的な鉄道40	¥1650
	御朱印はじめました 関東の神社 週末開運さんぽ	¥1210

地球の歩き方 島旅

1	五島列島 3訂版	¥1650
2	奄美大島 喜界島 加計呂麻島（奄美群島①）4訂版	¥1650
3	与論島 沖永良部島 徳之島（奄美群島②）改訂版	¥1650
4	利尻 礼文 4訂版	¥1650
5	天草 改訂版	¥1760
6	壱岐 4訂版	¥1650
7	種子島 3訂版	¥1650
8	小笠原 父島 母島 3訂版	¥1650
9	隠岐 3訂版	¥1870
10	佐渡 3訂版	¥1650
11	宮古島 伊良部島 下地島 来間島 池間島 多良間島 大神島 改訂版	¥1650
12	久米島 渡名喜島 改訂版	¥1650
13	小豆島～瀬戸内の島々1～ 改訂版	¥1650
14	直島 豊島 女木島 男木島 犬島～瀬戸内の島々2～	¥1650
15	伊豆大島 利島～伊豆諸島1～ 改訂版	¥1650
16	新島 式根島 神津島～伊豆諸島2～ 改訂版	¥1650
17	沖縄本島周辺15離島	¥1650
18	たけとみの島々 竹富島 西表島 波照間島 小浜島 黒島 鳩間島 新城島 由布島 加屋	¥1650
19	淡路島～瀬戸内の島々3～	¥1650
20	石垣島 竹富島 西表島 小浜島 由布島 新城島 波照間島	¥1650
21	対馬	¥1650
22	島旅ねこ にゃんこの島の歩き方	¥1344

地球の歩き方 旅の図鑑

W01	世界244の国と地域	¥1760
W02	世界の指導者図鑑	¥1650
W03	世界の魅力的な奇岩と巨石139選	¥1760
W04	世界246の首都と主要都市	¥1760
W05	世界のすごい島300	¥1760
W06	地球の歩き方的！ 世界なんでもランキング	¥1760
W07	世界のグルメ図鑑 116の国と地域の名物料理を食の雑学とともに解説	¥1760
W08	世界のすごい巨像	¥1760
W09	世界のすごい城と宮殿333	¥1760
W10	世界197ヵ国のふしぎな聖地&パワースポット	¥1870
W11	世界の祝祭	¥1760
W12	世界のカレー図鑑	¥1980
W13	世界遺産 絶景でめぐる自然遺産 完全版	¥1980
W15	地球の果ての歩き方	¥1980
W16	世界の中華料理図鑑	¥1980
W17	世界の地元メシ図鑑	¥1980
W18	世界遺産の歩き方 学んで旅する！ すごい世界遺産190選	¥1980
W19	世界の魅力的なビーチと湖	¥1980
W20	世界のすごい駅	¥1980
W21	世界のおみやげ図鑑	¥1980
W22	いつか旅してみたい世界の美しい古都	¥1980
W23	世界のすごいホテル	¥1980
W24	日本の凄い神木	¥2200
W25	世界のお菓子図鑑	¥1980
W26	世界の麺図鑑	¥1980
W27	世界のお酒図鑑	¥1980
W28	世界の魅力的な道	¥1980
W29	世界の映画の舞台&ロケ地	¥2090
W30	すごい地球！	¥2200
W31	世界のすごい墓	¥1980
W32	日本のグルメ図鑑	¥1980

地球の歩き方 旅の名言&絶景

ALOHAを感じるハワイのことばと絶景100	¥1650
自分らしく生きるフランスのことばと絶景100	¥1650
人生観が変わるインドのことばと絶景100	¥1650
生きる知恵を授かるアラブのことばと絶景100	¥1650
心に寄り添う台湾のことばと絶景100	¥1650
道しるべとなるドイツのことばと絶景100	¥1650
共感と勇気がわく韓国のことばと絶景100	¥1650
人生を楽しみ尽くすイタリアのことばと絶景100	¥1650
今すぐ旅に出たくなる！ 地球の歩き方のことばと絶景100	¥1650
悠久の教えをひもとく 中国のことばと絶景100	¥1650

地球の歩き方 旅と健康

地球のなぞり方 旅地図 アメリカ大陸編	¥1430
地球のなぞり方 旅地図 ヨーロッパ編	¥1430
地球のなぞり方 旅地図 アジア編	¥1430
地球のなぞり方 旅地図 日本編	¥1430
脳がどんどん強くなる！ すごい地球の歩き方	¥1650

地球の歩き方 旅の読み物

今こそ学びたい日本のこと	¥1760
週末だけで70ヵ国159都市を旅したリーマントラベラーが教える自分の時間の作り方	¥1540

地球の歩き方 BOOKS

BRAND NEW HAWAII とびきりリアルな最新ハワイガイド	¥1650
FAMILY TAIWAN TRIP #子連れ台湾	¥1518
GIRL'S GETAWAY TO LOS ANGELES	¥1760
HAWAII RISA'S FAVORITES 大人女子はハワイで美味しく美しく	¥1650
LOVELY GREEN NEW ZEALAND 未来の国を旅するガイドブック	¥1760
MAKI'S DEAREST HAWAII	¥1540
MY TRAVEL, MY LIFE Maki's Family Travel Book	¥1760
WORLD FORTUNE TRIP イヴルルド遙華の世界開運★旅案内	¥1650
いろはに北欧	¥1760
ヴィクトリア朝が教えてくれる英国の魅力	¥1320
ダナン&ホイアン PHOTO TRAVEL GUIDE	¥1650
とっておきのフィンランド	¥1760
フィンランドでかなえる100の夢	¥1760
マレーシア 地元で愛される名物食堂	¥1430
やり直し英語革命	¥1100
気軽に始める！大人の男海外ひとり旅	¥1100
気軽に出かける！ 大人の男アジアひとり旅	¥1100
香港 地元で愛される名物食堂	¥1540
最高のハワイの過ごし方	¥1540
子連れで沖縄 旅のアドレス&テクニック117	¥1100
食事作りに手間暇かけないドイツ人、手料理神話にこだわり続ける日本人	¥1100
総予算33万円・9日間から行く！ 世界一周	¥1100
台北 メトロさんぽ MRTを使って、おいしいとかわいいを巡る旅	¥1518
北欧が好き！ フィンランド・スウェーデン・デンマーク・ノルウェーの素敵な町めぐり	¥1210
北欧が好き！2 建築&デザインでめぐるフィンランド・スウェーデン・デンマーク・ノルウェー	¥1210
地球の歩き方JAPAN ダムの歩き方 全国版 初めてのダム旅入門ガイド	¥1712
日本全国 開運神社 このお守りがすごい！	¥1522
地球の歩き方 ディズニーの世界 名作アニメーション映画の舞台	¥2420

地球の歩き方 スペシャルコラボ BOOK

地球の歩き方 ムー	¥2420
地球の歩き方 JOJO ジョジョの奇妙な冒険	¥2420
地球の歩き方 宇宙兄弟 We are Space Travelers!	¥2420

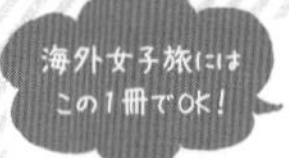

旅好き女子のためのプチぼうけん応援ガイド

地球の歩き方

aruco

人気都市ではみんなとちょっと違う
新鮮ワクワク旅を。
いつか行ってみたい旅先では、
憧れを実現するための
安心プランをご紹介。
世界を旅する女性のための最強ガイド!

ヨーロッパ
1 パリ
6 ロンドン
15 チェコ
16 ベルギー
17 ウィーン/ブダペスト
18 イタリア
20 クロアチア/スロヴェニア
21 スペイン
26 フィンランド/エストニア
28 ドイツ
32 オランダ
36 フランス
37 ポルトガル

アジア
2 ソウル
3 台北
5 インド
7 香港
10 ホーチミン/ダナン/ホイアン
12 バリ島
13 上海
19 スリランカ
22 シンガポール
23 バンコク
27 アンコール・ワット
29 ハノイ
30 台湾
34 セブ/ボホール/エルニド
38 ダナン/ホイアン/フエ

アメリカ/オセアニア
9 ニューヨーク
11 ホノルル
24 グアム
25 オーストラリア
31 カナダ
33 サイパン/テニアン/ロタ
35 ロスアンゼルス

中近東/アフリカ
4 トルコ
8 エジプト
14 モロッコ

今後も続々発行予定

定価:本体1320円(税込)〜
お求めは全国の書店で

arucoはハンディサイズなのに情報たっぷり!

旅のテンションUP!

point 1
一枚ウワテの
プチぼうけん
プラン満載

友達に自慢できちゃう、
魅力溢れるテーマがいっぱい。
みんなとちょっと違うとっておきの
体験がしたい人におすすめ

point 2
aruco調査隊が
おいしい&かわいいを
徹底取材!

女性スタッフが現地で食べ比べた
グルメ、試したコスメ、
リアル買いしたおみやげなど
「本当にイイモノ」を厳選紹介

point 3
読者の口コミ&
編集部のアドバイスも
チェック!

Check!
欄外には
読者から届いた
耳より情報を多数掲載!

Check!
編集部からの
役立つプチアドバイスも

ウェブ&SNSで旬ネタ発信中!

aruco公式サイト
www.arukikata.co.jp/aruco
aruco編集部が、本誌で紹介しきれなかったこぼれネタや女子が気になる
最旬情報を、発信しちゃいます!新刊や改訂版の発行予定などもチェック☆

メルマガ配信中!
登録はこちら

arucoのLINEスタンプができました!チェックしてね♪

Instagram @arukikata_aruco　X @aruco_arukikata　Facebook @aruco55

地球の歩き方 関連書籍のご案内

東京の寺社巡りに「地球の歩き方」を持って出かけよう！

04

御朱印でめぐる東京のお寺

¥1650

14

御朱印でめぐる東京の神社週末開運さんぽ　改訂版

¥1540

31

御朱印でめぐる東京の七福神

¥1540

38

御朱印でめぐる東急沿線の寺社　週末開運さんぽ

¥1540

※表示価格は定価（税込）です。改訂時に価格が変更になる場合があります。

あなたの**旅の体験談**をお送りください

「地球の歩き方」は、たくさんの旅行者からご協力をいただいて、
改訂版や新刊を制作しています。
あなたの旅の体験や貴重な情報を、これから旅に出る人たちへ分けてあげてください。
なお、お送りいただいたご投稿がガイドブックに掲載された場合は、
初回掲載本を1冊プレゼントします！

ご投稿はインターネットから！

URL www.arukikata.co.jp/guidebook/toukou.html
画像も送れるカンタン「投稿フォーム」
※左記のQRコードをスマートフォンなどで読み取ってアクセス！

または「地球の歩き方　投稿」で検索してもすぐに見つかります

地球の歩き方　投稿  

▶投稿にあたってのお願い

★ご投稿は、次のような《テーマ》に分けてお書きください。

《新発見》――ガイドブック未掲載のレストラン、ホテル、ショップなどの情報
《旅の提案》――未掲載の町や見どころ、新しいルートや楽しみ方などの情報
《アドバイス》――旅先で工夫したこと、注意したこと、トラブル体験など
《訂正・反論》――掲載されている記事・データの追加修正や更新、異論、反論など

※記入例「○○編20XX年度版△△ページ掲載の□□ホテルが移転していました……」

★データはできるだけ正確に。
ホテルやレストランなどの情報は、名称、住所、電話番号、アクセスなどを正確にお書きください。
ウェブサイトのURLや地図などは画像でご投稿いただくのもおすすめです。

★ご自身の体験をお寄せください。
雑誌やインターネット上の情報などの丸写しはせず、実際の体験に基づいた具体的な情報をお待ちしています。

▶ご確認ください

※採用されたご投稿は、必ずしも該当タイトルに掲載されるわけではありません。関連他タイトルへの掲載もありえます。
※例えば「新しい市内交通パスが発売されている」など、すでに編集部で取材・調査を終えているものと同内容のご投稿をいただいた場合は、ご投稿を採用したとはみなされず掲載本をプレゼントできないケースがあります。
※当社は個人情報を第三者へ提供いたしません。また、ご記入いただきましたご自身の情報については、ご投稿内容の確認や掲載本の送付などの用途以外には使用いたしません。
※ご投稿の採用の可否についてのお問い合わせはご遠慮ください。
※原稿は原文を尊重しますが、スペースなどの関係で編集部でリライトする場合があります。

あとがき

東京23区で一番人口の多い世田谷区は、住宅街以外にも豊かな自然に恵まれ、古墳時代や縄文時代の遺跡も多く歴史的探索においても興味深い地です。再開発により装いを変えた下北沢を筆頭に、三軒茶屋や二子玉川など人気エリアを抱え、住民のみならず訪れる人々を愉しませてくれる場所でもあります。誌面の関係でまだまだ掲載できなかったスポットもありますが、本書が読者の方々と、今回取材・掲載にご協力いただいた多くの方々へ喜んでいただけることを心より願っています。

STAFF

制作：福井由香里
編集：株式会社トラベル・キッチン　ぬくいゆかり、大西稚恵
取材・執筆：株式会社トラベル・キッチン　ぬくいゆかり、大西稚恵
尾崎祐子、末松千尋、田喜知久美、小西直子、月川光子、原口かおり、高橋晴美、若林さち代、深堀絢
写真：上原浩作、大塚七恵、月川光子、ウシオダキョウコ、内藤健志、竹之下三緒、福井由香里
アジアランド、株式会社トラベル・キッチン　ぬくいゆかり、大西稚恵
世田谷区、関係各施設、PIXTA、shutterstock.com
デザイン：Planet Plan Design Works　草薙伸行、村田亘
香取礼子、mom design　野村友美
蛭田典子、ミヤハラデザイン　宮原雄太
DTP：株式会社ダイヤモンド・グラフィック社
表紙：日出嶋昭男
地図：株式会社ジェオ
校正：株式会社東京出版サービスセンター、松崎恵子、徳光尚子、荒木真理子

地図の制作にあたっては、国土地理院発行1万分1地形図、2.5万分1地形図、5万分1地形図、20万分1地勢図を加工して作成

本書についてのご意見・ご感想はこちらまで
読者投稿　〒141-8425　東京都品川区西五反田2-11-8
株式会社地球の歩き方
地球の歩き方サービスデスク「世田谷区編」投稿係
https://www.arukikata.co.jp/guidebook/toukou.html
地球の歩き方ホームページ（海外・国内旅行の総合情報）
https://www.arukikata.co.jp/
ガイドブック『地球の歩き方』公式サイト
https://www.arukikata.co.jp/guidebook/

あなたの声をお聞かせください！

毎月3名様に読者プレゼント！

ウェブアンケートにお答えいただいた方の中から毎月抽選で3名様に地球の歩き方オリジナル御朱印帳または地球の歩き方オリジナルクオカード(500円分)をプレゼントいたします。あなたの声が改訂版に掲載されるかも！？
(応募の締め切り：2026年2月28日)

https://arukikata.jp/iafast

※個人情報の取り扱いについての注意事項はウェブページをご覧ください。

地球の歩き方 J11
世田谷区

2024年 3月12日　初版第1刷発行
2024年 4月19日　初版第2刷発行

Published by Arukikata. Co., Ltd.
2-11-8 Nishigotanda, Shinagawa-ku, Tokyo, 141-8425, Japan

著作編集　地球の歩き方編集室
発行人　新井 邦弘
編集人　由良 暁世
発行所　株式会社地球の歩き方
〒141-8425　東京都品川区西五反田2-11-8
発売元　株式会社Gakken
〒141-8416　東京都品川区西五反田2-11-8
印刷製本　株式会社ダイヤモンド・グラフィック社

※本書は基本的に2022年12～2024年1月の取材データに基づいて作られています。
発行後に料金、営業時間、定休日などが変更になる場合がありますのでご了承ください。
更新・訂正情報：https://www.arukikata.co.jp/travel-support/

●この本に関する各種お問い合わせ先
・本の内容については、下記サイトのお問い合わせフォームよりお願いします。
URL ▶ https://www.arukikata.co.jp/guidebook/contact.html
・広告については、下記サイトのお問い合わせフォームよりお願いします。
URL ▶ https://www.arukikata.co.jp/ad_contact/
・在庫については　Tel 03-6431-1250（販売部）
・不良品（乱丁、落丁）については　Tel 0570-000577
学研業務センター　〒354-0045　埼玉県入間郡三芳町上富279-1
・上記以外のお問い合わせは　Tel 0570-056-710（学研グループ総合案内）

学研グループの書籍・雑誌についての新刊情報・詳細情報は、下記をご覧ください。
学研出版サイト　https://hon.gakken.jp/

CONTENTS

取り外して持ち歩ける

別冊マップ

GLOBE-TROTTER
TRAVEL GUIDEBOOK

地球の歩き方編集室

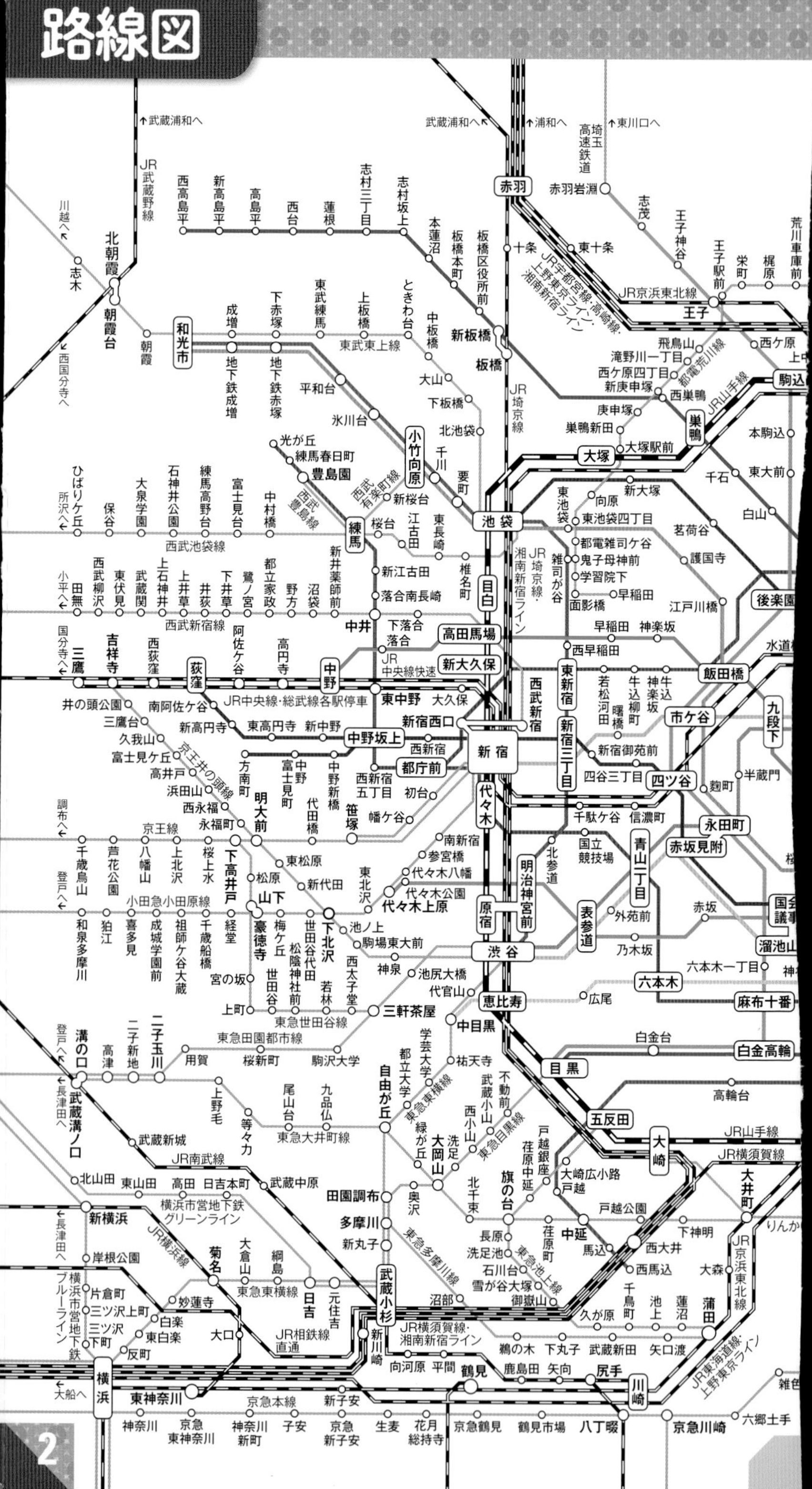

路線図
武蔵浦和へ
浦和へ
東川口へ
埼玉高速鉄道
JR武蔵野線
川越へ
北朝霞
朝霞台
志木
西国分寺へ
朝霞
和光市
赤羽
赤羽岩淵
志茂
王子神合
王子駅前
栄町
梶原
荒川車庫前
西高島平
新高島平
高島平
西台
蓮根
志村三丁目
志村坂上
本蓮沼
板橋本町
板橋区役所前
十条
東十条
JR宇都宮線・高崎線・上野東京ライン・湘南新宿ライン
JR京浜東北線
王子
成増
下赤塚
東武練馬
上板橋
ときわ台
中板橋
新板橋
板橋
東武東上線
地下鉄成増
地下鉄赤塚
平和台
氷川台
大山
下板橋
北池袋
JR埼京線
飛鳥山
滝野川一丁目
西ケ原四丁目
新庚申塚
都電荒川線
西ケ原
西巣鴨
JR山手線
駒込
庚申塚
巣鴨新田
巣鴨
大塚
大塚駅前
本駒込
光が丘
練馬春日町
豊島園
小竹向原
千川
要町
西武有楽町線
西武豊島線
新桜台
千石
東大前
向原
新大塚
白山
ひばりケ丘
所沢へ
保谷
大泉学園
石神井公園
練馬高野台
富士見台
中村橋
西武池袋線
練馬
桜台
江古田
東長崎
池袋
東池袋
東池袋四丁目
茗荷谷
都電雑司ケ谷
鬼子母神前
学習院下
護国寺
小平へ
田無
西武柳沢
東伏見
武蔵関
上石神井
上井草
井荻
下井草
鷺ノ宮
都立家政
野方
沼袋
新井薬師前
新江古田
落合南長崎
椎名町
目白
湘南新宿ライン
JR埼京線・
雑司が谷
早稲田
面影橋
江戸川橋
後楽園
西武新宿線
中井
下落合
落合
高田馬場
早稲田
神楽坂
西早稲田
水道橋
国分寺へ
三鷹
吉祥寺
西荻窪
荻窪
阿佐ケ谷
高円寺
中野
JR中央線快速
新大久保
東新宿
若松河田
牛込柳町
牛込神楽坂
飯田橋
井の頭公園
南阿佐ケ谷
JR中央線・総武線各駅停車
東中野
大久保
西武新宿
曙橋
市ケ谷
九段下
三鷹台
新高円寺
東高円寺
新中野
新宿西口
久我山
中野坂上
西新宿
新宿
新宿三丁目
新宿御苑前
富士見ケ丘
京王井の頭線
高井戸
方南町
中野富士見町
中野新橋
都庁前
四谷三丁目
四ツ谷
半蔵門
麹町
浜田山
西新宿五丁目
初台
代々木
西永福
明大前
代田橋
笹塚
幡ケ谷
千駄ケ谷
信濃町
永田町
調布へ
永福町
京王線
南新宿
国立競技場
青山一丁目
赤坂見附
千歳烏山
芦花公園
八幡山
上北沢
桜上水
下高井戸
東松原
参宮橋
北参道
登戸へ
松原
新代田
代々木八幡
東北沢
代々木公園
明治神宮前
山下
代々木上原
原宿
表参道
外苑前
赤坂
国会議事堂前
小田急小田原線
豪徳寺
下北沢
池ノ上
駒場東大前
渋谷
溜池山王
和泉多摩川
狛江
喜多見
成城学園前
祖師ケ谷大蔵
千歳船橋
経堂
梅ケ丘
世田谷代田
西太子堂
神泉
池尻大橋
乃木坂
六本木一丁目
宮の坂
世田谷
松陰神社前
若林
代官山
六本木
上町
東急世田谷線
三軒茶屋
恵比寿
広尾
麻布十番
中目黒
溝の口
高津
二子新地
二子玉川
東急田園都市線
用賀
桜新町
駒沢大学
学芸大学
都立大学
祐天寺
白金台
白金高輪
長津田へ
上野毛
自由が丘
東急東横線
不動前
目黒
武蔵溝ノ口
等々力
尾山台
九品仏
武蔵小山
西小山
東急目黒線
高輪台
武蔵新城
東急大井町線
緑が丘
洗足
戸越銀座
荏原中延
五反田
JR山手線
大崎
JR横須賀線
JR南武線
大岡山
北山田
東山田
高田
日吉本町
武蔵中原
田園調布
奥沢
大崎広小路
戸越
大井町
新横浜
横浜市営地下鉄グリーンライン
北千束
旗の台
戸越公園
多摩川
中延
荏原町
りんかい線
JR横浜線
長原
下神明
岸根公園
菊名
大倉山
綱島
新丸子
東急多摩川線
洗足池
東急池上線
馬込
西大井
JR京浜東北線
横浜市営地下鉄ブルーライン
石川台
雪が谷大塚
西馬込
大森
片倉町
東急東横線
日吉
元住吉
武蔵小杉
御嶽山
千鳥町
池上
蓮沼
三ツ沢上町
妙蓮寺
沼部
久が原
蒲田
三ツ沢下町
白楽
大口
新川崎
JR横須賀線・湘南新宿ライン
鵜の木
下丸子
武蔵新田
矢口渡
東白楽
JR相鉄線直通
反町
JR東海道線・上野東京ライン
大船へ
横浜
向河原
平間
鶴見
鹿島田
矢向
尻手
川崎
雑色
東神奈川
京急本線
新子安
六郷土手
神奈川
京急東神奈川
神奈川新町
子安
京急新子安
生麦
花月総持寺
京急鶴見
鶴見市場
八丁畷
京急川崎
2

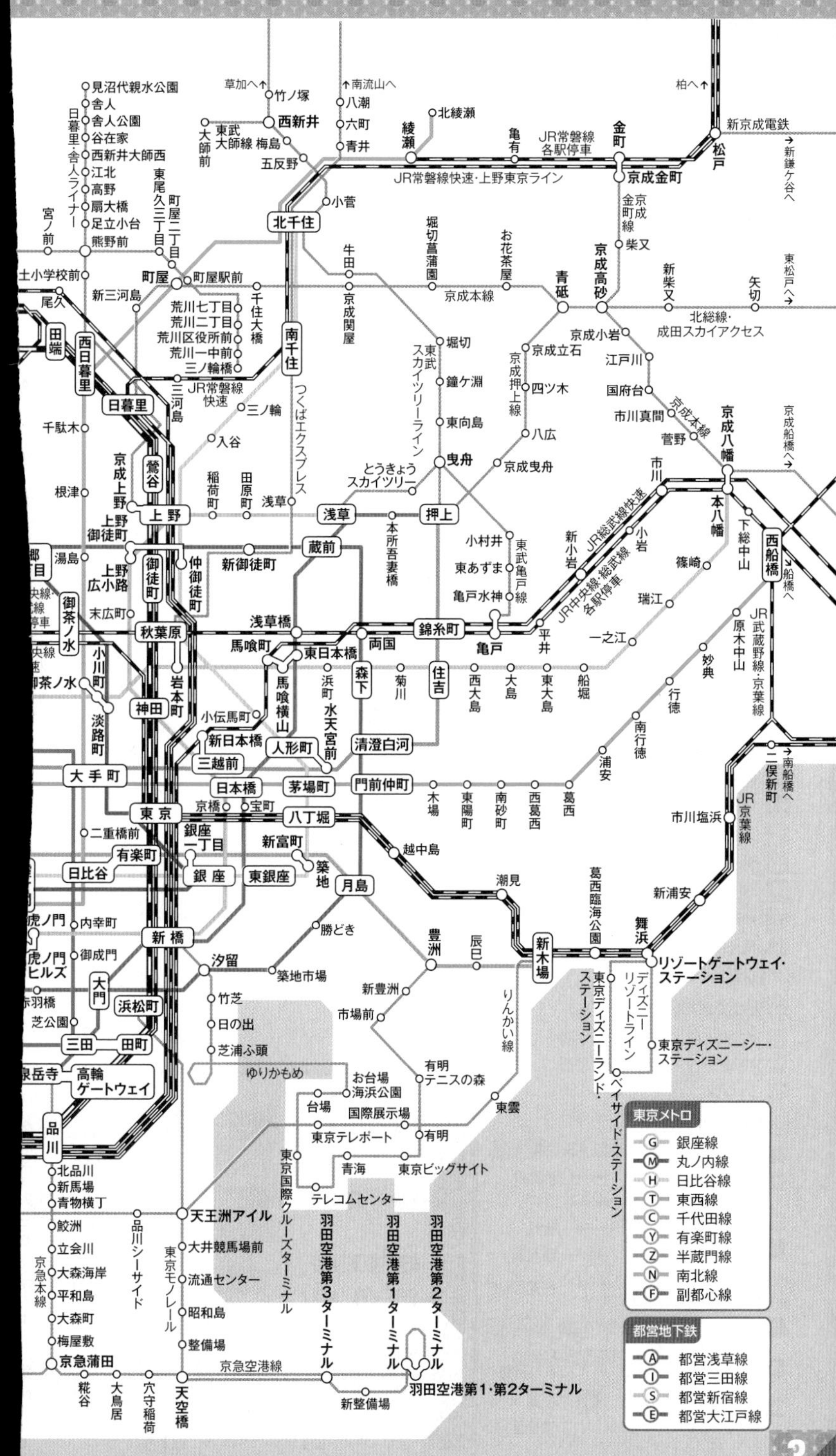
東京メトロ
銀座線
丸ノ内線
日比谷線
東西線
千代田線
有楽町線
半蔵門線
南北線
副都心線
都営地下鉄
都営浅草線
都営三田線
都営新宿線
都営大江戸線

東京全図

1
2
A
B
埼玉県
東京都
山梨県
神奈川県
JR川越線
高麗川駅
299
407
圏央道
西武秩父線
宮沢湖
名栗湖
入間川
狭山日高
東飯能駅
飯能駅
雲取山
奥多摩駅
JR青梅線
入間
西武池袋線
青梅駅
青梅
多摩川
御嶽駅
411
16
狭山湖
西武球場前駅
奥多摩湖
大岳山
139
JR八高線
三頭山
日の出
玉川上水駅
武蔵五日市駅
JR五日市線
あきる野
拝島駅
JR青梅線
立川駅
八王子
八王子西
中央自動車道
高幡不動
相模湖東
八王子JCT
八王子駅
相模湖
高尾駅
多摩動物公園駅
JR中央線
20
高尾山
相模湖駅
京王相模原線
相模湖
津久井湖
橋本駅
相模原
JR横浜線
圏央道
413
129
JR相模線
相模原愛川
宮ヶ瀬湖
412
圏央厚木
相模川
丹沢山
海老名駅
凡例
本誌掲載物件
体験
見どころ
グルメ
ショップ
バー
ホテル
観光案内所
P.000 掲載ページ
コンビニエンスストア
セブン-イレブン
ファミリーマート
ローソン
ファストフード
マクドナルド
ケンタッキーフライドチキン
モスバーガー
フレッシュネスバーガー
カフェ
ドトールコーヒーショップ
スターバックスコーヒー
カフェ・ベローチェ
記号
都道府県庁
市役所
宿泊施設
学校
郵便局
警察署／交番
消防署
銀行
寺
神社
病院
空港
山頂
信号
鉄道
新幹線
JR
私鉄
地下鉄
中央口 A1 鉄道駅出口
道路
高速・有料道路
国道
一般道
成田空港
T1 T2/T3
成田エクスプレス
25～30分ごと／所要59～80分
大人3070円／小学生1530円
T1 T2/T3
京成スカイライナー
40分ごと／所要41分
大人2520円（IC2507円
小学生1270円（IC1258
T3 T2 T1
T1 T2 T3
空港リムジンバス
30～60分ごと／所要70～110分
大人2800円／12～25歳&65歳以上1900
小学生1400円
T3 T2 T1
T1 T2 T3
エアポートバス東京・成田
20～30分ごと／所要60～75分
大人1000円（深夜早朝2000円
小学生500円（深夜早朝1000
T1 第1ターミナル
T2 第2ターミナル
T3 第3ターミナル

3
4
A
B
千葉県
川越駅
JR川越線
川越
東武東上線
関越自動車道
荒川
大宮駅
JR東北・上越新幹線
浦和駅
南浦和駅
東北自動車道
浦和
越谷駅
南越谷駅
東川口駅
JR武蔵野線
三郷料金所スマート
流山
川口JCT
JR京浜東北線
JR埼京線
JR宇都宮線・高崎線
東京外環自動車道
三芳スマート
美女木JCT
見沼代親水公園駅
草加駅
東武スカイツリーライン
日暮里・舎人ライナー
三郷JCT
新松戸駅
北朝霞駅
所沢
和光市駅
東京外環自動車道
川口駅
つくばエクスプレス
所沢駅
ひばりケ丘駅
西武池袋線
JR武蔵野線
赤羽駅
金町駅
松戸駅
大泉JCT
大泉
練馬
練馬駅
江北JCT
北千住駅
JR常磐線
北総線
小平駅
石神井公園駅
京成本線
青砥駅
西国分寺駅
国分寺駅
田無駅
西武新宿線
上石神井駅
中野駅
池袋駅
JR山手線
日暮里駅
上野駅
東京スカイツリー
JR総武線
新小岩駅
市川駅
JR中央線
三鷹駅
吉祥寺駅
秋葉原駅
新宿駅
錦糸町駅
京葉JCT
世田谷区全図 P.6-7
府中駅
調布飛行場
高井戸
東京駅
京王線
明大前駅
渋谷駅
府中本町駅
府中スマート
稲城
調布
調布駅
小田急小田原線
東京
自由が丘駅
舞浜駅
目黒駅
新木場駅
JR京葉線
品川駅
東京ディズニーランド
東京ディズニーシー
二子玉川駅
小田急多摩線
登戸駅
JR南武線
武蔵溝ノ口駅
東名川崎
JR横須賀線
新百合ケ丘駅
東名高速道路
東急田園都市線
長津田駅
武蔵小杉駅
P.99 多摩川大橋
JR京浜東北線
東海道線
蒲田駅
羽田空港
町田駅
横浜青葉
第三京浜
東急東横線
鶴見川
多摩川
川崎駅
川崎浮島JCT
横浜町田
鶴見駅
京急本線
新横浜駅
東京湾
東京湾アクアライン
二俣川駅
相鉄本線
大和駅
JR東海道新幹線
横浜駅
桜木町駅
大黒JCT
東京駅
品川駅、新宿駅ほか
上野駅
東京駅
新宿、渋谷、浅草、お台場ほか
東京駅
銀座駅ほか
羽田空港
T2 T1 T3
東京モノレール空港快速
3～15分ごと／所要13分
大人500円（IC492円）／6～11歳250円（IC246円）
浜松町駅
JR山手線ほか
T1/T2 T3
京急エアポート快特ほか
5～13分ごと／所要13～23分
大人300円（IC292円）／小学生150円（IC146円）
品川駅
JR山手線ほか
T1/T2 T3
京急エアポート急行ほか
7～12分ごと／所要36～49分
大人560円（IC545円）／小学生280円（IC272円）
浅草駅
都営地下鉄浅草線
T3 T2 T1
空港リムジンバス
35分～60ごと／所要35～55分
大人950円／小学生480円
東京駅
八重洲北口鉄鋼ビル
T3 T2 T1
空港リムジンバス
30分～60ごと／所要20～45分
大人530円～／小学生270円～
お台場エリア
ヒルトン東京ほか
T1 第1ターミナル
T2 第2ターミナル
T3 第3ターミナル

世田谷区全図

世田谷北西部 P.8-9
世田谷南西部 P.12-13
三鷹市
調布市
狛江市
東京都
世田谷区
杉並区
神奈川県
川崎市
宮前区
多摩区
高津区
三鷹中等教育
杏林大学医学部付属病院
杏林大
新川団地
中央自動車道
久我山病院
幸龍寺
日本女子体育大
高井戸
吉祥寺駅
浜田山駅
杉並総合高
神田川
首都高速四号線
甲州街道
世田谷泉高
世田谷下田総合病院
区民会館
白百合女子大
調布IC
仙川駅
京王線
佼成学園女子高
千歳烏山駅
芦花公園駅
八幡山駅
東京都立松沢病院
上北沢駅
桜上水駅
明大グラウンド
日本大櫻丘高
蘆花恒春園
芦花高
大東学園高
桐朋学園大
神代高
調布駅
至誠会第二病院
宝性寺
恵泉女学園
成城警察署
千歳丘高
柴崎駅
つつじヶ丘駅
総合工科高
ドルトン東京学園高
野川
仙川
環八通り
祖師ヶ谷大蔵駅
千歳船橋駅
東京慈恵会医科大学附属第三病院
成城学園高
成城学園前駅
成城大
狛江消防署
喜多見駅
小田急小田原線
東京農業大
関東中央病院
市民ホール
狛江駅
国本女子高
成城消防署
東京都市大付高
科学技術学園高
東宝スタジオ
日本大
国立成育医療研究センター病院
卸売市場
サレジアン世田谷高
砧公園
総合運動場
東京
狛江高
和泉多摩川駅
多摩水道橋
登戸駅
永安寺
聖ドミニコ学園高
丸子川
常光寺
多摩川
多摩川橋
世田谷総合高
玉川病院
川崎市立多摩病院
駒澤大
多摩高
多摩川緑地
二子玉川緑地運動場
向の岡工業高
宿河原駅
新二子橋
二子玉川
二子橋
新百合ヶ丘駅
二ヶ領用水
久地駅
東名高速道路
南武線
二子新地駅
光明寺
森林公園
緑ヶ丘霊園
円福寺
溝の口駅
高津警察署
高津駅
帝京大学医学部附属溝口病院
本遠寺
津田山駅
高津消防署
平瀬川
高津区役所
厚木(大山)街道
高津市民館
武蔵溝ノ口駅
洗足学園高
高津高
東急田園都市線
梶が谷駅
洗足こども短期大
洗足学園音楽大
東名川崎IC
あざみ野駅
京浜川崎

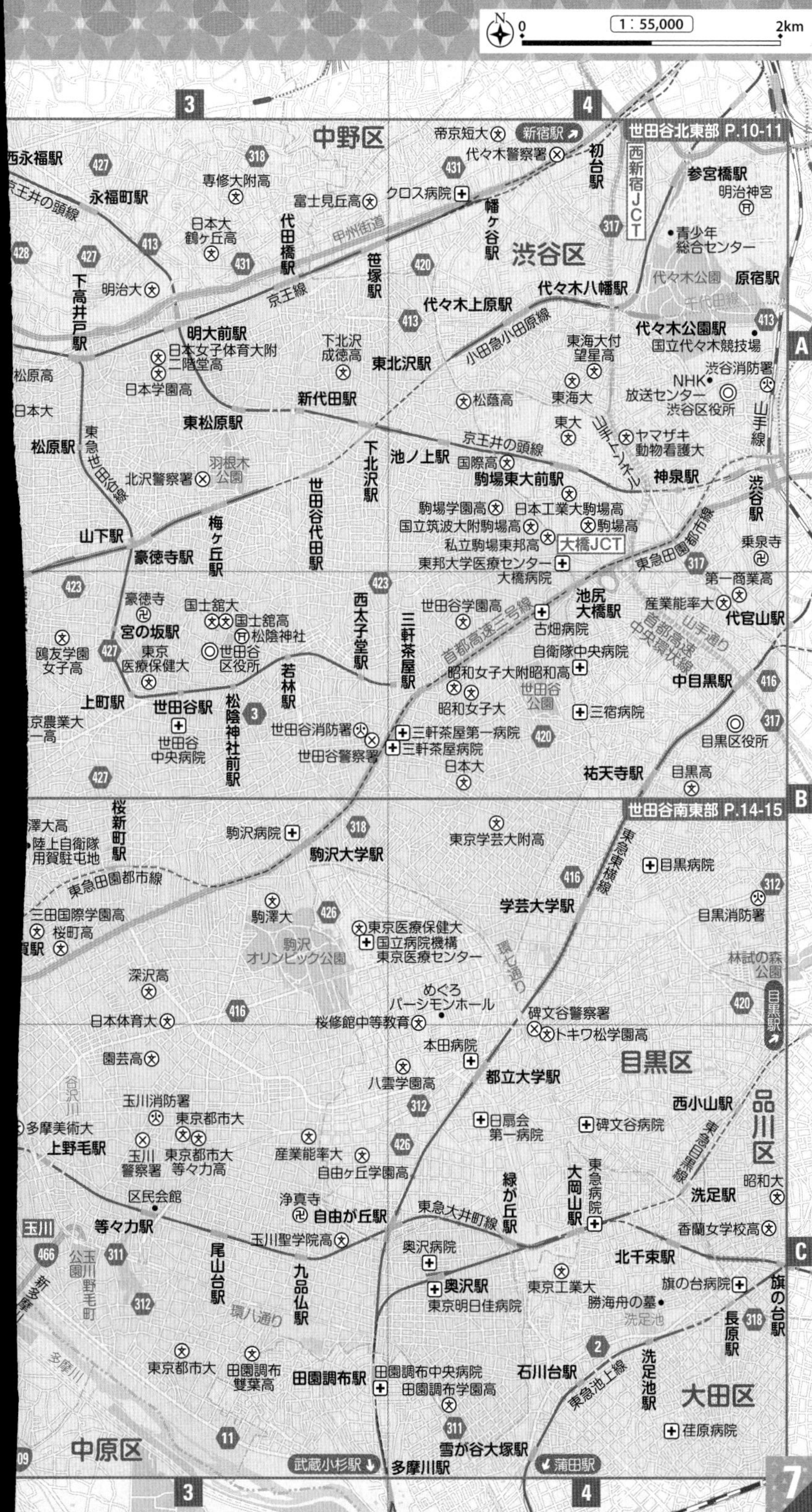
1：55,000
0
2km
中野区
渋谷区
目黒区
品川区
大田区
中原区
世田谷北東部 P.10-11
世田谷南東部 P.14-15
新宿駅
武蔵小杉駅
蒲田駅
目黒駅
下北沢駅
三軒茶屋駅
駒沢大学駅
学芸大学駅
都立大学駅
自由が丘駅
田園調布駅
二子玉川駅
渋谷駅
池ノ上駅
駒場東大前駅
神泉駅
代々木上原駅
代々木八幡駅
代々木公園駅
明大前駅
東松原駅
梅ヶ丘駅
豪徳寺駅
世田谷代田駅
若林駅
松陰神社前駅
世田谷駅
宮の坂駅
上町駅
山下駅
祐天寺駅
中目黒駅
代官山駅
池尻大橋駅
九品仏駅
尾山台駅
等々力駅
上野毛駅
緑が丘駅
大岡山駅
洗足駅
北千束駅
旗の台駅
長原駅
洗足池駅
石川台駅
雪が谷大塚駅
多摩川駅
奥沢駅
西小山駅
駒沢オリンピック公園
世田谷公園
代々木公園
羽根木公園
林試の森公園
玉川野毛町公園
小田急小田原線
京王井の頭線
京王線
東急世田谷線
東急田園都市線
東急東横線
東急大井町線
東急目黒線
東急池上線
首都高速三号線
首都高速中央環状線
山手通り
環七通り
環八通り
甲州街道
大橋JCT
西新宿JCT
世田谷区役所
目黒区役所
渋谷区役所
NHK放送センター
国立代々木競技場
明治神宮
東京医療保健大
国立病院機構東京医療センター
めぐろパーシモンホール
東京工業大
勝海舟の墓
昭和女子大
日本大
東京都市大
駒澤大
国士舘大
東京農業大
多摩川
3
4
A
B
C
7

世田谷区北西部

1
2
A
B
C
三鷹市
中野区
P.8-9
杉並区
P.10-11
渋谷区
調布市
東京都
世田谷区
狛江市
神奈川県
川崎市
目黒区
品川区
P.12-13
P.14-15
大田区
P.119 専光寺
P.121 永隆寺
P.119 妙壽寺
P.120 宗福寺
P.120 浄因寺
P.120 稱往院
P.122 源正寺
P.118 烏山寺町
P.121 存明寺
幸龍寺
P.122
乗満寺
P.122
P.122 多聞院
P.125 烏山つつじ緑地
P.117 西沢つつじ園
久我山病院
北野小
日本女子体育大
世田谷北烏山八郵便局
三鷹市
中央自動車道
三鷹北野郵便局
世田谷泉高
給田小
千歳烏山郵便局
第五中
中原小
緑ヶ丘小
調布緑ケ丘郵便局
三鷹新川一郵便局
東台小
白百合女子大
調布IC
世田谷給田郵便局
佼成学園女子高
佼成学園女子中
三鷹中原四郵便局
第八中
調布仙川二郵便局
仙川駅
P.35 光風亭
P.35 蒼梧記念館
SETAGAYA Qs-GARDEN
烏山小
上祖師谷中
調布仙川郵便局
桐朋女子高・中
桐朋学園芸術短大
桐朋学園大
桐朋小
神代高
世田谷上祖師谷郵便局
P.252
poca enbo
世田谷上祖師谷郵便局
調布西つつじケ丘郵便局
滝坂小
神代郵便局
つつじヶ丘駅
京王線
至誠会第二病院
若葉小
第四中
調布市
調布駅
柴崎駅前郵便局
柴崎駅
調布金子郵便局
調和小
NTT東日本研修センタ内郵便局
総合工科高
千歳小
ドルトン東京学園高・中
野川
成城郵便局
狛江西野川郵便局
狛江東野川郵便局
P.147 成城の桜並木
P.24,147 成城学園前のいちょう並木
砧尾俊雄発明記念館
P.142
P.245 成城Le Fruitier
東京慈恵会医科大学附属第三病院
狛江第四中
狛江第五小
P.34,144 成城五丁目猪股庭園
P.257 成城 ポレール
P.147 野川緑道
緑野小
狛江郵便局
狛江中和泉郵便局
狛江消防署
狛江第一中
成城みつ池緑地・旧山田家住宅
P.32,144
P.146 喜多見不動堂
喜多見駅前郵便局
小田急小田原線
世田谷成城二郵便局
狛江市
狛江第一小
喜多見駅
P.299
フェリーチェ 本店
登戸駅

1：27,500
0
1km
吉祥寺駅
高井戸公園
高井戸
富士見丘小
武蔵丘小
高井戸中
高井戸東小
浜田山駅
杉並南郵便局
京王井の頭線
明大前駅
西永福駅
神田川
首都高速四号線
杉並区
杉並総合高
杉並上高井戸郵便局
甲州街道
高井戸第三小
西新宿JCT
P.206 成城青果
P.208 らぁめん小池
八幡山駅
世田谷下田総合病院
芦花公園駅
芦花公園駅前郵便局
上北沢小
杉並下高井戸郵便局
北沢湯 P.36
杉並桜上水郵便局
P.305 西藤
八幡山駅前郵便局
上北沢駅
東京都立松沢病院
京王線
中華料理 丸昭 P.226
P.125 賀川豊彦記念松沢資料館
桜上水駅
芦花中
芦花小
nice & warm P.249
大宅壮一文庫 P.125
世田谷桜上水五郵便局
世田谷粕谷郵便局
世田谷文学館 P.123,194
P.29 植松農園
明大グラウンド
八幡山小
緑丘中
6 千歳烏山
喫茶ぴあ 粕谷店 P.299
P.23,124,194 蘆花恒春園
世田谷八幡山郵便局
日本大櫻丘高
芦花高
千歳中
千歳台小
大東学園高
塚戸小
P.29 内海果樹園
世田谷千歳台郵便局
船橋希望中
希望丘小
世田谷船橋郵便局
世田谷桜上水一郵便局
経堂小
恵泉女学園高・中
寶性寺 P.145
東京都
世田谷区
THE SPA成城 P.39
船橋小
成城警察署
P.16 経堂
千歳丘高
P.16 祖師ヶ谷大蔵
P.238 IRON COFFEE ROASTERY
千歳郵便局
下北沢駅
仙川の桜並木 P.147
千歳船橋駅前郵便局
小田急小田原線
世田谷祖師谷四郵便局
千歳船橋駅
鮨一喜 P.216
仙川
bistro endroll P.228
祖師谷小
笹原小
成城学園初
城学園高・中
P.131 長島大榎公園界隈の緑
桜丘小
祖師谷大蔵駅前郵便局
玉石垣のある風景 P.131
世田谷桜丘二郵便局
P.226 中華 万来
山野小
環八通り
世田谷桜丘五郵便局
桜丘中
成城大
祖師ヶ谷大蔵駅
東京農業大
P.77,166 東京農業大学「食と農」の博物館
世田谷桜丘三郵便局
DÉGUSTATION P.248
P.145 耕雲寺
P.169 JRA馬事公苑
世田谷美術館分館 清川泰次記念ギャラリー P.142
関東中央病院

世田谷区北東部

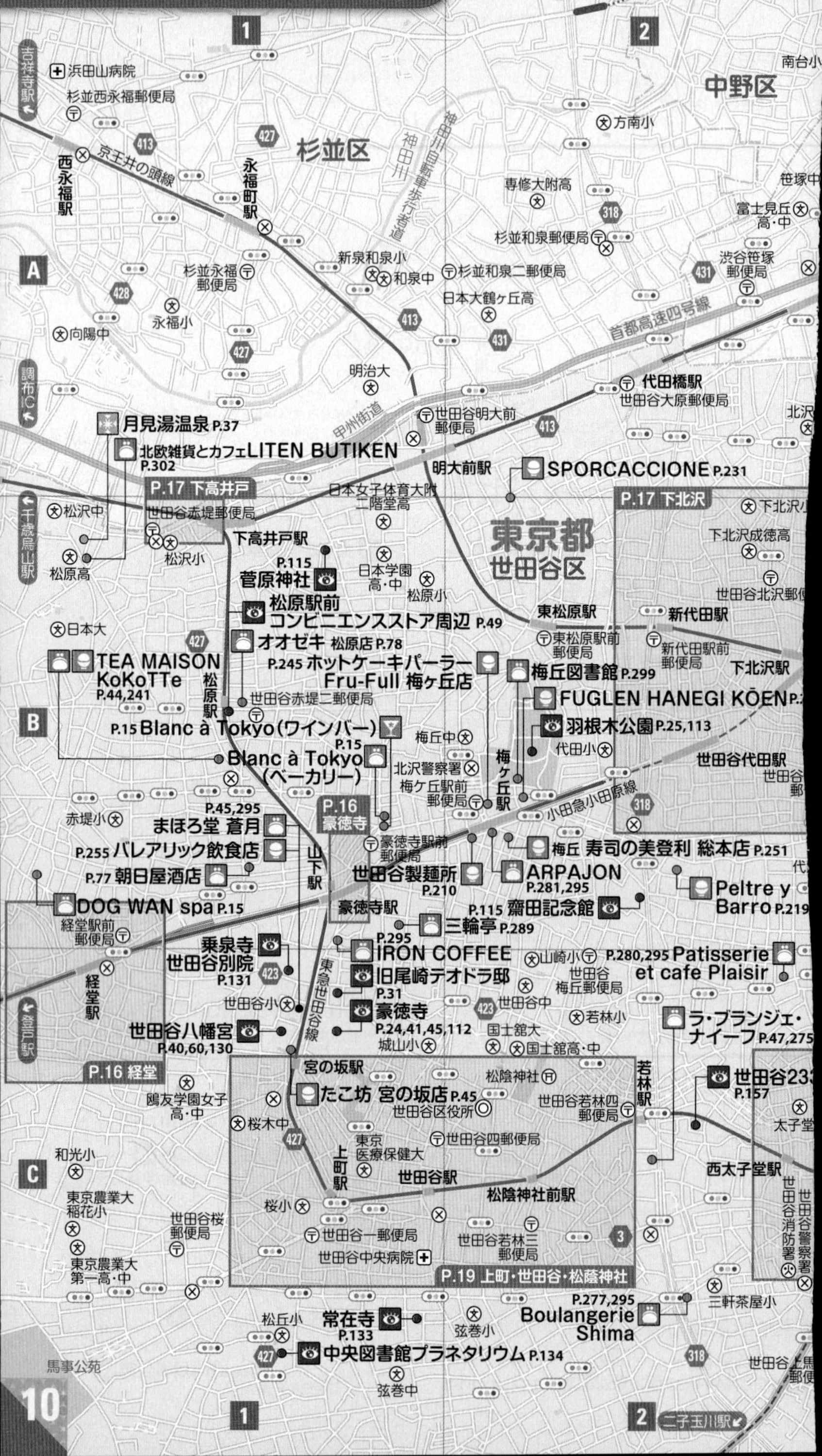

月見湯温泉 P.37
北欧雑貨とカフェLITEN BUTIKEN P.302
P.17 下高井戸
SPORCACCIONE P.231
P.17 下北沢
東京都
世田谷区
菅原神社 P.115
松原駅前コンビニエンスストア周辺 P.49
オオゼキ 松原店 P.78
TEA MAISON KoKoTTe P.44,241
ホットケーキパーラー Fru-Full 梅ヶ丘店 P.245
梅丘図書館 P.299
FUGLEN HANEGI KŌEN
羽根木公園 P.25,113
Blanc à Tokyo（ワインバー） P.15
Blanc à Tokyo（ベーカリー） P.15
P.16 豪徳寺
まほろ堂 蒼月 P.45,295
バレアリック飲食店 P.255
朝日屋酒店 P.77
梅丘 寿司の美登利 総本店 P.251
世田谷製麺所 P.210
ARPAJON P.281,295
Peltre y Barro P.219
DOG WAN spa P.15
齋田記念館 P.115
三輪亭 P.289
IRON COFFEE P.295
乗泉寺 世田谷別院 P.131
旧尾崎テオドラ邸 P.31
Patisserie et cafe Plaisir P.280,295
豪徳寺 P.24,41,45,112
世田谷八幡宮 P.40,60,130
ラ・ブランジェ・ナイーフ P.47,275
P.16 経堂
たこ坊 宮の坂店 P.45
世田谷233 P.157
P.19 上町・世田谷・松陰神社
常在寺 P.133
Boulangerie Shima P.277,295
中央図書館プラネタリウム P.134

吉祥寺駅 浜田山病院 杉並西永福郵便局 西永福駅 京王井の頭線 杉並区 永福町駅 神田川 神田川自転車歩行者道 中野区 方南小 南台小 専修大附高 笹塚中 富士見丘高・中 杉並和泉郵便局 渋谷笹塚郵便局 新泉和泉小 和泉中 杉並和泉二郵便局 杉並永福郵便局 日本大鶴ヶ丘高 永福小 向陽中 首都高速四号線 明治大 調布IC 代田橋駅 世田谷大原郵便局 甲州街道 世田谷明大前郵便局 北沢 明大前駅 日本女子体育大附二階堂高 世田谷赤堤郵便局 千歳烏山駅 松沢中 下北沢小 下高井戸駅 下北沢成徳高 松原高 松沢小 日本学園高・中 松原小 世田谷北沢郵便局 東松原駅 新代田駅 日本大 東松原駅前郵便局 新代田駅前郵便局 下北沢駅 松原駅 世田谷赤堤二郵便局 梅丘中 代田小 世田谷代田駅 北沢警察署 梅ヶ丘駅前郵便局 梅ヶ丘駅 赤堤小 小田急小田原線 豪徳寺駅前郵便局 山下駅 豪徳寺駅 経堂駅前郵便局 経堂駅 山崎小 世田谷梅丘郵便局 東急世田谷線 世田谷小 世田谷中 若林小 登戸駅 国士舘大 城山小 国士舘高・中 宮の坂駅 松陰神社 鴎友学園女子高・中 世田谷区役所 世田谷若林四郵便局 若林駅 桜木中 太子堂 東京医療保健大 世田谷四郵便局 和光小 上町駅 世田谷駅 西太子堂駅 松陰神社前駅 東京農業大稲花小 桜小 世田谷桜郵便局 世田谷消防署 世田谷警察署 世田谷一郵便局 世田谷若林三郵便局 東京農業大第一高・中 世田谷中央病院 三軒茶屋小 松丘小 弦巻小 馬事公苑 弦巻中 世田谷上馬郵便局 二子玉川駅

1：27,500
0
1km
新宿駅
西新宿JCT
初台駅
帝京短大
中幡小
代々木警察署
内藤病院
幡代小
渋谷幡ケ谷郵便局
クロス病院
甲州街道
幡ヶ谷駅
代々木郵便局
笹塚小
幡ヶ谷南郵便局
京王線
笹塚駅前郵便局
西原小
代々木中
渋谷区
代々木八幡駅
東京 世田谷 升本屋 P.75,285
元代々木郵便局
小田急小田原線
代々木上原駅
渋谷上原郵便局
富谷小
池之上小
代々木公園
代々木公園駅
千代田線
原宿駅
明治神宮前駅
渋谷富ケ谷一郵便局
国立代々木競技場
世田谷北沢三郵便局
上原中
上原小
東海大付望星高
首都高速中央環状線
NHK放送センター
山手線
東北沢駅
放送センター内郵便局
渋谷消防署
東海大
渋谷区役所
神南小
松蔭高・中
渋谷富ケ谷二郵便局
副都心線
台湾料理 光春 P.251
松濤中
渋谷神南郵便局
池ノ上駅
東大
ヤマザキ動物看護大
京王井の頭線
駒場小
池ノ上駅前郵便局
渋谷松濤郵便局
国際高
駒場東大前駅
神泉駅
boulangerie l'anis P.273
目黒駒場郵便局
渋谷駅
北沢川緑道 P.158
日本工業大駒場高・中
渋谷中央街郵便局
富士中
渋谷道玄坂郵便局
韓てら P.224
駒場学園高
首都高速三号線
渋谷桜丘郵便局
国立筑波大附駒場高・中
駒場高
世田谷淡島郵便局
私立駒場東邦高・中
第一中
ブーランジュリー・ボネダンヌ P.273
東急田園都市線
乗泉寺
多聞小
焼肉ケニヤ P.225
香港麺 新記 三宿本店 P.258
大橋JCT
猿楽小
P.157 圓泉寺
目黒大橋郵便局
菅刈小
おつな P.295
池尻大橋駅
第一商業高
渋谷代官山郵便局
渋谷駅
林芙美子旧居 P.194
ビストロ喜楽亭 P.204
古畑病院
クラフトビールシザーズ池尻大橋店 P.76
産業能率大
世田谷学園高・中
目黒東山二郵便局
目黒東山一郵便局
代官山駅
創作カレーMANOS P.204
du Barry P.259
三宿小
THE GLOBE ANTIQUES P.304
山手通り
目黒川
SUNDAY CAFE ART RESTAURANT P.242
三宿中
池尻小
鳥とみ P.221
三軒茶屋駅前郵便局
昭和女子大附昭和高・中
やきとり 児玉 P.220
蛇崩川緑道 P.158
中目黒駅
彰古館 P.58
烏森小
昭和女子大
平和資料館(せたがや未来の平和館) P.155
三軒茶屋駅
昭和女子大附昭和小
世田谷公園 P.154
P.248 和kitchen かんな
上目黒四郵便局
中目黒駅前郵便局
FUNGO三宿本店 P.242
目黒区
目黒区役所
三軒茶屋
世田谷下馬二郵便局
世田谷下馬郵便局
東急東横線
三軒茶屋病院
中里小
駒繋小
もつ焼・本格焼酎はがくれ P.234
中目黒小
P.219
帆魯肉飯
Uguisu P.230
上目黒小
P.305
アンティークギャラリー・マジョレル
P.61,156
駒繋神社
駒留中
目黒五本木郵便局
祐天寺駅
目黒高
自由が丘駅
三鷹市
中野区
P.8-9
杉並区
P.10-11
渋谷区
調布市
東京都
世田谷区
狛江市
目黒区
品川区
神奈川県
川崎市
P.12-13
P.14-15
大田区

下北沢駅
1
2
狛江市役所
和泉小
喜多見駅
国本小
国本女子高・中
明正小
市民ホール
狛江駅
狛江駅前郵便局
狛江市
P.143 次大夫堀公園民家園
P.23 区立喜多見5-21遊び場(竹山緑地)
狛江岩戸南郵便局
P.62 稲荷塚古墳
喜多見氷川神社
P.146
P.146 慶元寺
P.62 第六天塚古墳
喜多見中
狛江第三中
狛江高
和泉多摩川駅
和泉多摩川駅前郵便局
狛江第三小
狛江第二中
多摩水道橋
小田急小田原線
狛江第六小
多摩川
府中本町駅
新百合ヶ丘駅
登戸駅
登戸駅前郵便局
川崎市立多摩病院
南武線
稲田中
多摩川橋
向ヶ丘遊園駅
多摩高
宿河原小
宿河原駅
川崎宿河原郵便局
向の岡工業
多摩区
川崎堰郵便局
稲田小
二ヶ領用水
東名高速道路
久地駅
長尾小
森林公園
緑ヶ丘霊園
平中
神奈川県
川崎市
高津区
宮前区
本遠寺
向丘小
川崎向ケ丘郵便局
平瀬川
向丘中
川崎上作延郵便局
上作延小
南原小
平小
宮崎台小
武蔵野貨物線
あざみ野駅
三鷹市
中野区
P.8-9
杉並区
P.10-11
渋谷区
調布市
東京都
世田谷区
狛江市
目黒区
品川区
神奈川県
川崎市
P.12-13
P.14-15
大田区

1：27,500
0
1km
3
4
世田谷砧郵便局
成城消防署
日本大
東宝スタジオ
用賀小
JRA馬事公苑
P.243 Café+8101
サレジアン世田谷高・中
卸売市場
砧中
東京都市大付高・中
東京都市大付小
国立成育医療研究センター病院
学技術学園高
P.41 ル・ジャルダン
P.140 世田谷美術館
砧小
大蔵運動公園
P.145
P.22,138 砧公園
P.281 Ryoura
用賀中
P.100 エフエム世田谷
総合運動場
東京都
世田谷区
東名高速道路
P.175 用賀プロムナード(いらか道)
京西小
東京
用賀駅前郵便局
用賀駅
A
三軒茶屋駅
P.18 二子玉川
永安寺
聖ドミニコ学園高・中・小
環八通り
世田谷瀬田郵便局
常光寺
砧南小
P.299 喫茶ぴあ 鎌田店
砧南中
世田谷鎌田郵便局
丸子川
玉川病院
世田谷総合高
瀬田小
駒澤大
瀬田中
野川
東急田園都市線
二子玉川小
多摩川緑地
二子玉川緑地運動場
多摩川
B
二子玉川郵便局
東急大井町線
新二子橋
自由が丘駅
二子玉川駅
二子橋
西高津中
光明寺
二子新地駅
川崎諏訪郵便局
高津小
津田山駅
川崎溝ノ口郵便局
高津警察署
円福寺
高津駅
溝の口駅
帝京大学医学部附属溝口病院
東高津小
東急田園都市線
高津消防署
厚木(大山)街道
総合高津中央病院
川崎北見方郵便局
溝ノ口中央通郵便局
高津区役所
高津市民館
川崎下作延郵便局
溝ノ口ノクティビル内郵便局
武蔵溝ノ口駅
C
第三京浜
坂戸小
高津高
高津中
洗足学園高・中
久本小
かながわサイエンスパーク内郵便局
洗足学園小
二ヶ領用水
洗足こども短期大
京浜川崎
梶が谷駅
洗足学園音楽大
南武線
東高津中
中原区
高津郵便局
大谷戸小
武蔵小杉駅
13

世田谷区南東部

JRA馬事公苑
駒澤大高
陸上自衛隊用賀駐屯地
世田谷用賀郵便局
P.172 世田谷美術館分館 向井潤吉アトリエ館
世田谷弦巻郵便局
駒沢中
しんとみ P.223
タケノとおはぎ P.295
駒沢給水所の配水塔 P.175
世田谷上馬郵便局
駒沢病院
駒沢大学駅
雪うさぎ P.249
駒沢小
焼鳥 せきや P.220
P.18 桜新町
桜新町駅
東急田園都市線
世田谷駒沢郵便局
世田谷桜新町郵便局
眞福寺 P.173
大山道追分 P.173
FeinSchmecker Saito P.288
駒澤大学 禅文化歴史博物館（耕雲館）P.35,1
駒澤大
東京医療保健
三田国際学園高・中
深沢中
P.243 Mr.Farmer 駒沢オリンピック公園店
P.18 二子玉川
用賀駅
首都高速三号線
深沢小
桜新町の桜並木 P.175
国立病院機構 東京医療センター
二子玉川駅
桜町小
P.168 駒沢オリンピック公園
P.56 駒沢オリンピック公園 総合運動場陸上競技場
目黒八雲郵便局
御嶽橋 P.50
深沢高
玉川通り
日本体育大
大人の中華 東京夜市 P.262
東京学芸大附世田谷中
世田谷深沢郵便局
La Bouef 用賀本店 P.224
世田谷中町郵便局
東深沢中
東京学芸大附世田谷小
園芸高
中町小
東深沢小
香川緑道 P.186
玉川中
世田谷いちご熱 P.26
玉川郵便局
等々力小
東京都 世田谷区
世田谷上野毛郵便局
谷沢川
玉川消防署
世田谷深沢一郵便局
東京都市大
多摩美術大
上野毛駅
玉川警察署
産業能率大
東京都市大等々力高・中
P.295 MAGIE DU CHOCOLAT
自由ケ丘
玉川小
八幡中
細井広沢墓
P.271 Comme' N TOKYO
九品仏川緑道 P.18
世田谷等々力郵便局
九品仏 淨眞寺 P.24,183,196
区民会館
目黒自由が丘郵便局
等々力駅
東急大井町線
尾山台駅前郵便局
玉川聖学院高・中
玉川
九品仏駅
尾山台駅
尾山台中
尾山台小
玉川野毛町公園
P.263 Restaurant francais cafe Patisserie KOST
野毛大塚古墳 P.63,182
P.18 等々力
P.295 LIFE IS PÂTISSIE
宮本三郎記念美術館 P.185
第三京浜
新多摩川橋
P.186 善養寺
世田谷野毛郵便局
田園調布雙葉小
丸子川
環八通り
玉堤小
宇佐神社 P.182
多摩川
田園調布雙葉高・中
東京都市大学 P.177
田園調布駅前郵便局
田園調布駅
田園調布五郵便局
田園調布中央
神奈川県 川崎市 中原区
等々力緑地

1：27,500
0
1km
世田谷観音 P.152
せたが屋 ひるがお 駒沢店 P.207
奥沢海軍村 P.184
鮨 光 P.217
読書空間みかも P.184
焼鳥 うの P.221
東玉川神社 P.185
目黒区
品川区
大田区
学芸大学駅
都立大学駅
緑が丘駅
大岡山駅
洗足駅
北千束駅
旗の台駅
長原駅
洗足池駅
石川台駅
雪が谷大塚駅
奥沢駅
西小山駅
中目黒駅
目黒駅
五反田駅
大井町駅
蒲田駅
東急東横線
東急大井町線
東急目黒線
東急池上線
環七通り
祐天寺
目黒中町郵便局
目黒中央中
油面小
目黒病院
目黒消防署
目黒郵便局
不動小
鷹番小
林試の森公園
月光原小
目黒碑文谷二郵便局
第七中
目黒本町郵便局
目黒碑文谷四郵便局
碑文谷警察署
トキワ松学園高・中・小
目黒星美学園小
碑小
向原小
第八中
原町小
荏原第六中
目黒原町郵便局
品川小山五郵便局
第九中
碑文谷病院
大岡山小
目黒南三郵便局
日扇会第一病院
中根小
緑ケ丘小
目黒緑が丘郵便局
第十一中
清水窪小
品川洗足郵便局
昭和大
清水台小
香蘭女学校高・中
東急病院
大岡山駅前郵便局
赤松小
大田北千束郵便局
旗の台病院
荏原第五中
東京工業大
勝海舟の墓
大森第六中
大田上池台郵便局
洗足池
洗足池小
大田洗足郵便局
石川台中
文教大付小
東玉川小
大田東雪谷二郵便局
雪谷小
私立清明学園中・初
雪谷中
大田南雪谷郵便局
調布大塚小
田園調布学園高・中
田園調布一郵便局
東玉川郵便局
奥沢小
奥沢中
東京明日佳病院
奥沢病院
目黒柿ノ木坂郵便局
本田病院
八雲小
めぐろパーシモンホール
東京学芸大附高
学芸大学前郵便局
中丸小
世田谷野沢郵便局
目黒鷹番郵便局
五本木小
三鷹市
中野区
P.8-9
P.10-11
杉並区
渋谷区
調布市
東京都
世田谷区
狛江市
目黒区
品川区
神奈川県
川崎市
P.12-13
P.14-15
大田区
A
B
C
3
4
15

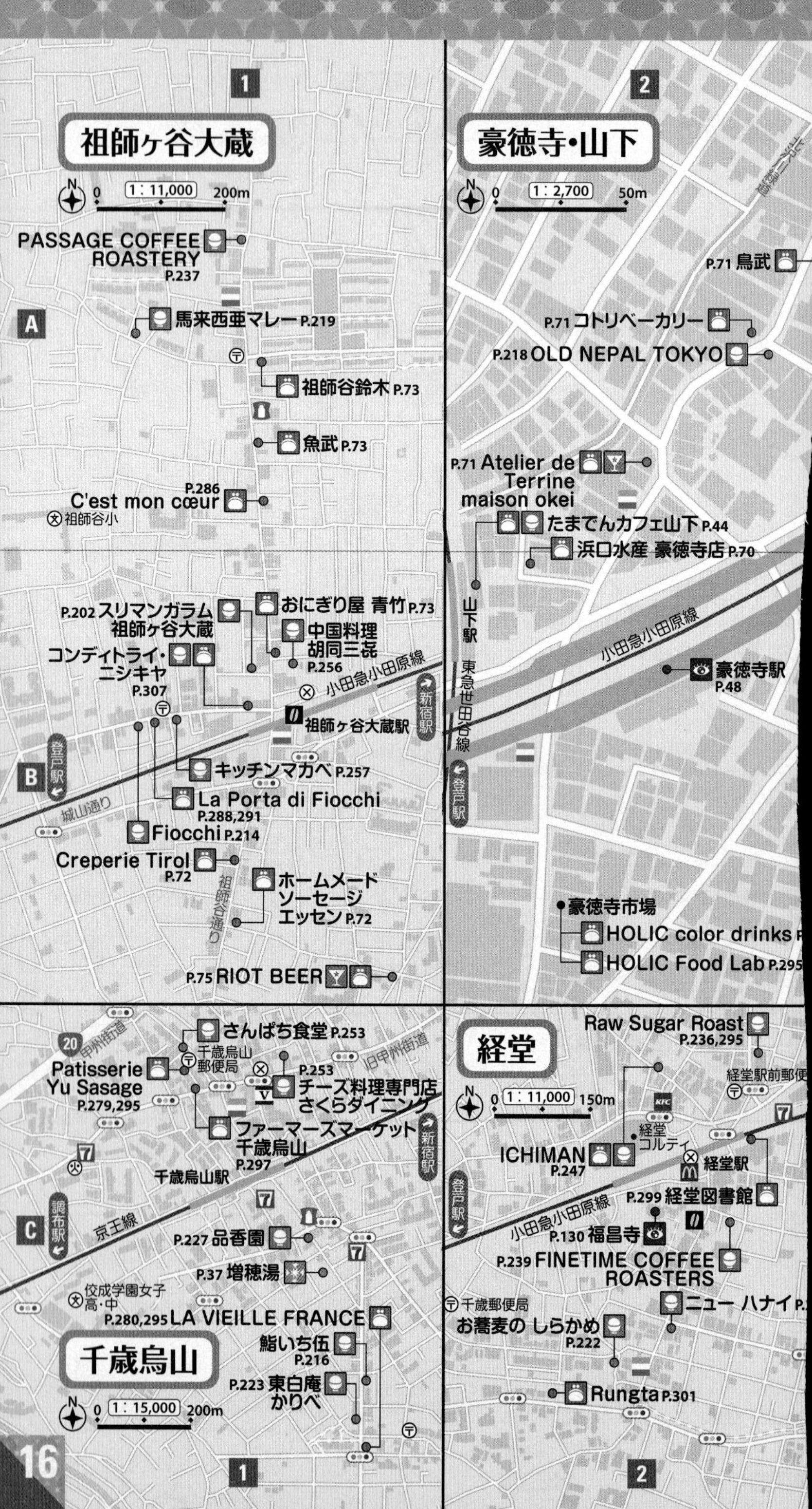

1
祖師ヶ谷大蔵
1：11,000
0
200m
PASSAGE COFFEE ROASTERY P.237
A
馬来西亜マレー P.219
祖師谷鈴木 P.73
魚武 P.73
C'est mon cœur P.286
祖師谷小
P.202 スリマンガラム 祖師ヶ谷大蔵
おにぎり屋 青竹 P.73
中国料理 胡同三㐂 P.256
コンディトライ・ニシキヤ P.307
小田急小田原線
新宿駅
祖師ヶ谷大蔵駅
登戸駅
B
キッチンマカベ P.257
La Porta di Fiocchi P.288,291
城山通り
Fiocchi P.214
Creperie Tirol P.72
祖師谷通り
ホームメードソーセージ エッセン P.72
P.75 RIOT BEER
2
豪徳寺・山下
1：2,700
0
50m
P.71 鳥武
P.71 コトリベーカリー
P.218 OLD NEPAL TOKYO
P.71 Atelier de Terrine maison okei
たまでんカフェ山下 P.44
浜口水産 豪徳寺店 P.70
山下駅
東急世田谷線
小田急小田原線
豪徳寺駅 P.48
登戸駅
豪徳寺市場
HOLIC color drinks
HOLIC Food Lab P.295
20
甲州街道
さんぱち食堂 P.253
千歳烏山郵便局
旧甲州街道
Patisserie Yu Sasage P.279,295
P.253
チーズ料理専門店 さくらダイニング
ファーマーズマーケット 千歳烏山 P.297
新宿駅
千歳烏山駅
調布駅
C
京王線
P.227 品香園
P.37 増穂湯
佼成学園女子高・中
P.280,295 LA VIEILLE FRANCE
鮨いち伍 P.216
P.223 東白庵 かりべ
千歳烏山
1：15,000
0
200m
1
経堂
Raw Sugar Roast P.236,295
経堂駅前郵便
1：11,000
0
150m
経堂コルティ
ICHIMAN P.247
経堂駅
P.299 経堂図書館
登戸駅
小田急小田原線
P.130 福昌寺
P.239 FINETIME COFFEE ROASTERS
千歳郵便局
ニュー ハナイ
お蕎麦の しらかめ P.222
Rungta P.301
2

下高井戸
1：2,700
0
50m
京王線
西友
P.80 カルディコーヒーファーム 下高井戸店
P.68 ミートショップ伊藤
P.69 肉と惣菜の堀田
ピッツェリア トニーノ
パーラーシシド
P.44,69
P.69 前田商店
P.44 下高井戸駅
新宿駅
A
東急世田谷線
Ulalaka P.68
世田谷赤堤郵便局
日大通り
山下駅
Pâtisserie Noliette P.279
たつみや P.285
松沢小
P.44,240 美麗
下北沢
1：10,500
0
200m
薬膳食堂 ちゃぶ膳 P.211
下北沢小
P.105,315 MUSTARD™ HOTEL SHIMOKITAZAWA
P.51,105,106 reload
P.106,205 SANZOU TOKYO
P.107,283,285 しもきた茶苑大山
P.231 cuore forte
下北沢成徳高
P.210 純手打ち 麺と未来
318
環七通り
P.209 中華そば こてつ
新宿駅
専光寺
B
東北沢駅
P.284 N.Y.Cupcakes
P.268 NEW YORK JOE EXCHANGE 下北沢店
P.266 フラミンゴ下北沢店 2nd
P.267 FLORIDA 下北沢店
MUD P.269
P.268 fuv 下北沢
珉亭 P.227
P.269 古着屋JAM 下北沢店
新代田駅
下北沢の晩酌屋 まぼねん P.235
小田急小田原線
新代田駅前郵便局
下北果実 P.247
京王井の頭線
飲み屋 えるえふる P.233
お酒と洋風ごはん おむかい P.233
下北沢駅
代田 動尊
P.105 シモキタエキウエ
図書館カウンター 下北沢 P.299
P.105 NANSEI PLUS
P.200 Curry Spice Gelateria KALPASI
渋谷駅
ミカン下北 P.64
P.51 シモキタ雨庭広場
下北線路街 P.104
タイ屋台999 P.65
P.105,110 BONUS TRACK
シモキタ 園藝部ちゃや P.282
ダパイダン 105 P.66
P.111,205 ADDA
チョップスティックス P.66
UNIVERSAL BAKES AND CAFE P.276,295
P.203 茄子おやじcurry
BROOKLYN ROASTING COMPANY SHIMOKITAZAWA P.67
C
世田谷代田駅
由縁別邸 代田 P.38,105,313
P.250 牛タンBISTRO 夏火鉢
世田谷代田駅西口改札 P.51
東洋百貨店 別館 P.67
P.211 鶏そば そると
原宿シカゴ下北沢店 P.267
世田谷代田駅前広場ベンチ P.51
P.115 下北沢グレイスガーデンチャーチ (富士見丘教会)
世田谷代田駅西口改札前ベンチ P.51
茶沢通り
代田富士見橋 P.51
P.217 鮨 福元
森巌寺
農大アンテナショップ「農」の蔵 P.309
北澤八幡神社 P.114
代田八幡神社 P.61
3
4

二子玉川
1：18,800
400m
P.316 東急ステイ用賀
用賀駅
三軒茶屋駅
P.174 玉川台二丁目五郎様の森緑地
山崎ぶどう園 P.28
P.261
GRILL&DINIG 用賀倶楽部
聖ドミニコ学園
高・中・小
岡本公園民家園 P.143
岡本公園
静嘉堂文庫 P.143
丸子川
東急田園都市線
世田谷瀬田
郵便局
瀬田四丁目旧小坂緑地
(旧小坂家住宅) P.33,174
世田谷総合高
玉川病院
瀬田玉川神社
466
世田谷上野毛
郵便局
ファーマーズマーケット 二子玉川 P.296
P.171 玉眞院 玉川大師
246
瀬田小
瀬田中
善宗寺
P.260 前芝料理店
二子玉川小
世田谷区立
森の児童館
環八通り
P.213 Arcon
FUTAKOTAMAGAWA
Achchha Khana P.203
多摩川
二子橋公園
玉川通り
野川
博多濃麻呂 二子玉川店 P.208
ふたこビール醸造所 P.74
二子玉川郵便局
P.244 L'atelier à ma façon
P.310 玉川高島屋S.C
東急大井町線
二子玉川ライズ・
ショッピング・センター
P.310
P.244 TRIANGLE CAFE
P.178
五島美術館
上野毛駅
P.161 世田谷区立兵庫島公園
二子玉川駅
naturam P.261
Kazuya Sugiura
二子玉川エクセルホテル東急
P.316
図書館カウンター二子玉川 P.299
二子橋
多摩川
多摩堤通り 桜並木 P.22
P.99 CHICHI CAFE
神奈川県
P.99,170 二子玉川公園
(帰真園・旧清水家住宅書院)
二子新地駅
P.28 田中ぶどう園
溝の口駅
P.63 上野毛稲荷塚古墳
等々力渓谷入口 P.53
ゴルフ橋
P.53
等々力渓谷商店街
(とどろき渓谷ビール)
P.55
二子玉川駅
P.229 ビストロ
レ・シュヴルイユ
総合支所
等々力駅
P.53 等々力駅
東急大井町線
P.246 PÂTISSERIE
ASAKO IWAYANAGI
尾山台駅
OTTO
P.263
AU BON VIEUX TEMPS
P.278
環八通り
等々力渓谷 P.53,180
等々力渓谷 三号横穴 P.53,63
等々力渓谷公園 日本庭園・書院 P.54
等々力不動の瀧 P.55
等々力不動尊
P.24,55,181
等々力
雪月花 P.54
御岳山古墳
P.63,182
1：14,000
200m
世田谷新町公園
P.25,61,172 桜神宮
COZY INN
Tokyo Sakura Town P.316
桜新町駅
二子玉川駅
東急田園都市線
桜新町駅
北口 P.50
P.289 カーサ・
アンジェリーナ
ヴィヨン
桜新町 本店
P.165,284
世田谷中央教会
P.50
世田谷桜新町郵便局
桜の杜 伊勢屋
P.165,285,308
プラチノ桜新町店
P.165,284
lagom sauna P.38
P.164
長谷川町子
美術館
桜新町
長谷川町子
記念館
P.162
1：9,700
200

上町・世田谷・松蔭神社前
世田谷区役所前交差点 P.49
松陰神社 P.43,49,60,150
若林公園 P.49
世田谷区役所
焼き菓子店 Ashiato P.295
若林駅
世田谷城阯公園 P.41,113,136
世田谷保健所
くぬぎ公園 P.49
区政情報センター P.324
P.25 東急世田谷線
烏山川緑道 P.41,135
勝光院 P.42
世田谷駅西踏切 P.50
世田谷駅東踏切 P.50
松陰神社前駅
P.299 世田谷図書館
P.45,287 鹿港
世田谷駅
東京医療保健大
MERCI BAKE P.46,295
DE CARNERO CASTE Tokyo P.295
Boulangerie Sudo P.272,295
上町駅
桜小
円光院 P.132
大吉寺 P.135
P.215 セキハナレ
KANNON COFFEE shoinjinja P.46,241
P.289 炭火焼魚弁当 すみさわ
P.158 常盤塚
世田谷一郵便局
世田谷のボロ市 P.196
P.255 バーボン
世田谷ボロ市通り P.127
蕎麦 石はら P.222
工芸喜頓 P.303
世田谷代官屋敷 P.42,129
浄光寺(浄光寺)
世田谷区立郷土資料館 P.134
1：14,000
三軒茶屋
P.149 Art&Books Sometime
P.229 Raramuri
ゴリラビル P.159
1：30,000
太子堂八幡神社 P.60
SANCHA FUKAMI P.211
茶沢通り
P.225 あか牛タレ焼肉 まるふく
ICHIBIKO 太子堂店 P.47,295
太子堂小
三茶呑場マルコ P.232
P.285,306 御菓子司 竹翁堂
TruffleBAKERY 三軒茶屋店 P.274
P.201 shiva curry wara
三軒茶屋の明るいパン屋 ミカヅキ堂 P.275
the b 三軒茶屋 P.316
P.316 コンドミニアムホテル・渋谷GOTEN
東急世田谷線
世田谷まちなか観光情報コーナー P.324
最勝寺(目青不動尊)
西太子堂駅
P.137,324 三軒茶屋観光案内所 SANCHA³
三軒茶屋郵便局前
東急田園都市線
渋谷駅
てんぷら横丁わばる P.199
三軒茶屋駅
P.47 キャロットタワー
世田谷通り
P.299 図書館カウンター三軒茶屋
エビス参 エコー仲見世店 P.199
麦と酵母 濱田家 P.276
Trattoria e Pizzeria L'ARTE P.259
P.198 チキンジョージ
P.235 銘酒居酒屋 赤鬼
クラフトビール専門店 三軒茶屋 Sanity P.76
玉川通り
エフエム世田谷 スタジオキャロット
P.209 臥龍
P.25,156 スカイキャロット展望ロビー
三軒茶屋 おかきあられの大黒屋
JUNIBUN BAKERY 三軒茶屋本店 P.270,295
世田谷丸山公園
世田谷消防署
三軒茶屋第一病院
cafe The SUN LIVES HERE P.284
二子玉川駅

世田谷区主要駅アクセス早見表

JR東日本

	東京駅	品川駅	渋谷駅	新宿駅
東京駅		JR横須賀線 2駅/8分 178円	JR山手線 11駅/26分 208円	JR中央線 4駅/14分 208円
品川駅	JR横須賀線 2駅/8分 178円		JR山手線 5駅/13分 178円	JR山手線 8駅/20分 208円
渋谷駅	JR山手線 11駅/26分 208円	JR山手線 5駅/13分 178円		JR山手線 3駅/7分 167円
新宿駅	JR中央線 4駅/14分 208円	JR山手線 8駅/20分 208円	JR山手線 3駅/7分 167円	

小田急線

	新宿駅	下北沢駅	経堂駅	成城学園前駅
新宿駅		2駅/7分 167円	3駅/11分 199円	4駅/16分 230円
下北沢駅	2駅/7分 167円		1駅/3分 167円	2駅/7分 199円
経堂駅	3駅/11分 199円	1駅/3分 167円		1駅/3分 167円
成城学園前駅	4駅/16分 230円	2駅/7分 199円	1駅/3分 167円	

京王線

	新宿駅	明大前駅	桜上水駅	千歳烏山駅
新宿駅		2駅/7分 160円	3駅/11分 188円	3駅/11分 209円
明大前駅	2駅/7分 160円		1駅/3分 140円	2駅/5分 160円
桜上水駅	3駅/12分 188円	1駅/3分 140円		1駅/3分 140円
千歳烏山駅	3駅/13分 209円	2駅/5分 160円	1駅/3分 140円	

京王井の頭線

	渋谷駅	下北沢駅	明大前駅
渋谷駅		1駅/5分 140円	2駅/9分 160円
下北沢駅	1駅/4分 140円		1駅/3分 140円
明大前駅	2駅/7分 160円	1駅/2分 140円	

東急田園都市線

	渋谷駅	三軒茶屋駅	二子玉川駅
渋谷駅		1駅/4分 180円	2駅/12分 227円
三軒茶屋駅	1駅/4分 180円		1駅/7分 180円
二子玉川駅	2駅/11分 227円	1駅/6分 180円	

東急大井町線

	自由が丘駅	等々力駅	二子玉川駅
自由が丘駅		3駅/4分 140円	1駅/5分 180円
等々力駅	3駅/4分 140円		2駅/4分 140円
二子玉川駅	1駅/6分 180円	2駅/3分 140円	

※急行等を利用し、ICカードを使用した場合の大人1名運賃、2024年1月現在